JUDITH
BUTLER

Sujeitos do desejo
Reflexões hegelianas na
França do século XX

FILŌMARGENS

autêntica

JUDITH
BUTLER

Sujeitos do desejo
Reflexões hegelianas na
França do século XX

TRADUÇÃO: Beatriz Zampieri, Carla Rodrigues,
Gabriel Lisboa Ponciano e Nathan Teixeira

Copyright © 1987 Columbia University Press
Preface to the Paperback Edition copyright © 1999 Judith P. Butler Foreword
Copyright © 2012 Columbia University Press
Copyright desta edição © Autêntica Editora 2024

Título original: *Subjects of Desire: Hegelian Reflections in Twentieth-Century France*

Todos os direitos reservados pela Autêntica Editora Ltda. Nenhuma parte desta publicação poderá ser reproduzida, seja por meios mecânicos, eletrônicos, seja via cópia xerográfica, sem a autorização prévia da Editora.

COORDENADOR DA COLEÇÃO FILÔ
Gilson Iannini

CONSELHO EDITORIAL
Gilson Iannini (UFOP); *Barbara Cassin* (Paris); *Carla Rodrigues* (UFRJ); *Cláudio Oliveira* (UFF); *Danilo Marcondes* (PUC-Rio); *Ernani Chaves* (UFPA); *Guilherme Castelo Branco* (UFRJ); *João Carlos Salles* (UFBA); *Monique David-Ménard* (Paris); *Olímpio Pimenta* (UFOP); *Pedro Süssekind* (UFF); *Rogério Lopes* (UFMG); *Rodrigo Duarte* (UFMG); *Romero Alves Freitas* (UFOP); *Slavoj Žižek* (Liubliana); *Vladimir Safatle* (USP)

EDITORAS RESPONSÁVEIS
Rejane Dias
Cecilia Martins

PROJETO GRÁFICO
Diogo Droschi

REVISÃO
Aline Sobreira

CAPA
Alberto Bittencourt
(sobre ilustração de Yara Ligiéro)

DIAGRAMAÇÃO
Waldênia Alvarenga

Dados Internacionais de Catalogação na Publicação (CIP)
(Câmara Brasileira do Livro, SP, Brasil)

Butler, Judith
  Sujeitos do desejo : reflexões hegelianas na França do século XX / Judith Butler ; tradução Beatriz Zampieri... [et al.]. -- 1. ed. -- Belo Horizonte : Autêntica Editora, 2024. -- (Coleção Filô/Margens)

  Outros tradutores: Carla Rodrigues, Gabriel Lisboa Ponciano e Nathan Teixeira
  Título original: Subjects of Desire : Hegelian Reflections in Twentieth-Century France
  Bibliografia.
  ISBN 978-65-5928-467-2

  1. Desejo (Filosofia) 2. Filosofia francesa - Século 20 3. Hegel, Georg Wilhelm Friedrich, 1770-1831 - Influência I. Título. II. Série.

24-222606   CDD-128.3

Índices para catálogo sistemático:
1. Desejo : Filosofia 128.3
Cibele Maria Dias - Bibliotecária - CRB-8/9427

Belo Horizonte
Rua Carlos Turner, 420
Silveira . 31140-520
Belo Horizonte . MG
Tel.: (55 31) 3465 4500

São Paulo
Av. Paulista, 2.073, Conjunto Nacional
Horsa I . Salas 404-406 . Bela Vista
01311-940 . São Paulo . SP
Tel.: (55 11) 3034 4468

www.grupoautentica.com.br
SAC: atendimentoleitor@grupoautentica.com.br

7 PREFÁCIO
Acabar com Hegel?
Philippe Sabot

11 **Prefácio à segunda edição (1999)**

23 **Prefácio à primeira edição (1987)**

27 **Introdução**

43 CAPÍTULO 1
Desejo, retórica e reconhecimento na
***Fenomenologia do Espírito*, de Hegel**

89 CAPÍTULO 2
Desejos históricos: a recepção francesa de Hegel

129 CAPÍTULO 3
Sartre: a busca imaginária do ser

207 CAPÍTULO 4
A luta de vida e morte do desejo:
Hegel e a teoria contemporânea francesa

273 NOTA DA TRADUÇÃO
Judith Butler: tarefa de tradução filosófica
Carla Rodrigues e *Beatriz Zampieri*

285 **Referências**

Prefácio
Acabar com Hegel?

Philippe Sabot[1]

Sujeitos do desejo é uma obra pulicada por Judith Butler a partir da tese que, na metade dos anos 1980, ela consagrou à recepção de Hegel no pensamento francês do século XX. Do nosso ponto de vista, este trabalho apresenta um duplo interesse. Primeiramente, Judith Butler reconstitui aqui as condições de elaboração de um paradigma hegeliano do desejo tal como ele se dá nas reapropriações originais em Kojève, em Hyppolite e mesmo em Sartre. A cada vez, o problema é saber se o desejo pode ser satisfeito – e em quais condições essa possível satisfação completa o sujeito desejante, ao mesmo tempo que revela a falta ontológica que o constitui. Tal paradigma é, igualmente, objeto de revisões críticas radicais quando notadamente Derrida, Deleuze ou Foucault se empenham em colocar em crise certa metafísica da identidade, do sujeito ou da presença, supostamente sustentação da doutrina hegeliana do desejo, cujos contornos de um pensamento não dialético da *différe/ance* eles buscam desenhar. No entanto, esta pesquisa sobre os avatares do hegelianismo à francesa (do renascimento à sua dissolução, em suma) conduz Judith Butler também a se interrogar sobre a ambiguidade inerente ao que ela designa como "pós-hegelianismo" francês. Essa ambiguidade se deve, notadamente, a isso em que os críticos franceses de Hegel se apoiam com frequência, um desconhecimento do hegelianismo, desconhecimento que consiste em aportar ao sujeito hegeliano uma autonomia e uma autossuficiência ontológicas de princípio, ainda que o façam ser um *"subject of desire"*, um sujeito do desejo, mas também um sujeito preso ao desejo, e ao desejo de reconhecimento, colocando então em jogo a negatividade e uma dialética da intersubjetividade,

---

[1] Tradutor do livro na França, assina o prefácio na edição francesa, que foi incorporado à edição norte-americana. Traduzido do original em francês, cotejando-se a tradução norte-americana de Sabot.

o que tende a tornar eminentemente problemática a suposta plenitude desse sujeito. O desejo testemunha assim essa precariedade do Eu (insatisfeito e inacabado), ao mesmo tempo que constitui a matriz de uma identificação e de uma satisfação possíveis a partir do jogo especular do reconhecimento: o desejo é desejo de ser reconhecido por outro desejo, pelo desejo de um outro que se opõe à reivindicação de autonomia do sujeito ou ao menos submete essa reivindicação à necessidade de o sujeito se alienar para ser reconhecido. Ora, colocar desse modo o acento na trajetória do sujeito hegeliano em busca de satisfação, de reconhecimento e do saber absoluto, mas sobre o fundo de uma ruptura ontológica com o mundo e com si mesmo na provação do desejo, é se dar os meios de medir a influência profunda e durável de Hegel na paisagem filosófica francesa a partir dos anos 1930.

Judith Butler mostra como Kojève, Hyppolite e Sartre operam uma revisão antropológica e existencial do hegelianismo. Para eles, importa saber se a negatividade pode ser superada na História ou se ela não forma a trama de uma existência humana fundada sobre o devir e a insatisfação, e votada a não ser mais do que uma "paixão inútil" – na falta do Absoluto. A ficção kojèviana da morte do homem no fim da História e a dramatização sartriana do dualismo ontológico (em si/por si), que não se desobstrui senão sobre satisfações imaginárias (o Homem-Deus) ou na imaginação (a literatura), marcam claramente a dupla orientação dessa primeira recepção francesa de Hegel. Em certo sentido, Butler toma nota do fracasso histórico (porque ligado à sua historicidade) de um modelo metafísico de sujeito garantido em si mesmo e em sua própria identidade, na sua relação imanente com o absoluto. Contudo, ao mesmo tempo se encontra mantida a tensão de superar esse fracasso, em via de restaurar, mesmo que sobre um plano imaginário ou pós-histórico, a unidade perdida do sujeito com si mesmo e com o mundo. E, de um só golpe, é a essa reelaboração fictícia e a essa recuperação dialética de um sujeito em perda de substância e em mal absoluto que responde a postura abertamente antidialética da geração filosófica seguinte, para a qual justamente a *Aufhebung* hegeliana deve ser interpretada como "a negação da diferença por oposição de uma identidade fictícia". Em suma, é a apropriação kojèviana-sartriana do motor dialético do desejo que se encontra posta em questão a favor de uma reformulação e de uma revisão radical das relações entre o desejo e o sujeito. Os pensadores contemporâneos aos quais Judith Butler consagra o último capítulo de sua obra se ligam de alguma forma na disjuntiva entre o desejo e o sujeito, ou ao menos ao reportarem a constituição do sujeito a uma construção imaginária, hipostasiada a partir da multiplicidade e da heterogeneidade dos desejos e exercendo, em contrapartida, uma pressão e um poder regulador sobre esses desejos, constrangendo assim à unidade pela ficção de um sujeito unificador. No entanto, a análise de Judith Butler, e essa é sua força, não se contenta em recensear as diferentes posturas pós-hegelianas e identificar, a cada vez, a maneira como essas diferenças desarticulam sujeito e desejo. Butler procura sobretudo mostrar como essas reflexões contemporâneas não se separam tanto assim quanto pretendem, ou quanto gostariam, do pensamento hegeliano do desejo, que terá durável e decididamente envenenado as relações da filosofia francesa com o hegelianismo.

Prefácio à segunda edição (1999)

Sujeitos do desejo é minha tese de doutorado, defendida em 1984 e revisada entre 1985 e 1986. Nela, escrevi sobre o conceito de desejo na *Fenomenologia do Espírito*, de G. W. F. Hegel, e alguns dos principais usos desse tema na filosofia francesa do século XX. Antes de ingressar nesta pesquisa, fui bolsista da Fundação Fulbright e me dediquei ao estudo do hegelianismo e do idealismo alemão na Universidade de Heidelberg, frequentando as aulas de Dieter Henrich e Hans-Georg Gadamer. No início da década de 1980, como aluna do Departamento de Filosofia da Universidade de Yale, fui formada pela tradição da filosofia continental, estudando Marx e Hegel, fenomenologia, Heidegger, Kierkegaard, Merleau-Ponty e a Escola de Frankfurt. Escrevi meu trabalho de conclusão sob a orientação de Maurice Natanson, um fenomenólogo que, gentilmente, apoiou minha pesquisa, mas alertou para o fato de que a filosofia francesa encontrava um limite razoável na obra de Sartre e em algumas passagens de Merleau-Ponty. Durante minha pesquisa em Yale, entre o fim da década de 1970 e o início de 1980, estive bastante familiarizada com o pensamento pós-estruturalista, mas tendia a alocá-lo fora da esfera da tradição filosófica continental que pretendia estudar. Compareci uma vez ou outra à classe de Jacques Derrida e, com mais frequência, às aulas de Paul de Man. No entanto, trabalhei, na maioria das vezes, em torno do legado da fenomenologia, da hermenêutica e da Escola de Frankfurt, à medida que procurava estabelecer um fundamento no idealismo alemão. No contexto de uma disciplina de estudos das mulheres, fui apresentada à obra de Michel Foucault. E foi apenas quando saí de Yale e tornei-me professora visitante e bolsista de pós-doutorado na Universidade de Wesleyan, entre 1983 e 1986, que me abri para o pensamento francês de uma forma diferente da resistência que havia em Yale. No centro de humanidades, entrei em contato com a teoria crítica de viés francês, e foi nos primeiros estágios desse contato que pude revisar uma tese como *Subjects of*

Desire: Hegelian Reflections in Twentieth-Century France, publicada em 1987 pela editora da Columbia University. Os capítulos finais desta tese, dedicados a Deleuze, Lacan e Foucault, esboçam de maneira inicial aquilo que entendo, desde então, como algo que merece uma análise mais complexa.

Publiquei este livro de maneira muito apressada, pressionada pelo mercado de trabalho, e o republiquei agora, quando já era muito tarde para uma revisão. Qualquer versão revista deste livro seria, de maneira geral, uma obra totalmente nova, um projeto no qual, agora, não me sinto apta a embarcar. Entre 1985 e 1986, não estava exatamente pronta para dar os passos teóricos que ensaiei nos capítulos finais deste livro e que fiz posteriormente em *Problemas de gênero*, publicado no fim de 1989. Embora hoje eu não seja exatamente velha, este livro se apresenta para mim – até onde o posso ler – como um escrito de juventude, de modo que peço aos/às leitores/as que tenham um olhar generoso com ele.

Este texto não é nem uma narrativa[1] exaustiva do hegelianismo francês nem um trabalho de história intelectual.[2] Trata-se de um questionamento crítico acerca da relação repetidamente figurada entre desejo e reconhecimento.[3]

---

[1] "*Account*." Desde *Giving Account of Oneself,* livro de Judith Butler publicado em 2005 e traduzido por Rogério Bettoni com o título *Relatar a si mesmo* (Autêntica, 2015), as discussões acerca da tradução mais adequada para os termos "*account*" e "*accountability*" envolveram pesquisadoras e pesquisadores da obra da autora. Trata-se, de fato, de um termo bastante presente nos livros de Butler, termo polissêmico cujos sentidos variam contextualmente e que, apesar disso, não deixam de ter relevância na recepção de sua filosofia no Brasil. Nossas decisões de tradução acompanharam as considerações da pesquisadora Ana Luiza Gussen, que aponta pelo menos dois sentidos fundamentais para o uso de "*account*": em primeiro lugar, o de responsabilidade, ser responsabilizado ou prestar contas – sentido que confirmaria o uso no campo semântico da contabilidade, como uma espécie de registro contábil em relação ao qual alguém é convocado a se responsabilizar. Em segundo lugar, o sentido de *contar* a versão singular de um fato – uma *narrativa*, uma história ou *a história própria* à pessoa que é chamada a prestar contas sobre determinado acontecimento. Sem procurar reduzir o jogo de remissões que torna esses termos tão plurívocos, nossa tradução recorre ora a um sentido ora a outro, buscando os contextos específicos em que a autora explora seus usos corriqueiros para propor uma nova perspectiva filosófica aos/às seus/suas interlocutores/as. Em *Sujeitos do desejo*, Butler propõe a investigação narrativa do sujeito itinerante hegeliano que, como nos romances de formação alemães, é chamado a prestar contas de sua jornada subjetiva (ver Gussen, Ana Luiza. *Bases para a proposição ético-política de Judith Butler*. 2023. Dissertação (Mestrado em Filosofia) – Orientação Carla Rodrigues. Programa de Pós-Graduação em Filosofia, Universidade Federal do Rio de Janeiro, 2023). [N.T.]

[2] Para um excelente trabalho de história intelectual com ampla bibliografia, ver Roth, Michael S. *Knowing and History: Appropriations of Hegel in Twentieth-Century France*. Ithaca: Cornell University Press, 1988.

[3] "*Recognition*." O tema do *reconhecimento* (*Anerkennung*) é fundamental para a filosofia hegeliana e para a investigação de Butler sobre o desejo. É preciso, contudo, registrar a presença de outro termo frequentemente traduzido por "reconhecimento" nas traduções

Se fosse minha intenção um tipo de abordagem mais ampla, eu teria incluído, sem sombra de dúvida, um capítulo acerca da obra de Georges Bataille.[4] Assim, *Sujeitos do desejo* teria considerado detalhadamente a influência da *Lógica*, de Hegel, tratando especialmente da obra de Jean Hyppolite, para quem a *Lógica* oferece a legitimação de verdades essenciais reveladas pela experiência subjetiva da *Fenomenologia do Espírito*.[5] Na medida em que *Sujeitos do desejo* se dedica à *Fenomenologia do Espírito*, seria igualmente possível incluir neste livro uma consideração acerca do capítulo hegeliano "Liberdade da consciência-de-si: estoicismo, ceticismo e a consciência infeliz". O trabalho de Jean Wahl a esse respeito poderia muito bem ser considerado a melhor abordagem da filosofia hegeliana na França do século XX, e, de fato, é precisamente nesse capítulo que tem início toda a recepção filosófica francesa do século. O breve texto de Wahl, intitulado *Le Malheur de la conscience dans la philosophie de Hegel* (1929), estabelece uma leitura própria de Hegel, trazendo em si a consciência internamente dividida como sustentação de aspectos simultaneamente religiosos e existenciais, enfatizando a *negatividade* da consciência, que cumpre um papel deveras proêminente nas leituras empreendidas posteriormente por Kojève e Hyppolite.

Em 1995, publiquei o ensaio "Apego obstinado, sujeição corporal: relendo Hegel sobre a consciência infeliz",[6] que constitui uma retomada da reflexão

---

brasileiras da obra de Butler, que remete à abordagem feita pela autora do tema do luto em Freud – "*acknowledgment*", "re-conhecimento" (*Erkenntnis*) – entendido como uma noção de re-conhecimento do objeto perdido. Justamente porque a ênfase de Butler no presente texto recai sobre o tema da dinâmica das relações intersubjetivas no sentido hegeliano, nossas escolhas de tradução levaram a usar "reconhecimento" apenas para os casos em que a referência é a "*recognition*" (*Anerkennung)*, como já estabelecido nas traduções brasileiras de Hegel, mantendo a tradução de "*Acknowledgment*" para termos como "saber", "ter ciência" e "conhecimento", que orbitam em torno de uma ideia diferente de reconhecimento como admissão da existência. [N.T.]

[4] Para uma excelente análise acerca do lugar de Bataille no hegelianismo francês, ver a parte 3 de Stoekl, Allan. *Agonies of the Intellectual: Commitment, Subjectivity, and the Performative in the Twentieth-Century French Tradition*. Lincoln: University of Nebraska Press, 1992. Para um conjunto esclarecedor de abordagens sobre Bataille e Kojève, ver "Kojève's Paris. Now Bataille" (*Parallax*, v. 3, n. 1, fev. 1997). Ver, também, a edição de Denis Hollier *The College of Sociology, 1937-1939* (Minneapolis: University of Minnesota Press, 1988).

[5] Para uma interpretação precisa dessa relação, ver Hyppolite, Jean. On the Logic of Hegel. *In: Studies on Marx and Hegel*. Translated by John O'Neill, New York: Basic Books, 1969.

[6] O ensaio a que a autora se refere está publicado como um capítulo do livro *A vida psíquica do poder: teorias da sujeição*. Tradução de Rogerio Bettoni. Belo Horizonte: Autêntica, 2017. [N.T.]

acerca do sujeito hegeliano.[7] Ali, procurei mostrar de que maneira Hegel oferece um desdobramento do capítulo "Dominação e escravidão", que raramente é considerado por quem privilegia a conclusão aparentemente emancipatória dessa seção. Hegel fornece uma configuração do sujeito na qual a sujeição é tornada uma realidade psíquica, uma realidade com a qual a opressão se articula e se entranha em meios psíquicos. Sugiro que Hegel começa a expor como as inversões do poder ganham lugar à medida que alcançam o estatuto de uma realidade psíquica, uma explicação que frequentemente se atribui a Nietzsche e Freud.

Este texto se ampara nas traduções disponíveis em inglês de Hyppolite, Kojève e Sartre, e em obras escolhidas de ensaios em francês em decorrência do fato de que a maior parte dos escritos não traduzidos de Kojève (incluindo a tradução completa de sua *Introdução à leitura de Hegel*) permanece ignorada. Suas aulas, ministradas entre 1933 e 1939 na *École* des Hautes *Études*, incluem extensas discussões acerca da relação entre Hegel e Kant, o lugar da linguagem poética, a tragédia e a religião na *Fenomenologia*, assim como uma ampla abordagem da figura de Cristo e do significado do cristianismo que não foram transmitidos à coletânea da tradução em inglês.[8]

Reivindicado, por um lado, pela tradição straussiana de Alan Bloom, Stanley Rosen e Francis Fukuyama, e sustentado, por outro lado, como marxista por Pierre Macherey e outros, Kojève permanece como um autor de difícil compreensão.[9] Mesmo que ele tenha insistido na ideia de que o texto hegeliano está aberto a uma série de apropriações históricas não previstas na época do próprio Hegel, sua leitura tornou possível a abertura a uma miríade de interpretações conflitantes. Esse dilema pode muito bem ser resultado do tipo de "leitura" que o próprio Kojève põe em questão, uma leitura que não procura ser exatamente fiel à letra hegeliana, mas que, de outra maneira, busca produzir novas interpretações que refletem as modificações das circunstâncias

---

[7] Clarke, David; Rajan, Tilottama (ed.). *Intersections: Nineteenth-Century Philosophy and Contemporary Theory*. Albany: Suny, 1995. Reeditado em *Hegel passé, Hegel à Venir*. Paris: L'Harmattan, 1995. Ver, também, meu livro *A vida psíquica do poder: teorias da sujeição*. Tradução de Rogério Bettoni. Belo Horizonte: Autêntica, 2017 [*The Psychic Life of Power: Essays in Subjection*. Stanford: Stanford University Press, 1997].

[8] A edição francesa, publicada originalmente pela Gallimard, em 1947, tem um importante apêndice intitulado "L'Idée de la mort dans la philosophie de Hegel", que não foi traduzido na versão em inglês. Para a edição em inglês, ver Queneau, Raymond (org.); Bloom, Allan (ed.). (1969). *Introduction to the Reading of Hegel: Lectures on the Phenomenology of Spirit*. Translated by James H. Nichols Jr. Ithaca: Cornell University Press, 1980.

[9] Para uma bibliografia intelectual recente, ver Auffret, Dominique. *Alexandre Kojève: la philosophie, l'Etat, la fin de l'Histoire*. Paris: Grasset, 1990.

históricas da leitura em si. Na medida em que se move pelo tempo, o texto hegeliano repõe continuamente a questão de sua própria legibilidade, ainda mais porque o fim da história antecipado por ele não consiste no fim dos tempos e, muito menos, no fim da temporalidade da leitura.[10] O texto hegeliano, talvez apesar de si mesmo, abre-se à questão da relação entre tempo e legibilidade. Para Kojève, o futuro não está mais constrangido pela teleologia; e o futuro que Hegel de alguma maneira entrevê consiste, precisamente, naquilo que é enlutado por Kojève como um idealismo perdido. A "leitura" de Kojève traz à tona a temporalidade do texto hegeliano, mostrando que a temporalidade na qual o texto sobrevive demanda um tipo de leitura diferente, leitura que não se move em direção ao progresso com a mesma confiança de antes. Esse dilema da temporalidade pós-Hegel levou alguns straussianos à conclusão de que a história em si precisa ser resolvida em temas "perenes" e, também, levou althusserianos a afirmar que uma análise estruturalista da sociedade, despojada da presunção à diacronia, é a conclusão preferível. No entanto, é possível derivar de Kojève outra perspectiva, de modo que a temporalidade é irredutível à historicidade e, até mesmo, à teleologia. A temporalidade do conceito não é nem estática nem teleológica, mas exige uma leitura duplamente invertida que não conhece nenhum fechamento, e que, sem dúvida, desagrada o senso comum, mas sem a qual nenhuma abordagem de Hegel se faz possível.

A afirmação especulativa que Hegel traz em sua *Lógica* ressalta esse problema da temporalidade como um dilema da leitura. Não é possível esperar que a linguagem mostre de forma transparente aquilo que diz, tampouco se pode esperar que essa verdade seja encontrada fora da linguagem. A verdade não é aquilo que se oferece à narrativa da *Fenomenologia*, e ainda assim se manifesta apenas por meio de sua própria apresentação. A afirmação se move de modo tal que o familiar é tornado infamiliar, e isso participa da gramática comum à própria afirmação. Isso se torna especialmente verdadeiro quando consideramos a função gramatical da "negação", termo que não apenas padece semanticamente da mudança de sentido, mas que também "age" de modos essenciais no desdobramento de verdades fundamentais.

Essas funções da "negação" evocam as piadas comuns a respeito de Hegel feitas por analistas contemporâneos que insistem no fato de que o filósofo

---

[10] A tese da contingência do fim da história é indicada pelo próprio Hegel no fim da *Fenomenologia do Espírito*, em que a "infinitude" excede o domínio histórico, mas também quando se lê a *Fenomenologia* no contexto da *Lógica* e a temporalidade específica do conceito desenvolvido na obra.

pode muito bem ser simplificado ou definitivamente rejeitado. No entanto, Hegel tem outros planos em mente quando afirma na *Fenomenologia do Espírito*, por exemplo, que a proposição especulativa destrói a natureza geral da proposição. A questão não é o que se pode fazer com o sentido lógico da negação em Hegel, mas como o uso da negação em sua filosofia convoca o problema da nossa compreensão das relações lógicas.

A negação emerge de inúmeras formas na *Fenomenologia*, e não meramente a serviço de assimilar ou domesticar a operação lógica que subjuga as alteridades que a confrontam. Na seção "A verdade da certeza de si mesmo", a consciência nega seus objetos, consumindo-os; na seção "Dominação e escravidão", a negação aparece, primeiramente, como o esforço das duas figuras em aniquilar uma à outra, para então ser transmutada em relações de dominação e escravidão. Em que sentido a negação "aparece" por meio dessas múltiplas figuras? E de que maneira é possível compreender essas transmutações submetidas pelo aparecimento da negação?

Sugiro que, na *Fenomenologia*, essas figuras emergem para descrever um momento em que ainda não se atingiu um estatuto lógico estável; tais figuras marcam, de fato, a instabilidade das relações lógicas. Por outro lado, porém, toda relação lógica assume uma forma ou aparência que é figurativa. Se estamos dispostos a ler Hegel, o que essa leitura poderá produzir em uma gramática destinada a expressar relações lógicas (a ideia husserliana nas *Investigações lógicas* e, igualmente, o primeiro Wittgenstein)? Costuma-se ler a *Fenomenologia* com a certeza de que há nela a descrição de uma realidade estável apenas para se opor à teimosia da linguagem descritiva em si. Pensamos saber a todo momento textual o que "é" ou faz a negação, apenas para encontrar, ao seguir o curso de sua ação e lendo-a de fato, que nossas convicções primárias não tinham nenhum fundamento. Em outras palavras, é precisamente isso que impede nosso conhecimento em si. A linguagem, que, conforme pensávamos, correspondia à realidade da negação, no fim das contas tomou parte na própria atividade, ganhou a própria função negativa e, de fato, tornou-se sujeita à própria negação. Assim, a linguagem do texto apresentou seu caráter propriamente retórico, e, então, descobrimos que não havia diferença entre a questão da lógica e a da retórica. Da mesma forma, nenhuma afirmação cognitiva pode ser separada da prática de leitura: a temporalidade do conceito não é, afinal, separável da temporalidade da leitura.

Um dos mais atuais leitores franceses de Hegel, Gérard Lebrun (2006), em *A paciência do conceito: ensaio sobre o discurso hegeliano*, sustenta uma posição semelhante ao reivindicar a possibilidade de um dogmatismo hegeliano, mostrando de que maneira o discurso de Hegel inicia o/a leitor/a de maneira ativa em uma nova forma de pensamento filosófico.[11] Assim como para Kojève, também para Lebrun a leitura de Hegel deve atravessar uma temporalidade pretérita (uma ideia de futuro que é passado), de modo que a leitura da gramática hegeliana em relação às exigências da afirmação especulativa seja interpretada "retroativamente", apenas para descobrir que os pressupostos que animavam essa leitura, por sua vez e em si mesmos, serão conduzidos a uma reviravolta que não desfaz precisamente aquilo que foi feito (ou seja, em sentido propriamente gramatical, põem em ato certa ideia de negação inerente à interpretação em si mesma).

Jean Luc-Nancy sustenta essa posição de outra maneira em seu recente *Hegel: l'inquiétude du négatif*.[12] Para ele, o sujeito não se encontra apenas encurralado em si mesmo, mas também se define de maneira fundamental como um ato pelo qual o si mesmo se supera em sua passagem no e para o mundo. O sujeito dispersa a si mesmo no mundo, e essa autossuperação consiste, justamente, na operação de sua negatividade. A obra de Nancy livra Hegel do tropo da totalidade, insistindo no fato de que a "inquietude" do si mesmo consiste, justamente, em seu modo de devir, sua ausência de substancialidade no tempo e sua expressão muito específica de liberdade. Assim, essa obra é importante retoricamente porque, em vez de uma sistemática exegese hegeliana, oferece um conjunto descontínuo de meditações acerca da *Fenomenologia* por meio de termos-chave pelos quais o autor aborda a questão da liberdade. Quem espera que a *Fenomenologia* de Hegel ilustre uma clara teleologia encontra, nesse texto, uma espécie de confusão produtiva.[13]

De fato, o estatuto da teleologia parece ser significativamente polêmico no interior da abordagem francesa hegeliana do século XX. Embora tenha sido no contexto da filosofia francesa que, no fim das contas, Hegel

---

[11] Pode-se dizer que Lebrun amplia as provocações de Kojève no ensaio "La Terminologie hégélienne". Ver Lebrun, Gérard. *La Patience du concept*. Paris: Gallimard, 1972. [Ed. bras.: *A paciência do conceito: ensaio sobre o discurso hegeliano*. Tradução de Silvio Rosa Filho. São Paulo: Editora Unesp, 2006.]

[12] Paris: Hachette Littératures, 1997. Edição em inglês: Nancy, Jean-Luc. *Hegel: The Restlessness of the Negative*. Translated by Jason Smith and Steven Miller. Minneapolis: University of Minnesota Press, 2002. Ver, também, o trabalho de Nancy sobre a sentença especulativa em *La Remarque spéculative: un bon mot de Hegel* (Paris: Editions Galilée, 1973).

[13] Ver a tradução e o comentário do texto de Hegel "How Common Sense Understands Philosophy" por Jean-Marie Lardic, em que a autora argumenta que a contingência e a desorientação radical do senso comum são fundamentais ao sentido de dialética (Lardic, Jean-Marie. *Comment le sens commun comprend la philosophie suivi de la contingence chez Hegel*. Paris: Actes Sud, 1989).

se tornou sinônimo de totalidade, de dominação conceitual e de sujeito imperialista, a apropriação francesa de Hegel também pôs em questão as presunções totalizantes e teleológicas de sua filosofia. Na maior parte das vezes, de fato, as marcas de uma posição distintivamente "pós-hegeliana" não são tão facilmente separáveis de uma leitura apropriativa do próprio Hegel. Em especial, os textos de Kojève são pertinentes na medida em que questionam a emergência de um tempo depois do fim da história, assinalando, desse modo, um fechamento à teleologia que não consiste exatamente em um fechamento teleológico, mas em um fim que se ampara, sobretudo, nas linhas de certa ruptura, interrupção e perda. Embora Althusser tenha qualificado a obra de Kojève como "tola", ele levou a sério seu esforço em considerar a teleologia hegeliana um antropocentrismo.[14] As reflexões de juventude de Althusser sobre Hegel desenvolvem uma crítica imanente à visão de Kojève, afirmando que o autor foi responsável por uma dimensão subjetiva da negatividade que teria conduzido à exclusão da dimensão objetiva. A tentativa de reduzir o trabalho da negatividade ao sujeito consistiria, portanto, em um revisionismo burguês que afirma o indivíduo à custa de sua situação objetiva (Althusser, 1997, p. 171). E, quando a objetividade retorna em Hegel, ela é desprovida de seu conteúdo especificamente econômico, o que leva a valorizar uma noção filosoficamente abstrata de igualdade e de democracia em detrimento da que é forjada a partir da luta de classes. Na medida em que lê o Hegel de Kojève pelas lentes do jovem Marx, de modo que tanto Hegel quanto Marx são entendidos como a afirmação da dimensão subjetiva da negação, Althusser afirma que "o Marx existencialista de Kojève é uma farsa na qual os marxistas não se reconhecerão" (Althusser, 1997, p. 172).

Embora Althusser dedique muitos ensaios a Hegel em seus *Écrits philosophiques et politiques*, nos quais apresenta uma crítica à abstração hegeliana e inicia a prática de uma crítica imanente que articula uma totalidade sem sujeito, ele se precipita ao insultar, particularmente, Hegel e o hegelianismo francês. Althusser elogia Kojève de forma ambivalente: "Seu livro é mais do

---

[14] Althusser escreve: "A história hegeliana não é biológica, providencial ou mecânica, pois esses três esquemas implicam uma exterioridade. A dimensão negativa pela qual a história é constituída por e para si mesma [...] não está fora da história, mas no interior do si mesmo: o nada pelo qual a história é engendrada e através do qual toma posse de si e se restitui de sua geração está nela mesma. Esse nada é o homem" (Althusser, Louis. *Écrits philosophiques et politiques*. Paris: Stock; IMEC, 1994. t. I. p. 136; Althusser, Louis. *The Spectre of Hegel. Early Writings*. Edited by G. F. Matheron. Translated by G. M. Goshgarian. London: Verso, 1997).

que uma *Introdução à leitura de Hegel*: é a ressureição de um cadáver ou, melhor, a revelação de que Hegel, um pensador desmantelado, feito em pedaços, pisoteado e traído, assombra e domina profundamente uma era póstuma" (Althusser, 1997, p. 171). Depois, ressalta no mesmo tom com que despreza a irrelevância da filosofia hegeliana: "esse deus morto, coberto de insultos e enterrado mais de 100 vezes, ergue-se de sua cova" (Althusser, 1997, p. 174). Por fim, Althusser acusa a filosofia de Hegel não apenas de tornar possível a glorificação do *status quo* burguês, mas também de sustentar um revisionismo "de tipo fascista" (Althusser, 1997, p. 183).

O recém-publicado livro de Pierre Macherey (1990), *Hegel ou Spinoza*, é claramente influenciado por Althusser, mas leva mais a sério o potencial crítico da filosofia hegeliana.[15] Ao contrapor Espinosa e Hegel, Macherey se pergunta de que maneira cada uma de suas posições filosóficas define os limites necessários de um para o outro. O autor defende uma concepção dialética de história sustentada pelo pressuposto teológico para o qual existe determinada "luta de tendências que não carregam em si mesmas a promessa de uma resolução, [...] de uma unidade de contrários, mas sem negação da negação".[16] Em oposição a Althusser, Macherey pondera que há determinado sentido de sujeito hegeliano que permanece irredutível ao próprio uso ordinário dos juízos predicativos. O sujeito hegeliano é aquele para o qual, no interior da gramática, a relação estável entre sujeito e predicado se torna incompleta. Assim, como leitor da tradição althusseriana, Macherey ainda sustenta uma interpretação que vai ao encontro das leituras de Lebrun e Nancy, afirmando a concepção de um sujeito entendido como mero termo no processo que procura alcançar, alguém que não tem substância e para quem a ausência de limites destrói a própria função gramatical.

A revisão que eu teria feito de *Sujeitos do desejo* incluiria a original crítica de Derrida (1991) à conceituação hegeliana em *O poço e a pirâmide*, assim como a revisão e a reelaboração posteriores de sua perspectiva na introdução de Lacoue-Labarthe em *Typographies* e no livro *Glas*, escrito pelo próprio Derrida.[17] Uma análise completa teria incluído também, e sem sombra de

---

[15] Ver, também, Lefebvre, Jean-Pierre; Macherey, Pierre. *Hegel et la société*. Paris: Presses Universitaires de France, 1984. Nesse livro, a discussão sobre os *Princípios da filosofia do direito*, de Hegel, dá ênfase à inversão entre o "início" e o "fim" no texto, embaralhando as noções vigentes de desenvolvimento teleológico.

[16] Macherey, *Hegel et la société*, p. 259, tradução da autora.

[17] Publiquei uma breve análise a respeito das primeiras considerações de Derrida sobre Hegel no artigo "Commentary on Joseph Flay's 'Hegel, Derrida, and Bataille's Laughter'" (*In*:

dúvida, um capítulo dedicado aos muitos engajamentos de Luce Irigaray na obra hegeliana, especialmente o texto "The Eternal Irony of the Community", em *Speculum of the Other Women*, assim como suas reflexões sobre a obra do filósofo, o parentesco e a universalidade em *Sexes et parentés*.[18] A abordagem de Frantz Fanon acerca de Hegel pode, igualmente, ser lida como uma apropriação muito relevante da tese de Kojève sobre a centralidade do desejo no interior da luta por reconhecimento e da constituição do sujeito (e a problemática mimetização do trabalho como uma condição constitutiva para o reconhecimento).[19]

Meu interesse no legado hegeliano não foi exatamente superado pela publicação bastante apressada deste livro. Ministrei uma série de cursos sobre Hegel e a teoria contemporânea, e ainda continuo interessada pela maneira como Hegel é lido e mal interpretado no contexto da criação, da instituição e da disseminação do estruturalismo. Em certo sentido, todo o meu trabalho pode ser remetido à órbita de determinadas questões hegelianas: o que é a relação entre desejo e reconhecimento? De que maneira a constituição do sujeito forma uma relação radical e constitutiva com a alteridade?

Atualmente, estou trabalhando em um livro que será publicado na série da Wellek Library Studies, em que considero a centralidade da escrita de Hegel sobre Antígona em *A Fenomenologia do Espírito*, *Princípios da filosofia do direito e Estética*. Nesse texto, dedico-me à forma como Antígona é sistematicamente mal interpretada por Hegel na maneira provocativa como ela entende seu ato

---

Desmond, William (ed.). *Hegel and His Critics: Philosophy in the Aftermath of Hegel*. Albany: Suny Press, 1989. Para uma análise sobre as afinidades entre Hegel e Derrida, recomendo fortemente os livros de Tim Walter acerca da ideia de "crítica" em Hegel, *Hegel's Last Words* (Redwood City: Stanford University Press, 2003), de Werner Hamacher, *Premises* (Cambridge: Harvard University Press, 1997), e de Rodolphe Gasché, *The Tain of the Mirror: Derrida and the Philosophy of Reflection* (Cambridge: Harvard University Press, 1986).

[18] Algumas de minhas reflexões sobre a obra de Irigaray foram publicadas em meu livro sobre Antígona e parentesco contemporâneo. Ver: Butler, Judith. *Antigone's Claim. Kinship between Life and Death*. New York: Columbia University Press, 2000. [Ed. bras.: *A reivindicação de Antígona: o parentesco entre a vida e a morte*. Tradução de Jamille Pinheiro Dias. Revisão técnica de Carla Rodrigues. Rio de Janeiro: Civilização Brasileira, 2022.]

[19] Sobre Hegel, raça e reconhecimento, ver também Fanon, Frantz. *Black Skin, White Masks*. New York: Grove Press, 1967 [Ed. bras.: *Pele negra, máscaras brancas*. Tradução de Sebastião Nascimento. Colaboração de Raquel Camargo. São Paulo: Ubu, 2020]; Mudimbe, Valentin. *The Surreptitious Speech: Presence Africaine and the Politics of Otherness, 1947-1992*. Chicago: University of Chicago Press, 1992; Zamir, Shamon. *Dark Voices*. Chicago: University of Chicago Press, 1994; Gilroy, Paul. *The Black Atlantic: Modernity and Double-Consciousness*. Cambridge: Harvard University Press, 1993. [Ed. bras.: *O Atlântico negro: modernidade e dupla consciência*. Tradução de Cid Knipel Moreira. São Paulo: Editora 34, 2001.]

criminoso, erupção de uma legalidade alternativa no interior da esfera pública da lei. Na medida em que, em minha leitura, Antígona cumpre a função de sujeito na escrita hegeliana, ela levanta a questão acerca dos limites políticos do sujeito como ponto de partida para a política. Hegel permanece muito importante aqui, de forma que esse sujeito não está parado no lugar que lhe é próprio, atuando por meio de uma mobilidade crítica que pode muito bem ser útil às apropriações futuras da filosofia hegeliana. O sujeito emergente da *Fenomenologia*, de Hegel, é um sujeito ek-stático, que se encontra constantemente fora de si e cujas periódicas expropriações não conduzem a um encontro com uma versão prévia de si mesmo. De fato, o si mesmo que é tornado outro para si, para quem a *ek-stasis* consiste em certa condição de existência, é aquele para o qual não existe nenhum tipo de retorno possível, para quem não há a recuperação derradeira da perda de si. Sugeriria que a noção de "diferença" é, igualmente, mal interpretada quando considerada circunscrita ao interior do sujeito: o encontro do sujeito hegeliano com a diferença não se resolve na identidade. Pelo contrário, o momento de sua "resolução" é, finalmente, indistinguível em relação ao momento de sua dispersão; o pensamento acerca dessa temporalidade cruzada por um vetor importa ao entendimento hegeliano de infinito, oferecendo uma noção de sujeito que não pode remanescer vinculada em frente ao mundo. O falso reconhecimento não se apresenta como uma correção distintamente lacaniana em relação à qual o sujeito hegeliano sofre, reiteradamente, a perda de si mesmo. Esse sujeito não padece daquilo que ele mesmo deseja – é, pelo contrário, a ação que perpetuamente o desloca. Hegel, portanto, não oferece uma nova teoria subjetiva ou um deslocamento definitivo do sujeito, e sim uma definição deslocada, para a qual não existirá nenhum tipo de restituição derradeira.

Judith Butler,
Berkeley, Califórnia,
Agosto de 1998

Prefácio à primeira edição (1987)

Em *Um bonde chamado desejo*, peça de Tennessee Williams, a personagem Blanche DuBois descreve a própria jornada: "Disseram-me que eu tomasse um bonde chamado Desejo, depois passasse para um outro chamado Cemitério, andasse seis quarteirões e desceria nos Campos Elísios!" (Williams, 1980, p. 31). Quando escuta que sua triste e atual localização *são* os Campos Elísios, ela tem certeza de que recebeu as coordenadas erradas. Seu dilema é implicitamente filosófico. Que tipo de jornada faz do desejo um caminho tão ilusório?

E que tipo de veículo é o desejo? Terá esse veículo outras paradas antes de chegar ao seu destino mortal? Esse questionamento acompanha a jornada do desejo, as viagens de um sujeito desejante que permanece sem nome e sem gênero no percurso de sua universalidade abstrata. Não seria possível reconhecê-lo na estação de trem; não se pode dizer que ele exista como indivíduo. Como uma estrutura abstrata do anseio humano, esse sujeito consiste em certa configuração conceitual da agência e do propósito humanos cuja reivindicação de integridade ontológica se encontra sucessivamente desafiada pelas suas próprias viagens. De fato, como Blanche e sua jornada, o sujeito desejante segue uma narrativa de desejo, engano e derrota, amparado por momentos pontuais de reconhecimento, fontes para uma redenção meramente fugaz.

Na introdução da *Fenomenologia do Espírito*, de Hegel, o desejo desse sujeito é estruturado por alegações filosóficas: quer conhecer a si, mas também descobrir, no interior dos confins de si mesmo, a inteireza do mundo exterior; quer, de fato, descobrir seu desejo sobre o domínio pleno da alteridade como uma *reflexão* de si, não apenas para incorporá-lo ao mundo, mas também para exteriorizá-lo e aprimorar os limites do si mesmo.[1] Embora Kierkegaard tenha

---

[1] "*Self*." Sempre que possível, a tradução de "*self*", quando aparece como prefixo, foi transportada para o prefixo em português "auto-", enquanto "*self*", substantivo, foi traduzido por "si

especulado em voz alta se esse sujeito realmente *existe*, e Marx tenha criticado o conceito hegeliano como produto de um idealismo mistificado, a recepção francesa de Hegel conduziu o tema do *desejo* como ponto de partida para sua própria crítica e reformulação.

As obras de Alexandre Kojève e Jean Hyppolite descrevem o sujeito do desejo hegeliano a partir de um conjunto mais estrito de aspirações filosóficas. Para Kojève, o sujeito se encontra necessariamente confinado no interior de um tempo pós-histórico, de modo que a metafísica hegeliana participa, pelo menos parcialmente, do passado. Para Hyppolite, o sujeito do desejo consiste em uma agência paradoxal cuja satisfação se vincula de forma necessária às exigências temporais da existência humana. A ontologia dualista de Jean-Paul Sartre sinaliza um rompimento com a suposta unidade entre o desejo do sujeito e seu mundo, mas a insatisfação necessária ao desejo condiciona a busca *imaginária* do ideal hegeliano. De fato, para Sartre e Jacques Lacan, o propósito do desejo consiste na produção e na busca por objetos e por Outros imaginários. E, a partir da obra de Lacan, Gilles Deleuze e Michel Foucault, o sujeito do desejo hegeliano é criticado em si mesmo como uma construção absolutamente imaginária. Para Lacan, o desejo não designa autonomia, e só depois de se conformar à lei repressiva se qualifica como prazer; para Deleuze, o desejo fracassa em descrever a desunião de afetos entendidos pela vontade de potência nietzschiana; para Foucault, o desejo é, em si mesmo, historicamente produzido e regulado, e o sujeito, sempre "assujeitado". De fato, o "sujeito" aparece agora como a imposição falsa de um si mesmo organizado e autônomo no interior de uma experiência descontínua.

A recepção francesa de Hegel pode ser lida como sucessão de críticas contra o sujeito do desejo, conceito hegeliano de um impulso totalizante que, por muitos motivos, deixou de ser plausível. E, no entanto, uma leitura cuidadosa dos principais capítulos da *Fenomenologia do Espírito* demonstra que, como um artífice da ironia, o próprio Hegel construía este conceito e

---

mesmo", seguindo, por exemplo, a solução de "*soi-même*", do francês, opção bem estabelecida na língua portuguesa e utilizada em traduções anteriores da obra da Judith Butler. Houve exceções a fim de respeitar as traduções brasileiras estabelecidas. Por exemplo, no contexto da versão em português da *Fenomenologia do Espírito*, mantivemos "consciência-de-si", sem adotar "*self-*" como prefixo, a fim de manter a referência já usada pelos leitores de Hegel no Brasil. A escolha de tradução do termo "*self-*" para "auto-", quando se tratava de seu uso como prefixo, funda-se na relação apresentada pela filósofa Barbara Cassin entre "si mesmo" e os prefixos "*self-*" e "auto-". Cassin explica que muitos termos foram retidos do grego, muitas vezes por meio do latim, utilizando o pronome autos para se referir a uma ação realizada pelo sujeito em pessoa e, muitas vezes, sobre si mesmo. [N.T.]

que sua visão é menos "totalizante" do que geralmente se assume. Assim, as críticas francesas de Hegel se apresentam fundamentando refutações ao filósofo em termos que, ironicamente, terminam por consolidar seu posicionamento original. O sujeito do desejo permanece como uma ficção até mesmo para aqueles que alegam ter definitivamente desvendado suas charadas.

Essa investigação não oferece uma história intelectual da recepção francesa de Hegel nem serve como uma sociologia do conhecimento inerente às tendências intelectuais francesas do século XX. Não é, tampouco, a história de uma linhagem de influência entre os autores aqui tratados. As leituras que buscam um entendimento claro das obras de Kojève e Hyppolite devem esperar um outro tipo de estudo. Esta é a narrativa filosófica de um tropo altamente influente, o mapeamento de sua gênese na *Fenomenologia do Espírito*, suas múltiplas reformulações em Kojève e Hyppolite, sua persistência como ideal nostálgico em Sartre e Lacan e os esforços contemporâneos para expor seu estatuto plenamente ficcional a partir de Deleuze e Foucault. Embora este tropo funcione, com frequência, onde estão ausentes as referências explícitas a Hegel, sua reaparição não é, aqui, menos provocativa do que nas teorias contemporâneas que afirmam que o sujeito do desejo está morto.

Introdução

A maior pobreza não é viver
No mundo das coisas, sentir que o desejo
Mal se distingue do desespero
Wallace Stevens. *Esthétique du mal.*

Quando os filósofos deixaram de levar em conta ou puseram de lado o problema do desejo humano em seus esforços para se tornarem filosóficos, eles tenderam a considerar a verdade filosófica a própria essência do desejo. Seja essa estratégia uma espécie de negação ou de apropriação, a relação da filosofia com o desejo tornou-se imperiosa e fugaz. Sem dúvida, parte da tradição ocidental sustentou o ceticismo acerca da ideia filosófica das possibilidades desse conceito, de forma que o desejo vem sendo concebido, de tempos em tempos, como o Outro da filosofia. Imediato, arbitrário, despropositado e animal, o desejo consistiu naquilo que se exigia abandonar; ameaçou minar posições de indiferença e ausência de paixão que, de inúmeras maneiras, condicionaram o pensamento filosófico. Desejar o mundo e conhecer seu significado e sua estrutura parecia constituir projetos conflitantes, pois o desejo indicava o engajamento em uma visão limitada, a apropriação de um uso, enquanto a filosofia, em sua pureza teórica, apresentava a si mesma como aquela que prescindia do mundo que buscava conhecer. Se era esperado que os filósofos desejassem o mundo que investigavam, eles temiam perder de vista o padrão, a coerência e as formas gerais e regulares da verdade, encontrando, por sua vez, um mundo caracterizado por objetos radicalmente particulares e arbitrários, passíveis à fruição, mas, surpreendentemente, deslocados. O desejo, então, assinalava com frequência uma filosofia do desespero, a impossibilidade da ordem, a náusea necessária para o apetite.

Porque os filósofos não podem obliterar o desejo, devem formular estratégias que o silenciam ou controlam; de uma forma ou de outra, precisam, a favor de si mesmos, desejar fazer algo a respeito do desejo. Assim, mesmo a negação da negação do desejo é, sempre, mais uma de suas modalidades. Para descobrir de que maneira a promessa filosófica acerca do desejo se tornou uma alternativa bastante atrativa para a filosofia, o desejo foi domesticado em nome da razão, promessa de uma harmonia psíquica no interior da pessoa filosófica. Se o filósofo não se encontra para *além* do desejo, mas é o ser que corresponde a um desejo *racional* de conhecer o que quer e quer o que conhece, ele emerge, então, como o paradigma da integração psíquica. Esse ser carrega a promessa de um fim do desequilíbrio psíquico, da duradoura cisão entre razão e desejo, da alteridade dos afetos, dos apetites e das expectativas.

Se, potencialmente, o desejo está a serviço de uma busca filosófica pelo conhecimento, se consiste num tipo de conhecimento tácito ou se é passível de ser cultivado como uma força motivadora em cada indivíduo, então, a princípio, não existe nenhum tipo de desejo irracional, nenhum momento afetivo com relação ao qual se deve renunciar sua intrínseca arbitrariedade. Apesar e contra o entendimento naturalista dos desejos como fatos brutos e casuísticos da existência psíquica,[1] esse modelo de desejo reivindica afetos particulares como potenciais suportes da verdade, em geral com importância filosófica. Quando o desejo aparece em sua forma aleatória ou arbitrária, os filósofos clamam que seja decodificado ou decifrado; se o desejo e seu significado são, supostamente, coextensivos, a tarefa se torna, então, desenvolver a apropriação hermenêutica da autorreflexão para descobrir seu sentido implícito.

O ideal de uma integração interior entre razão e desejo não apenas impõe uma alternativa à compreensão naturalista ou positivista de desejo, como também promete expandir a própria noção de racionalidade para além de seus limites institucionais. Se os desejos são, intrinsecamente, filosóficos, então racionalizamos em nossos anseios mais espontâneos. A razão, então, não está mais restrita à racionalidade reflexiva, mas qualifica aquilo que há de mais imediato e impulsivo em nós mesmos. Em outras palavras, a imediatidade do desejo prova ser, sempre, já mediada, e somos desde sempre mais inteligentes no momento do desejo do que imediatamente acreditávamos ser. Em meio à experiência aparentemente pré-racional para a qual o desejo estrutura algo no

---

[1] Para uma crítica precisa do desejo como arbitrário, ver Unger, Roberto Mangabeira. *Knowledge and Politics*. New York: Free Press, 1975. [Ed. bras.: *Conhecimento e política*. Tradução de Edyla Mangabeira Unger. 2. ed. São Paulo: LeYa Brasil, 2022.]

mundo, estamos sempre interpretando esse mundo, fazendo moções filosóficas, expressando a nós mesmos como seres filosóficos.

O filósofo dos impulsos metafísicos, esse ser do desejo inteligente, é uma alternativa sedutora ao vazio afetivo do filósofo alienado. No entanto, parece necessário perguntar se esse modelo de integração pode ser uma alternativa viável para a alma filosófica internamente cindida, ou se consiste na reformulação de uma alienação que acontece em um nível mais sofisticado. Pode o desejo se tornar racional, ou será que ele apresenta, sempre, a irrupção e a ruptura de um projeto filosófico? A apropriação filosófica do desejo constituirá sempre sua fabricação na imagem da filosofia?

Essas perguntas são, no entanto, muito amplas, e as conclusões que elas antecipam, muito apressadas. Quando nos precipitamos a fazer referência à "filosofia" e ao "desejo" sem mostrar de que maneira esses termos sustentam sentidos unívocos, pisamos em um terreno muito incerto. Sabemos, sem dúvida, que se trata de termos historicizados, que carregam múltiplos sentidos reduzidos e falseados quando empregados fora dos contextos históricos e filosóficos em que se encontram. A pergunta deve ser, então: quais circunstâncias ocasionam a questão do desejo? Sob que condições interrogamos o sentido e a estrutura do desejo humano para compreender a natureza da filosofia, seus limites e suas possibilidades? Quando o tema do desejo humano faz do pensamento filosófico um problema?

O desejo foi condenado como um perigo filosófico precisamente devido à sua propensão de embaçar a visão clara que ampara a miopia filosófica, incentivando a ver aquilo que se *quer*, e não aquilo que *é*. O desejo é, de fato, demasiadamente estreito, focado, interessado e engajado. Quando, porém, a filosofia pergunta acerca de suas próprias possibilidades como *engajamentos* ou como saber prático, sua tendência é de questionar o potencial filosófico do desejo. Desse modo, a *Ética*, de Espinosa (2013, IIIP3, p. 173), formula o desejo como a essência do homem, e a *Crítica da razão prática*, de Kant, distingue a faculdade superior do desejo, necessária à racionalidade moral (cf. Kant, 2008, p. 38-42). Quando o conhecimento da verdade filosófica se torna uma função para viver uma vida filosófica, como na tradição da filosofia moral, a questão necessariamente levantada é: dever implica poder? Será a ação moral amparada pela psicologia humana? A verdade filosófica pode ser incorporada em uma psicologia humana viável? Se o desejo fosse considerado um princípio de irracionalidade, então a vida filosófica integrada seria quimérica, na medida em que o desejo sempre se oporia a essa vida, minando sua unidade, irrompendo sua ordem. Assim, é somente ao descobrir o desejo – ou alguma forma de desejo – como um tipo de evidência da intencionalidade moral – como ocorre no *eros* filosófico platônico,[2] na noção aristotélica de desejo unificado,[3] na pura vontade kantiana ou na *cupiditas* espinosana – que a vida filosófica, entendida como busca da integridade, permanece viável.

O sujeito unificado em sua vida filosófica unívoca serviu como uma premissa psicológica e um ideal normativo necessários à filosofia moral desde Platão e Aristóteles. Na ausência de um sujeito particular com desejos internamente constituídos, a vida moral permanece indefinida; se o sujeito é ambíguo, se é difícil localizá-lo e nomeá-lo propriamente, a quem, então, atribuiremos essa vida? E se os desejos são aleatórios ou, no melhor dos casos, autocontraditórios, então a vida moral ou bem é impossível ou, quando possível, baseia-se na repressão,[4] em vez de na verdadeira autonomia. Quando a ação moral é entendida como uma função da vida moral, não é suficiente se conformar a uma regra moral, mas essa regra deve ser "dada a si mesmo", no sentido kantiano; deve ser o produto de um afeto moral, um desejo para o bem. De outra forma, a moralidade consiste em algo imposto sobre uma personalidade resistente, e, em vez de expressar a autonomia do sujeito moral, reafirma a necessidade de uma autoridade exterior. Os filósofos, de tempos em tempos, tiveram um caso de amor com o bem, sustentando que o verdadeiro filósofo é aquele que fácil e espontaneamente deseja o bem, assim como traduz, com muita facilidade, aqueles desejos em bons feitos. Seja o desejo habituado à busca pelo bem, como na *Ética* aristotélica, seja como o condutor do *Fedro*, de Platão, que solta as rédeas do mais espiritual dos cavalos, a visão de um ser estritamente moral consiste na ideia de alguém que deseja apaixonadamente aquilo que é certo. Se agir racionalmente supõe agir reiteradamente de modo consistente, consistentemente de acordo com o que se considera um bem moral, então um ato racional fala em nome de um si mesmo unificado e uma vida unívoca. Se um agente moral age contra seu desejo, age a partir da contradição, opondo desejo e razão e minando a possibilidade da autonomia moral como função de um sujeito moral estritamente integrado. Nesse caso, agir moralmente é sempre agir a partir de uma divisão ou uma contradição interiores.[5]

---

[2] Ver o discurso final de Diotima no *Banquete*, de Platão.

[3] Para uma explicação sobre a unificação do desejo sob um princípio racional, ver Aristóteles. *Ética a Nicômacos*, livro 1, capítulo 3.

[4] O termo "repressão" é aqui usado de forma vaga, embora seja analisado de maneira mais detalhada no capítulo 4, primeira seção.

[5] De fato, Nietzsche e Freud apresentam teorias distintas acerca da organização psíquica que não se amparam no princípio de autoidentidade. Veremos em que medida o pensamento pós-hegeliano francês fez uso dessas teorias no capítulo 4.

Assim, quando nos perguntamos quais são as circunstâncias que ocasionam as questões do desejo humano, vemos que a filosofia moral, em particular, precisou saber se o desejo tinha determinada intencionalidade moral, uma essência emergente de razão que afirmasse a possibilidade de um sujeito moral unívoco e a vida moral integrada. E, ainda assim, as questões levantadas por essa filosofia acerca da identidade, da unidade e da integração foram frequentemente feitas em torno dos seres em geral; a psicologia moral, então, afirmou-se como uma ontologia moral, uma teoria sobre como o ser deve agir para capacitar a ação e a deliberação morais, levar uma vida moral e tornar-se uma personalidade moral. E isso conduziu um esquema ontológico genérico em que não apenas foram condicionadas a "unidade" e a "integridade interior" do sujeito moral, mas também a unidade e a integridade de qualquer ser. Desse modo, para a filosofia moral e para os metafísicos mais especulativos, a filosofia moral exemplificou uma dimensão da verdade metafísica, e o domínio do agente moral não foi ontologicamente distinto, mas integrado como imanente a um sistema racional mais amplo. Assim, o sujeito de uma harmonia interior ou psicológica que está, ao mesmo tempo – ou ao menos potencialmente –, em consonância com o mundo dos objetos e dos outros reaparece de muitas formas na história da metafísica especulativa. De fato, a doutrina das relações internas que se desenvolve em Aristóteles, Espinosa, Leibniz e Hegel parece exigir um sujeito humano particular, que é ao mesmo tempo independente e essencialmente relacionado a outros seres com uma ontologia similarmente ambígua. Nesses casos, o sujeito unívoco consiste em uma exigência teórica não apenas para a vida moral, mas também para o esforço mais amplo de *assegurar um lugar metafísico preestabelecido para o sujeito humano*. Para Espinosa e Hegel, o lugar metafísico do sujeito humano se articula pela racionalidade imanente do desejo, de modo que o desejo é, ao mesmo tempo, a luta fundamental do sujeito humano e o modo como esse sujeito redescobre ou constitui seu necessário lugar metafísico. Se o desejo escapasse a esse enorme projeto metafísico, se seguisse suas leis próprias ou não seguisse nenhuma lei em geral, o sujeito humano, como um sujeito desejante, estaria exposto ao constante risco de expropriação metafísica e fragmentação interna.

Mais uma vez, vemos que, se o desejo fosse de outro modo, se não trouxesse à tona a intencionalidade moral ou o lugar da metafísica, a filosofia estaria abandonada em meio à deflagração do niilismo e do deslocamento metafísico. De fato, se levarmos em conta que a preocupação filosófica acerca do desejo no século XX tem início na França, com as leituras de Alexandre

Kojève sobre Hegel na década de 1930, a questão do lugar da metafísica e da eficácia moral dos sujeitos humanos se faz absolutamente presente. A narrativa filosófica da recepção e da reinterpretação de Hegel na França tem início a partir da garantia do sujeito hegeliano autossuficiente e, ainda, metafísico, o aventureiro onívoro do Espírito que termina, depois de uma série de surpresas, por *ser* tudo aquilo que encontra durante seu percurso dialético. As obras de Kojève, de Jean Hyppolite e, em alguns aspectos, de Jean-Paul Sartre podem ser entendidas como múltiplas meditações em torno da viabilidade desse ideal filosófico. Em suas leituras e releituras de Hegel, Kojève e Hyppolite questionam se o sujeito hegeliano, tão abrigado pela metafísica, ainda poderia amparar os fundamentos de uma experiência histórica contemporânea caracterizada, em todo lugar, pelo deslocamento, pela ruptura metafísica e pelo isolamento ontológico do sujeito humano. A consideração do desejo se torna essencial à medida que alcança a viabilidade histórica da metafísica hegeliana, justamente porque o desejo, de acordo com Hegel, consiste no incessante esforço humano de superar as diferenças exteriores, projeto de se tornar um sujeito autossuficiente, para quem todas as coisas aparentemente distintas finalmente emergem como características imanentes do próprio sujeito. Kojève e Hyppolite representam dois momentos na reapropriação francesa de Hegel que, retrospectivamente, provam-se como estágios iniciais da dissolução da doutrina hegeliana das relações internas. Esses dois comentadores perguntam no que consiste a satisfação do desejo, uma questão que abrange implicitamente uma série de outras questões, por exemplo, se a dissonância psíquica entre razão e desejo pode ser superada como harmonia psíquica, e se as diferenças exteriores entre os sujeitos, ou entre os sujeitos e seus mundos, são sempre passíveis de ser reformuladas como características internas de um mundo integrado. Ao questionarem a possibilidade da satisfação do desejo e no que consiste essa satisfação, eles perguntam se a crença na harmonia hegeliana ainda é possível, se o sujeito sempre retorna a si mesmo e se, de fato, o esforço humano sempre conduz o sujeito a um mundo metafisicamente acolhedor. Na medida em que a doutrina hegeliana das relações internas se encontra sucessivamente desafiada por sua viabilidade filosófica, o desejo progressivamente se torna um princípio de deslocamento do sujeito humano e, em seus últimos estágios, nas obras de Lacan, Deleuze e Foucault, passa a significar a impossibilidade de coerência do sujeito em relação a si mesmo.

As reflexões francesas sobre Hegel no século XX, assim, lançaram um olhar constante sobre a noção de desejo, descobrindo suas possibilidades ao revisitar a versão hegeliana a respeito do sujeito humano autônomo e da doutrina metafísica das relações internas que condicionam esse sujeito. Na *Fenomenologia do Espírito*, o sujeito autônomo reconstitui a diferença exterior como uma dinâmica imanente de si mesmo por meio de uma sucessão de suprassunções (*Aufhebungen*); trata-se de, ao mesmo tempo, pressupor e articular um monismo metafísico, unidade final e implícita de todos os seres. Esse sujeito metafisicamente condicionado detém uma série de precedentes filosóficos, e sua genealogia não pode ser propriamente reconstruída no interior desse projeto. Minha tarefa consiste, assim, em compreender de maneira retrospectiva os últimos estágios dessa genealogia, talvez seu último momento moderno: a formulação do desejo e de sua satisfação na *Fenomenologia do Espírito*, de Hegel, sua celebração e sua reconstrução filosóficas feitas por alguns filósofos do século XX, bem como o momento inicial da dissolução hegeliana na França no emprego do desejo como refutação à base metafísica do sujeito hegeliano.

Como, no entanto, é possível passar do desejo filosoficamente satisfeito a uma concepção que ameace as premissas convencionais da própria filosofia? Que narrativa pode explicar a dissolução da doutrina hegeliana das relações internas, o surgimento de uma ruptura ontológica, a insuperabilidade do negativo? De que maneira esse desejo, concebido como instância humana da razão dialética, torna-se aquilo que põe em perigo a própria dialética, fratura o si mesmo metafísico integrado e irrompe a harmonia interna do sujeito e de sua intimidade ontológica com o mundo? Tais questões orientam a história filosófica que pretendo narrar. Antes, no entanto, é preciso saber por que essa história começa onde começa. O que se distingue nas breves referências de Hegel ao desejo? Por que elas se tornam a ocasião para tanto clamor filosófico e antifilosófico?

Embora o desejo (*Begierde*) seja mencionado poucas vezes na *Fenomenologia do Espírito*, o termo foi estabelecido desde muito cedo nesse texto como um princípio permanente da consciência-de-si. Hegel afirma que "a consciência-de-si é desejo, em geral" (Hegel, 2013, §167, p. 136), querendo dizer que o desejo significa a *reflexividade* da consciência, a necessidade de se tornar outra para si mesma de modo que conheça a si mesma. Como o desejo, a consciência está fora de si; e, como está fora de si, a consciência é *consciência-de-si*. Sem dúvida, o sentido desse "fora" deverá ser explicitado e se torna uma ambiguidade crucial na seção "Dominação e escravidão". Para propósitos introdutórios, no entanto, basta observar que o desejo está, essencialmente, vinculado ao conhecimento de si; é sempre o desejo-de-reflexão, a busca de identidade no que parece ser diferente. O sujeito hegeliano não pode conhecer a si instantânea ou imediatamente, mas exige a mediação para compreender sua própria estrutura. Nisso consiste a permanente ironia do sujeito hegeliano:

exige a mediação para conhecer a si e conhece a si mesmo apenas como a própria estrutura da mediação; com efeito, o que é reflexivamente capturado quando o sujeito encontra a si "fora" de si, ali refletido, é o fato nele mesmo, o fato de que o sujeito é uma estrutura reflexiva e que esse movimento para fora de si mesmo é necessário para conhecer a si como um todo.

Esse movimento fundamental do desejo, essa estrutura geral da *reflexividade* da consciência, não condiciona a busca de conhecimento apenas do sujeito sobre si mesmo, mas também de seu lugar metafísico. De fato, o sujeito hegeliano apenas conhece a si na medida em que (re)descobre seu lugar metafísico; identidade e lugar são coextensivos, de modo que a autonomia hegeliana depende da doutrina das relações internas. Isso pode muito bem ser observado quando consideramos o sentido no qual o mundo "reflete" o sujeito, pois não existe, aí, uma reflexão passiva do sujeito do mesmo modo como um objeto reflete a luz que emana de outro objeto; a reflexão sempre supõe e articula uma relacionalidade ontológica. Ao ser refletido na e por uma parte do mundo, o sujeito aprende que compartilha uma estrutura comum com essa parte do mundo, de modo que uma relação prévia e constitutiva condiciona a possibilidade de reflexão, e o objeto de reflexão não é nada além da relação em si mesma. Assim, o sujeito que encontra um objeto ou um Outro, ou alguma característica do mundo como exterior ou distinto, não é idêntico ao sujeito que descobre a si refletido em e por fenômenos aparentemente exteriores. Em outras palavras, antes de alcançar a mediação autorreflexiva, o sujeito conhece a si como um ser mais limitado e menos autônomo do que potencialmente é. Ao descobrir que a reflexão é possível, e que toda reflexão revela uma relação constitutiva do sujeito, forma com a qual se encontra integralmente relacionado ao mundo que ele previamente não compreendia, o sujeito cultiva, então, uma concepção mais ampla de seu próprio lugar. Mais importante, o sujeito hegeliano não é um sujeito idêntico a si mesmo que transita presunçosamente de um lugar ontológico a outro; ele *é* sua viagem, e *está* em todo lugar em que encontra a si mesmo.

Na medida em que o desejo é esse princípio da reflexividade da consciência, ele pode ser dito satisfeito quando uma relação com algo exterior à consciência se descobre como constitutiva ao sujeito em si. Por outro lado, a insatisfação do desejo sempre significa uma ruptura ontológica, a insuperabilidade da diferença exterior. Porém, de acordo com o "otimismo ontológico"[6]

---

[6] Sartre refere-se ao "otimismo ontológico" de Hegel em *O ser e o nada* (2015, p. 315 [1956, p. 243]).

da *Fenomenologia*, o sujeito hegeliano se expande no percurso de sua aventura em direção à alteridade; ele interioriza o mundo que deseja e expande para abranger, ser, aquilo que inicialmente confronta como outro de si mesmo. A satisfação final do desejo consiste na descoberta da substância como sujeito, experiência do mundo que confirma, onde quer que seja, o sentido do lugar metafísico imanente desse sujeito.

A partir de uma perspectiva fenomenológica, é preciso compreender essa jornada do desejo como algo que se encontra na experiência; o problema filosófico do desejo deve ser tacitamente posto por sua própria experiência, e não como um mero problema imposto sobre o desejo a partir de uma posição filosófica abstraída da experiência em si. Essa concepção, sem dúvida, pode soar questionável; qual seria o sentido do desejo em pôr a questão por si mesmo e, além disso, tacitamente? Em que sentido se pode compreender que o desejo fala, e que fala silenciosamente? Para que o desejo apareça em Hegel como fenomenológico, o sujeito desejante deve experienciar o que procura conhecer, de modo que sua experiência tome a forma de uma busca pelo conhecimento e seus vários empreendimentos filosóficos sejam manifestados em formas de vida. Se o desejo consiste em uma busca tácita pela identidade, então a experiência do desejo deve ser um modo de pôr o problema da identidade; quando desejamos, levantamos a questão do lugar metafísico da identidade humana – de alguma forma pré-linguística –, e, na satisfação do desejo, essa questão encontra uma resposta para nós. O desejo consiste, assim, em um modo interrogativo do ser, um questionamento corpóreo acerca da identidade e do lugar. No entanto, o que privilegia o desejo como esse modo impulsivo e corpóreo de questionamento metafísico?

Hyppolite sugere que o desejo é o poder do negativo na vida humana (Hyppolite, 1969a, p. 27 [1965, p. 35-36]). Entendido como uma falta, uma ausência, o desejo inicialmente significa negatividade; como busca pela substância, o desejo levanta implicitamente a questão de se a negatividade humana, o que constitui sua diferença ontológica, pode ser resolvida por meio de uma rede mais ampla do ser. O desejo humano articula a relação subjetiva na qual *não* se é si mesmo, mas aquilo que é diferente, estranho, novo, inesperado, ausente, perdido. E a satisfação do desejo consiste na transformação da diferença em identidade: a descoberta do estranho e do novo como familiar, a chegada do esperado, a reemergência do que foi dado como ausente ou perdido. Assim, o desejo humano é uma forma de tematizar o problema da negatividade; é o princípio negativo da vida humana, seu estatuto ontológico como uma falta em busca do ser – a noção platônica no *Banquete*. No entanto, o desejo é também o modo como a consciência faz da própria negatividade uma reflexão explícita do objeto, algo com que se lida e trabalha. Com efeito, lemos nossa negatividade nos objetos e nos outros que desejamos; como desejáveis, detestáveis, solícitos ou passíveis de rejeição, esses fatos emocionais do mundo refletem, em termos hegelianos, nossa insuficiência ontológica; mostram para nós a negatividade que somos e nos engajam com a promessa de plenitude ou a ameaça da reafirmação de nosso nada.[7] Seja qual for a troca emocional do desejo, estamos, em virtude dele, apontando para a questão do destino final. E, para Hegel, pôr isso em questão significa assumir a possibilidade de uma resposta, uma satisfação, um ponto de chegada.

Pode ser que eu tenha me precipitado mais uma vez: no fim das contas, o que quer dizer *chegada* em termos hegelianos? À medida que se engaja no ato de reproduzir a totalidade das relações que constituem sua identidade, o sujeito se envolve no "trabalho do negativo", e, como negativo, esse sujeito se identifica integralmente com uma ampla plenitude. À medida que o negativo não pode ser contido na ampla circunscrição do ser, o sujeito não é capaz de encontrar uma satisfação definitiva para o desejo. Hyppolite argumenta que, embora Hegel insista que "a verdade é o todo", não fica claro no que consiste esse todo, essa totalidade, que pode ser reproduzida pelo sujeito existente como um conjunto limitado de atos determinados. É isso que se passa na *Fenomenologia*, o Absoluto é alcançado quando a história do sujeito itinerante é reconstituída como imanente ao próprio sujeito, mas o momento dessa reconstituição não escapa à história em si mesma, e essa história não pode, tampouco, ser reproduzida em um momento singular.[8] A constituição subjetiva do Absoluto, assim, tem lugar por meio de uma série de atos que são, em princípio, infinitos; a tarefa fenomenológica de reproduzir essa história é necessária enquanto esse sujeito existir no tempo, isto é, dura enquanto esses novos momentos da experiência exigirem uma integração no interior da identidade subjetiva. Além disso, as novas experiências não compõem um sujeito existente, mas resultam em uma nova narrativa do próprio sujeito, um novo ponto de vista por meio do qual a narrativa deve ser recontada.

---

[7] O desejo de ser pode ser considerado o primeiro princípio da teoria sartriana das emoções, na medida em que todas as emoções põem em questão esse projeto de ser. Emoções negativas como o medo, a desconfiança, a tristeza e mesmo a inveja podem ser derivadas do medo de não ser, ao passo que a alegria, o prazer e o entusiasmo, de maneira semelhante, podem ser compreendidos como aparências provisórias do sucesso do projeto de ser.

[8] O parágrafo final da *Fenomenologia* (Hegel, 2013, §808, p. 530-531) se encerra de forma notadamente inconclusiva: a palavra final é "infinitude".

A abertura inerente à narrativa da *Fenomenologia* sugere a impossibilidade de um fechamento metafísico no interior da experiência. Hegel reitera seu argumento de muitas maneiras na *Lógica*,[9] na *Filosofia da história*[10] e em diversas seções de *A história da filosofia*. Em sua última obra, a crítica de Hegel a Espinosa ressalta seu ceticismo acerca da clausura metafísica. Espinosa é acusado de construir um sistema metafísico que exclui a negatividade da consciência-de-si, aspecto da vida humana que impede sua assimilação final com o Ser: "Esse momento negativo consciente de si, o movimento do conhecimento [...] falta ao conteúdo da filosofia espinosana [...] a negação se faz presente apenas como Nada. [...] Não encontramos seu movimento, seu devir e sua existência. A consciência-de-si nasce neste oceano embebida em sua água, ou seja, nunca chegando à identidade absoluta" (Hegel, 1974, p. 256).

O aparente fracasso de Espinosa em incluir a negatividade humana no interior de seu sistema filosófico é aqui relevante, na medida em que a noção espinosana de desejo (*cupiditas*), *conatus* humano e princípio racional de autoefetivação, prefigura a própria noção hegeliana de desejo. Para Hegel, no entanto, a razão é entendida como reflexiva, e a autoefetivação exige o trabalho negativo de autoconstituição. Para ambos os filósofos, o desejo serve ao propósito de articular e reafirmar um monismo metafísico, mas a crítica de Hegel a Espinosa a respeito da exclusão da negatividade própria à consciência sugere um modo de compreender sua contribuição original à formulação filosófica do desejo.

Para Espinosa, o desejo consiste em um modo da substância e se distingue como modo fundamental da existência humana: "desejo [...] é a própria essência ou natureza de cada um" (Spinoza, 2013, IIIP56D, p. 229) ou "esforço por perseverar no seu ser" (IIIP57D, p. 233). Assim, o desejo não é mero impulso corpóreo, pois "o desejo é o apetite juntamente com a consciência que dele se tem" (IIIP9S, p. 177). Enquanto, para Aristóteles, "[É] evidente [...] que é uma potência da alma deste tipo a que move, o que é chamado de desejo" (Aristóteles, 2006, 433a30, p. 125) e "mostra-se que

---

[9] Para uma discussão sobre o primado do Ser na *Lógica*, de Hegel, ver Gadamer, Hans-Georg. The Idea of Hegel's Logic. *In: Hegel's Dialectic: Five Hermeneutical Studies*. Translated by Christopher Smith. New Haven: Yale University Press, 1976.

[10] Hegel. *Philosophy of History*, p. 102 [Ed. bras.: *Filosofia da história*. Tradução de Maria Rodrigues e Hans Harden. 2. ed. Brasília: Editora Universidade de Brasília, 2008]; ver Avineri, Shlomo. *Hegel's Theory of the Modern State*. Cambridge: Cambridge University Press, 1972. p. 234.

o intelecto não faz mover sem o desejo" (433a17, p. 124),[11] para Espinosa, "as decisões da mente nada mais são do que os próprios apetites" (Spinoza, 2013, IIIP2S, p. 171). Assim, a referência aos "apetites" diz respeito à mônada humana considerada da perspectiva da vida corpórea, e a referência à "vontade" considera esse sujeito autoidêntico da perspectiva da razão, mas nenhuma dessas perspectivas compreende esse ser integralmente. Por isso, para Espinosa, desejo é o termo dado à simultaneidade entre apetite e vontade, o nome que se dá quando os aspectos corpóreos e mentais são tomados como as duas dimensões de um ser íntegro.[12]

Hegel aplaude explicitamente a refutação espinosana do dualismo cartesiano mente/corpo, mesmo quando a aplica a uma teoria da organização psíquica. Na crítica de Espinosa a Descartes, Hegel observa os momentos incipientes de uma teoria dialética da identidade: "Com Descartes, a corporeidade e o Eu pensante são Seres totalmente independentes; essa independência dos dois extremos é suprimida no espinosismo ao se tornar momentos do único ser absoluto. Essa expressão significa que o Ser deve ser compreendido como a unidade dos opostos" (Hegel, 1974, p. 256).

Para Espinosa, no entanto, pensamento e apetite são aspectos diferentes do *conatus*, aquele esforço em persistir em seu próprio ser que, por sua vez, deve ser entendido como um dos muitos atributos da Substância. O processo de autoefetivação da Substância multiplica e difere a si mesmo em meio a toda existência, tornando-se um princípio monístico internamente diferenciado. Essa Substância, essa agência difusa de autoefetivação ou autorrealização, especifica-se e se instancia na mônada humana como *desejo*. Para Hegel, Espinosa cumpre o papel de um importante precedente filosófico por ter estabelecido um monismo metafísico capaz da diferenciação interna; a ideia de uma Substância difusa como agência de diferenciação se aproxima da própria concepção de Hegel de Absoluto; assim, para Hegel, "ser um seguidor de Espinosa é o começo essencial de toda filosofia" (Hegel, 1974, p. 257). E, no

---

[11] Na tradução do *De Anima* em inglês referida por Butler, "*apetite*": "*that which moves [...] is a single faculty of appetite*", "*As it is, mind is never producing movement without* appetite" (Aristóteles, 1947, p. 20-25). A tradução brasileira de Maria Cecília Gomes dos Reis privilegia o termo "desejo", compreendido por três outros termos: "querer" (*boulêsis*), "impulso" (*thumos*) e "apetite" (*epithumia*). A esse respeito, ver Aggio, Juliana Ortegosa. As espécies de desejo segundo Aristóteles. *Revista Ética e Filosofia Política*, v. 2, n. 18, 2015. [N.T.]

[12] Para uma discussão mais minuciosa sobre a solução espinosana da questão mente/corpo, ver Wartofsky, Marx. Action and Passion: Spinoza's Construction of a Scientific Psychology. *In*: Grene, Marjorie (ed.). *Spinoza: A Collection of Critical Essays*. Notre Dame: University of Notre Dame Press, 1973. p. 329-355.

entanto, para Hegel, a noção de Substância é sobredeterminada, precisamente porque fracassa em adentrar uma dinâmica interna com o sujeito humano; com efeito, a Substância trabalha demais, e a consciência-de-si humana é deixada, lamentavelmente, sem emprego. Nos termos de Hegel, "há muito Deus em Espinosa" (Hegel, 1974, p. 281).

A *Fenomenologia*, de Hegel, pode ser lida como um esforço para realocar o Absoluto como princípio gerador também da consciência humana, de modo a reabilitar o Absoluto como aquilo que contém duas fontes complementares, mas igualmente necessárias. A metafísica espinosana adota a perspectiva de um sistema completo como ponto de partida, mas a *Fenomenologia*, de Hegel, põe a questão acerca de como esse sistema se dá a conhecer, e como o conhecedor passa a conhecer a si mesmo como parte desse sistema. Em outras palavras, Hegel quer conhecer como o movimento do conhecimento humano, a negatividade da consciência-de-si, passa a ser entendido como necessário à constituição do próprio sistema, e, além disso, como a necessidade da negatividade humana confirma a impossibilidade da completude e do fechamento desse sistema. Como explica Werner Marx, "para Espinosa, a substância era o absoluto ou a *causa sui*. Por outro lado, com o surgimento do 'novo espírito' que Hegel constata no filosofar idealista desde Kant, a filosofia começa a ver o Absoluto não mais na Substância, mas no poder da consciência-de-si, no sujeito" (Marx, 1975, p. 44). Hegel acusou Espinosa de fracassar em compreender o poder negativo do pensamento, tendo considerado seu próprio pensamento como mera expressão de um tipo mais poderoso de agência. Apropriando-se da agência por si mesmo, Hegel concebeu a substância em si como posta e movida pelo pensamento (Marx, 1975, p. 48). Em termos que, curiosamente, antecipam a acusação de Kierkegaard contra Hegel, Hegel acusa Espinosa da "ausência de uma concepção firme de indivíduo", fracassando em compreender o papel do sujeito de conhecimento na constituição do saber metafísico; com Espinosa, "o pensamento tem o único significado de universal, e não de consciência-de-si" (Hegel, 1974, p. 287).

A reorientação antropocêntrica do monismo espinosano promovida por Hegel tem como resultado uma reformulação da noção espinosana de autoefetivação. O sujeito itinerante da *Fenomenologia* também busca a própria efetivação, mas descobre que isso não acontece sem a ajuda paradoxal da negatividade. O sujeito humano não demonstra uma potência maior por uma expressão desimpedida da identidade, mas exige, por assim dizer, um impedimento para alcançar a reflexão de si mesmo nesse entorno, para obter reconhecimento de si pelos Outros. Assim, a efetivação acontece à medida que o sujeito se confronta com o que é diferente de si mesmo, e desse modo descobre uma versão aprimorada de si. O negativo, então, torna-se essencial à autoefetivação, e o sujeito humano deve sofrer a perda da própria identidade de novo e de novo para poder alcançar o pleno sentido do ser. Entretanto, mais uma vez, esse ser pleno pode ser encontrado, e será que a introdução hegeliana de uma negatividade essencial exclui a possibilidade de alcançar a plena identidade em consonância com um saber metafísico completo? Pode o sujeito humano vivente reconstruir todas as relações exteriores como interiores, alcançando simultaneamente a adequação consigo e com seu mundo? Pode o ideal de substância reabilitar como sujeito meramente isto, um ideal regulador que espera e sofre, mas nunca se apropria existencialmente? Se é esse o caso, terá então Hegel criado a noção de um sujeito como uma luta perpétua? Então, será que Hegel representa um retorno a Fichte, para quem o anseio[13] (*Sehnsucht*)[14] é a condição inevitável a todos os sujeitos humanos, ou pode a satisfação ter ainda algum significado para nós?

Embora Hegel seja frequentemente caracterizado como o filósofo da totalidade, da completude sistemática e da autonomia autossuficiente, não é evidente que a totalidade metafísica defendida por ele seja um sistema finito. De fato, o paradoxo persistente em sua metafísica parece consistir na abertura de seu sistema aparentemente autoinclusivo. Se uma metafísica é simultaneamente completa e infinita, isso quer dizer que o infinito deve ser incluído no sistema em si, mas a "inclusão", como uma relação espacial, é um modo insuficiente de descrever a relação do infinito com o próprio sistema. Ser capaz de pensar, de uma só vez, o absoluto hegeliano, o infinito e o sistemático consiste em pensar além das categorias espaciais, em pensar na essência

---

[13] "*Longing*." Embora a tradução do termo alemão "*Sehnsucht*" esteja consolidada na língua inglesa, sua tradução em português é bastante polissêmica. Como conceito fundamental para o projeto do primeiro romantismo, elaborado por Schlegel, Novalis e, também, Fichte – a quem Butler faz referência –, "*Sehnsucht*" compreende um sentimento profundo inerente a certa relação de angústia com a finitude, relação que supõe uma dinâmica temporal, um anseio de futuro. Nossa opção de tradução segue as escolhas mais frequentes para o termo no contexto histórico do romantismo alemão – privilegiando, nesses casos, o termo "anseio". No entanto, destacamos um uso múltiplo do termo no texto de Butler, de modo que "*longing*" e "*desire*" aparecem, muitas vezes, como termos intercambiáveis. Assim, pode-se dizer que "anseio", "desejo", "apetite" e "expectativa" formam o arco teórico que a autora persegue ao longo de sua investigação. A escolha por "expectativa" se justifica nos casos em que esse sentimento reaparece de maneira indeterminada nas jornadas dos sujeitos do desejo. [N.T.]

[14] Para Fichte, o anseio perpétuo é a consequência humana de uma dialética sem a possibilidade ontológica da síntese.

do tempo como vir-a-ser.[15] No entanto, se o Absoluto não é o princípio de uma estase espacial, se é uma modalidade temporal, a complexidade interna da temporalidade em si, então a satisfação não carrega mais os sentidos de finalidade, de estase, de clausura. Embora alguns pós-hegelianos tendessem a criticar Hegel como um filósofo da totalidade e do fechamento metafísico, Kojève e Hyppolite, de formas bastante distintas, interpretaram Hegel como uma procura pelo Absoluto no movimento indefinido do tempo, da história, das múltiplas permutações do vir-a-ser, em que a negatividade não é resolvida ou recusada, mas sustentada em uma aventura progressiva e aberta do Espírito.

Pode parecer que Kojève e Hyppolite estejam reinventando Hegel ou fazendo uma leitura seletiva para seus respectivos propósitos filosóficos, mas essa é uma questão a ser perseguida neste texto. No entanto, o que permanece em questão é em que medida a satisfação do desejo significa um tipo de morte em vida,[16] se a satisfação em vida é uma clausura ou um abrir-se, e se a satisfação, entendida como a conquista de uma autonomia moral e metafísica, assim como um sentido imanente de "lugar", é, no fim das contas, desejável. Teria Hegel respondido à sua própria crítica de Espinosa em seu sistema filosófico, ou será ele, também, culpado por silenciar o poder do negativo?

Seja o ideal de uma identificação estática de substância e sujeito próprio a Hegel, seja esse ideal falsamente atribuído à sua filosofia, essa síntese se prova ilusória para os leitores franceses do século XX. Hyppolite interpreta o absoluto hegeliano como a estrutura da temporalidade em si; Kojève, como significado de agência e eficácia históricas. Embora Sartre seja frequentemente visto como um discípulo do programa fenomenológico husserliano, sua ontologia não pode, contudo, ser vista como um hegelianismo desintegrado. Para Sartre, a consciência é uma fonte permanente de negação, e o desejo humano é entendido como a "vã paixão" que informa toda consciência intencional. Em *O ser*

---

[15] Ver meu "Geist Ist Zeit: French Interpretations of Hegel's Absolute" para uma discussão mais detalhada do Absoluto como tempo (Butler, Judith. Geist Ist Zeit: French Interpretations of Hegel's Absolute. *Berkshire Review*, v. 20, p. 66-80, 1985).

[16] Ver Derrida, Jacques. O poço e a pirâmide: introdução à semiologia de Hegel. Esse texto foi apresentado pela primeira vez no seminário de Jean Hyppolite no Collège de France, em 1968, e publicado posteriormente em uma coletânea em homenagem a Hyppolite, intitulada *Hegel et la pensée moderne*: *Séminaire sur Hegel dirigé par Jean Hyppolite au Collège de France (1967-1968)* (Paris: PUF, 1970). Em seguida, publicado em *Marges de la philosophie* (Paris: Minuit, 1972). [Ed. bras.: *Margens da filosofia*. Tradução de Joaquim Torres Costa e Antônio M. Magalhães. Revisão técnica de Constança Marcondes Cesar. Campinas, SP: Papirus, 1991.]

e o nada, a não coincidência absoluta entre para-si e em-si tem como efeito a dissolução da totalidade da síntese hegeliana idealizada.

Embora Derrida e outros críticos da "metafísica da presença" tenham argumentado que os seguidores revisionistas de Hegel (Kojève e Hyppolite), assim como seus críticos metafísicos (Sartre, Heidegger), ainda estavam na órbita da vontade de morte filosófica em nome de uma identidade metafísica estática, a história da recepção e da reconstrução de Hegel na França prova ser mais complexa quando analisada detalhadamente. Essa análise forma o escopo de meu propósito aqui. Contudo, a sugestão de Derrida é considerada na medida em que parece que os filósofos, tanto os que aceitam a promessa metafísica do desejo quanto os que meditam eternamente sobre o fracasso dessa promessa, permanecem capturados por uma imagem de finalidade e autoidentidade que é, em si, um tipo de morte. As críticas feitas a Hegel por Lacan insistem na inevitabilidade psicanalítica da insatisfação, enquanto Deleuze e Foucault, recorrendo a Nietzsche, levam em conta toda a ênfase hegeliana na negatividade, oferecendo uma versão do desejo baseada no excesso e na plenitude, em vez de na falta. Para Lacan, Hegel padece de uma inocência cartesiana; para Deleuze e Foucault, Hegel exemplifica a moralidade escrava e a dependência do princípio de identidade como ausência de vida. A questão parece ser: será o hegelianismo, em seu modo metafísico, um projeto voltado para a morte? Mas talvez isso seja muito forte, porque a relação entre desejo e metafísica prova ser uma história complicada, uma história que aqui será narrada de forma parcial. No contexto da recepção francesa de Hegel, as questões levantadas neste texto são a metafísica do desejo, a defesa metafísica contra o desejo e, por fim, o discurso pós-metafísico sobre o desejo.

Minha narrativa é, assim, estruturada em quatro partes: (1) a defesa metafísica do/contra o desejo na *Fenomenologia do Espírito*, de Hegel; (2) a revisão do desejo hegeliano por Kojève e Hyppolite como exemplos do sujeito humano no modo do vir-a-ser, internamente não idêntico; (3) o projeto sartriano pós-hegeliano; e (4) a crítica pós-hegeliana do discurso metafísico, a luta de se conciliar com o desejo como princípio de deslocamento metafísico e dissonância psíquica, e o esforço em desbancar o desejo para deslocar e superar a metafísica da identidade. Ao longo desta pesquisa, tematizo a dissolução do hegelianismo, assim como as formas peculiares de seu insistente reaparecimento, sua reformulação e sua súbita reaparição, mesmo quando sujeitas à mais veemente oposição. Veremos, de fato, o grau com que a oposição mantém vivo o desejo.

Capítulo 1

Desejo, retórica e reconhecimento na
Fenomenologia do Espírito, de Hegel

> *Durante um tempo os deuses permitem-no; depois são eles*
> *Que aparecem de verdade e os homens à felicidade e ao dia*
> *Se habituam e a contemplar os revelados, o rosto*
> *Daqueles que desde há muito nomeados como o Uno e o Todo*
> *Os que encheram de livre plenitude os peitos silenciados,*
> *Os únicos capazes de saciar todos os anseios.*
> Hölderlin. *O pão e o vinho.*

Uma análise do desejo na *Fenomenologia do Espírito* exige um retorno preliminar ao problema mais amplo de como os temas filosóficos são introduzidos e "argumentados" nos termos desse texto, às vezes bastante tortuoso. Não emprego o verbo "argumentar" entre aspas para desconsiderar o tipo de argumentação que Hegel persegue, mas para chamar atenção à idiossincrasia de sua forma. Afinal, a *Fenomenologia do Espírito* é um *Bildungsroman*,[17] uma narrativa otimista de aventura e edificação, uma peregrinação do espírito, e, à primeira vista, não fica claro como a estrutura narrativa de Hegel fornece argumentos para a questão metafísica que ele quer defender. Além disso, a estrutura frasal de Hegel parece desafiar as leis gramaticais, testando a imaginação ontológica para além de seus limites comuns. Suas frases começam com sujeitos que terminam por ser intercambiáveis com seus objetos, ou giram em torno de verbos que são rapidamente negados ou invertidos em orações subordinadas. Quando "é" consiste em uma conjugação verbal no centro de qualquer afirmação, raramente ganha a carga de uma predicação, tornando-se

---

[17] Trata-se de um "romance psicológico" (Abrams, M. H. Hegel's "Phenomenology of the Spirit": Metaphysical Structure and Narrative Plot. *In*: *Natural Supernaturalism: Tradition and Revolution in Romantic Literature*. New York: Norton, 1971. p. 225-237).

transitivo em um sentido estranho e pressentido, afirmando o movimento inerente ao "ser", irrompendo as certezas ontológicas que o uso ordinário da linguagem nos leva a fazer.

A inversão retórica da fraseologia hegeliana, assim como a narrativa e a estrutura do texto como um todo, expressa a natureza esquiva de ambos os sujeitos, o da gramática e o humano. Contra a compulsão do Entendimento de fixar o sujeito gramatical em um significado unívoco e estático, as frases de Hegel indicam que o sujeito apenas pode ser compreendido no movimento que lhe é próprio. Quando escreve "Substância é Sujeito", o "é" carrega o peso de "torna-se", em que se tornar não consiste em um processo unilinear, mas cíclico. Assim, leremos as frases de maneira equívoca se confiarmos nas pressuposições ontológicas da leitura linear, pois o "é" consiste em um ponto nodal para interpenetração de "Substância" e de "Sujeito"; cada um *é* em si apenas à medida que *é* o outro, porque, para Hegel, a identidade de si apenas pode ser efetivada enquanto é mediada por aquilo que é diferente. A leitura correta da frase consiste em lê-la ciclicamente, ou trazer à tona a variedade de significados parciais permitidos por determinada leitura. Portanto, não é suficiente dizer que a substância se torna evidente, ou que o sujeito se torna definido, mas o próprio significado da cópula é expresso em si como lócus de movimento e plurivocidade.

O sujeito gramatical nunca é, assim, idêntico a si mesmo, mas se encontra apenas e sempre em seu próprio movimento reflexivo; a frase não consiste em elementos gramaticais que refletem a ou, de outro modo, apontam à correspondência com entidades ontológicas. A frase exige ser tomada como um todo e, por sua vez, aponta ao contexto textual mais amplo que deve ser tomado em si mesmo. No entanto, a maneira como esse contexto é "indicado" é menos referencial do que retórica; as frases de Hegel *põem em ato* os significados que exprimem; de fato, demonstram o que "é", é apenas na medida em que é *atuado*. As frases são lidas com dificuldade, pois seus sentidos não são imediatamente dados ou conhecidos; exigem releitura, exigem que se leia com diferentes entonações e ênfases gramaticais. As frases retóricas de Hegel chamam atenção para si, como um verso de poesia que nos detém e nos força a pensar a *maneira* como aquilo que foi dito é essencial para *o que* é dito. As palavras distintivas e estáticas nas páginas nos levam, por um breve momento, a pensar que nossa leitura virá a liberar sentidos distintivos e estáticos. Se nos negarmos a abandonar a expectativa de que sentidos unívocos, arranjados de maneira linear, serão desdobrados pelas palavras em nossas mãos, encontraremos um Hegel confuso, difícil, desnecessariamente denso. Se, no entanto, pusermos em questão as afirmações do Entendimento que a prosa nos convida, teremos a experiência da frase em um movimento incessante que constitui seu sentido.

As frases de Hegel nunca se completam, na medida em que nunca oferecem "o que querem dizer" em uma forma final ou digerível. "Substância é Sujeito" não indica apenas o que é a substância, o que é o sujeito ou o que é a cópula, mas também que nenhuma racionalização de possíveis sentidos poderia capturar todos os sentidos que a frase indica. Todos esses três termos têm significado indefinido, na medida em que cada um exige contínua concretude e revisão. Conhecer o sentido daquela frase quer dizer conhecer o sentido do sistema hegeliano, e o sentido não pode ser conhecido de uma só vez por nenhum sujeito vivente. Assim, as frases de Hegel nos lançam, por assim dizer, em uma jornada do conhecimento; indicam aquilo que não se expressa, o que deve ser explorado por qualquer expressão dada a atingir um sentido. Como sentenças narrativas, são ao mesmo tempo cíclicas e progressivas, refletindo e atuando no movimento da consciência por meio do qual podem ser entendidas. Porque a retórica de Hegel desafia nossas expectativas de uma apresentação filosófica linear e definitiva, ela apresenta um impedimento desde o início (ninguém lê Hegel de maneira apressada); no entanto, uma vez que refletimos acerca das pressuposições em relação às quais Hegel quer nos liberar, somos iniciados pela retórica na consciência de sentidos irredutivelmente múltiplos, que se determinam de maneira contínua. Segundo Hegel, essa multiplicidade de sentidos não é estática, mas consiste na essência do vir-a-ser, do movimento em si.[18] Ao fazer a leitura por múltiplos sentidos, pela plurivocidade, pela ambiguidade e pela metáfora de modo geral, experimentamos de maneira concreta o movimento inerente ao pensamento dialético, a alteração concreta da realidade. E passamos a compreender o papel de nossas próprias consciências na constituição da realidade na medida em que o texto deve ser lido para ter seu sentido posto em ato.

Esse último aspecto é especialmente demonstrado na *Fenomenologia*, que se ocupa especificamente do ponto de vista do sujeito humano. De maneira análoga ao sujeito gramatical da metafísica hegeliana, o sujeito humano

---

[18] Em "O poço e a pirâmide: introdução à semiologia de Hegel", Derrida argumenta que o movimento dialético, em virtude de sua circularidade, circunscreve um lugar imóvel que exclui qualquer possibilidade de movimento. Assim, Derrida afirma que, para Hegel, o processo de significação consiste em um tipo de morte-em-vida, uma posição estática que, de forma implícita, refuta a própria pretensão de ser um tipo de movimento. A hipótese de Derrida, contudo, é de que o sistema hegeliano, compreendido como uma semiologia, é completo e autossuficiente – e é justamente essa hipótese que precisa ser esclarecida.

nunca se encontra ali de forma simples e imediata. No exato momento em que atingimos uma indicação de seu lugar gramatical, esse sujeito embarca na viagem e se torna algo diferente do que era quando o conhecemos pela primeira vez.[19] Mais do que a estratégia retórica das sentenças narrativas de Hegel, a estrutura narrativa que organiza a *Fenomenologia* diminui a distância entre forma e conteúdo filosóficos. A narrativa hegeliana destina-se a seduzir o leitor, explorando sua necessidade de encontrar a si mesmo no texto que lê. A *Fenomenologia* exige e efetua a identificação imaginária do leitor com o sujeito itinerante, de modo que sua leitura se torne uma forma de viagem filosoficamente instrutiva.

Identificar-se com o protagonista de Hegel não é nada fácil. Adentramos a *Fenomenologia* com a sensação de que o personagem principal ainda não entrou em cena. Há, ali, ação e deliberação, mas nenhum agente reconhecível. Temos o impulso imediato de olhar de perto para discernir esse sujeito ausente, na coxia; estamos prontos para sua entrada em cena. À medida que a narrativa avança para além do "este" e do "isto", as muitas ilusões da verdade imediata, vagarosamente nos damos conta de que esse sujeito não fará sua entrada de uma só vez, mas oferecerá partes de si, gestos, sombras, peças esparsas de seu figurino, e que essa "espera pelo sujeito", como na espera por Godot,[20] consiste na dimensão cômica e, mesmo, burlesca da *Fenomenologia*. Além disso, descobrimos que a mera expectativa não é aquilo que se espera de nós, pois essa narrativa não pode prosseguir racionalmente se não tomarmos parte em pensar a necessidade lógica de toda transição. A narrativa tem a intenção inexorável de ser desenvolvida, e, por isso, devemos testar a necessidade de cada um de seus movimentos.

Embora o *Bildungsroman* de Hegel não seja diretamente endereçado a seu leitor, como em *Jacques, o fatalista*, de Diderot,[21] a estratégia narrativa

---

[19] Embora o sujeito de Hegel seja um personagem ativo e claramente sem gênero reconhecível, estou me referindo a esse sujeito como "ele". Esse procedimento não deve ser interpretado como uma identificação do universal com o masculino, porque tem como objetivo apenas evitar soluções gramaticais complicadas.

[20] Ver Beckett, Samuel. *Esperando Godot*. Tradução e prefácio de Fábio de Souza Andrade. São Paulo: Cosac Naify, 2015. [N.T.]

[21] Em *Jacques, o fatalista*, Diderot propõe uma dialética do senhor e do escravo que claramente influenciou a discussão de Hegel. Diderot envolve seu leitor de maneira direta, exagerando seu propósito polêmico, e indiretamente, construindo uma relação entre texto e leitor como a própria dialética do poder. De certo modo, essa estratégia narrativa parece estar em conformidade com seu projeto de dar mostras da emergência dramática do sujeito, ou seja, a impossibilidade de uma simples referência a um "eu" ou "você" pelo fato de que

da *Fenomenologia* consiste em implicá-lo de maneira indireta e sistemática. Não somos meras testemunhas da jornada de algum outro agente filosófico, mas somos, nós mesmos, convidados ao palco para a performance das mais cruciais mudanças de cena. Ao fim da *Fenomenologia*, o filósofo não é mais "Outro" para nós, pois essa distinção anunciaria um "fora" dessa unidade aparentemente autoinclusiva. De fato, reconhecemos a *nós mesmos* como os sujeitos que esperávamos, à medida que, gradualmente, constituímos a perspectiva pela qual reconhecemos nossa história, nosso modo de vir-a-ser, pela própria *Fenomenologia*.

Assim, a *Fenomenologia* não é apenas uma narrativa acerca de uma consciência itinerante, mas o itinerário em si. A narrativa revela e põe em ato uma estratégia de apropriação da verdade filosófica; ambienta o palco ontológico de variadas formas, força nossa crença na realidade para fora daquele cenário, encoraja nossa identificação com o sujeito emergente incluído na cena e, então, faz-nos padecer do inevitável fracasso desse sujeito na busca pela identidade e nos limites da encenação. O sujeito fracassa – e, pela imaginação, nós fracassamos com ele – justamente por ter levado muito a sério o comprometimento ontológico exigido pela cena; assim, sua queda é revelada de novo e de novo como uma função da cegueira trágica, mesmo que, para Hegel, os eventos trágicos nunca sejam decisivos. Há um espaço de tempo muito pequeno para o luto na *Fenomenologia*, porque a renovação está sempre ao alcance. A aparente cegueira trágica termina sendo mais próxima da miopia de Mr. Magoo, cujo carro invade o galinheiro do vizinho, onde acaba sempre por aterrissar com suas quatro rodas. Como o personagem milagrosamente resiliente dos desenhos infantis de domingo, os protagonistas de Hegel sempre se encontram consigo mesmos, preparam uma nova cena, adentram o palco munidos de um novo arsenal de descobertas ontológicas – e, novamente, fracassam. Como leitores, não temos nenhuma opção narrativa além de ingressar nesse carro desengonçado, porque não podemos antecipar seu itinerário sem embarcar nele por nós mesmos. A *Fenomenologia* força repetidamente nossa crença na cena ontológica, uma imagem do que é o mundo e onde se pode encontrar o Absoluto, apenas para revelar essa imagem, no fim das contas, como uma ilusão sistematicamente induzida.

Para o leitor, então, faz menos sentido rejeitar as configurações particulares do mundo oferecidas pela *Fenomenologia* do que aceitar tal romance

---

não se pode ter certeza do que significam essas designações (ver Diderot, Denis. *Obras IV: Jacques, o fatalista, e seu amo*. Tradução de J. Guinsburg. São Paulo: Perspectiva, 2006).

como verdadeiro. As cenas provisórias de Hegel, o estágio da certeza de si, a luta por reconhecimento, a dialética do senhor e do escravo consistem em ficções instrutivas, formas de organização do mundo que provam ser demasiadamente limitadas para satisfazer o desejo do sujeito de descobrir a si como substância. Essas cenas são, assim, constantemente minadas por aquilo que inadvertidamente excluem, são forçadas à reunião em arranjos mais complexos, incluindo agora aquilo que levou a cena anterior à dissolução. Como leitores, aceitamos cada cena como verdade, identificando-nos imaginariamente, embora todo esforço de identificação seja, no fim das contas, subvertido. O que inicialmente força nossa crença se mostra como uma falsa premissa, mas essa falsidade indica, imediatamente, uma premissa mais verdadeira e inclusiva que substitui a crença inicial. O sujeito hegeliano não se cansa facilmente diante de qualquer concepção parcial de sua relação com o mundo da substância, e todo compromisso metafísico excludente conduz a um "retorno do recalcado". O sujeito hegeliano não sofre um ataque permanente de má-fé ou uma repressão incapacitante do que é real. Toda ilusão libera, imediatamente, uma concepção mais ampla da verdade pela qual é possível transcender. Esse sujeito, com honestidade metafísica compulsiva, faz sua jornada a caminho de sua definitiva unidade dialética com o mundo. Não importa quantas vezes seu mundo seja dissolvido, o sujeito permanece infinitamente capaz de reunir outro mundo; ele padece do negativo, mas nunca é plenamente engolido pelo negativo. O sofrimento, de fato, apenas aumenta seu poder de síntese. O negativo é sempre e apenas útil – nunca incapacitante em nenhum sentido definitivo. O sujeito hegeliano é, então, uma ficção de capacidade infinita, um romântico itinerante aprendendo apenas aquilo que experimenta, aquele que, por meio de infinita autorreconstrução, nunca se encontra devastado de maneira irreparável.

A esperança inerente à metafísica dramática de Hegel levou Kierkegaard a perguntar se tal pessoa poderia, efetivamente, existir.[22] Como, no fim das contas, prestamos contas do desejo incessante não apenas para sobreviver, mas, também, para obter algum ganho a partir do sofrimento, da doença, da perda? Para Hegel, esse desejo é um pressuposto, de modo que o refinamento metafísico obscurece as dificuldades existenciais e metafísicas em ação. Com que frequência, no entanto, o sofrimento promove a reconstrução de um mundo em terra firme, e com que frequência o sofrimento simplesmente provoca a

---

[22] A respeito desse tema, Butler publicou posteriormente "O desespero especulativo de Kierkegaard" (*In: Os sentidos do sujeito*. Tradução de Beatriz Zampieri e Kissel Goldblum. Belo Horizonte: Autêntica, 2021). [N.T.]

erosão de qualquer terra que seja, produzindo angústia sobre a própria possibilidade de um mundo coerente? O sujeito hegeliano, sem dúvida, tem um excelente diretor trabalhando para ele, que conduz aquelas cenas e garante sua sobrevivência em toda e qualquer transição. No entanto, na medida em que Kierkegaard, por sua vez, questiona a existência, é como se ele perguntasse: "onde está o diretor? Gostaria de trocar uma ideia com ele".[23]

Se aceitarmos a crítica existencial de Kierkegaard ao sujeito hegeliano, o que se pode extrair da afirmação da *Fenomenologia* acerca da verdade experienciada? Se o sujeito hegeliano é ficcional, será que ele ainda pode ter algum sentido para nós? Consideremos que a narrativa da *Fenomenologia* seja uma série de ilusões que provam ser a *via negativa* da verdade filosófica, que essas ficções sucessivas formem a história de uma consciência que, por sua vez, constitui sua substância, o círculo de seu ser. A busca ilusória pelo Absoluto não é meramente "correr em círculos", mas um ciclo progressivo que revela toda ilusão torna possível um grande ato de síntese, uma descoberta em direção a mais regiões da realidade inter-relacional. A substância que é conhecida, e que o sujeito *é*, então é uma rede abrangente de inter-relações, a dinâmica da própria vida e, consequentemente, o princípio de que todas as relações específicas não são o que parecem. Ainda, como seres que devem ser cultivados do ponto de vista absoluto, começamos com o determinado, o particular e o imediato, nós os consideramos como se fossem absolutos, e então aprendemos por meio dessa certeza deslocada que o Absoluto é mais amplo e internamente mais complexo do que pensávamos inicialmente. A história dessas ilusões é progressiva na medida em que compreendemos como essas ilusões estão implicadas entre si como consequências necessárias e que, juntas, dão mostras de que a *insuficiência* de qualquer relação dada com o Absoluto é a base de sua *interdependência* com outras relações, de modo que a história da ilusão é, finalmente, a unidade das relações internas, que é o Absoluto. A verdade absoluta na *Fenomenologia* é, então, algo como a integridade dramática de uma comédia de erros. Na visão análoga de Nietzsche, "'Verdade': no interior de minha maneira de pensar, essa palavra não designa necessariamente uma oposição ao erro, mas sim, nos casos mais fundamentais, somente uma posição de diferentes erros, uns em relação aos outros" (Nietzsche, 2011, p. 281).

---

[23] Livre interpretação de Kierkegaard, Soren. *Repetition: An Essay in Experimental Psychology*. Translated by Howard and Edna Hong. Princeton: Princeton University Press, 1983. [Ed. bras.: *A repetição*. Introdução e notas de José Miranda Justo. Lisboa: Relógio d'Água, 2009.]

Nesse sentido, a *Fenomenologia* consiste em um estudo de escrita ficcional que mostra o papel essencial da ficção e das falsas crenças na busca pela verdade filosófica. Conforme essa interpretação, o estatuto ficcional do sujeito hegeliano passa a ter um novo conjunto de sentidos possíveis. É possível ler esse sujeito como um tropo do próprio impulso hiperbólico, como busca desenfreada e sobredeterminada do Absoluto que *cria* esse lugar que não pode ser encontrado, que o projeta incessantemente e é constantemente "frustrado" por sua própria projeção. Como um ser de desejos metafísicos, o sujeito humano está propenso à ficção, contando para si as mentiras de que precisa para viver.[24] Relendo Hegel de maneira nietzschiana, podemos tomar a *Fenomenologia* como um estudo do desejo e da ilusão, a busca sistemática e a identificação errônea do Absoluto, um processo constante de inversões que nunca alcançam um desfecho definitivo. O sujeito se torna o lócus de formas sempre mais sofisticadas de ilusão e, assim, aprende algo a respeito de aparências ainda mais traiçoeiras do Absoluto, que terminam por ser parciais, ficcionais e falsas. Assim, se o sujeito hegeliano não pode ser localizado na existência, talvez não devamos nos surpreender com sua realidade ficcional. Como em *Dom Quixote*, esse sujeito consiste em uma identidade impossível que persegue a realidade de maneiras sistematicamente errôneas. Como leitores de seu texto, aceitando de novo e mais uma vez os termos de sua jornada, satisfazemo-nos com os mesmos desejos exorbitantes; tornamo-nos criadores de ficções que não podem sustentar a crença sobre nossas criações, que despertam para a própria irrealidade, mas apenas para sonhar, da próxima vez, com mais astúcia.

A ontologia do desejo

A discussão explícita de Hegel acerca do desejo tem início na seção "A verdade da certeza de si mesmo", que precede a transição entre a consciência e a consciência-de-si. A aparição do termo nessa conjuntura é curiosa, pois, se o progresso da *Fenomenologia* é conduzido pelo desejo, por que motivo ele

---

[24] A crítica de Nietzsche à moral e à abstração filosófica mostra, de maneira geral, que há um tipo de mentira que ajuda a viver uma "existência de escravo". No entanto, em *A verdade e a mentira no sentido extramoral*, Nietzsche afirma que a "verdade" que se opõe a essa mentira é, em si, um tipo de falsidade necessária. Em *Além do bem e do mal*, torna-se claro que tais conceitos são falsidades necessárias e que invariavelmente reduzem as múltiplas significações que deram origem a eles, isto é, os conceitos estão "mortos" e não vivos, não são metafóricos ou fluidos. Os estágios da *Fenomenologia* podem ser lidos como momentos cristalizados de um movimento necessariamente fluido; assim, são necessariamente falsos e, no entanto, podem ser explicativos se desconstruídos na multiplicidade suprimida de sua origem.

emerge como um tema explícito apenas no quarto capítulo do texto? Em que sentido, de fato, o desejo "aparece" em um dado estágio da *Fenomenologia* como um todo?

O desejo *aparece*, mas o momento de sua aparição não é, necessariamente, o momento inicial de sua eficácia. Em certo sentido, para Hegel, nada vem à existência de maneira *ex nihilo*; tudo devém em sua forma explícita a partir de um estado potencial ou implícito; de fato, em certo sentido, tudo já estava aqui desde sempre. A aparição não é nada além de um momento explícito ou efetivo no desenvolvimento de um fenômeno. Na *Fenomenologia*, um fenômeno dado aparece no contexto de uma configuração dada do mundo. No caso do desejo, devemos perguntar, que tipo de mundo o torna possível? Como deve ser esse mundo para que o desejo exista?

Quando nos perguntamos acerca das condições ou das características do mundo que torna o desejo possível, não estamos diante de uma pergunta preliminar que, uma vez respondida, permitirá que continuemos facilmente nossa investigação. Não se trata, tampouco, de uma questão kantiana acerca das condições transcendentais para a aparição do desejo. Para Hegel, as condições prévias do desejo consistem no próprio objeto da investigação, de modo que a articulação do desejo sempre põe em questão as condições de sua própria existência. Para a pergunta acerca do que é o desejo "depois", é possível fornecer uma resposta parcial: a iluminação de sua própria opacidade, a expressão daquele aspecto do mundo que o trouxe à existência. Isso é parte do que se entende pela *reflexividade* que o desejo parece incorporar ou pôr em ato. Por fim, a reflexividade atuada pelo desejo será idêntica ao próprio conhecimento absoluto. Como observa Stanley Rosen, "em termos analíticos, parte do si mesmo se encontra fora de si; o desejo de assimilar o desejo do Outro é, portanto, um esforço de capturar analiticamente a estrutura pré-analítica ou indeterminada da reflexão absoluta" (Rosen, 1974, p. 159). O desejo é *intencional* no sentido de que é sempre desejo *de* ou *para* um objeto dado ou Outro, mas é também *reflexivo* no sentido de que consiste em uma modalidade na qual o sujeito é, simultaneamente, descoberto e aprimorado. As condições que erigem o desejo, a metafísica das relações internas, encontram-se, ao mesmo tempo, diante do que o desejo busca articular e tornar explícito, de maneira que o desejo consiste em uma procura tácita pelo conhecimento metafísico, o modo humano pelo qual tal conhecimento "fala".

Na conjuntura em que o desejo emerge como um tema central da *Fenomenologia*, estamos em meio a um dilema. O sujeito ainda não fez sua entrada, mas há um predecessor nessa cena: a consciência. Ela é marcada pela suposição de que o mundo sensível e perceptivo que encontra é fundamentalmente diferente dela mesma. O "mundo" que a consciência encontra consiste em um mundo natural, de organização espaçotemporal, disposto por objetos empíricos distintos. A consciência contempla esse mundo, convicta de que isso é o Absoluto e que é exterior a ou ontologicamente distinto de si. O mundo sensível e perceptivo gera a si mesmo e por si subsiste; não tem necessidade dela. A consciência encontra a si mesma exilada do Absoluto, acreditando que seus poderes de apreensão do mundo não se relacionam a esse mundo. A consciência é, aqui, puro fascínio intencional com o mundo, mas não se identifica com ele, e não determina de forma alguma a verdade ou a existência objetiva do mundo. Nesse estágio da experiência, surge, então, um paradoxo diante do fato de que o mundo sensível e perceptivo é *delineado na* consciência, e essa delineação sugere que a própria consciência tem parte na determinação da verdade desse mundo. A princípio, isso pode não parecer evidente, mas, quando consideramos que o mundo sensível e perceptivo apenas *se torna efetivo* ou determinado através de sua mediação na alteridade, reconhecemos que a consciência é esse Outro que reflete e, portanto, efetiva a verdade desse mundo. A partir desse ponto de vista, a consciência repentinamente retorna de seu exílio e, então, cumpre um papel ontológico fundamental na determinação da realidade Absoluta. Essa reorganização repentina de mundo exige uma revisão de conceitos básicos: como deve ser a consciência se ela "mediatiza"[25] o mundo, e que sentido se pode dar à "alteridade" e a "efetivação"?

---

[25] "*Mediates*." Os conceitos de *mediação* e *imediatidade* são centrais na filosofia de Hegel. Derivados do sintagma alemão "(*die*) *Mitte*" – "(o) meio" – do qual são gerados o substantivo "(*das*) *Mittel*", o adjetivo "*mittel*" e as formas verbais "*mitteln*" –, esses termos dão origem, no texto hegeliano, a "*mittelbar*", "*unmittelbar*" e "*vermitteln*". Segundo Michael Inwood, em *Dicionário Hegel*, é do particípio passado de "*vermitteln*" que derivam os substantivos abstratos "*Vermittlung*" (mediação) e "*Unmittelbarkeit*" (imediatidade). A tradução consolidada brasileira da *Fenomenologia do Espírito* acompanha essas variações, que seguimos, com Butler, para os termos "*mediation*", "*mediated*" e "*mediates*" – o substantivo "mediação", o adjetivo "mediado" e as formas verbais de "mediatizar".

É importante destacar a diferença entre "mediar" e "mediatizar", e, embora o texto de Butler se ampare nessa diferença presente no alemão e no inglês, o sintagma "meio" não encontra, em português, uma distinção análoga a relação de *meio para um fim* e de *meio em si mesmo*. Por esse motivo, seguimos as escolhas dos tradutores de Walter Benjamin em *Escritos sobre mito e linguagem*, que optam por grafar *meio* em itálico para se referir a uma relação de imediatidade (*Medium*), e meio (*Mittel*), sem itálico, para uma relação de meios para um fim. (Ver Inwood, Michael. *Dicionário Hegel*. Tradução de Álvaro Cabral. Rio de Janeiro: Zahar, 1993. p. 216-219; ver, também, a nota da editora em Gagnebin, Jeanne Marie (ed.). *In*: Benjamin, Walter. *Escritos sobre mito e linguagem*. São Paulo: Editora 34, 2013. p. 53-54.) [N.T.]

De que maneira a dissolução desse mundo em particular permitiu a ascensão de descobertas filosóficas?

O papel da exteriorização e da alteridade na determinação de algo como verdadeiro é parcialmente explicitado pela introdução da noção de Força. Quando aparece na seção final da primeira parte de "A verdade da certeza de si mesmo", afirma-se que a Força prefigura o Conceito (*Begriff*), modo de consciência que, de acordo com Hegel, permite "pensar a antítese como síntese em si mesma" (§160).[26] A Força é essencial para a transição da consciência para a consciência-de-si, porque postula a exterioridade do mundo da realidade sensível e perceptiva como algo que, essencialmente, relaciona-se à própria consciência; a Força, com efeito, postula a exteriorização como um momento necessário do pensamento. Para que a consciência cumpra com a própria exigência interior de pensar a respeito de "algo", deve se tornar pensamento *determinado*: deve ser um pensamento "de" algo exterior a si mesma e, por sua vez, tornar-se determinada por esse algo exterior. Assim, ao pensar em uma coisa em particular, o próprio pensamento se particulariza, torna-se um *modo* dado do pensamento. Embora o pensamento permaneça como um fenômeno puramente interior, não é um pensamento verdadeiro; ele deve se relacionar com algo exterior a si para alcançar uma realidade efetivada e determinada como consciência. A noção de Força se distingue, então, dos "momentos" interiores e exteriores do pensamento na medida em que a Força é um movimento constante entre uma realidade interior e uma manifestação determinada; a Força é, com efeito, a compulsão que uma realidade incipiente demonstra para encontrar uma manifestação determinada por si – a reformulação hegeliana do *conatus* de Espinosa. A Força caracteriza as relações no mundo psíquico assim como no interior da própria consciência e torna-se, então, a base ontológica para o vínculo da consciência com o mundo sensível e perceptivo que ela encontra inicialmente como ontologicamente distinto de si. Essa compulsão pela exteriorização prefigura o trabalho do Conceito de maneira que, nas palavras de Charles Taylor, "a Ideia da necessidade necessariamente põe sua própria manifestação exterior" (Taylor, 2014, p. 174 [1975, p. 146]).

A Força é o que impele uma realidade interior a alcançar forma determinada, mas também o que frustra a absorção da realidade interior em sua forma determinada. Em outros termos, a Força sustenta uma tensão entre o

---

[26] "*Think antithesis within the thesis itself*" – Na tradução brasileira, "pensar [...] a oposição em si mesma" (Hegel, 2013, §160, p. 126). [N.T.]

que aparece e o que não aparece e, nesse sentido, diferencia-se de outros princípios do desenvolvimento teleológico. A noção de "diferença interior" ou a unidade de opostos, central para o modo hegeliano de pensamento dialético, é aprimorada por meio da concepção de Força. Não é a orientação a uma forma determinada que levaria toda realidade incipiente a tornar explícita a potência, e sim o constante processo de dar e suprassumir a forma determinada. Em uma rápida discussão acerca da gravidade, Hegel argumenta que, sem a noção de Força ou diferença interior, talvez fôssemos levados a pensar em espaço e tempo como relacionados entre si de maneira meramente contingente:

> Entretanto, por meio do conceito de diferença interior, esse desigual e indiferente, espaço e tempo etc. são uma *diferença* que não é *diferença* nenhuma, ou somente uma diferença de *homônimo*; e sua essência é a unidade. Em sua relação recíproca são animados como o positivo e o negativo; mas seu ser consiste antes em pôr-se como não ser, em suprassumir-se na unidade. Subsistem ambos [os termos] diferentes, são *em si* e são *em si* como opostos. Isto é, cada qual é o oposto de si mesmo, tem seu outro nele, e os dois são apenas *uma* unidade (Hegel, 2013, §161, p. 127).

A "unidade" do fenômeno conduzida pela Força não é uma unidade estática, mas *movimento*, incessante e dialético. O Absoluto não pode ser identificado com os objetos determinados do mundo espaçotemporal, com a *res extensa* da realidade sensível e perceptiva; há sempre algo que está além do determinado, alguma negatividade operante, que conta na gênese da forma determinada, assim como sua eventual dissolução. A noção de Força confirma que há algo que não aparece, mas que, no entanto, é fundamental para qualquer aparência dada; além disso, essa noção indica que a realidade não é coextensiva à aparência, mas que sempre apoia e é apoiada por uma dimensão oculta. Para pensar o objeto da experiência que o mundo sensível e perceptivo oferece à consciência, é preciso que renunciemos à fé em um tipo de pensamento que toma seres determinados apenas como seus objetos; o pensamento conceitual deve substituir o Entendimento, pois apenas o pensamento conceitual pode pensar o movimento entre opostos. O Entendimento constantemente confunde verdade e estase e pode apenas compreender o movimento como uma série de momentos distintos que se implicam entre si incessantemente e não aparecem simultaneamente. O Entendimento não é capaz de capturar o movimento em si; está sempre inclinado a fixar seu objeto em uma tensão presente que pretende apresentar, de maneira exaustiva, a realidade plena do objeto que tem em mãos. Porque a consciência atinge seu desenvolvimento mais sofisticado no Entendimento, prova-se incapaz do tipo de pensamento que o fenômeno da Força exige realizar. Ao explicar a Força, a consciência prova ser interminavelmente parcial; sempre indica uma negatividade que não pode ser capturada por si mesma. A consciência-de-si emerge, então, como o esforço para pensar a diferença interior, a implicação mútua de opostos, como constitutiva ao próprio objeto. Assim, a consciência-de-si pretende conceitualizar a Força, e a própria Vida, definidas como constituição e dissolução da forma. A consciência-de-si não é um ato momentâneo de uma consciência individual em relação a um mundo oposto e distinto, mas uma experiência cognitiva que tem lugar no desenvolvimento de um sentido de tempo; por sua vez, ela está apta a capturar a vida temporal do próprio objeto. A consciência poderia pensar um ser determinado, mas não seria capaz de pensar o processo de determinação e indeterminação da própria Vida; não poderia pensar a mudança.

A consciência-de-si emerge, então, como um tipo de conhecimento que é de uma só vez um modo de vir-a-ser; sofrido, dramatizado, posto em ato. A consciência faz emergir a consciência-de-si na tentativa inflada de *explicar* o que conhece: "O fenômeno – ou o jogo de forças – já a apresentava; mas foi só no *explicar* que surgiu, livre, pela primeira vez. Quando a infinitude – *como aquilo que ela é* – finalmente é objeto para a consciência, então a consciência é *consciência-de-si*" (Hegel, 2013, §163, p. 128). A Força pode ser explicada como uma série de fenômenos isolados, mas a inter-relação entre eles nunca será satisfatoriamente explicada. Se essa explicação é dada a partir da consciência, será apenas uma fratura dos momentos da Força; a gravidade pode ser analiticamente separada da eletricidade positiva e negativa, a distância e a atração podem ser escrutinadas isoladamente de maneira análoga, mas o fenômeno em si se terá perdido, ou será apresentado como uma série de atributos interiores sem vida e não relacionados. Falta ao Entendimento a reflexividade, e por isso ele não pode compreender como a própria diferença da consciência em relação àquilo que examina é, em si mesma, parte do fenômeno investigado. Assim, o Entendimento não pode extrapolar essa experiência de "diferença constitutiva" no objeto de investigação e se mostra, portanto, incapaz de saber como se dá o jogo das Forças na unidade temporalizada do fenômeno. E, assim, a consciência se atrapalha ao explicar a Força, enumerando os momentos do jogo das Forças, enumerando-os de novo, tentando forçar uma síntese a partir da série, mas sem as ferramentas cognitivas adequadas para isso. E, no entanto, essa apresentação fracassada dá uma pista inesperada à formulação adequada do fenômeno. Como um "Explicar" [*Erklärung*], o Entendimento é determinado manifestamente de forma material; há a própria consciência espalhada pela página, formada por palavras e letras, existindo, materialmente, fora de si. Ao reconhecer a autoria dessa explicação, a consciência se torna ciente de si pela primeira vez. Não mais emaranhada intencionalmente com um mundo que aparentemente monopoliza a realidade, a consciência descobre sua própria reflexividade; torna-se outra para si mesma e conhece a si como tal: "No explicar encontra-se tanta autossatisfação justamente porque a consciência está, por assim dizer, em imediato colóquio consigo mesma: só a si desfruta. Embora, sem dúvida, pareça tratar de outra coisa, de fato está somente ocupada consigo mesma" (Hegel, 2013, §163, p. 129).

A consciência, então, renuncia a si como consciência no processo de explicar o que conhece. Na medida em que o Entendimento chega ao fim, nem a consciência nem o objeto que procura explicar permanecem os mesmos. O processo de Entendimento transforma os dois polos da experiência que a consciência deveria mediatizar. O Entendimento, não mais um instrumento nas mãos de uma consciência intacta, torna-se um tipo curioso de agente que ativa e abala a identidade de quem o utiliza. Da mesma maneira, o objeto do Entendimento se torna curiosamente ambíguo; ao ser explicado, o objeto revela a si mesmo na posse de certas propriedades que a própria consciência pode elucidar. No entanto, o que o objeto revela e a contribuição da consciência permanecem indistinguíveis, pois o único caminho para o objeto consiste no próprio Explicar, de modo que não é possível apelar a um objeto fora de sua explicação para ver em que medida o Explicar expressa adequadamente o objeto em si. De fato, o próprio objeto em si não é diferente do objeto-na-explicação; sua existência na forma do Explicar tornou-se sua efetividade. A Consciência se depara, então, com uma ambiguidade imprevista, pois ela encontra a si mesma nos termos de uma explicação que é "do" objeto da experiência; e é, ao mesmo tempo, ela mesma e o objeto investigado. Assim, a consciência aprende que o que existe em si mesma também existe na alteridade. Esse princípio permite sua apreensão do fenômeno da Força, mas, também, uma descoberta inesperada – a apreensão de si como essencialmente reflexiva. Além disso, a consciência passa a entender que sua própria reflexividade significa o que é constitutivo à realidade que investiga: "Eu *me distingo de mim mesmo, e nisso é imediatamente para mim que este diferente não é diferente*. Eu, o homônimo, me expulso de mim mesmo; mas este diferente, este posto-como-desigual, é imediatamente, enquanto diferente, nenhuma diferença para mim" (Hegel, 2013, §164, p. 129-130, itálico da tradução brasileira).

Ao distinguir algo como diferente de si mesma, a consciência realiza a determinação de algo negativo. Quando *declara* "isto não sou eu", nasce uma realidade positiva. O fato de que a declaração pareça minar o seu próprio conteúdo tem efeito na relação linguística entre o "Eu" e a realidade que é "outra". Sem dúvida, essa realidade aparentemente diferente da consciência que se anuncia não é, aqui, *tão* diferente a ponto de escapar a qualquer referência linguística. A consciência se conhece suficientemente bem para negar a si, e essa parte de "não eu" tem um lugar linguístico no interior do mundo da própria consciência. Surge, assim, a questão: o que significa afirmar por meio da linguagem o que se procura negar? Que tipo curioso de negação é esse que vive na linguagem como uma afirmação?

Quando o sujeito emergente hegeliano, aqui entendido como o modo da consciência, declara ou explica sua diferença fundamental com o mundo, o modo como essa explicação é feita contradiz a intenção explícita e o conteúdo do explicar. Como aquilo que deve expressar o que conhece na linguagem, isto é, aquilo que deve exteriorizar seu conhecimento na forma linguística, a consciência é "do" mundo, no sentido de que aparece no mundo. Portanto, se a consciência procura explicar sua diferença ontológica em relação ao mundo, nesse processo ela apenas pode se contradizer. E, ainda assim, a retórica do Explicar não faz de tola a consciência, que procura articular sua diferença ontológica. A consciência *é* diferente do mundo perceptivo e sensível em que se encontra, mas essa diferença não é exterior; em vez disso, a consciência está interiormente relacionada ao que procura conhecer, um momento necessário no círculo hermenêutico em que o investigador se implica no objeto da investigação.

Na *Fenomenologia*, o encontro entre a disparidade aparentemente ontológica e a descoberta da existência da inter-relação é efetuado, aqui e ali, pela transição entre uma leitura literal e uma leitura retórica. Quando o sujeito hegeliano declara, põe em ato ou exterioriza sua convicção de que é absolutamente outro com relação a este ou aquele aspecto do mundo, o próprio processo de exteriorizar essa convicção termina por miná-la e, finalmente, provar que o oposto é verdadeiro. Ao declarar ou dramatizar sua verdade, a negação conquista um lugar no mundo e, assim, transforma a negação indeterminada em negação determinada, existindo como um momento em uma rede de inter-relações, uma negação que tem lugar.

De maneira significativa, Hegel se ampara nos sentidos retóricos da explicação linguística ao efetuar a transição entre consciência e consciência-de-si. Na medida em que a consciência-de-si é caracterizada pela reflexividade, isto é, pela capacidade de se relacionar consigo mesma, essa reflexividade é condicionada pelo poder de articulação. Além do mais, isso não quer dizer que a articulação ofereça um "conteúdo" de partida refletido sobre uma consciência que observa obstinadamente o mundo a partir de um lugar qualquer, e sim que a consciência se revela como *um fenômeno articulado*, algo que apenas vem a ser ela mesma *como* articulação. Uma vez articulada, tal consciência não está mais apropriadamente designada por esse nome, pois ela refutou retoricamente as condições da disparidade ontológica compreendida por essa designação. Ao se tornar articulada, a consciência torna-se ela mesma, mas, no linguajar clássico hegeliano, ela o faz tornando-se outra. Nessa instância, esse Outro, que é, sim, a plenitude de seu si mesmo, é consciência-de-si.

O movimento dessa transição consiste em um movimento *retórico*; a descoberta finalmente revelada é posta em ato, em primeiro lugar, sem a autoconsciência, e é apenas quando essa consciência se completa e o Explicar, então, é declarado e findo que a consciência lança o olhar sobre o que produziu e reconhece em si sua autoria. O propósito do Explicar já não importa, porque a consciência fez uma descoberta inesperada e ainda mais significativa: alcançou a capacidade de reconhecer a si mesma, é uma estrutura reflexiva e habita um lugar no mundo. Como exterior, a consciência é "outra" para si, o que significa que é o que geralmente se entende como "outra" para si, nomeadamente, o mundo; assim, o inverso dessa declaração de identidade também é verdadeiro: a consciência do mundo é, simplesmente, a consciência de si mesmo em sua alteridade. O movimento retórico de transição, assim, reafirma o princípio de identidade, o lugar ontológico da diferença, a rede que dá suporte às relações interiores.

Como uma agência retórica, o sujeito hegeliano sempre sabe mais do que supõe conhecer, e, na leitura retórica de si, isto é, ao ler os significados que involuntariamente *põe em ato* contra aqueles que explicitamente *intenciona*, retorna a dimensões ainda mais amplas de sua própria identidade. A retórica consiste, afinal, no que condiciona a ilusão e a iluminação, o modo como o sujeito se encontra sempre para além de si mesmo, significando o que não é necessariamente intencionado e que, no entanto, exterioriza, lê e, finalmente, retorna a si mesmo.

O drama retórico do Explicar que perseguimos é recapitulado, de maneira mais concreta, no drama do desejo. O problema da consciência, lembremos, consiste em como conceitualizar sua relação com o mundo perceptivo e sensível. Como uma forma avançada do Entendimento, a consciência poderia delinear as características ou os "momentos" desse mundo, mas não poderia efetivar uma unidade com esse mundo. Assim, a consciência tem apenas uma experiência teórica de seu objeto, uma noção de como ele deve ser, mas o mundo sensível e perceptivo permanece remoto, conjeturado, desconhecido pela experiência. Na transição para a consciência-de-si, criamos a expectativa do que virá a seguir: "O conceito do objeto se suprassume no objeto efetivo; a primeira representação imediata se suprassume na experiência, e a certeza vem a perder-se na verdade" [*der Begriff von ihm hebt sich an dem wirklichen Gegenstande auf oder die erste unmittelbare Vorstellung in der Erfahrung, und die Gewißheit ging in der Wahrheit verloren*] (Hegel, 2013, §166, p. 135).

Como, então, o mundo sensível e perceptivo torna-se uma experiência para a consciência-de-si, ou, em outros termos, como esse mundo é experimentado *como* consciência-de-si? No §167, a *Fenomenologia* começa a responder essa pergunta ao reivindicar a experiência do *desejo* como o modo como a consciência-de-si passa a exigir esse mundo sensível e perceptivo. Hegel introduz o conceito de desejo de maneira informal, ao fim de uma explicação complexa, como se fosse algo que já deveríamos entender. O problema em questão é como fazer do mundo sensível e perceptivo uma diferença não diferente, quer dizer, como recapitular esse mundo como uma característica da própria consciência-de-si. Vimos como "explicar" o mundo teve parte nesse percurso, mas a solução parece, aqui, bastante abstrata:

> Com aquele primeiro momento, a consciência-de-si é como *consciência* e para ela é mantida toda a extensão do mundo sensível; mas ao mesmo tempo, só como referida ao segundo momento, a unidade da consciência--de-si consigo mesma. Por isso, o mundo sensível é para ela um substituir, mas que é apenas um fenômeno, ou diferença que não tem *em si* nenhum ser. Porém essa oposição, entre seu fenômeno e sua verdade, tem por sua essência somente a verdade, isto é, a unidade da consciência de si consigo mesma. Essa unidade deve vir-a-ser essencial a ela, o que significa: a consciência-de-si é desejo, em geral (Hegel, 2013, §167, p. 136).

No "primeiro momento" ou na tese preliminar – *grosso modo*, a Parte I da *Fenomenologia* – o mundo sensível permanece como fenômeno.[27] Mas que

---

[27] "*Appearance*." Embora a tradução brasileira da *Fenomenologia do Espírito* – assim como a francesa – faça a escolha do termo "fenômeno" para o sintagma alemão "*Erscheinung*", Butler sustenta, nesse trecho e ao longo da argumentação do primeiro capítulo, um jogo de linguagem a respeito da *aparência* ou *aparição* (*appearance*) dos fenômenos (*phenomenon*) para a consciência-de-si. A edição da *Fenomenologia* em inglês a que Butler faz referência, de fato, traduz o termo "*Erscheinung*" por "*appearance*". É preciso, no entanto, pontuar a distinção feita por Hegel entre os dois termos, por exemplo, no §143 da *Fenomenologia*: "por isso se chama *fenômeno* (*Erscheinung*); pois aparência (*Schein*) é o nome dado ao *ser* que imediatamente é em si mesmo um *não ser*. Porém, não é apenas um aparecer, mas sim fenômeno, uma *totalidade* do aparecer (*Es ist aber nicht nur ein Schein, sondern Erscheinung,*

tipo de fenômeno é esse? Como viemos a saber, esse fenômeno consiste em algo aparentemente distinto de uma realidade ou essência, mas, então, essa distinção aparentemente não se sustenta: é "diferença que não tem *em si* nenhum ser".[28] A consciência aprendeu, por meio de seus poderes de explicação, que parece reter a verdade de um mundo oposto, ainda que, nomeadamente, emerja uma nova disparidade entre o *fenômeno* daquele mundo como exterior e inalcançável, e sua *verdade*, trazida à tona pelo Explicar muito bem-feito pela consciência. Para superar essa distinção específica entre fenômeno e verdade, esse mundo sensível e perceptivo deve ser, de algum modo, "unificado" à consciência; se essa unidade tem lugar, e se um de seus termos é a unidade do mundo sensível, faz sentido que a consciência-de-si tenha uma expressão sensível. É assim que, portanto, a articulação da consciência-de-si consiste no "Desejo em geral".

A palavra alemã para desejo, "*Begierde*", indica um apetite animal anterior ao sentido antropocêntrico expresso pelo termo francês "*désir*" ou pelo inglês "*desire*" (ver Gadamer, 1976, p. 62). Introduzido a essa altura do texto, o termo ganha, sem dúvida, o significado de uma avidez animal; o mundo sensível e perceptivo é desejado na medida em que exige ser consumido e é meio para a reprodução da vida. Conforme seguimos o desenvolvimento textual do desejo, aprendemos que o desejo humano se distingue do animal em virtude de sua reflexividade, seu projeto tacitamente filosófico e suas possibilidades retóricas. Nesse ponto, no entanto, estamos munidos apenas com as concepções dadas pela Força e pelo Entendimento; compreendemos o *movimento* como jogo de Forças, e o Entendimento como a *alteridade* necessária à própria consciência. De maneira previsível, a experiência do desejo aparece inicialmente como uma síntese do movimento e da alteridade.

Ao desejar qualquer elemento do mundo, a consciência-de-si efetua a unidade com o mundo que só poderia ser efetuada pela consciência de maneira teórica ou acidental. Como desejo explícito de algum aspecto do mundo, a consciência-de-si não apenas se apropria da realização retórica da consciência, mas leva o silogismo às últimas consequências e torna-se, por assim dizer, a atuação sensível de sua unidade. Assim, o desejo vem-a-ser a articulação de um objeto sensível que é, ao mesmo tempo, uma busca reflexiva da própria

---

ein Ganzes des Scheins)" (Hegel, 2013, §143, p. 114-115). Embora essa distinção tenha sido parcialmente perdida em inglês, buscamos preservar o jogo de linguagem feito por Butler, optando assim pelo uso dos termos "aparência" e "aparição", excetuando os casos em que há referência direta ao termo "fenômeno" na tradução consolidada da obra de Hegel. [N.T.]

[28] Na tradução usada por Butler, "diferença que, *em si*, não é diferença" ("*difference which, in itself, is no difference*"). [N.T.]

consciência-de-si. Ao perseguir a observação de que "a consciência-de-si é desejo, em geral", Hegel explicita a ambiguidade inerente ao projeto do desejo: "A consciência tem de agora em diante, como consciência-de-si, um duplo objeto: um, o imediato, o objeto da certeza sensível e da percepção, o qual porém é marcado *para ela* com o *sinal do negativo*; o segundo objeto é justamente *ela mesma*, que é a essência verdadeira e que de início só está presente na oposição ao primeiro objeto" (Hegel, 2013, §167, p. 136-137).

O desejo é, aqui, descrito nos termos de seus fins ambíguos e intencionais, mas essas duas finalidades consistem, igualmente, em estágios do desenvolvimento da consciência: primeiro, o objeto da certeza sensível e da percepção é o objeto convencional da consciência, uma relação que já analisamos; a segunda finalidade, a busca reflexiva da consciência sobre si mesma, também já conhecida por isso que encontramos no drama do Explicar. Assim, o desejo é sempre desejo de algo outro que, por sua vez, é sempre um desejo de uma versão mais expandida do sujeito. O "objeto [imediato] da certeza sensível e da percepção" aparece como "negativo" porque *não* é consciência. E, embora a consciência-de-si procure articular ou tematizar a si mesma, nesse "primeiro momento" ou nessa fase inicial do desenvolvimento do desejo, a procura pela alteridade e a procura de si parecem formar plena oposição. Aprendemos, com efeito, as lições da Força e do Explicar, mas a essa altura podemos apenas incorporar essas lições como um paradoxo interior. Na medida em que desejamos, desejamos de dois modos mutuamente excludentes; ao desejar outra coisa, nós nos perdemos de nós mesmos, e, ao desejarmos a nós mesmos, perdemos o mundo. Esse ponto do drama do desejo parece ter como consequência um empobrecimento inaceitável; seja na forma do narcisismo, seja na forma de uma implicação com o objeto, o desejo está em desacordo consigo mesmo, contraditório e insatisfeito.

O desejo tem "um duplo objeto" e, portanto, torna-se fonte de ilusão quando um propósito singular e unívoco vem a ser objeto do "verdadeiro desejo". E, ainda que haja, aí, uma motivação para superar essa situação paradoxal, o confronto com o objeto da certeza sensível e da percepção é, intrinsecamente, insatisfatório. Pois o objeto é "outro", absolutamente diferente, não significa nada para a consciência para além de suas próprias limitações ontológicas. O ser-outro incita a consciência-de-si, torna possível sua articulação como desejo, mas também é fonte de sofrimento para o sujeito emergente. Além do mais, a consciência-de-si é definida por Hegel como "essencialmente o retorno a partir do *Ser-Outro*" (§167), para a qual o desejo, como expressão da consciência-de-si, é um constante esforço de superar o fenômeno da disparidade ontológica entre a consciência e seu mundo. Essa disparidade aparece, inicialmente, como intransponível, e essa pretensa intransponibilidade permeia a experiência ingênua de nosso metafísico itinerante; trata-se de um dado fenomenológico primário, mas que é gradualmente dissolvido por meio dos esforços do desejo. O desejo, com efeito, não altera a diferença ontológica, mas fornece um modo alternativo para conceitualizar sua disparidade, uma conceitualização que permite a revelação de sua organização propriamente ontológica e plenamente desenvolvida. O mundo do desejo, o mundo compensatório da consciência não deve ser, então, aniquilado, mas reconcebido e redescoberto como constitutivo para a consciência-de-si. É efetuado e aprimorado por uma compreensão emergente da "diferença". A relação negativa que se observa entre o sujeito emergente e seu mundo não apenas diferencia, mas também *vincula*. A consciência *não é* o objeto de seu desejo, mas sua negação como negação *determinada*, pois esse objeto é prefigurado pelo desejo, e o desejo é, essencialmente, transformado por esse objeto; essa negação é, com efeito, constitutiva ao próprio desejo. Ao perseguir o próprio retorno do ser-outro, o desejo tentou, implicitamente, recuperar a diferença absoluta como negação determinada, para reconciliar a diferença entre uma unidade da experiência na qual a negação se revela ser como a relação mediatizada. O desejo pode ser dito, então, como aquele que revela a negação como constitutiva à própria experiência.

Podemos ver, então, que a primazia ontológica da negação é tanto posta em ato quanto revelada pelo desejo, que a negação pode apenas ser compreendida como essencial à experiência por meio da consideração da *reflexividade* da consciência-de-si. Na medida em que todas as relações exteriores se transformam em interiores – ou duplas –, relações por meio das quais emerge a autorreflexão do sujeito hegeliano, todas as negações indeterminadas ou rupturas na ontologia da experiência são redescobertas como negações determinadas, diferenças que estão contidas no interior da integridade ontológica da experiência.

Porque o desejo surge sempre como um confronto com uma diferença que parece ser ontologicamente díspar e é, além disso, um esforço para superar essa disparidade, demonstrando um modo de inter-relação que, até então, permanecera opaco, parece razoável concluir que o desejo está sempre tematizando – e efetivando – as precondições ontológicas para sua própria emergência. Enquanto o confronto inicial com o ser-outro obriga à consciência um sentido de limitação, a satisfação do desejo revela uma capacidade mais ampla do si mesmo, que está apto a admitir sua interdependência e, assim, conquista uma noção de identidade abrangente e extensa.

O que, no entanto, entende-se por satisfação? Aprendemos que o sujeito hegeliano deseja o objeto da certeza sensível e da percepção, e que esse desejo incorpora os projetos da Força e do Entendimento. Em um primeiro momento, esses projetos estão em aparente desacordo, e parece que o sujeito apenas pode buscar o objeto ou a si mesmo, mas nunca os dois ao mesmo tempo. Na tentativa de reconciliar esse paradoxo, a consciência o põe em movimento. Os objetos do desejo não são mais compreendidos como estáticos e ontologicamente autossuficientes, mas reconcebidos como as muitas *figuras* da Vida, em que Vida se define como incessante consolidação e dissolução da figura. O "jogo da Força" é, então, reencenado no campo dos objetos em um nível mais sofisticado de organização ontológica.

O conceito de Vida aparece, então, para reconciliar os momentos da determinação e da negatividade que, pensados a partir de um ponto de vista estático, pareciam estar relacionados de maneira apenas paradoxal. De fato, essa unidade é constitutiva à Vida: "a substância simples da vida é o seu fracionamento em figuras, e ao mesmo tempo a dissolução dessas diferenças subsistentes […] o processo da vida […] é tanto figuração quanto o suprassumir da figura" (Hegel, 2013, §171, p. 138-139). A essa altura, o sujeito hegeliano conclui que o objeto próprio ao desejo é Vida, e adere a uma forma primitiva de panteísmo que atribui poderes criativos ao mundo objetivo. O sujeito, excluído dessa dialética do vitalismo, vê esse mundo ativo a partir de certa distância que assinala sua reincidência no exílio ontológico. Esse sujeito deseja Vida, mas deseja como quem se encontra, por si mesmo, incapaz de viver – de modo que o desejo se confunde com *páthos*, melancolia inevitável que corresponde ao conhecimento de uma distância intransponível. Concebido aqui como um estágio inicial da consciência-de-si, o sujeito alcança uma sabedoria para a Vida sem ser sabedoria "de" vida.

Essa forma de distanciamento remete ao começo do poema de Emily Dickinson "Eu não posso viver com você/Isso seria vida/E a vida está para lá".[29] Como na ironia dessa voz poética que, tão intimamente, recusa a própria proximidade com o viver, a consciência-de-si melancólica de Hegel refuta vitalmente qualquer reivindicação da vida. Esse sujeito ainda não conhece sua própria "vivibilidade", sua capacidade de criar e dissolver figuras e, na verdade, não conquista esse conhecimento até o fim da seção "Dominação

---

[29] A tradução do poema de Emily Dickinson é de Fernanda Mourão. Ver Mourão, Fernanda. *117 e outros poemas à procura da palavra de Emily Dickinson*. 2008. Tese (Doutorado em Literatura Comparada) – Faculdade de Letras, Universidade Federal de Minas Gerais, Belo Horizonte, 2008. [N.T.]

e escravidão"; de fato, o senhor existe como algo "morto" até que trabalhe os objetos que refletem seu poder criativo. Nessa conjuntura, no entanto, o objeto está fora do trabalho, como um Fausto meditativo cuja tristeza se converte em frustração e, finalmente, em inveja destruidora (Goethe, 2023). A vida aparece, aqui, como um monólito, autossuficiente e impenetrável, e o desejo, um empreendimento fútil e humilhante. Como na noção em Fichte da realidade humana como intrinsecamente insaciável, *Sehnsucht* ou anseio, também o desejo é, nesse momento da *Fenomenologia*, um lembrete constante da inutilidade dos projetos humanos. Desejo é vacuidade, um puro para-si, a "paixão inútil" que aparecerá, mais tarde, em *O ser e o nada*, de Sartre.

Ou bem nosso sujeito itinerante esqueceu o aprendizado de suas lições, ou ele não sabe mais como sustentar sua identidade recém-descoberta de agente mediador no encontro com a Vida. Ambos são sem dúvida verdadeiros, a dificuldade que gera o esquecimento. Porque essa agência infeliz não participa da Vida que deseja, não parece considerar a si como um ser vivo, de modo que o desejo se torna a experiência de um tipo de morte em vida, um momento isolado de não-ser, ao que o eu lírico de Emily Dickinson se refere como "meu Direito Frio – Privilégio da Morte". Experimentando a si mesma como essencialmente pobre, a consciência-de-si torna-se um vazio que deve consumir a vida com o fim de alcançar, para si própria, alguma realidade temporária. Esse sujeito não está diante de sua identidade como um nada estático em meio ao ser; de fato, ele parece incapaz de suportar a estase de sua própria negatividade. Assim, sem desafiar intencionalmente o pressuposto do exílio ontológico, esse agente põe em movimento a própria negatividade, tornando-se agente do nada, um ator cujo papel é negar. Ao tematizar as presumidas condições de sua própria identidade, esse sujeito dramatiza seu desespero. Em vez de um ser morto, torna-se agência da morte.

Essa apropriação reflexiva das condições da própria identidade resulta em uma *atuação* da negatividade que, previsivelmente, tem consequências retóricas paradoxais. Como um esforço de negar, o desejo que consome busca aniquilar a independência de algum objeto vivo (não pode negar a Vida em sentido geral, e por isso se restringe a qualquer manifestação determinada do inimigo). Ao negar *esse* objeto vivo, transformando-o em nada, a consciência-de-si passa a vê-lo como algo que já não existe e conta com seu desaparecimento da existência nos termos de suas próprias ações. Assim, a consciência-de-si reconhece a *si mesma* como agência dessa realização; convicta da nulidade desse objeto, a consciência-de-si afirma explicitamente que essa nulidade é *por si mesma* a verdade de seu objeto. Os papéis ontológicos são, então, invertidos. Ao destruir o objeto vivo, a consciência-de-si dá a si mesma a forma positiva como uma agência de destruição. Considerando a própria agência no cumprimento desse ato, a consciência-de-si tem, mais uma vez, certeza de sua própria realidade. As lições apreendidas no drama do Explicar são, então, recapituladas na cena do desejo que consome.

Tendo destruído um objeto que vive de maneira independente, a consciência-de-si agora conhece a si como uma agência de destruição. Sua certeza de si mesma depende, é claro, do objeto que fora conhecido e já não é mais. O desejo, como esforço para consumir ou destruir a vida, prova estar essencialmente relacionado à Vida, mesmo que apenas no modo da negação. A experiência do desejo que consome torna explícita mais uma vez a relação mediatizada entre a consciência-de-si e seu objeto, pois a experiência do desejo não pode compor a certeza de si sem antes se relacionar a um objeto independente. Com efeito, um agente destrutivo não pode supor uma identidade sem um mundo que venha a ser destruído; assim, esse ser que, convencido de seu exílio da Vida, engaja-se em destruir todas as coisas vivas termina por paradoxalmente dramatizar sua dependência essencial do mundo do vivente.

Como uma agência que consome ou destrói, a consciência-de-si, como desejo, tenta alcançar realidade consumindo uma coisa viva. A realidade alcançada, no entanto, é diferente da realidade da qual intencionava se apropriar: assumindo que o objeto monopolizou a Vida, essa agência gostaria de consumir o objeto e se apropriar da Vida como um atributo que poderia ser facilmente transferido do objeto à consciência-de-si. Agora, essa mesma agência se dá conta de que, tendo negado o objeto, ainda retém uma dependência em relação a ele; além disso, que determinado objeto vivo não é o mesmo que a própria Vida, e, por isso, um número potencialmente infinito de objetos vivos deve ser negado à consciência-de-si para que esta alcance o monopólio da Vida que pretende, e esse projeto logo parece ser fútil e interminável. A consciência-de-si conclui, então, que a Vida e os objetos vivos não podem ser plenamente assimilados, que o desejo deve encontrar alguma nova forma, que isso deve se desenvolver no percurso que parte da destruição em direção ao reconhecimento da intransponibilidade das outras coisas vivas: "[...] nessa satisfação a consciência-de-si faz a experiência de seu objeto. [...] De fato, a essência do desejo *é* um Outro que a consciência-de-si; e através de tal experiência essa verdade veio-a-ser para a consciência" (Hegel, 2013, §175, p. 140-141).

O projeto do desejo que consome é, em si, condicionado por um pressuposto ontológico que mobiliza a consciência-de-si no papel de uma pura vacuidade, exterior e não relacionada ao ser substantivo. Esse esquema é interrompido pela dramatização da destruição na medida em que o desejo, mais uma vez, determina a si como uma realidade positiva por meio dos seus próprios atos determinados. O desejo se revela, então, como uma *negatividade negadora*, e não mais uma nulidade isolada e sem vida. E, ao passo que o desejo é, em sentido geral, consciência-de-si, descobrimos já em outro nível de experiência a *reflexividade* da consciência-de-si como o que dramatiza a si própria, assim como sua *intencionalidade* – a intransponibilidade do ser-outro: "O desejo e a certeza de si mesma [da consciência-de-si], alcançada na satisfação do desejo, são condicionados pelo objeto, pois a satisfação ocorre através do suprassumir desse Outro; para que haja suprassumir, esse Outro deve ser" (Hegel, 2013, §175, p. 140).

Vimos o fascínio das características intencionais próprias à consciência e, agora, passamos a acompanhar sua recapitulação como uma estrutura mediadora da consciência-de-si. Como uma experiência do desejo, a consciência-de-si dá suporte a certa relação ambígua que é outra para si mesma. O desejo é, sempre, desejo "de" algo outro para a consciência-de-si (mesmo quando o que se deseja é a obliteração do outro, é "a obliteração do outro" que permanece como seu objeto intencional). Além disso, a intencionalidade do desejo é também e sempre informada pelo próprio processo reflexivo; o desejo revela sempre o agente desejante como algo de intrinsecamente outro para si mesmo: a consciência-de-si consiste em um ser *ek-stático*, fora de si, que procura recuperar a si mesmo. A proliferação dos objetos de desejo reitera, para a consciência-de-si, o reino persistente da alteridade. Para que o desejo alcance uma realidade determinada, deve perseguir continuamente um domínio indefinido de alteridade; a experiência reflexiva do desejo apenas se torna possível na e pela experiência de coisas desejáveis. A conclusão esboçada pela consciência-de-si de que o mundo dos objetos não é plenamente consumível sustenta uma conclusão inesperadamente inversa: o desejo exige essa interminável proliferação da alteridade para que possa permanecer vivo, como um desejo que não quer a vida, mas *está vivendo*. Se o domínio das coisas vivas pudesse ser consumido, o desejo iria, paradoxalmente, *perder* a própria vida; seria uma saciedade apaziguada, um fim para a negatividade geradora que é a consciência-de-si. Essa agência que, por sua vez, presumiu que um mundo compensatório do ser teria monopolizado a Vida, que "a vida está para lá", agora desconfia do ser autoidêntico como a própria morte e preserva sua própria negatividade como fonte perpétua de sua vida.

O drama do desejo que consome prova não ser plenamente satisfatório. À medida que a consciência-de-si abre seus caminhos no mundo, ela se dá conta de que esse modo de embate com a diferença é demasiadamente exaustivo. Em última instância, esse agente voraz faz parecer que, por um momento, o domínio dos objetos exteriores será totalmente consumido. Mas a Vida prova ser mais prolífica que o esperado, e a consciência-de-si, em vez de gradualmente eliminar o campo da alteridade, confronta-se com a infinidade de objetos determinados e, da mesma forma, com a infinita insaciabilidade do desejo.

Como constante atividade de negação, o desejo nunca tem êxito em tematizar a si no e por um objeto dado, de modo que esse objeto está sempre, por assim dizer, em via de desaparecer no estômago do desejo, fazendo desaparecer a própria experiência da consciência-de-si. A consciência-de-si conhece a si própria como aquela que consome a alteridade, mas esse conhecimento se dá de maneira apenas indireta, inferindo seu próprio poder de agência da falta de um objeto. Convencida, agora, de seu estatuto de ser vivo, a consciência-de-si torna-se ciente de seu próprio ato de desaparecimento e passa, então, a considerar não se reconciliar com a Vida em um sentido mais permanente do si mesmo. Esforçando-se para escapar do destino de um si mesmo puramente transitório, a consciência-de-si desenvolve um conceito de ser como ela mesma, que possa, quiçá, permanecer independente e oferecer uma experiência de reflexividade mais estável do que aquela fornecida pelo consumo de objetos naturais. O objeto intencional do desejo, então, altera-se na infinidade dos objetos naturais ao Outro finito:

> De fato, a essência do desejo *é* um outro que a consciência-de-si; e através de tal experiência essa verdade veio-a-ser para a consciência. Porém, ao mesmo tempo, a consciência-de-si é também absolutamente para si, e é isso somente através do suprassumir do objeto; suprassumir que deve tornar-se para a consciência-de-si sua satisfação, pois ela é sua verdade. Em razão da independência do objeto, **a consciência-de-si só pode alcançar satisfação quando esse objeto leva a cabo a negação de si mesmo, nela**; e deve levar a cabo a negação de si mesmo, pois é *em si* o negativo, e deve ser para o Outro o que ele é. Mas quando o objeto é em si mesmo negação, e nisso é ao mesmo tempo independente, ele é consciência (Hegel, 2013, §175, p. 140-141, itálicos do original, negritos de Judith Butler).

Quando Hegel argumenta que algo "outro que a consciência-de-si" deve ser a essência do desejo, ele parece se amparar na conclusão previamente esboçada de que, para o desejo, o domínio da alteridade é intransponível. E, já na próxima frase, levanta dúvida sobre seu argumento inicial: "ao mesmo tempo, a consciência-de-si é também absolutamente *para si*". Surge então a pergunta: como compreender a consciência-de-si como essencialmente realizada no ser-outro e, ainda, como absolutamente ela mesma? Que tipo de "ser-outro" deve ser encontrado pela consciência-de-si de modo que essa autorrealização mediatizada por aquele Outro resulte na recuperação de si mesma? Se o desejo se realiza no ser-outro e esse ser-outro reflete a si mesmo, então o ser-outro acossado pelo desejo deve ser *outra consciência-de-si*. Assim, a única satisfação verdadeira para o desejo é ser encontrado em um objeto que espelha a estrutura reflexiva do próprio desejo. A exterioridade do objeto independente apenas pode ser superada se houver uma estrutura autonegadora ou reflexiva que seja intrínseca àquela exterioridade: "Em razão da independência do objeto, a consciência-de-si só pode alcançar satisfação quando esse objeto leva a cabo a negação de si mesmo, nela".

Podemos muito bem nos perguntar se a consciência-de-si consiste em um tipo de fenômeno que cumpre exclusivamente essa exigência. Hegel nos diz que a negação é especificada na consciência-de-si como uma "negação absoluta" (Hegel, 2013, §175, p. 141), o que diferencia a consciência-de-si de outros fenômenos que incorporam a negação de outras maneiras. Para além da negação absoluta, que é referida igualmente por "desejo" ou "negação em outra consciência-de-si", há a negação como uma determinação ou aparente exterioridade, e a negação como "natureza inorgânica universal" da Vida, a dinâmica de consolidação e dissolução da figura já apresentada (§175). Na negação absoluta, encontramos a negação como operador da efetivação essencial e definitiva de uma realidade dada. Como a definição espinosana de uma "causa final" (Spinoza, 2013, IV, Prefácio), Hegel aqui caracteriza a negatividade do desejo como a forma final e plenamente realizada da consciência-de-si. Para compreender isso de maneira adequada, não podemos presumir que a negação seja o nada; pelo contrário, como uma relação diferencial que mediatiza os termos que, inicialmente, contrapõem-se uns aos outros; a negação, compreendida como *Aufhebung*, cancela, preserva e transcende as aparentes diferenças inter-relacionadas por ela. Como realização final da consciência-de-si, a negação é um princípio de absoluta mediação, ela realiza um sujeito infinitamente capaz que estabelece inter-relações com todos os fenômenos aparentemente distintos. A capacidade humana da negação é privilegiada na medida em que o trabalho da negação pode ser apropriado pela própria agência negadora; de fato, os momentos de tematização e apropriação tornam-se essenciais para o "trabalho do negativo", o trabalho de descobrir relações onde não parecia haver nenhuma. Hegel, assim, argumenta que apenas na consciência-de-si é possível encontrar uma "natureza universal independente, na qual a negação está como negação absoluta" (Hegel, 2013, §175, p. 141). No parágrafo seguinte, Hegel continua: "O […] Eu […] imediato" – a outra consciência-de-si que é objeto do desejo – "é absoluta mediação: é somente como o suprassumir do objeto independente; ou seja; ela é desejo" (Hegel, 2013, §176, p. 141).

Para que o desejo ponha em ato a negação absoluta, deve encontrar uma maneira de incorporar a negação absoluta como um objeto da experiência; e se *é* negação absoluta, deve, portanto, duplicar a si mesmo como o objeto do desejo. É apenas por essa duplicação como um Outro que o desejo pode ser tornado explícito, realizado como sua própria causa final: "É *uma consciência-de-si para uma consciência-de-si*. E somente assim ela é, de fato: pois só assim vem-a-ser para ela a unidade de si mesma em seu ser-outro" (Hegel, 2013, §177, p. 142).

Em "A verdade da certeza de si mesmo", essa outra consciência-de-si é imaginada como o objeto de desejo logicamente apropriado, mas só até a seção "Dominação e escravidão", quando encontramos um Outro, e é apenas no percurso dessa seção que nos convencemos da necessidade de sua existência. Compreendemos o desejo como o esforço de uma consciência incorpórea de conquistar realidade a partir do mundo aparentemente díspar da substância, e alteramos nossa noção de agência humana para cumprir com as exigências da consciência-de-si. Como uma articulação sensível da consciência, o desejo apresenta a consciência-de-si como o que participa de sua investigação. O desejo, então, amplia seus propósitos intencionais e, portanto, expande o domínio da reflexividade o qual indica e atua. De fato, da Força ao Explicar e consumir a Vida, alcançamos uma perspectiva sobre a circunscrição ainda mais ampla da reflexividade que constitui o sujeito emergente da *Fenomenologia*. Nesse último momento do drama, aprendemos que esse sujeito não só consome seu mundo, que a mediação da diferença não se dá apenas na interiorização do ser-outro, mas também na exteriorização do sujeito. Esses dois momentos de assimilação e projeção são parte do mesmo movimento, essa circunscrição cada vez mais expansiva da realidade que, nas palavras de Hegel, "unifica" sujeito e substância, esses dois momentos relacionados – mas independentes – que condicionam a ambiguidade irredutível dessa identidade emergente. O desejo é esse movimento necessariamente ambíguo do sujeito em direção ao mundo, consumo e exteriorização, apropriação e dispersão; a "Vida" do sujeito é a constante consolidação e dissolução de si mesmo. À medida que o desejo se torna desejo-de-um-outro-desejo, esse sujeito espera conseguir uma imagem de si autoassegurada, uma incorporação independente da negação que refletirá sua própria potência de negação absoluta. Esse sujeito, sem dúvida, espera que esse seja o fim da jornada, que conhecer a si como "negação absoluta" implique reconhecer a própria autossuficiência, a unidade da independência – realidade explícita – e da negatividade que se é. Mas, a essa altura, essa visão do sujeito é tão estreita que ele erroneamente restringe sua dependência ao mundo dos objetos naturais, de modo que não antecipa a própria dependência com relação à consciência-de-si que virá ao seu encontro. Ele mostra sua incompreensão sobre a incorporação humana e, certamente, subestima a complexidade e as consequências do que significa ser refletido em e por outro sujeito emergente. Vaidoso e obstinado, esse sujeito viaja, mais uma vez e rapidamente, em direção à derrota.

Paradoxos corpóreos: dominação e escravidão

> *[...] um amor infernal [...] se propõe a cativar uma liberdade,*
> *para nela abrigar-se, a salvo do mundo.*
> Sartre. *Saint Genet.*

Em "Dominação e escravidão", o desejo é *aufgehoben*; é suprimido e, ainda assim, preservado, o que quer dizer que se transforma em um modo interiormente mais complicado dos esforços humanos. Visto como o projeto menos sofisticado da consciência-de-si, por vezes desconsidera-se o desejo como algo que, nessa seção, deixou de cumprir um papel ontológico;[30] pode-se dizer que ele é suplantado pela luta do reconhecimento e pela dialética do senhor e do escravo, mas o sentido de "suplantado" deve ser criticamente analisado. Na medida em que ainda estamos no interior da experiência da consciência-de-si, e o "desejo em geral" é seu protagonista, o drama do reconhecimento e do trabalho deve ser visto, então, como uma variante do desejo; de fato, o que observamos nesse capítulo é a contínua especificação do desejo: a consciência-de-si como desejo *em particular*. A noção de desejo perde seu protagonista, reificado como um universal abstrato, e passa a estar situada nos termos de uma identidade corporificada. Para Hegel, o trabalho é "desejo refreado" (Hegel, 2013, §195, p. 150), e o reconhecimento se torna a forma mais sofisticada de reflexão que promete satisfazer o desejo.

Em certo sentido, o argumento anterior é supérfluo, porque não considera se, em "Dominação e escravidão", o desejo, concebido como agência independente, é *aufgehoben* ou suprassumido. A suprassunção não se

---

[30] Ver Findlay, John. *Hegel, A Reexamination*. New York: Macmillan, 1958. p. 96.

aplica a um desejo como uma força exteriormente imposta sobre um agente individual; o desejo não é nada além do próprio ato de suprassunção. Além disso, o significado de "suprassumir" uma exterioridade dada se modifica e se desenvolve ao longo da *Fenomenologia*, e "*Aufhebung*" é apenas o termo abstrato e lógico para um conjunto de experiências em desenvolvimento que, ao dramatizar a negação da diferença, põem/revelam unidades ainda mais abrangentes de inter-relações. O significado concreto de "*Aufhebung*" é aqui entendido como a seguinte sequência: desejo de consumir, desejo de reconhecimento, desejo de um outro desejo. Assim, ao questionar em que medida o desejo segue operando em "Dominação e escravidão", deixamos de compreender a força que opera na *Fenomenologia* como um todo, seu motor lógico, por assim dizer, que é o desejo em si mesmo, incorporado por sujeitos humanos. A sofisticação dos propósitos intencionais do desejo é, de uma só vez, o aprimoramento da potência conceitual humana, a capacidade sempre expansiva de discernir identidade na diferença, de ampliar o círculo hermenêutico do viajante metafísico de Hegel.

Em "A verdade da certeza de si mesmo", aprendemos que, por meio da experiência do desejo, a consciência-de-si se descobre como "essencialmente negativa". Além disso, passamos a compreender de que maneira a "diferença" entre a consciência e seu objeto torna-se o fundamento para uma nova identidade. O esforço do desejo de se apropriar de um objeto, e por meio dessa apropriação afirmar sua identidade, revela a consciência-de-si como aquela que deve se relacionar a outro ser para se tornar ela mesma. O esforço gradual e insistente do sujeito itinerante hegeliano na *Fenomenologia* nunca renuncia a esse projeto de se relacionar com a exterioridade para redescobrir a si como um ser mais inclusivo. A intransponibilidade da exterioridade implica a permanência do desejo. Nesse sentido, à medida que o sujeito hegeliano nunca alcança uma união estática com a exterioridade, ele se encontra, desesperançoso, aquém do próprio entendimento, embora retenha, como mais alto propósito, uma compreensão rigorosa de si mesmo. O rigor dessa autodeterminação é o ideal de integridade em que a consciência-de-si se empenha, e esse empenho é denotado pelo desejo.

Por um lado, admitimos que o desejo por si jamais poderá atingir essa total autocompreensão, porque o desejo, sozinho, é o consumo de objetos, e vimos de que modo o consumo realmente fracassa em assimilar a exterioridade. Por outro lado, precisamos nos perguntar se, na visão de Hegel, falar do "desejo por si" faz algum sentido. Afinal de contas, o desejo revelou um propósito intencional implícito, a saber, demonstrar e pôr em ato uma estrutura ontológica em comum com o mundo. Assim, apesar do objeto suposto pelo desejo, isto é, "esse pedaço de fruta", ou seu aspecto mais geral, "o consumo desse ser bruto que se faz passar por outro", o desejo tem base em um projeto metafísico que, embora exija determinados objetos, também os transcende, ou seja, efetua uma unidade no domínio da exterioridade que, ao mesmo tempo, preserva esse domínio e o converte em reflexão da consciência-de-si. A insatisfação do desejo implica que algo *poderá* satisfazê-lo, que algo falta, e que uma consideração acerca da insuficiência do modo de consumir proporcionará o critério para um objeto satisfatório. Com relação à outra consciência-de-si como possível objeto da satisfação, podemos ver que não é o próprio desejo que é suprassumido, mas uma *forma peculiar* do desejo, e que o propósito da consciência-de-si, mesmo ao fim da seção da certeza de si, é ainda a satisfação do desejo.

Na seção "Dominação e escravidão", o desejo não apenas sobrevive, mas permanece essencial ao projeto sempre expansivo da negação que estrutura a *Fenomenologia*. Porque o desejo é o princípio da reflexividade ou diferença interior da consciência-de-si, e porque tem, como mais alto propósito, a assimilação de todas as relações exteriores em relações de diferença interior, o desejo forma a base experimental para o projeto da *Fenomenologia* como um todo. O desejo e sua satisfação constituem o momento inicial e derradeiro da busca filosófica pelo conhecimento de si (Hegel, 2013, §165). Nesse sentido, o projeto metafísico que informa todo o projeto do *Geist* encontra sua medida original e última no conjunto de critérios estabelecidos pelo desejo para sua satisfação. Assim, afirmar que o desejo é, simplesmente, uma forma pouco sofisticada do conhecimento e do ser no sistema hegeliano consiste em um erro de leitura acerca do critério de verdade que rege toda a *Fenomenologia*.

Stanley Rosen, aluno de Kojève, argumenta que o desejo forma a base tanto do progresso histórico quanto do desenvolvimento da autorreflexão filosófica; ele concede a Hegel um lugar entre os filósofos modernos que enfatizaram a primazia do desejo no desenvolvimento humano:

> Na tradição de filósofos modernos como Maquiavel e Hobbes, [Hegel] reconhece o desejo como o "mecanismo" da história mundial (unindo assim o Eros platônico ao direcionamento do desenvolvimento histórico). O espírito, primeiro, conhece a si como um sentimento subjetivo. Quando o sentimento se localiza exteriormente ou é dado em um estatuto objetivo, o espírito se divide em mundo interior e exterior. Tornamo-nos alienados de nós mesmos ou respondemos a nosso verdadeiro si mesmo como o que está contido no objeto fora de nós, que desejamos assimilar. O desejo é, então, fundamentalmente desejo de mim mesmo, ou de minha essência

interior da qual me separei. A luta para satisfazer meus desejos leva ao desenvolvimento da consciência interior. Na medida em que os outros desejam a mesma coisa, esta luta está, também, na origem da família, do Estado e, em geral, da história mundial (Rosen, 1974, p. 41).

Como Rosen sugere, a educação dramática do sujeito itinerante hegeliano consiste em uma série de autoalienações que promovem uma revisão do sujeito em si mesmo. Todo confronto com uma realidade exterior é, de uma só vez, uma alienação do sujeito; a diferença ameaça o sujeito com a aniquilação até que ele possa descobrir essa diferença como um momento essencial de si mesmo.[31] Na seção "Dominação e escravidão", o sujeito emergente hegeliano se confronta com outra consciência-de-si e conclui imediatamente que ele, o sujeito inicial, perdeu a si mesmo. O desejo permanece vencido até que consiga encontrar caminho para revelar outro sujeito como essencial à própria identidade. Esse caminho é forjado pela luta pelo reconhecimento.

A seção anterior sobre a certeza de si mesmo fornece um conhecimento teórico acerca da necessidade do Outro. A consciência-de-si precisou entender a si mesma como negação de si, como um ser autodeterminado. O Outro se distinguia dos outros objetos de modo análogo à primeira consciência-de-si – um ser que subsiste de maneira independente e que demonstra o princípio de autonegação. A descoberta dessa Outra consciência-de-si parece ser, nessa seção, o único caminho em que a consciência-de-si inicial pode ver sua própria estrutura essencial e torná-la explícita. A tarefa de "Dominação e escravidão" consiste em demonstrar como esse processo se efetua na experiência. A reflexividade do sujeito no e através do Outro é alcançada por meio do processo de reconhecimento recíproco, e esse reconhecimento prova ser – nos termos dessa seção – a satisfação do desejo. Nossa tarefa, então, é compreender o projeto do desejo – a negação e a assimilação do ser-outro e a concomitante expansão do domínio que é próprio ao sujeito – no encontro com outro sujeito dotado de um conjunto de propósitos estruturalmente idêntico.

A transição entre "A verdade da certeza de si mesmo" e "Dominação e escravidão" é curiosa, pois a primeira conjetura a existência do Outro como um objeto adequado para o desejo da consciência-de-si em termos *teóricos*. E, no entanto, o progresso da *Fenomenologia* tem uma aparente necessidade do conhecimento alcançado pela experiência. O primeiro parágrafo de "Dominação e

---

[31] Para uma discussão da ideia de autoalienação nos termos do conceito religioso de êxtase, ver Rotenstreich, Nathan. On the Ecstatic Sources of the Concept of "Alienation". *The Review of Metaphysics*, v. 16, n. 3, p. 550-555, 1963.

escravidão" reitera essa conclusão teórica, afirmando, antes de sua demonstração, que "[a] consciência-de-si é *em si* e *para si* quando e por que é em si e para si para uma Outra; quer dizer, só é como algo reconhecido [*anerkannt*]" (Hegel, 2013, §178, p. 142). Porque não podemos esperar que a consciência-de-si tenha certo conhecimento de suas próprias exigências antes que essas exigências sejam explicitadas na experiência, no parágrafo seguinte somos forçados a assistir à emergência do Outro como um enigma: "Para a consciência-de-si há uma outra consciência-de-si" (Hegel, 2013, §179, p. 143) – mas por quê? E por que isso não havia acontecido antes? Por que o sujeito itinerante da *Fenomenologia* começou sua jornada sozinho e por que seu confronto com o mundo sensível e perceptivo antecedeu seu confronto com o Outro?

Como observei anteriormente na análise da "aparição" do desejo, o desenvolvimento da *Fenomenologia* sugere que o leitor faça uma distinção estrita entre a *aparência* de uma entidade dada e sua realidade conceitual. A aparição do Outro deve ser entendida como uma emergência sobre a realidade explícita que, até então, permaneceu como um ser implícito ou nascente. Antes de sua aparição efetiva, o Outro permanece opaco, mas nem por isso destituído de realidade. Vir à existência – ou aparência explícita – nunca é, para Hegel, uma criação *ex nihilo*, mas, pelo contrário, um momento no desenvolvimento do Conceito (*Begriff*). O Outro se revela como uma estrutura essencial para toda a experiência no percurso da *Fenomenologia*; de fato, não pode haver experiência fora do contexto da intersubjetividade. Assim, mesmo que a *Fenomenologia* afirme ser uma experiência da gênese do *Geist*, é uma experiência ficcional criada pelo e através do texto, e deve ser entendida como uma experiência unicamente filosófica – um contínuo mundo invertido – que delineia, nos termos de sua própria temporalidade, as estruturas que condicionam e informam a experiência histórica como a conhecemos.[32]

---

[32] A "experiência" em questão na *Fenomenologia* não deve ser compreendida como uma experiência ordinária, mas, ao contrário, como desenvolvimento gradual e insistente das verdades filosóficas contidas na experiência ordinária. Werner Marx leva em conta a distinção entre consciência natural e fenomênica em "Hegel's Phenomenology of Spirit: A Commentary on the Preface and Introduction" (Marx, 1975, p. 12-16). Embora Hegel alegasse, com frequência, que o início de sua narrativa fenomenológica se dava na experiência ordinária – "[...] Muito tempo se passou [...] para tornar o presente, como tal, digno do interesse e da atenção que levam o nome da *experiência*" (Hegel, 2013, §8, p. 27) –, ele também afirmava que a filosofia deveria, agora, erguer o Espírito para além do reino do sentido puro. O desenvolvimento filosófico do sensível em verdades mais amplas não tem início na "experiência ordinária" ou na vida cotidiana, mas nos pressupostos filosóficos da experiência ordinária. Portanto, a "experiência" da *Fenomenologia* nunca é desprovida de uma

Portanto, dizer que o Outro aparece não é afirmar que a consciência-de-si inicial descobre um fenômeno que não tinha estatuto ontológico prévio; na verdade, é só agora que o Outro se torna explícito em virtude de sua centralidade para a busca de uma identidade da consciência-de-si inicial que engloba o mundo. O Outro torna-se o objeto geral do desejo.

O otimismo que caracterizava o fim de "A verdade da certeza de si mesmo" e o parágrafo de abertura de "Dominação e escravidão" se dá em função da natureza puramente conceitual da conclusão de que o reconhecimento mútuo consiste em um objeto possível e gratificante para o desejo; essa possibilidade, no entanto, deve ser dramatizada para que seja compreendida. A consciência-de-si dá início a essa luta no §179, quando descobre que a semelhança estrutural do Outro não é a ocasião imediata para derivar uma reflexão adequada de si mesma no Outro; de fato, a primeira experiência da semelhança do Outro é aquela da *perda de si*. "Para a consciência-de-si há uma outra consciência-de-si [ou seja]: ela veio para *fora de si*. Isso tem dupla significação: *primeiro*, ela perdeu a si mesma, pois se acha numa *outra* essência. *Segundo*, com isso ela suprassumiu o Outro, pois não vê o Outro como essência, mas é a *si mesma* que vê no *Outro*" (Hegel, 2013, §179, p. 143).[33]

A consciência-de-si inicial procura refletir a si mesma na outra consciência-de-si, mas não se encontra meramente refletida e, sim, completamente absorvida. A consciência-de-si inicial não busca mais consumir o Outro, como queria fazer com os objetos, *mas é, por sua vez, consumida pelo Outro*. A consciência-de-si sai de si mesma quando se confronta com o Outro, em alemão, "*ausser sich*" não denota apenas um sair de si mesmo, mas também êxtase e raiva. As relações reflexivas e intencionais com o Outro se perdem temporariamente, e a consciência-de-si se convence de que o Outro ocupou sua própria essência – a autonegação – ou até mesmo a roubou, e, nesse sentido, a consciência-de-si se encontra sitiada pelo Outro. Em certo aspecto, a consciência-de-si descobre que seu princípio de autonegação é, em si, um atributo dispensável, que pode ser liberado da corporificação específica que é a consciência-de-si inicial. E, na medida em que a autonegação é sua própria essência, a consciência-de-si conclui que a essência e a corporificação

---

apropriação filosófica. Embora o referente seja a experiência ordinária dos seres humanos, essa referência nunca está fora da linguagem filosófica que a interpreta.

[33] Em alemão: "*Es ist für das Selbstbewusstsein ein anderes Selbstbewusstsein; es ist ausser sich gekommen. Dies hat die gedoppelte Bedeutung: erstlich, es hat sich selbst verloren, denn es findet sich als anderes Wesen; zweitens, es hat damit das Andere aufgehoben, denn es sieht auch nicht das Andere als Wesen, sondern, sich selbst im Anderen*" (Hegel. *Phänomenologie des Geistes*, p. 146).

se relacionam de maneira contingente, que a mesma essência talvez habite corporificações diferentes, em tempos diferentes. O fato de que a consciência-de-si possa encontrar seu próprio princípio essencial corporificado *em outro lugar* parece uma experiência que provoca medo e, até mesmo, raiva.[34] E, no entanto, a ambiguidade em *"ausser sich sein"* sugere que a exterioridade na qual a consciência-de-si parece habitar agora não é plenamente exterior: ao desejar o Outro, a consciência-de-si descobre a si mesma como um ser extático, um ser que deve, em si mesmo, tornar-se outra para si, e que, por meio do processo de autossuprassunção do desejo, *abre mão de si mesmo* para o Outro, mesmo quando ressalta que o Outro, de alguma forma, apropriou-se dele. A ambiguidade da dádiva e da apropriação caracteriza o encontro inicial com o Outro e transforma esse contato entre os dois desejos em uma luta (*Kampf*).[35]

---

[34] Para um sujeito cujo ideal é a autossuficiência, o autoestranhamento pode muito bem ser compreendido como uma ameaça a seu projeto e a sua identidade. Para esse sujeito, a raiva, então, tem sentido como uma contrapartida do êxtase.

[35] A luta por reconhecimento foi elaborada muitas vezes nos escritos de juventude de Hegel, mas é na *Fenomenologia* que se estabelece tal luta como consequência da experiência de um desejo por e para um outro. Embora Kojève e Leo Strauss tenham interpretado essa luta como uma consequência do conflito de desejos sobre os bens, cuja escassez põe as vontades individuais umas contra as outras, essa interpretação foi habilmente refutada pela pesquisa de Ludwig Siep em "Der Kampf um Anerkennung", "Zur Dialektik der Anerkennung bei Hegel" e "Zum Freiheitsbegriff der praktischen Philosophie Hegels in Jena". No primeiro estudo – "Der Kampf um Anerkennung" –, Siep remonta a evolução do conceito de luta por reconhecimento a todos os escritos de Jena, descobrindo que a concepção hegeliana de luta da consciência-de-si é bastante distinta da noção hobbesiana de conflito de interesses, base da teoria legal contratualista. Enquanto Hobbes compreendia que o conflito de desejos daria origem a um aparato estatal artificial que viria a limitar a (natural) liberdade individual ilimitada, Hegel desenvolveu a noção de que a luta por reconhecimento faz surgir um conceito de indivíduo que se define essencialmente nos termos de uma ordem cultural mais ampla que, em vez de limitar a liberdade individual, fornece sua determinação e sua expressão concreta. Em *System der Sittlichkeit* (1802-1803), Hegel concebeu a luta por reconhecimento não como busca por propriedade ou honra pessoal, mas como uma procura pela integridade da família. Nessa concepção, a luta seria posta em ato no interior da família, cujos membros devem reconciliar suas vontades individuais com as exigências da vida familiar coletiva, e como uma luta entre diferentes famílias por reconhecimento. O ato de reconhecimento garante que o indivíduo não seja mais uma entidade separada, mas, pelo contrário, *"ein Glied eines Ganzen"* [uma parte do todo] (p. 50). A concepção de que o reconhecimento contribui para a construção de uma identidade coletiva é reiterada pela análise de Henry Harris a respeito do *System der Sittlichkeit* em "The Concept of Recognition in Hegel's Jena Manuscripts" [Harris, Henry S. The Concept of Recognition in Hegel's Jena Manuscripts. *Hegel Studien Bonn*, n. 20, p. 229-248, 1980].
Embora, em *Realphilosophie II* (1805-1806), Hegel tenha reelaborado a luta por reconhecimento como busca por propriedade e honra pessoal, nem mesmo nesse texto o indivíduo procura ser reconhecido em nome dos interesses próprios, mas, pelo contrário,

A primeira lição extraída do encontro com o Outro é a ambiguidade essencial da exteriorização da consciência-de-si, que busca uma reflexão da própria identidade pelo Outro, mas encontra, em vez disso, o potencial do Outro que a escraviza e a engole. Como desejo por uma identidade compreensível, a consciência-de-si inicialmente espera que o Outro seja um *meio*[36] passivo da reflexão de si mesma; o Outro espelhará a si mesmo desde que o Outro seja como ele mesmo. Ao, talvez, extrapolar a própria experiência com os objetos, a consciência-de-si espera ingenuamente que o Outro seja passivo como os objetos, e que seja diferente apenas na medida em que reflete a estrutura da consciência-de-si. Aparentemente, essa consciência-de-si inicial não levou a

é um conjunto de indivíduos que busca encontrar reconhecimento por sua identidade em comum. Hegel desenvolve sua noção de liberdade absoluta que convoca a superação das vontades individuais: *"die einzelnen haben sich durch Negation ihrer, durch Entäusserung und Bildung zum Allgemeinen zu machen"* (*Realphilosophie II*, 11245). A *Realphilosophie II* concebe a luta por reconhecimento como algo que se segue ao rompimento de um acordo contratual; portanto, a luta não tem, como para Hobbes, o significado da necessidade de um contrato, mas de uma comunidade ética baseada em laços não artificiais, *i. e.*, naturais. De todo modo, Hegel concebe, nos escritos de Jena, a luta por reconhecimento como algo que encontra sua resolução pela descoberta de um fundamento prévio unificador que permanece encoberto durante a própria luta. Nos dois textos aqui mencionados, a resolução da luta se dá, necessariamente, pelo amor e pela família. Essa luta por uma comunidade baseada no *agapè* é apresentada no ensaio de juventude de Hegel sobre o amor ("Die Liebe"), escrito entre 1797 e 1798. Já à época da *Fenomenologia* (1806), Hegel compreende a luta por reconhecimento como algo motivado pelas demandas do desejo recíproco, embora a luta de vida e morte surja como um estágio intermediário desse desenvolvimento. Siep aponta que há uma má interpretação corrente da luta por reconhecimento que considera seu início na luta de vida e morte. O autor argumenta, no entanto, que a luta de vida e morte é em si precipitada pela luta prévia implícita no desejo: *"Die Bewegung des Anerkennens beginnt nämlich nach Hegel damit, dass es 'ausser sich' ist, sich als 'Fürsichseiendes aufhebt' und sich nur im Anderen anschaut. [...] Diese Struktur entspricht nicht dem Kampf, sondern der Liebe. [...] Nicht der Anfang der Bewegung des Anerkennens, sondern erst der Schritt des Selbstbewusstseins, 'sein Andersein auf(zu)-heben,' ist im Kampf auf Leben und Tod verkörpert"* (Siep. Der Kampf um Anerkennung, p. 194).
A luta por reconhecimento, portanto, não emerge de uma atitude competitiva primária com relação ao outro, mas da experiência do desejo por e para o outro. Os desejos específicos por propriedade, bens ou posições sociais devem ser vistos, de acordo com o enquadramento hegeliano, como expressões derivadas do desejo para uma comunidade baseada no amor. Desse modo, o desejo não consiste originalmente em um esforço de aquisição ou dominação, mas é o que emerge de tais formas apenas quando uma comunidade baseada em princípios de reconhecimento recíproco não se desenvolveu.
[Posteriormente, Butler publicou um artigo a respeito do mencionado texto de Hegel sobre o amor. Ver Butler, Judith. Sentir o que é vivo no Outro: o primeiro amor de Hegel. *In*: *Os sentidos do sujeito*. Tradução de Gabriel Lisboa Ponciano e Carla Rodrigues. Belo Horizonte: Autêntica, 2021. [N.T.]]

[36] *"Medium."* Ver nota de tradução 9.

sério o suficiente em que medida o Outro é, de fato, *como* ela mesma, isto é, um princípio de negação *ativa*, e por isso se escandaliza com a liberdade independente do Outro. A independência, que deveria ser a reflexividade passiva da consciência-de-si inicial, é concebida, agora, como uma exterioridade que protege a liberdade no interior do Outro, uma situação ameaçadora para essa consciência que via a liberdade como propriedade exclusiva de si.

A raiva da consciência-de-si – modo em que é *"ausser sich"* – não deriva diretamente da experiência perceptiva descrita anteriormente, mas é uma consequência de seu envolvimento em êxtase com o Outro. O Outro incorpora sua liberdade porque a consciência-de-si inicial foi privada de sua liberdade com o Outro. O desejo é, aqui, compreendido como um sacrifício de si extático, o que está em contradição direta com o projeto predominante do desejo, isto é, atingir uma identidade ainda maior. O desejo afinal se encontra em contradição e torna-se uma paixão que se volta contra si mesma. Esforçando-se para ser coextensiva ao mundo, um ser autônomo que encontra a si mesmo refletido em qualquer lugar do mundo, a consciência-de-si descobre que, implícita em sua própria identidade como um ser desejante, está a necessidade de ser reivindicada por outra consciência.

O encontro inicial com o Outro é, portanto, um projeto narcisista que fracassa pela inabilidade em reconhecer a liberdade do Outro. Esse fracasso de reconhecimento é, em si, condicionado pela perspectiva da exterioridade do Outro como algo que a isola, uma perspectiva que supõe que o envolvimento extático da primeira consciência-de-si seja, necessariamente, uma autoaniquilação. O pressuposto filosófico dessa experiência é de que a liberdade consiste em uma característica exclusiva do indivíduo e que pode habitar uma corporificação particular apenas como uma propriedade exclusiva dessa corporificação. Assim, na medida em que o corpo do Outro é visto como algo que reivindica a liberdade, esse corpo deve ser destruído. É apenas por meio da morte do Outro que a consciência-de-si inicial resgata sua reivindicação por autonomia.

O dilema que condiciona a luta por vida e morte consiste em ter de escolher entre uma existência extática e uma existência autodeterminada. Não é apenas a exterioridade corpórea do Outro que ofende a consciência-de-si inicial, mas o próprio estranhamento em relação a si mesma. Esse estranhamento não deve ser entendido apenas nos termos do fato de que o Outro é uma liberdade independente, mas também como o *estranhamento de si implícito na experiência do desejo*. Como um movimento intencional, o desejo tende a eclipsar o si mesmo que está na sua origem. Confundido com seu objeto, o sujeito desejante apenas pode ver a si mesmo como estranho. Como um movimento fora dele mesmo, o desejo torna-se um ato de autoestranhamento voluntário, mesmo quando seu projeto principal é o de estabelecer um ser mais inclusivo. Assim, o esforço para superar o Outro é, simultaneamente, um esforço para superar o próprio ser-outro da consciência-de-si consigo mesma.

A ambiguidade da busca por superar o ser-outro da consciência-de-si forma o tema central de "Dominação e escravidão", e torna-se claro que qualquer relação reflexiva que a consciência-de-si procure ter só é em si possível por uma relação intencional com o Outro; a consciência-de-si apenas pode superar sua própria autoalienação por meio da superação da exterioridade da consciência-de-si do Outro: "A consciência-de-si tem de suprassumir esse *seu-ser-Outro*. Esse é o suprassumir do primeiro sentido duplo, e, por isso mesmo, um segundo sentido duplo: *primeiro*, deve proceder a suprassumir a *outra* essência independente, para assim vir-a-ser certeza *de si* como essência; *segundo*, deve proceder a suprassumir a *si mesma*, pois ela mesma é esse Outro" (Hegel, 2013, §180, p. 143).

O sentido experiencial de "suprassunção" ou "superação" citado anteriormente revela-se como *reconhecimento* (*Anerkennung*). A consciência-de-si inicial apenas pode se recuperar de seu envolvimento de êxtase com o Outro à medida que o reconhece no processo de recuperação de si a partir do próprio estranhamento no desejo. O dilema da consciência-de-si, o fato de ter de escolher entre uma existência extática e uma existência autodeterminada, parece também ser o dilema do Outro. Essa semelhança entre as duas consciências-de-si prova ser, em última instância, a base de sua interdependência harmoniosa, a descoberta de cada uma delas de que "[c]omo, porém, é consciência, cada extremo vem mesmo para fora de si; todavia ao mesmo tempo, em seu *ser-fora-de-si*, é retido em si; é *para-si*; e seu fora de si é *para-ele*. É para ele que imediatamente *é* e *não é* outra consciência [...]" (Hegel, 2013, §184, p. 144). O reconhecimento, uma vez alcançado, afirma a ambiguidade da consciência-de-si como simultaneamente extática e autodeterminada. O processo de reconhecimento revela que a consciência-de-si, que é estranha para si mesma, irreconhecível para si mesma, ainda é autora de sua própria experiência: "[...] nada há nela que não seja mediante ela mesma" (Hegel, 2013, §182, p. 143). Quando o Outro é visto como o mesmo que o sujeito, e quando esse sujeito entende o próprio ato de reconhecimento como o que trouxe o Outro de maneira explícita, o si mesmo, então, também se revela como autor do Outro. Na medida em que se torna claro que as mesmas verdades contêm a verdade da relação do Outro com o si mesmo, o Outro dá a ver sua autoria sobre o sujeito. O desejo, aqui, perde seu aspecto de pura atividade de consumo e passa a ser caracterizado pela ambiguidade de uma troca na qual duas consciências-de-si afirmam sua respectiva autonomia (independência) e alienação (ser-outro).

A luta de vida e morte aparece como um movimento dramático necessário para uma consciência-de-si cuja suposição é de que a corporificação do Outro é primariamente responsável pela busca frustrada de sua própria identidade. Aqui, a corporeidade significa limitação, e o corpo, que uma vez parecia condicionar a determinação concreta da liberdade, agora, para que essa liberdade seja recuperada, exige a aniquilação. A exterioridade corpórea de cada um apresenta-se como uma barreira intransponível e parece implicar que cada sujeito possa estar certo apenas em relação à própria vida determinada, mas nunca possa ir além da própria vida para ter certeza da vida do Outro. Nesse dilema, a vida determinada em si mesma torna-se suspeita; ela impede o projeto da consciência-de-si de transcender a própria particularidade e descobrir a si mesma como a essência dos objetos e dos Outros no mundo. O esforço de aniquilar o Outro é originalmente motivado pelo desejo da consciência-de-si inicial de apresentar a si mesma como uma "pura abstração"; a consciência-de-si procura romper com sua dependência em relação ao Outro e, portanto, provar "que não está vinculada a nenhum *ser-aí* determinado, nem à singularidade universal do *ser-aí* em geral, nem à vida" (Hegel, 2013, §187, p. 145). E, ainda assim, com o fim de se libertar da exterioridade escravizadora do Outro, essa consciência-de-si deve arriscar a própria vida no processo. O projeto de "pura abstração" é rapidamente frustrado, e torna-se claro que, sem a existência determinada, a consciência-de-si inicial nunca viveria para ver a identidade pela qual luta. Além disso, a morte do Outro privaria a consciência-de-si do reconhecimento explícito que exige.

A luta de vida e morte é uma seção crucial no desenvolvimento da noção de autonomia da *Fenomenologia*; na afirmação de Hegel, "[o] indivíduo que não arriscou a vida pode bem ser reconhecido como *pessoa*; mas não alcançou a verdade desse reconhecimento como uma consciência-de-si independente" (Hegel, 2013, §187, p. 145). Embora a vida determinada seja uma precondição necessária ao projeto da consciência-de-si, o desejo nunca se satisfaz quando é mero desejo de viver. Para se descobrir como um ser negativo ou capaz de superar a si mesmo, a consciência-de-si deve fazer mais do que meramente viver; deve transcender a imediatidade da pura vida. Não pode se satisfazer com a "primeira natureza" com que nasceu, mas deve se engajar na criação de uma "segunda natureza" capaz de estabelecer o si mesmo, não apenas como um pressuposto ou um ponto de vista, mas como uma conquista feita por ela mesma. Apenas se pode alcançar a autonomia por meio da renúncia de uma escravização da vida.[37]

A luta de vida e morte consiste em uma extensão do projeto inicial da consciência-de-si de alcançar unidade com o Outro e de encontrar a própria identidade por meio do Outro. Na medida em que o esforço de obliterar o Outro é mútuo ou um "agir duplicado" (§187), cada consciência-de-si procura destruir os limites determinados que existem entre elas, procuram destruir seus respectivos corpos. A violência com o Outro parece ser a via mais eficiente para nulificar o corpo do Outro. E, conforme ambos os indivíduos procuram se livrar de sua dependência de uma existência determinada, desprendendo a liberdade pura que creem estar encerrada na corporeidade, cada um deles procura fundir-se ao Outro como o princípio abstrato da liberdade, "abstração absoluta" (Hegel, 2013, §186, p. 145), puro ser-para-si.

Assim, a luta de vida e morte é a continuação do erotismo que introduz o capítulo de Hegel; é o desejo, mais uma vez, transformado em destruição, um projeto que assume que a liberdade verdadeira só existe para além do corpo. Na medida em que o desejo destrutivo aparece inicialmente para interiorizar o ser-outro como um corpo autossuficiente, em sua segunda aparição esse desejo se empenha em superar toda a vida do corpo, isto é, tornar-se uma identidade abstrata desprovida de necessidades corpóreas. No empenho de livrar o Outro de sua vida determinada, cada consciência-de-si se engaja em uma erótica anticorpórea que em vão procura provar que esse corpo é o limite último da liberdade, e não seu fundamento e sua mediação necessários.

A dinâmica do senhor e do escravo emerge como uma extenuação do desejo de aniquilar, mas, porque a aniquilação minaria todo o seu projeto comprometendo a *vida*, esse desejo é refreado. A dominação, relação que substitui o ímpeto de matar, deve ser entendida como o esforço de aniquilar no interior do contexto da vida. O Outro deve, agora, *viver a própria morte*. Em vez de se tornar um nada indeterminado através da morte, o Outro deve agora provar seu nada essencial *na vida*. O Outro, que era, de início, tão cativante, passa a ser aquele que deve ser capturado, subjugado, contido. Enraivecida por ter sido cativada pelo Outro, a consciência-de-si, em busca da própria liberdade absoluta, força esse Outro a aniquilar a própria liberdade e, assim, afirmar a ilusão do Outro como um corpo cativo, um instrumento sem vida.

---

[37] Ver Gadamer, "Hegel's Dialectic of Self-Consciousness": "a consciência-de-si [...] é incapaz de alcançar o verdadeiro ser-para-si sem superar seu apego à vida, ou seja, sem se aniquilar como mera 'vida'" (Gadamer, 1976, p. 66).

A relação reflexiva do senhor deve ser entendida como uma interiorização da relação intencional que ele mantinha com o Outro na luta de vida e morte. O esforço inicial da consciência-de-si para aniquilar o corpo do Outro implicava a aposta de sua própria vida corpórea. Ao dramatizar a aniquilação, esse sujeito aprendeu que a aniquilação pode ser dramatizada, ou seja, pode ganhar uma forma vivida; além disso, o temor e o tremor que acompanham o ato de arriscar a própria vida ensinaram ao sujeito o alívio da abstração. O terror faz emergir a dissociação. O senhor não pode negar seu corpo pelo suicídio e, por isso, empenha-se *em corporificar sua recusa*. Essa interiorização de uma relação intencional, isto é, sua transformação em uma relação reflexiva, engendra nela mesma uma nova relação intencional: o projeto reflexivo da descorporificação torna-se vinculado à dominação do Outro. O senhor não pode se livrar do corpo de uma vez por todas – essa foi a lição da luta de vida e morte. Ele retém, no entanto, o projeto de tornar-se um "Eu" puro, descorporificado, uma liberdade desenfreada em relação à existência particular e determinada, a uma identidade abstrata e universal. O senhor ainda age de acordo com o pressuposto filosófico de que a liberdade e a vida corpórea não são essenciais entre si, mesmo que a vida corpórea pareça ser precondição da liberdade. No entanto, a liberdade não exige, na visão tácita do senhor, a vida corpórea como sua expressão e determinação concretas. Para o senhor, a vida corpórea deve ser cuidada, mas apenas como um Outro, de modo que o corpo não é parte do seu *próprio* projeto de identidade. A identidade do senhor se encontra, essencialmente, para além do corpo; ele alcança uma confirmação ilusória dessa visão ao exigir que o Outro *seja* o corpo que se empenha em *não* ser.

O senhor aparece como modelo de vida de um desejo sem necessidades; significativamente, diz-se que o senhor "goza" ("*im Genusse sich zu befriedigen*") dos frutos do trabalho do escravo, em que esse gozo implica uma recepção e um consumo passivos de algo outro para a consciência-de-si, distinto do desejo, que exige um princípio ativo de negação (Hegel, 2013, §190, p. 147). O senhor deseja sem ter de negar a coisa desejada, exceto no sentido empobrecido de consumi-la; o escravo, ao trabalhar a coisa, incorpora o princípio da negação como princípio ativo e criativo e, assim, dramatiza de maneira involuntária o fato de que é mais do que um mero corpo, e que o corpo é, em si, *meio* expressivo ou *corporificado* do projeto de uma identidade autodeterminada. Pela experiência do trabalho, o corpo se revela como uma expressão essencial da liberdade. E, na medida em que o escravo trabalha para criar bens que sustentam a vida, ele também demonstra que o desejo – em vez de expressar uma liberdade *das* necessidades – pode encontrar sua completude pela satisfação das necessidades. De fato, conforme o escravo cria uma reflexão de si mesmo no que produz pelo trabalho, ele triunfa como a liberdade que, ao se encontrar expressa na existência determinada (pelo trabalho físico nas coisas físicas), ganhou uma espécie de semelhança do reconhecimento de si mesmo como um agente autodeterminado. Embora o senhor se esforce para ser livre em relação às necessidades de sua vida física, ele não pode sustentar esse projeto ilusório apenas pelo desenvolvimento de uma necessidade para o escravo. Na medida em que o senhor precisa dele, o escravo descobre a eficácia da sua ação. A necessidade do senhor confirma, então, o escravo como algo mais que um corpo; afirma-o indiretamente como uma liberdade trabalhada. Ele fornece um *reconhecimento indireto* do poder de autodeterminação do escravo.

No modelo da luta entre senhor e escravo, tornamo-nos cientes de que o desejo da consciência-de-si é, em sua articulação mais geral, desejo de descobrir a si como uma identidade total e inclusiva e, também, um desejo *de viver*. O desejo deve arranjar sua satisfação no interior do contexto da vida, porque a morte é o fim do desejo, uma negatividade que, exceto no imaginário do inferno de Santo Agostinho e de Dante, não pode ser sustentado. O desejo é coextensivo à vida, ao reino do ser-outro, aos Outros. Seja qual for sua satisfação final, a este ponto sabemos que certas condições devem ser estipuladas. Sabemos, também, a partir de nossas observações iniciais sobre Hegel, que o que quer que exista como uma condição prévia do desejo serve também como propósito inicial para sua articulação. O senhor tem ciência, com reserva e autoilusão, de que, de fato, está atado à vida. A vida aparece como uma precondição necessária à satisfação do desejo. O escravo confirma essa condição prévia como o próprio fim do desejo; agindo diante do medo da morte (Hegel, 2013, §194), o escravo afirma o desejo de viver.

A postura do senhor e a postura do escravo podem, simultaneamente, ser vistas como configurações da vida e da morte, na medida em que as inclinações mortais do desejo emergem às sombras de desejos mais explícitos para morrer. A dominação e a escravidão consistem, assim, em defesas contra a vida no contexto da vida; emergem no espírito da nostalgia sobre o esforço fracassado de morrer. Nesse sentido, a dominação e a escravidão são projetos do desespero, o que Kierkegaard chamou de desespero de não poder morrer (Kierkegaard, 2010, p. 31 [1983, p. 18]). A vida – ou a existência determinada – exige o sustento da inter-relação entre a existência física e o cultivo da identidade. Exige, como tal, a manutenção do corpo em conjunção com um projeto de liberdade autônoma.

O senhor e o escravo se voltam contra a vida de maneiras distintas, mas ambos resistem à síntese da corporeidade e da liberdade, uma síntese que, em si mesma, é constitutiva à vida humana; o senhor vive assombrado pelo próprio corpo; o escravo, pela liberdade. A dissolução desse antagonismo pavimenta o caminho de uma busca corporificada da liberdade, um desejo de viver em sentido pleno. A "vida" nesse sentido mediatizado não consiste em uma mera duração física – isso estava entendido na postura de morte em vida do escravo. O desejo de viver em sentido pleno torna-se sinônimo ao desejo de atingir uma identidade mais ampla por meio do reconhecimento recíproco. Assim, o desejo de viver se mostra aqui não apenas como *condição prévia* para a busca de uma identidade autodeterminada, mas também como sua maior conquista. O desejo que procura redescobrir a substância como sujeito é o desejo de vir a ser a totalidade da vida. O desejo consiste, então, em uma luta sempre implícita contra as rotas mais fáceis para a morte; a dominação e a escravidão são metáforas para a morte *em vida*, a presença de contradições que nos impedem de querer pouco da vida.[38]

A dialética do senhor e do escravo é, implicitamente, uma luta acerca do problema geral da vida. A divisão do trabalho entre senhor e escravo pressupõe a discrepância entre o desejo de viver e o desejo de ser livre. O senhor, insatisfeito com a possibilidade de ter de viver, delega essa tarefa ao escravo. O escravo a conduz para o trabalho nas coisas, modelando-as como produtos para o consumo humano. Para o senhor, a vida aparece como uma exigência material, como um limite para seu projeto de abstração. O desejo do senhor de estar para além da vida (a intencionalidade de seu desejo) revela um desejo de estar além do desejo (a reflexividade de seu desejo). Ele não desfruta da dialética da vontade e da satisfação; seu único projeto consiste em permanecer saciado e, assim, banir o desejo e suas possibilidades.

---

[38] Não é o mero fracasso do desejo que antecipa a experiência de morte em vida, porque o próprio desejo é uma expressão do negativo. O fracasso em alcançar um ser substancial que não seja, falando de modo estrito, o fracasso do desejo, e sim o fracasso da satisfação, deve ser reconhecido em termos hegelianos como filosoficamente importante. Ao antever a frustração de Kierkegaard com aqueles "tão tenazes com a vida para morrer um pouco", Hegel afirma em seu prefácio que "não é a vida que se atemoriza ante a morte e se conserva intacta da devastação, mas é a vida que suporta a morte e nela se conserva [...]" (Hegel, 2013, §32, p. 41). A tradução do restante do parágrafo traz à luz o projeto do qual emergem a devastação, o fracasso do desejo e a experiência de morte em vida: "[...] que é a vida do espírito. O espírito só alcança sua verdade na medida em que se encontra a si mesmo no dilaceramento absoluto. Ele não é essa potência como o positivo que se afasta do negativo – como ao dizer de alguma coisa que é nula ou falsa, liquidamos com ela e passamos a outro assunto. Ao contrário, o espírito só é essa potência enquanto encara diretamente o negativo e se demora junto dele. Esse demorar-se é o poder mágico que converte o negativo em ser" (Hegel, 2013, §32, p. 41).

O escravo, delegado à tarefa de troca com a vida, é visto originalmente como uma mera coisa, "a consciência para a qual a coisidade é essencial" (Hegel, 2013, §190, p. 147), mas esse papel não acomoda a dimensão repetitiva de ter de viver. O escravo não pode apenas existir como uma coisa e, ainda assim, empenhar-se em viver; de fato, a qualidade inorgânica das coisas é constitutiva à sua dimensão mortal. A vida não é, como o senhor presumia, uma condição prévia material e, portanto, limitada da consciência-de-si. É uma tarefa que demanda ser empreendida de novo e de novo. O escravo não pode ser identificado à *Naturwüchsigkeit* das coisas que trabalha, precisamente porque o trabalho termina por ser a negação da natureza: "[s]ervindo, suprassume em todos os momentos sua aderência ao ser-aí natural; e trabalhando, o elimina" (Hegel, 2013, §194, p. 149). O trabalho do escravo emerge como uma forma truncada de desejo: ele exibe o princípio da negação ativa, mas não vê a si totalmente como autor de seus atos; ele ainda trabalha para o senhor em vez de trabalhar para si mesmo. No caso do escravo, o desejo de viver, especificado como o desejo de criar bens para viver, não pode ser integrado ao desejo de ser livre até que renuncie aos seus grilhões pela desobediência e pelo concomitante medo da morte.

A divisão de tarefas entre senhor e escravo pode ser vista como uma explicação de dois projetos diferentes, porém relacionados, inerentes à insatisfação do desejo. O senhor implicitamente restringe o desejo ao consumo de bens prontos e, assim, substitui a satisfação do desejo pelo processo como um todo. O escravo dá exemplo da dimensão do desejo que falta no relato do senhor; seu projeto consiste na sobrevivência e na atividade abrangidas pelo sentido do trabalho. O projeto incorpóreo do senhor se torna, ironicamente, uma postura de inveja; distante do mundo físico, e ainda requerendo-o para viver, o senhor torna-se um consumidor passivo que, a despeito de seu privilégio, nunca encontra satisfação.

O projeto do senhor de ultrapassar a necessidade torna-se uma necessidade premente e incansável; e sua exigência de permanecer sempre saciado o amarra irrevogavelmente à particularidade e ao seu próprio corpo, um nó que, originalmente, ele desejava romper. E o escravo, relegado ao reino da particularidade, descobre por meio do trabalho sobre as coisas naturais sua própria capacidade de transformar o mundo bruto dado em um reflexo de si mesmo. O senhor torna-se versado nas lições da vida, o escravo, na liberdade. E a inversão gradual de seus papéis iniciais fornece lições para a estrutura e o sentido gerais do desejo.

O projeto ou desejo de viver e o projeto ou desejo de alcançar uma identidade autônoma apenas podem ser integrados na medida em que, explicitamente, o desejo dê conta da necessidade. A recusa da necessidade aliena a consciência-de-si dela mesma e consiste em um modo-chave como a consciência é tornada exterioridade. Conforme a necessidade é considerada parte ou contingência da facticidade afetiva, a consciência-de-si permanece cindida em si mesma, e a possibilidade de alcançar um si mesmo integrado é foracluída. Quando a satisfação das necessidades é integrada à busca da identidade, descobrimos que as necessidades não são nada além de formas alienadas do desejo; a necessidade de viver, formulada como tal, afirma a perspectiva da vida como uma mera exigência e confirma a distinção falha entre o desejo de viver e o desejo de alcançar uma identidade autodeterminada. Quando se tem a necessidade, elas são experienciadas como desejo.

O desejo exige, também, a transformação da particularidade do mundo natural (do corpo vivo assim como dos objetos naturais) em reflexões da atividade humana; o desejo deve encontrar sua expressão no trabalho, de modo que figure ou forme o mundo natural a fim de encontrar a si mesmo ali refletido (§195). Dar forma é, então, a determinação exterior do desejo; para que encontre satisfação, isto é, reconhecimento para ele mesmo, o desejo deve abrir caminhos para o trabalho criativo. O desejo não é plenamente suprimido por um trabalho desse tipo, mas o trabalho é "desejo *refreado*, um desvanecer *contido*, ou seja, o trabalho *forma*. **A relação negativa com o objeto torna-se a *forma*** do mesmo e *algo permanente*, porque justamente o objeto tem independência para o trabalhador" (Hegel, 2013, §195, p. 149-150, itálicos do original, negritos de Butler).

A função negativa ou apropriadora do desejo não é, então, construída como consumo, a cativação extática com um outro, nem como dominação, mas como a re-criação de objetos naturais em reflexões de seu autor. O desejo procura sua satisfação, a reflexão dele mesmo como uma existência autodeterminante e determinada, efetuando a gênese humana do mundo exterior. A exterioridade do mundo é negada ao ser transformada em criação da vontade humana. A consciência-de-si deve atingir uma autoria divina do mundo, um "formar universal", não "[uma habilidade] que domina uma certa coisa, mas [...] a potência universal e a essência objetiva em sua totalidade" (Hegel, 2013, §196, p. 151).

Argumentei que o desejo mantém, sempre, uma estrutura igualmente reflexiva e intencional; devo acrescentar agora que a intencionalidade do desejo é dupla: o desejo se liga, sempre, ao problema do reconhecimento da consciência-de-si e por outra consciência-de-si, e consiste sempre em um esforço de negar/transformar o mundo natural. O domínio da realidade sensível e perceptiva que renunciou à descoberta do Outro como uma independência autonegadora é reavivado, aqui, de uma nova forma. O reconhecimento mútuo só pode se tornar possível no contexto de uma orientação compartilhada sobre *o mundo material*. A consciência-de-si é mediatizada não apenas por outra consciência-de-si, mas cada uma reconhece a outra em virtude da forma que dá ao mundo. Assim, somos reconhecidos não apenas pela forma como habitamos o mundo (nossas múltiplas corporificações), mas também pelas formas como o criamos (nossas obras); nossos corpos não são nada além de expressões transitórias de nossa liberdade, enquanto as obras blindam nossa liberdade em sua própria estrutura.

Hegel inicia "Dominação e escravidão" alegando que "[a] consciência-de-si é *em si* e *para si* quando e por que é em si e para uma Outra; quer dizer, só é como algo reconhecido" (Hegel, 2013, §178, p. 142). Mas o que é isso que o outro reconhece em nós? A resposta é que somos reconhecidos como um ser *desejante*: "a consciência-de-si é desejo, em geral" (Hegel, 2013, §167, p. 136). Vimos que o desejo tem uma estrutura polivalente, um movimento que estabelece uma identidade coextensiva ao mundo. A discussão hegeliana acerca do trabalho começa a nos mostrar como o mundo da substância é restituído como o mundo do sujeito. O desejo, como transformação do mundo natural, é simultaneamente a transformação de seu próprio si mesmo natural em liberdade corpórea. Ainda assim, essas transformações não podem ocorrer fora de uma intersubjetividade historicamente constituída que mediatize a relação com a natureza e o si mesmo. Subjetividades verdadeiras frutificam apenas em comunidades que possibilitam o reconhecimento recíproco, de modo que não podemos vir a ser nós mesmos apenas pelo trabalho, mas através do olhar aquiescente do Outro que nos confirma.

Ao final de "Dominação e escravidão", temos o sentimento de que a vida da consciência-de-si se arrasta lentamente para um fim. Com a possibilidade do reconhecimento mútuo, vemos os começos do Espírito ou *Geist*, essa identidade coletiva que significa um conjunto diferente de pressupostos ontológicos. O sujeito da *Fenomenologia*, de Hegel, não emerge apenas como um modo de fascínio intencional e da busca reflexiva da identidade, mas também como um desejo que exige Outros para sua própria satisfação e constituição como um ser intersubjetivo. No esforço de alcançar a reflexividade de si mesmo pelo reconhecimento e pelo Outro, esse sujeito descobre sua dependência não apenas como um entre muitos atributos, mas propriamente como ele mesmo. Essa interdependência, esse novo sujeito, ainda é desejo, mas um desejo que busca a satisfação metafísica pela articulação do lugar histórico do sujeito em dada comunidade.

A reformulação do desejo como articulação de uma identidade e um lugar histórico consiste no ponto de partida da introdução de Alexandre Kojève sobre a obra de Hegel na vida intelectual francesa do século XX. Kojève, com efeito, suspende a *Fenomenologia* ao final de "Dominação e escravidão" e reconta a narrativa hegeliana do ponto de vista daquele indivíduo em luta no liame da identidade coletiva. O sujeito de Kojève retém todos os impulsos metafísicos de seu precursor hegeliano, mas é atenuado pela desconfiança marxiana do idealismo de Hegel. Assim, a consciência-de-si emerge na língua francesa, décadas mais tarde, como um ator histórico que exige ser reconhecido por Outros, à espera de que o sentido imanente de seu lugar metafísico seja, então, confirmado. Ao conferir historicidade ao plano metafísico do viajante hegeliano, Kojève introduz supreendentemente a possibilidade de que a ação histórica e a satisfação metafísica talvez não estejam mutuamente implicadas. De fato, à medida que o sujeito hegeliano cruzar as fronteiras da França e adentrar o século XX, veremos que a questão da agência e da experiência históricas desafiarão seu plano de viagem. Com efeito, sem essa jornada progressiva, não estará claro se o viajante pode, por si mesmo, sobreviver.

Capítulo 2

Desejos históricos: a recepção francesa de Hegel

> *[É o desejo] que está na base da consciência-de-si, isto é,*
> *da existência verdadeiramente humana (e portanto —*
> *no fim das contas — da existência filosófica).*
> Alexandre Kojève. *Introdução à leitura de Hegel.*

Em 1931, Alexandre Koyré observava, na *Revue d'Histoire de la Philosophie*, que os estudos sobre Hegel na França ainda eram praticamente inexistentes. Com exceção de *Le Malheur de la conscience dans la philosophie de Hegel*, de Jean Wahl, publicado em 1929, nenhum outro tratado francês relevante sobre Hegel havia tido qualquer popularidade intelectual na França.[39] Em 1946, entretanto, o quadro dos estudos sobre Hegel na França mudou

---

[39] Os escritos teológicos de juventude de Hegel foram editados e tornados disponíveis na Alemanha em 1907 por Henri Niel, sob o título de *Theologische Jugendschriften*. Wahl cita essa edição, assim como as histórias do desenvolvimento de Hegel escritas por Rosenkranz (1844), Haym (1857) e Dilthey (1905), como centrais para a sua própria investigação acerca do elemento trágico nos escritos teológicos de juventude de Hegel por meio da *Fenomenologia do Espírito*. Ele cita pouquíssimos textos franceses em seu trabalho, com exceção de *Le Progrès de la conscience dans la philosophie occidentale* (1927). Antes da publicação dos cursos de Kojève (1933-1939) e da *Genèse et structure de la "Phénoménologie de l'esprit de Hegel"*, ambos publicados em 1947, apenas *De la médiation dans la philosophie de Hegel* se destaca como um estudo substancial e completo na França. A publicação da *Fenomenologia* na França por Hyppolite, entre 1939 e 1941, provocou um bom número de artigos críticos em várias revistas filosóficas e intelectuais francesas.

Hyppolite apresenta uma análise da emergência de Hegel na vida intelectual francesa durante e depois dos anos de guerra entre as páginas 230 e 241 de seu *Figures de la pensée philosophique*. Ele credita a introdução de certos temas, isto é, a vida e a história, na vida intelectual francesa ao interesse por H. Bergson nos anos de 1920, algo que, em última análise, tornou possível uma reflexão séria sobre Hegel. Em "L'Actualité de Hegel", Mikel Dufrenne também liga a noção dialética hegeliana do devir à noção de duração [*durée*] em Bergson. Entre os maiores historiadores da intelectualidade do período, apenas Mark Poster vê o retorno a Hegel como uma reação contra Bergson.

consideravelmente: naquele ano, Merleau-Ponty afirmaria, no prefácio de sua *Fenomenologia da percepção*, que "Hegel está na origem de tudo que se fez de notório na filosofia há um século, a exemplo do marxismo, de Nietzsche, da fenomenologia e do existencialismo alemão e da psicanálise" (Merleau-Ponty, 1966, p. 109).[40] Embora possamos, com razão, pôr em questão o valor exuberante que Merleau-Ponty atribui à influência de Hegel, a investigação sobre o clima intelectual que permitiu que tal exuberância fosse possível é mais significativa. De fato, o profundo interesse por Hegel na França durante as décadas de 1930 e 1940 remete a necessidades intelectuais e políticas amplamente compartilhadas e por muito tempo suprimidas. Em *A força das coisas*, Simone de Beauvoir lembra que ela se voltou para Hegel em 1945, a partir da exortação de Hyppolite: "Havíamos descoberto a realidade da história e seu peso: nos interrogávamos sobre seu sentido" (Beauvoir, 2021, p. 50 [1965, p. 34]). Em 1961, Koyré, em um posfácio à reimpressão de sua análise dos estudos hegelianos na França, lançada em 1931, ressaltou que a presença de Hegel na vida acadêmica "mudou completamente" (Koyré, 2011, p. 231 [1931, p. 34]).

Se o objetivo da minha investigação fosse adentrar no domínio da sociologia do conhecimento, eu poderia me debruçar sobre as condições históricas da guerra mundial na Europa que precipitaram o giro entusiasmado em direção a Hegel ocorrido nesse período (ver Descombes, 1980, p. 14). Minha questão, entretanto, diz respeito à importância do tema do desejo na *Fenomenologia do Espírito*: que visão de subjetividade e de história o conceito de desejo de Hegel oferece aos escritores desse período? No caso de Kojève, Hegel forneceu um contexto para uma investigação sobre certas questões filosóficas relevantes àqueles tempos: o problema da ação humana, da criação de significado, das condições sociais necessárias à constituição de subjetividades historicamente responsáveis. A visão da *Fenomenologia* de uma subjetividade ativa e criadora, de um sujeito itinerante empoderado pelo trabalho da negação, serviu como fonte de esperança durante aqueles anos de crise política e individual. Hegel ofereceu um caminho para discernir a razão no negativo, isto é, para extrair potencial transformativo da experiência da derrota. A destruição das instituições e dos modos de vida, a aniquilação massiva e o sacrifício da vida humana revelaram a contingência da existência em termos brutais e incontestáveis.

---

[40] Embora Butler indique a passagem no prefácio da *Fenomenologia da percepção*, em nossas pesquisas localizamos o trecho citado no texto "Sens et non sens", também de Merleau-Ponty. [N.T.]

Por isso o giro em direção a Hegel pode ser visto como um esforço para extirpar a ambiguidade da experiência da negação.

O princípio ontológico da negação se fez historicamente conhecido durante aqueles tempos como um princípio de destruição, ainda que a *Fenomenologia*, de Hegel, também forneça uma maneira de entender a negação como um princípio criativo. O negativo também é a liberdade humana, o desejo humano, a possibilidade de criar algo novo; o nada ao qual a vida humana foi consignada era, portanto, ao mesmo tempo, a possibilidade da sua renovação. O não efetivo é ao mesmo tempo todo o reino da possibilidade. Em termos hegelianos, o negativo mostrou a si mesmo não apenas como morte, mas também como uma possibilidade persistente de *devir*. Como um ser que também incorpora a negatividade, o ser humano se revelou capaz de resistir ao negativo precisamente porque poderia assimilar e recapitular a negação na forma da ação livre.

Kojève: desejo e agência histórica

Os cursos de Kojève sobre Hegel são tanto comentários quanto trabalhos originais de filosofia. A apropriação que ele faz do tema do desejo é, portanto, uma elucidação do conceito de Hegel e uma teoria que subsiste de maneira independente. Sendo fiel à afirmação hegeliana de que o objeto da análise filosófica é parcialmente constituído pela própria análise, Kojève analisa Hegel não como uma figura histórica com uma existência totalmente independente, mas como um parceiro em um encontro hermenêutico no qual ambas as partes têm suas posições originais transformadas. O texto de Hegel não é um sistema totalmente independente de significados aos quais o comentário de Kojève buscaria ser fiel. O próprio texto de Hegel é transformado pelas interpretações históricas particulares às quais é submetido; na verdade, os comentários são extensões do texto, *são* o texto em sua atualidade. A apropriação particularmente atual que Kojève faz da doutrina do desejo de Hegel levanta questões do que nele sobrevive no século XX e do que dele se perdeu. A afirmação de Hegel de que o desejo pressupõe e revela um vínculo ontológico comum entre o sujeito e seu mundo exige que aceitemos um conjunto prévio de relações ontológicas que estrutura e unifica várias subjetividades uma com as outras e com o mundo com o qual elas se confrontam. É difícil reconciliar essa pressuposição de harmonias ontológicas que subsistem nos e entre os mundos intersubjetivo e natural com as diversas experiências de "disjunção" que, no século XX, emergem como insuperáveis. Kojève escreve a partir de uma consciência da mortalidade humana que sugere que a vida humana é partícipe de uma situação ontológica peculiar e única que a distingue do mundo natural, e que também estabelece as diferenças entre vidas individuais como relações negativas que não podem ser totalmente suprassumidas em uma identidade coletiva. A teorização original de Kojève é condicionada pela recusa da postulação de Hegel de uma unidade ontológica que condiciona e resolve todas as experiências de diferença entre os indivíduos e entre indivíduos e o mundo externo. Ao rejeitar a premissa da harmonia ontológica, Kojève está livre para ampliar a doutrina da negação de Hegel. A experiência do desejo se torna crucial para a leitura que Kojève faz de Hegel precisamente porque o desejo tematiza as diferenças entre sujeitos independentes e as diferenças entre sujeitos e seus mundos. Na verdade, o desejo se torna a característica permanente e universal de toda a vida humana, assim como a condição para a ação histórica. A *Fenomenologia*, de Hegel, torna-se para Kojève a ocasião para uma *antropologia* da experiência histórica na qual a transformação do desejo em ação e a busca da ação pelo reconhecimento universal se tornam as características mais relevantes de toda agência histórica.

A leitura que Kojève faz de Hegel é claramente influenciada pela reca-pitulação feita pelo jovem Marx das perspectivas hegelianas sobre a ação e o trabalho. Embora inspirado pelas descobertas, à época recentes, dos manus-critos de 1844, Kojève procurou em Hegel uma teoria da ação, do trabalho e do progresso mais fundamental do que a encontrada em Marx. Ao reverter a tendência marxista de ver Hegel como "de cabeça para baixo", Kojève argumentou que Hegel forneceu uma antropologia da vida histórica, alie-nando as características essenciais da existência humana, que necessitam da contínua re-criação dos mundos social e histórico (Kojève, 2014, p. 254-255 [1980, p. 72-73]). Kojève relacionou a teoria da luta de classes de Marx e a discussão de Hegel sobre o senhor e escravo na *Fenomenologia* e, ainda que Marx visse a luta de classes como uma dinâmica própria da sociedade capitalista, generalizou sua conclusão, afirmando que a luta por reconhe-cimento forma o princípio dinâmico de todo progresso histórico. Embora influenciado por Marx, Kojève parece estar interessado apenas no jovem Marx: na teoria do trabalho como atividade essencial dos seres humanos, na teoria da alienação, na necessidade de transformar o mundo natural e o intersubjetivo para poder levar a cabo os projetos humanos essenciais. O jovem Marx, ao contrário do que acontece com o Marx de *O capital* ou o dos *Grundrisse*, aceitava uma visão antropológica do trabalho humano, isto é, uma visão que assegurava as características universais e invariantes do trabalho como uma atividade humana essencial.

Kojève encontrou a base de uma visão antropológica da ação e do trabalho humano no quarto capítulo da *Fenomenologia*. Na verdade, pode-se argumentar que, para Kojève, a *Fenomenologia* termina no capítulo 4, já que é ali que as estruturas do desejo, da ação, do reconhecimento e da reciprocidade são reveladas como condições universais da vida histórica. Para Kojève, a *Fenomenologia* realiza o *telos* da cultura ocidental na medida em que suscita o início de uma compreensão antropocêntrica da vida histórica. A afirmação de Kojève de que todo o pensamento pós-hegeliano habita um tempo pós-histórico atesta essa realização. Na medida em que Kojève e seus leitores vivem pós-historicamente, vivem sem a esperança de que a filosofia revele novas verdades sobre a situação humana. O *telos* da história era revelar as estruturas que fazem a história possível. Para Kojève, a modernidade, então, não está mais preocupada em desvendar o plano teleológico que é a astúcia histórica da razão; a modernidade é caracterizada pela ação histórica por parte de indivíduos, uma ação menos determinada do que livre. O fim da história teleológica é o início da ação humana governada por um *telos* autodeterminante. Nesse sentido, o fim da história é o início de um universo verdadeiramente antropocêntrico. Nas palavras de Kojève, é a revelação do "Homem" ou, talvez mais descritivamente, da subjetividade humana.

Kojève parece reverter a ordem de importância que a *Fenomenologia* estabelece entre os desejos humanos e uma ordem metafísica maior. Para ele, as categorias metafísicas de Hegel encontram sua consumação expressa na ontologia humana; as categorias de ser, devir e negação são sintetizadas na ação humana. A ação que é verdadeiramente humana transforma (nega) aquilo que é dado de forma bruta (Ser) em um reflexo e em uma extenuação do agente humano (Devir). Em uma análise de 1941 sobre a importância contemporânea de Hegel, Mikel Dufrenne escreveu que, para Kojève, "o que é ontologicamente considerado como negatividade e metafisicamente considerado como tempo [é] fenomenologicamente considerado como ação humana" (Dufrenne, 1948, p. 296). Para Kojève, então, a perspectiva da agência humana deu expressão concreta a todo o sistema hegeliano; na verdade, a *Lógica* deveria ser entendida e receber seu significado concreto apenas no contexto da ação humana. Nesse sentido, o capítulo 4 da *Fenomenologia* se torna o momento central de todo o sistema de Hegel. Kojève foi ainda mais longe e afirmou que todas as especulações teológicas de Hegel devem ser entendidas como uma teoria da ação humana (Kojève, 2014, p. 492-494 [1980, p. 258-259]).

Para manter a centralidade da perspectiva humana no sistema de Hegel, Kojève rejeitou a interpretação panlogista da forma como Hegel vê a natureza.

Na verdade, para garantir a razão como propriedade unicamente dos seres humanos, Kojève teve de ler a doutrina hegeliana da dialética da natureza como equivocada ou como dependente de uma contribuição da presença de uma consciência humana (ver Dufrenne, 1948, p. 301-302; Niel, 1947, p. 428). Kojève introduz o desejo na *Introdução à leitura de Hegel* como designando a diferença ontológica entre seres humanos e seres puramente naturais. Mais especificamente, Kojève distingue a consciência humana como algo mais que uma identidade simples, isto é, como um tipo de ser que apenas se torna aquilo que é por meio da *expressão*. Reformulando o drama da Explicação encontrado na *Fenomenologia*, Kojève defende que a consciência humana permanece indistinta da consciência animal até que ela assevere sua reflexividade na forma da autoexpressão.

Na leitura de Kojève, antes da expressão autoconstituinte, a consciência humana está como a consciência animal, *absorvida* nos objetos externos a ela; Kojève chamou essa absorção de "contemplação". O si mesmo não aprende nada sobre si na contemplação, já que "o homem que contempla é absorvido por aquilo que ele contempla; o sujeito cognoscente se perde no objeto conhecido" (Kojève, 2014, p. 11 [1980, p. 3]). Kojève distingue o *desejo* como o único modo como o sujeito humano pode expressar e conhecer a si, em oposição à contemplação, que não pode dar conta da experiência de autoconstituição ou de autoconhecimento. O desejo distingue os sujeitos humanos como estruturas reflexivas; essa é a condição da autoexternalização e do autoconhecimento. O desejo é "a origem do Eu revelado pela palavra"; o desejo impele o sujeito linguístico à autorreferência: "o desejo (consciente) de um Ser constitui esse Ser como Eu e o revela como tal, levando-o a dizer: 'Eu...'" (Kojève, 2014, p. 11 [1980, p. 3]).

Ao evocar o papel da autoexpressão no desejo, Kojève toma como base a noção de Hegel de que o desejo tanto forma quanto revela a subjetividade. Para Kojève, o desejo fomenta a formação de um senso específico de agência. Para que se possa realizar o que se deseja, os desejos são formulados na fala ou expressos de alguma outra maneira, já que a expressão é o *meio* instrumental por meio do qual nos dirigimos aos Outros. A expressão é também a maneira como *determinamos* nossos desejos, não apenas no sentido de "dar expressão concreta a", mas também no sentido de "dar direção a". Os desejos não estão relacionados às suas expressões contingencialmente, como se já estivessem completamente formados antes delas; o desejo é essencialmente um desejo-por-determinação; o desejo empenha-se pela expressão concreta como parte de sua satisfação. Além disso, a determinação de um desejo como um desejo-por-algo concreto necessita da determinação do si mesmo. Na formulação "eu desejo x", o "eu" emerge por acidente; a subjetividade é criada involuntariamente e descoberta por meio da expressão concreta do desejo.

Kojève argumenta que o desejo animal não alcança a autorreflexão por meio do desejo, ao passo que a satisfação e a autorreflexão estão indissoluvelmente ligadas no desejo humano. Na medida em que o desejo animal constitui a possibilidade orgânica para o desejo humano, aquele é por este pressuposto, o desejo animal é a condição necessária, porém insuficiente, para o desejo humano. A vida biológica, segundo Kojève, nunca poderá constituir o significado de desejo humano, porque o desejo humano é menos um fato orgânico do que a negação ou a transformação do que é dado; é o meio pelo qual, a partir do biológico, a consciência constrói a si mesma como não biológica, isto é, como um ser especificamente humano. Contrariando a crença comum de que o desejo é uma manifestação da necessidade biológica, Kojève inverte essa relação e afirma que o desejo é a transcendência da biologia, na medida em que a biologia é concebida como um conjunto fixo de leis naturais.[41]

Kojève vê a natureza como um conjunto de fatos dados brutamente, governado pelo princípio de identidade simples, não apresentando possibilidades dialéticas, e que, portanto, está em total contraste com a vida da consciência. O desejo, então, é não natural, na medida em que exibe uma estrutura de reflexividade ou negação interna que falta ao fenômeno natural. O sujeito é criado por meio da experiência do desejo e, nesse sentido, é um si mesmo não natural. O sujeito não precede seus desejos e depois retira de seus desejos uma reflexão de um si mesmo pré-fabricado; ao contrário, o sujeito é essencialmente definido por meio daquilo que deseja. Ao desejar certo tipo de objeto, o sujeito postula-se involuntariamente como certo tipo de ser. Em outras palavras, o sujeito de Kojève é uma estrutura essencialmente intencional; o sujeito *é* seu desejo por seu objeto ou por seu Outro; a identidade do sujeito deve ser encontrada na intencionalidade de seu desejo.

---

[41] Para uma análise da posição de Kojève sobre a natureza, ver "L'Actualité de Hegel", de Dufrenne (1948). A argumentação de Kojève é problemática não apenas no contexto da posição aparentemente mais complexa de Hegel, mas também no que diz respeito às análises científicas contemporâneas sobre a natureza. Kojève claramente está escrevendo no contexto de uma tradição filosófica que sustenta uma visão da existência natural como estática e não dialética; ele não considera a possibilidade de que a natureza seja um sistema em desenvolvimento nem considera os tipos de "razões" que explicam os esquemas evolutivos na natureza. Nessa análise convicta da natureza como bruta e ininteligível, ele parece ignorar a possibilidade de uma concepção dinâmica da natureza.

Para Kojève, o objetivo do desejo propriamente dito é a transformação dos dados naturais em reflexões da consciência humana, porque apenas tomando esse processo de transformação como seu próprio objeto é que o desejo poderá se manifestar como o poder transformador que é. Na visão de Kojève, "o Eu humano, realizado pela satisfação ativa de seus desejos humanos é tanto função de seu alimento quanto o corpo do animal é função do que come" (Kojève, 2014, p. 13 [1980, p. 4]). Portanto, se um sujeito se contentasse desejando apenas objetos naturais, seu desejo permaneceria um desejo puramente natural; ele não manifestaria a "transcendência" implícita no desejo humano: "o Eu criado pela satisfação ativa de tal desejo terá a mesma natureza das coisas às quais esse desejo de dirige: será um 'Eu-coisa', um Eu apenas vivo, um Eu animal" (Kojève, 2014, p. 12 [1980, p. 5]).

Kojève enfatiza a transição entre "A verdade da certeza de si mesmo" e "Dominação e escravidão" como o desenvolvimento da visada intencional do objeto para os Outros. Por uma intepretação da alegação de Hegel de que o desejo é condicionado por seu objeto, Kojève vê na transição entre esses capítulos a transformação do desejo em uma capacidade "transcendente" ou não natural. Ao afirmar que o desejo toma formas específicas de acordo com o tipo de objeto que ele encontra e persegue, Kojève rejeita a sugestão de que uma lógica inexorável necessita da transformação do desejo em uma síntese satisfatória entre o si mesmo e o mundo. Não há nada intrínseco ao desejo, nenhuma teleologia interna que teria criado a antropogênese do mundo que Hegel vê como a satisfação última do desejo. O desejo depende da disponibilidade de uma comunidade histórica específica de expressar seu próprio potencial transformador. A satisfação do desejo, então, não está assegurada por meio da necessidade ontológica, mas está vinculada a um contexto, depende de uma situação histórica que propicie a expressão do potencial transformador do desejo.

Na visão de Kojève, o desejo só se torna completamente humano, completamente transformador, quando toma um objeto não natural, nomeadamente, outra consciência humana. Apenas no contexto de outra consciência, um ser para quem a reflexividade ou negação interna é constitutiva, a consciência inicial pode manifestar sua própria negatividade, isto é, sua própria transcendência da vida natural: "O desejo que se dirige a um outro desejo, considerado como desejo, vai criar, pela ação negadora e assimiladora que o satisfaz, um Eu essencialmente diferente do 'Eu' animal" (Kojève, 2014, p. 12 [1980, p. 5]).

O ato de troca recíproca que constitui as duas subjetividades em suas transcendências é o reconhecimento. A consciência inicial não contempla a si mesma refletida no Outro; a passividade da contemplação é suplantada pela atividade do desejo. Kojève explica o movimento do desejo na busca por reconhecimento como uma negação ativa: "esse Eu […] [será] negatividade-negadora", e, "já que o desejo se realiza como ação negadora do dado, o próprio Ser desse Eu será ação" (Kojève, 2014, p. 12 [1968, p. 12]). O reconhecimento da consciência por um outro se efetiva em uma orientação compartilhada no que diz respeito ao mundo material; o contexto do trabalho (a negação do mundo natural) leva ao processo do reconhecimento (a negação da naturalidade do Outro). O trabalho que exemplifica a transcendência do ser humano em relação ao natural e que provoca o reconhecimento dos Outros leva o nome de *ação histórica*. Como transformação eficaz dos dados biológicos ou naturais, a ação histórica é o modo como o mundo da substância é reformulado como mundo do sujeito. Ao confrontar o mundo natural, o agente histórico o toma, marca-o com a assinatura da consciência e o expõe no mundo social para ser visto. Esse processo é evidente na criação de um trabalho material, na expressão linguística de uma realidade, na abertura de um diálogo com outros seres humanos: a ação histórica é igualmente possível dentro das esferas de interação ou produção.

O antropocentrismo de Kojève o leva a ver o desejo como uma atividade negadora que funda toda vida histórica. O desejo não pode ser superado exatamente porque a subjetividade humana é o fundamento permanente da vida histórica; a ação não aponta para uma realidade prévia e mais inclusiva como seu fundamento – a ação *é* o fundamento da história, o ato de constituição por meio do qual a história emerge como natureza transformada. O desejo é, então, um tipo de negação que não é resolvido em uma concepção mais inclusiva do ser; o desejo aponta para uma diferença ontológica entre a consciência e seu mundo, que, para Kojève, *não pode* ser superada.

Ao formular o desejo como uma atividade permanente de negação, Kojève tornou possível uma concepção atualizada de desejo livre das afirmações teleológicas implícitas no texto da *Fenomenologia*. Ele vê o desejo como um "nada revelado" (Kojève, 2014, p. 12 [1980, p. 5]), uma intencionalidade negativa ou negadora sem uma estrutura teleológica preestabelecida. As várias rotas do desejo são condicionadas pelo mundo social que confronta o desejo, mas as rotas específicas que o desejo persegue não estão predispostas em nenhum sentido. Para Kojève, portanto, o desejo humano indica um conjunto de opções. A dissolução da ontologia harmoniosa de Hegel, o esquema pelo qual a negação é continuamente suprassumida por uma versão mais abrangente do ser, permite formular o desejo como uma expressão de liberdade.

Postular a negação como uma característica permanente da vida histórica se mostra decisivo para articular a subjetividade como constituinte e constituída pelo desejo. Para Kojève, o desejo não descobre – como ocorre em Hegel – sua uniformidade pré-dada com o mundo pela afirmação de si como um *meio* sensível. Na leitura de Kojève, o aspecto sensível da identidade humana é precisamente o que clama por transcendência, aquilo que o desejo busca negar. Retomando o projeto de abstração do senhor, o desejo é, para Kojève, um projeto idealizante; o desejo empenha-se para determinar a agência humana como transcendente em relação à vida natural. Dessa maneira, o modo como Kojève formula o desejo declara a insuperabilidade da subjetividade; o projeto último do desejo é menos uma assimilação dialética da subjetividade pelo mundo, e do mundo pela subjetividade, e mais uma ação unilateral sobre o mundo em que a consciência estabelece a si mesma como a geradora da realidade histórica.

Para Hegel, o desejo é uma atividade negativa que tanto diferencia quanto vincula a consciência e seu mundo, enquanto, para Kojève, o desejo é uma atividade negativa pela qual a consciência está externamente relacionada, ainda que de maneira eficaz, com o mundo. Kojève defende que a consciência está *criando* sua relação com o mundo por meio de sua ação transformadora, e não *revelando* as dimensões reciprocamente constitutivas do sujeito e da substância como *pressuposições* ontológicas desse encontro.

Kojève claramente põe em questão o "lugar" pré-dado do sujeito humano e segue uma linha existencial ao afirmar que, independentemente de qual seja esse lugar, é um lugar *criado* pelo sujeito. Ainda assim, por ver o desejo como não natural, como uma transcendência do puramente sensível, esse "lugar" permanece sendo mais uma abstração metafísica do que uma situação existencial concreta, e, com isso, Kojève destitui sua posição de uma compreensão *corporificada* do desejo. Seu sujeito se torna um criador abstrato, o paradigma do pensador filosófico; a negação é menos uma busca corporificada do que um esforço para se tornar uma liberdade pura. Além disso, a rejeição de Kojève da ligação positiva que Hegel faz entre o caráter sensível da consciência-de-si com o caráter sensível do mundo implica uma disjunção radical entre a consciência humana e o mundo natural, o que destitui a realidade humana de uma expressão natural ou sensível. A distinção que Kojève faz entre o sensível e o "verdadeiramente humano" o envolve em uma posição idealista que recria o paradoxo da determinação e da liberdade que Hegel parecia ter conseguido superar na *Fenomenologia*. Retomo as características problemáticas dessa posição primeiro para esclarecer a relação entre o sensível e o desejo e depois para estabelecer os fundamentos da forma como Kojève vê o desejo como aquilo que faz com que a existência humana se manifeste em sua temporalidade e liberdade.

A análise que Kojève faz da seção "Dominação e escravidão" sublinha o que o difere de Hegel em relação ao problema do sensível. Nessa seção, o escravo descobre que não é uma criatura coisificada, mas uma criatura dinâmica e viva, capaz de negação. O escravo se experiencia como um ator corporificado, que, além disso, tem sede de vida. Embora o escravo confronte sua liberdade em relação às restrições naturais por meio da atividade negativa de seu trabalho, ele redescobre o aspecto "natural" de sua existência como um *meio* de autorreflexão. O corpo, que outrora significou sua escravidão, agora aparece como uma precondição essencial e um instrumento de sua liberdade. Nesse sentido, o escravo prefigura a síntese da determinação e da liberdade que o *Geist* posteriormente representará. Em um sentido mais amplo, a substância é reformulada como sujeito por meio da reconciliação da vida determinada com a liberdade absoluta.

A leitura que Kojève faz dessa seção termina antes de ser introduzida, pelo conceito de *Geist*, a reconciliação da vida determinada com a liberdade. Kojève tampouco reconhece o corpo do escravo como um *meio* de expressão. Em vez disso, ele argumenta que a lição da seção é que a ação negativa consiste em uma transcendência em relação ao natural e determinado. O paradoxo da consciência e do corpo permanece um paradoxo dinâmico e constitutivo. O destino da realidade humana é "não ser o que ele é (Ser estático e dado, Ser natural, caráter inato) e ser (isto é, devir) o que ele não é" (Kojève, 2014, p. 12 [1980, p. 5]). Nessa formulação, que prefigura a visão sartriana da unidade paradoxal do Em-Si e do Para-Si, Kojève ressalta sua leitura da consciência como aquilo que *transcende* a natureza, em vez de a ela se unir. O projeto da subjetividade é superar toda positividade que inclua uma "natureza interior" ou características aparentemente fixas da própria consciência: "Em seu próprio Ser, esse Eu é devir intencional, evolução desejada, progresso consciente e voluntário. É o ato de transcender o dado que lhe é dado e que ele próprio é" (Kojève, 2014, p. 12-13 [1980, p. 5]).

A visão normativa de Kojève, para quem o desejo deve se tornar manifesto como uma experiência pela qual o "progresso consciente e voluntário", implica que toda e qualquer afirmação relativa a pulsões ou a teleologias naturais da afetividade humana deva ser considerada equivocada e descartada. Na medida em que o ser dado da própria vida biológica de um agente deve ser transformado em uma criação da vontade, Kojève propõe que o desejo seja considerado como um instrumento de liberdade. A reificação do desejo como um fenômeno natural é, então, a restrição arbitrária do desejo a certos fins e a elevação injustificável desses fins a um estatuto natural ou necessário. Como uma expressão de liberdade, o desejo se torna um tipo de escolha.

A visão de Kojève da situação ontológica paradoxal dos seres humanos – não ser o que é (natureza) e ser o que não é (consciência ou negação) – tem como consequência necessária projetar os seres humanos no tempo. O "Eu" humano é um contínuo ultrapassar-se, uma antecipação do ser que ele ainda não é, assim como uma antecipação do nada que emergirá daquilo que a qualquer momento ele poderá se tornar: "o próprio Ser desse Eu será devir, e a forma universal desse Ser não será espaço, mas tempo" (Kojève, 2014, p. 12 [1980, p. 5]). O desejo é um nada essencialmente temporalizado: é um "nada revelado" ou um "vazio irreal" que busca sua própria satisfação e, por meio dessa busca, cria um futuro temporal. Na visão de Kojève, a experiência do tempo é condicionada pelos vários projetos instituídos pelos agentes humanos; tempo relativo à orientação por meio da qual ele é experienciado, como na noção heideggeriana de temporalidade. Por "tempo", Kojève quer dizer *tempo vivido*, a experiência do tempo condicionada pela forma como os agentes, por meio de suas esperanças, seus medos e suas memórias, criam uma experiência específica de futuro, presente e passado. A experiência do desejo, em particular, dá origem à futuridade: "o movimento gerado pelo futuro é o movimento que nasce do desejo" (Kojève, 2014, p. 348 [1980, p. 134]).

De maneira coerente com a sua rejeição ao "Ser natural" como algo irrelevante à consciência humana, Kojève abandona o tempo natural em nome de uma temporalidade humana essencialmente estruturada pelo desejo e por sua pretensa satisfação. O desejo insatisfeito é uma ausência que circunscreve o tipo de presença pelo qual ele pode abrir mão de ser ausência. Ainda que se ponha como um vazio determinado, isto é, o vazio *de* algum objeto específico ou Outro, o desejo é um tipo de presença: é "a presença de uma ausência" (Kojève, 2014, p. 348 [1980, p. 134]); na verdade, essa ausência "conhece" o que está faltando. Ela é o conhecimento tácito da *antecipação*. A antecipação da satisfação dá origem à experiência concreta de futuridade. O desejo, portanto, revela a temporalidade essencial dos seres humanos.

A teoria de Kojève da experiência do tempo vivido sugere uma alternativa existencial para a abordagem da temporalidade da *Fenomenologia*. Sugeri anteriormente que a *Fenomenologia* faz uso de uma temporalidade fictícia para demonstrar o desenvolvimento de aparições no interior do omniabrangente Conceito. Que certas figuras da consciência "apareçam" em certa conjuntura nesse desenvolvimento não significa que elas tenham vindo a ser; ao contrário, sua opacidade também deve ser considerada como um momento essencial de seu ser. Na realidade, é apenas a partir da perspectiva humana que fenômenos entram e saem do Ser. Na realidade, cada momento da negação revela estar, em última análise, contido em uma unidade que esteve ali implícita por todo o tempo. A progressão da *Fenomenologia* consiste no desenvolvimento gradual do ponto de vista do sujeito itinerante que percorre o caminho até o absoluto, que a tudo abarca.

Kojève parece rejeitar a possibilidade de um ponto de vista absoluto, e por isso restringe sua narrativa do desejo e da ação histórica aos confins da experiência vivida de um sujeito finito. Na realidade, ele impede o nosso sujeito itinerante de alargar a circunscrição de sua realidade metafísica. Entretanto, Kojève não se vê rejeitando ou revisando Hegel; ele defende que a posição de Hegel está corretamente representada em sua própria posição. Em vez de entrarmos em um debate sobre se a interpretação de Kojève está correta, basta dizer que ele afirma o primado da individualidade frente à coletividade e também sustenta que a *Fenomenologia* de Hegel, mesmo com a aparição de Cristo ao final, é um tratado sobre o ateísmo.[42] Independentemente de se Kojève reescreve Hegel ou se simplesmente chama atenção para uma possível leitura de Hegel, a questão continua sendo que Kojève afirma a perspectiva da experiência vivida como o contexto necessário para analisar o desejo e a temporalidade. Para Kojève, a ação humana é a mais alta encarnação do Absoluto, de forma que a experiência do tempo vivido é vindicada sobre e contra a temporalidade ficcional do desenvolvimento da *Fenomenologia*. De acordo com essa visão, a temporalidade vivida apenas poderia ser considerada uma mera aparência no enquadramento abrangente da unidade ontológica de Hegel: por isso, a experiência temporal do desejo se movendo para além de si em direção a um objeto (e com isso abrindo um futuro para si) acaba por ser uma perspectiva essencialmente enganadora. O movimento do desejo revela-se como um movimento interno à dança omniabrangente do sujeito

---

[42] Para uma discussão sobre a interpretação de Hegel feita por Kojève, acompanhada de uma defesa do teísmo de Hegel, ver Niel (1947). Na *Introdução à Leitura de Hegel*, Kojève preconiza uma superação da sociedade cristã e parece subscrever a visão marxista convencional da religião como uma mistificação. Ver também Kojève (1946, p. 340). Em "Note sur la préface de la Phénoménologie de l'esprit et le thème: l'Absolu est sujet" (Hyppolite, 1971), Hyppolite rejeita essa interpretação de Hegel como um ateu – assim como o fazem Niel e Wahl – afirmando que o próprio sentido de Deus é transformado no sistema hegeliano de uma tal maneira que ele já não é mais vulnerável às críticas da visão marxista tradicional.

e da substância, certamente um "delírio báquico" (Hegel, 2013, §47, p. 53), contudo um "delírio" no qual cada movimento retorna ao seu lugar original.

A análise de Kojève implica que a temporalidade ganha seu sentido apenas por meio de atos concretos nos quais ela é engendrada. Antecipando um futuro que é ainda-não, o agente desejante não vem a descobrir que o ainda-não sempre já foi; ao contrário, o desejo *cria* o ainda-não por meio de uma orientação em direção a um objeto ausente. O desejo, para Kojève, não mais revela uma estrutura pré-dada de progressão temporal dentro de uma unidade abrangente, mas institui a temporalidade *ex nihilo*. O caráter extático do desejo, então, não é resolvido em uma forma de autorrelacionamento mais inclusivo – o desejo permanece verdadeiramente externo a si. Na forma da antecipação (a negação do presente, o desejo do ainda-não), o desejo revela o "lugar" ambíguo da subjetividade, que não está aqui nem lá, mas circunscreve ambos; a antecipação revela a subjetividade como um ser projetado no tempo e como um ser que projeta o tempo. No ensaio "Nota sobre a eternidade, o tempo e o conceito", Kojève ressalta que essa temporalidade ganha seu significado somente por meio da experiência subjetiva: "já vimos que a presença do tempo [...] no mundo real chama-se desejo" (Kojève, 2014, p. 350 [1980, p. 137]).

No mesmo artigo, Kojève se refere ao comentário que Hegel faz em seus cursos de Jena de que "*Geist ist Zeit*" (Hegel, 1967, p. 4).[43] Essa formulação encontra eco no prefácio da *Fenomenologia*: "*die Zeit ist der daseiende Begriff selbst*".[44] Esse "tempo no mundo real" é a experiência das possibilidades implícitas projetadas no desejo que distinguem o desejo *humano*. O tempo surge por meio dos "projetos" humanos que manifestam a função idealizante do desejo:

> O tempo (entenda-se: o tempo histórico, com a trajetória de futuro → passado → presente) é, portanto, o homem em sua realidade integral empírica, isto é, espacial: o tempo é a história-do-homem-sem-o-mundo. E, de fato, sem o homem, não haveria tempo no mundo [...] É verdade que o animal também tem desejos, e age em função de seus desejos, negando o real: ele come e bebe, como o homem. Mas os desejos do animal são naturais; dirigem-se ao que é, e são portanto determinados pelo que é; a ação negadora que se efetua em função desses desejos não pode negar essencialmente, não pode mudar a essência do que é. No conjunto, isto é, em sua realidade, o Ser não é modificado por esses desejos "naturais", não

---

[43] Tradução nossa: "O Espírito é o tempo". [N.T.]

[44] "[...] o tempo é o próprio conceito aí-essente" (Hegel, 2013, §46, p. 49).

muda essencialmente em função deles; permanece idêntico a si mesmo e, assim, é espaço, e não tempo. [...] Já o homem transforma o mundo essencialmente pela ação negadora de suas lutas e de seu trabalho. Ação que nasce do desejo humano não-natural dirigido a um outro desejo, isto é, a algo que não existe realmente no mundo natural (Kojève, 2014, p. 351 [1980, p. 138]).

O desejo de um outro indivíduo serve como condição para a experiência da futuridade; assim, para Kojève, o reconhecimento recíproco e a temporalidade estão essencialmente relacionados. Reconhecer um outro significa se relacionar com as *possibilidades* desse outro, às quais está implícito um senso de futuridade, isto é, a concepção do que o Outro pode se tornar. Apenas quando nos relacionamos com os outros como seres naturais é que asseveramos uma relação puramente presente com eles; apenas tomando ciência deles como seres conscientes, ou seja, como negatividades, que ainda não são o que são, relacionamo-nos com eles como verdadeiramente humanos: "o desejo que se dirige a uma entidade que não existe no mundo natural real e que nele nunca existiu. Só então é possível dizer que o movimento é gerado pelo futuro: porque o futuro é precisamente o que (ainda) não é e o que (já) não foi" (Kojève, 2014, p. 348 [1980, p. 134]).

O Outro é distinto dos seres naturais na medida em que o Outro é capaz de futuridade e é, então, um ser não efetivo nos termos do presente. E ainda assim o Outro vem a ser um ser social à medida que é reconhecido, esse reconhecimento decorre da performance de atos transformativos. Na medida em que o desejo alcança seu ser de segunda ordem pelo reconhecimento, a futuridade pura que era o desejo se transforma em "História" ou, de maneira equivalente, "atos humanos realizados em vista do reconhecimento social" (Kojève, 2014, p. 348 [1980, p. 135]).

A transformação do desejo em uma identidade social constitui a estrutura do ato pelo qual a história emerge da natureza. Definido como um "buraco" (Kojève, 2014, p. 348 [1980, p. 135]) na existência ou, ocasionalmente, como "ausência de Ser" (Kojève, 2014, p. 163 [1980, p. 40]), o desejo é concebido como uma intencionalidade negativa que visa a realidade social por meio do reconhecimento recíproco. Sem o reconhecimento, falta ao desejo um ser positivo; quando reconhecido, o desejo alcança um ser que é uma segunda natureza, a criação de uma comunidade que reciprocamente reconhece desejos. Sem o mundo dos Outros, o desejo e a agência pessoal que ele inicia não teriam realidade: "só ao falar de uma realidade humana reconhecida é que se pode, ao chamá-la humana, enunciar uma verdade no sentido próprio e forte do termo. Porque só nesse caso se pode revelar pelo discurso uma realidade" (Kojève, 2014, p. 15-16 [1980, p. 9]).

Kojève definiu a história em termos normativos; não se trata de um mero conjunto de eventos, mas de um conjunto de *projetos* que efetivamente transformam o ser dado naturalmente em construções sociais. A história é um conjunto de *atos* por meio dos quais uma ideia ou possibilidade é realizada, algo é criado a partir do nada, a antropogênese triunfa. Em uma formulação que rompe com o monismo do Conceito de Hegel e que prefigura a visão de Sartre da negação como pura criação, Kojève afirma que:

> A base profunda da antropologia hegeliana é formada pela ideia de que o homem não é um Ser que *é* numa identidade eterna consigo mesmo no espaço, mas um nada que *nadifica* como tempo no Ser espacial, pela negação desse Ser – pela negação ou transformação do dado a partir de uma ideia ou de um ideal que ainda não *é*, que ainda é nada (projeto) –, pela negação que se chama ação (*Tat*) da luta e do trabalho (*Kampf* e *Arbeit*) (Kojève, 2014, p. 170 [1980, p. 48]).

Na leitura que Kojève faz da *Fenomenologia*, o sujeito itinerante alcança a sua forma mais sofisticada como um agente histórico. Além disso, há certas características marcadamente a-históricas no que diz respeito a essa agência histórica, a saber, seu "nada" inexorável, a estrutura da sua ação, o ideal de reconhecimento. Na medida em que a revisão de Hegel empreendida por Kojève resulta tanto em uma *antropologia* quanto em um ideal normativo de *antropogênese*, aventa-se que a viagem do sujeito, na verdade, chega ao fim. Como um agente pós-histórico para quem a formação histórica foi concluída, o sujeito de Kojève não mais precisa de uma narrativa dialética para revelar sua própria historicidade. A narrativa histórica já acabou, e o sujeito que emerge dessa história põe em ato a antropogênese, uma reprodução da substância como sujeito, e a partir do ponto de vista do escravo emerge em uma identidade coletiva, isto é, a partir do ponto de vista do fim do capítulo 4. Como um sujeito para quem a história progressiva acabou, o agente histórico de Kojève é expresso não por meio de uma narrativa onisciente, mas em palavras na primeira pessoa do singular. Suas palavras se tornam seus feitos, a criação linguística do próprio sujeito, uma criação *ex nihilo*.

Podemos ver que essa estratégia narrativa da *Fenomenologia* se torna necessária devido à doutrina das relações internas, aquela teia de relações constitutivas que sempre permanecem parcialmente ocultas e que exigem uma apresentação temporalizada para serem integralmente capturadas. Kojève, por outro lado, não necessita de uma narrativa metafísica, porque o "devir" de seu viajante é autogerado. Na verdade, o viajante encerrou completamente suas viagens, instalou-se nos arredores do exílio ontológico e mostrou a Hegel, por assim dizer, que uma subjetividade efetiva pode emergir de tal solo, argumento contrário àquele da *Fenomenologia*. Falta ao sujeito de Kojève a ironia do viajante incessantemente míope de Hegel; ele não é mais ridicularizado pelo domínio metafísico que parecia sempre exceder seu entendimento. Ao contrário, o sujeito de Kojève é mais heroico do que cômico, exemplifica a eficácia da ação transformativa, afirma a autonomia como uma verdadeira realização e não mais como um momento cômico de uma autoavaliação inflacionada. Por isso, quando o agente histórico de Kojève fala, o nada de seu si mesmo é articulado e então integrado ao ser do enunciado audível, seu próprio desejo, dessa forma, dá-se à luz. O sujeito é "não o que é" na medida em que o silêncio criador permanece oculto e deve ser renovado continuamente, mas essa não coincidência interna do sujeito apenas é efetivamente vital e nunca cômica. A razão é que esse sujeito sabe a si mesmo como essa não coincidência e não é enganado por uma versão limitada de sua própria identidade. Esse é um sujeito assustadoramente intacto, sério em relação a si mesmo, que não mais desloca o Absoluto, mas que agora o reivindica como seu próprio si mesmo.

Kojève claramente atribui liberdade a seu agente histórico de maneiras que Hegel teria afastado como metafisicamente malformadas. Para Kojève, o desejo é uma negação ativa que não é resolvida em uma concepção de realidade mais inclusiva, mas que, ao contrário, é um projeto livre de busca por reconhecimento e, consequentemente, por realidade histórica. À primeira vista, essa concepção do agente desejante como um "progresso voluntário" pode parecer paradoxal à luz de outra afirmação de Kojève: "todo desejo humano […] é, afinal, função do desejo de reconhecimento" (Kojève, 2014, p. 14 [1980, p. 7]). Embora voluntário, o desejo humano manifesta uma escolha que, em última análise, obtém seu significado a partir de um domínio de convenções de reconhecimento existentes. Em outras palavras, no desejo, a escolha se manifesta no tipo de reconhecimento que se busca, mas permanece fora dos limites da escolha evitar completamente o reconhecimento.

Embora Hegel encerre o prefácio da *Fenomenologia* advertindo que "o indivíduo […] deve esquecer-se, como já o implica a natureza da ciência" (Hegel, 2013, §72, p. 67), Kojève defende que o reconhecimento social é sempre dirigido aos valores individuais. Na verdade, para Kojève, o tipo de ação que satisfaz o desejo humano é aquela na qual se é "reconhecido em seu valor humano, em sua realidade de indivíduo humano". Para Kojève, todo valor humano é valor do indivíduo, e "todo desejo é desejo de um valor" (Kojève, 2014, p. 13 [1980, p. 6]).

O reconhecimento não tem o efeito de assimilar o indivíduo a uma comunidade mais inclusiva; seguindo a tradição do liberalismo clássico, Kojève vê o reconhecimento como um processo pelo qual indivíduos formam comunidades, contudo essas comunidades facilitam o desenvolvimento da individualidade, e não a sua transcendência. Para Kojève, a dificuldade em alcançar esse estado de reconhecimento recíproco é exemplificada no conflito histórico. Todo agente individual deseja que seu valor seja reconhecido por todos os outros indivíduos da comunidade; enquanto alguns indivíduos não reconhecem um Outro, eles o veem como um ser natural ou coisificado e o excluem da comunidade humana. Nesse contexto, a dominação surge como um esforço autocontraditório de alcançar o reconhecimento. Para Kojève, o desejo de dominação é derivado do desejo de reconhecimento universal, mas as estratégias do opressor – o senhor – garantem o fracasso do projeto. O senhor pode tentar impor sua vontade individual sobre os escravos que dependem dele, mas essa imposição nunca leva ao reconhecimento que o senhor exige: o senhor não valoriza aqueles pelos quais ele aspira ser reconhecido, então o reconhecimento deles não pode ser recebido pelo senhor como um reconhecimento humano.

Para Kojève, a satisfação do desejo, que é simultaneamente o desenvolvimento da individualidade, exige a universalização do reconhecimento recíproco, isto é, um igualitarismo universalmente instituído do valor social. A luta por reconhecimento que produziu um conflito de interesses por toda a história pode ser completamente superada por meio da emergência de uma democracia radical. Por outro lado, esse tipo de igualitarismo implicaria o reconhecimento completo dos valores individuais, a satisfação e a integração social dos desejos:

> O homem só pode estar verdadeiramente satisfeito, a história só pode ser interrompida, na e pela formação de uma sociedade, de um Estado, em que o valor estritamente particular, pessoal, individual de cada um seja reconhecido como tal, em sua particularidade, por todos, pela universalidade encarnada do Estado como tal, e em que o valor universal do Estado seja reconhecido e realizado [...] por todos os particulares (Kojève, 2014, p. 178 [1980, p. 58]).

Embora Kojève afirme que, por meio dessa análise, está explicando a essência do sistema de Hegel, parece claro que, na verdade, sua análise se restringe a certos temas centrais da *Fenomenologia* e oferece uma elaboração particularmente moderna desses temas. Kojève claramente aceita a concepção liberal do desejo individual como fundamento do mundo social e político. Embora um bom número de especialistas em Hegel veja o desejo individual como transcendido no e pelo conceito de *Geist*, Kojève claramente vê a sociedade hegeliana ideal como a que mantém uma mediação dialética entre a individualidade e a coletividade. Na verdade, a vida coletiva parece ganhar sua medida definitiva e sua legitimação provando-se capaz de reconhecer os desejos *individuais*.

O marxismo democrático de Kojève, entretanto, não se baseia na visão hobbesiana do conflito de desejos sem reinterpretá-la. Alinhado com Hegel, Kojève não vê o conflito dos desejos individuais como um estado de coisas natural, mas como algo que implica sua própria supressão por meio de uma ordem social universalmente aceita que se apoia em princípios de reconhecimento recíproco. Além disso, a própria individualidade não deve ser entendida estritamente em termos de desejo individual, já que o desejo cria uma subjetividade distintivamente *humana* por meio do reconhecimento de e por outro desejo; a individualidade somente ganha sua máxima expressão e satisfação pela participação legitimada na esfera social. Diferentemente do que se passa na perspectiva hobbesiana, a sociedade não surge como um construto artificial cuja função é ser árbitra entre desejos naturalmente hostis, mas para possibilitar a articulação e a satisfação do desejo. Logo, a comunidade política não reconhece as vontades individuais que, estritamente falando, existem previamente ao aparelho de Estado de reconhecimento; ao contrário, é o próprio reconhecimento que viabiliza a constituição de indivíduos verdadeiros, de subjetividades verdadeiramente humanas, aquilo que é o fim último do desejo. O fim da história, a satisfação do desejo, consiste no reconhecimento bem-sucedido de cada indivíduo por todos os outros.

A leitura que Kojève faz de Hegel a partir da tradição do direito natural resulta em uma teoria que valoriza mais a individualidade do que a teoria hegeliana original. Adotar o ponto de vista subjetivo permite que Kojève analise o desejo nos termos das estruturas da liberdade e da temporalidade que o desejo pressupõe e põe em ato. Contudo, a distinção entre consciência e natureza que permeia sua análise o leva a promover o desejo como uma busca descorporificada; o desejo é uma negação, mas uma negação sem fundamento na vida corpórea. As referências de Kojève a agentes desejantes como "negações" e "nadas" são abstrações com consequências políticas. O argumento de Hegel de que a busca por reconhecimento deve se dar dentro da vida permanece verdadeiro: o corpo não é meramente a precondição do desejo, é também seu *meio* essencial; na medida em que o desejo visa ser para além da natureza, ele também visa ser para além da vida. Retorno a Hyppolite em um esforço de reconsiderar o paradoxo da determinação e da liberdade que ainda traz problemas para a formulação hegeliana do desejo. O sujeito heroico ainda é possível? Faz sentido compreender o desejo como uma generalidade descorporificada, ou isso é uma contradição em termos que nenhuma síntese hegeliana pode resolver? O que significaria aceitar a transvaloração existencial do sujeito de Hegel, mas o colocando no meio da vida, um ser corporificado intrinsicamente relacionado com o mundo natural? Se levarmos ainda mais a sério a finitude desse sujeito, como seu desejo e sua ação serão posteriormente circunscritos? Se o projeto de antropogênese de Kojève se provar impossível, seu sujeito, outrora cômico, depois heroico, se tornará, então, uma figura *trágica*?

Hyppolite: desejo, transitoriedade e o Absoluto

> *No mundo humano moderno, o trágico parece nunca desaparecer.*
> *Podemos perceber muito bem que a existência humana,*
> *em sua precariedade, está ameaçada, mas não estamos certos,*
> *como Hegel estava, que isso coincide com o racional. Essa coincidência é mais uma*
> *vez um tipo de otimismo que não podemos mais postular.*
> Jean Hyppolite. *The Phenomenon of*
> *"Universal Recognition" in Human Experience.*

Hyppolite iniciou seus estudos sobre Hegel em parte para continuar e revisar o esforço de Kojève em fundamentar o hegelianismo em um tempo pós-histórico. Levando em consideração a *Lógica* e os *Escritos teológicos de juventude* na leitura da *Fenomenologia do Espírito*, Hyppolite busca escapar do viés antropocêntrico da narrativa heroica do espírito humano. O sujeito de Kojève figurava como um ator onipotente na cena histórica, culpado pela arrogância metafísica de ser a agência geradora da história e do tempo. Na perspectiva de Hyppolite, o desaparecimento da história teleológica gerou a necessidade de uma maior circunscrição do sujeito hegeliano: mesmo os maiores atores históricos não estão livres das exigências temporais presentes em qualquer vida humana; o heroísmo inevitavelmente desaparece. O viajante hegeliano que outrora se apoiara na metafísica das relações internas tornou-se, para Kojève, o único ator histórico responsável por criar inter-relações, e, em Hyppolite, esse sujeito se torna ainda menos certo de seu lugar. Na verdade, seu "lugar" se torna seu "tempo", a base temporal de sua identidade, a angústia necessária de sua vida.

A maior parte das reflexões de Hyppolite sobre a *Fenomenologia* pode ser encontrada em seu comentário monumental ao texto, *Gênese e estrutura da Fenomenologia do Espírito*, publicado em 1946, na França, em sequência à publicação gradual de sua tradução da *Fenomenologia*, entre 1939 e 1942. O próprio título sugere o problema filosófico a ser tratado: a *Fenomenologia* permitir uma análise em termos de sua "gênese e estrutura" sugere que a narrativa de Hegel requer outro esquema conceitual para que possa ser compreendida adequadamente. Ao longo de todo o comentário, Hyppolite argumenta que as pressuposições fenomenológicas que dizem respeito ao movimento progressivo da história e à satisfação do sujeito são ideias historicamente condicionadas. Assim, apenas a partir de uma perspectiva para além da *Fenomenologia* as origens históricas do texto se tornam claras. Essa alegação, entretanto, é um resultado da própria "estrutura" da *Fenomenologia*: o privilégio do ponto de vista retrospectivo como o mais sábio, o mais abrangente, aquele capaz de discernir a condição que faz com que qualquer figura dada e unificada do mundo entre em dissensão e se dissolva. Na verdade, Hyppolite faz uso do princípio de sabedoria retrospectiva para criticar a *Fenomenologia* por suas pressuposições de progressividade, elaborando a estrutura reflexiva das transições narrativas de Hegel para efetuar uma transição para além da própria *Fenomenologia*. De qualquer modo, que a *Fenomenologia* requeira um comentário já indica o problema de ler esse texto a partir de uma experiência histórica que não mais corrobora o otimismo da sempre próspera narrativa de Hegel. Para questionar o modelo teleológico de história e ainda permanecer um hegeliano, deve-se encontrar o pós-histórico prefigurado no próprio texto. Kojève encontra essa experiência de modernidade corporificada no escravo que, ao tremer frente o terror, escapa do corpo para uma vida de abstração dissociada e se torna o artesão filosófico, conquistando a história e a verdade metafísica em um único ato. Hyppolite interrompe a narrativa fenomenológica de Hegel um pouco antes, no momento da Vida e do trabalho infinito do desejo.

Hyppolite é bastante claro em afirmar que o desejo não pode ter nenhuma consequência na vida finita do indivíduo que não seja mais desejo, que uma satisfação derradeira é impossível, que a negatividade humana nunca é de fato integrada a uma identidade de alto grau. Há uma referência à infinitude do desejo em "A verdade da certeza de si mesmo" e ela é implicitamente asseverada na *Lógica* e nos *Escritos teológicos de juventude*; na verdade, a experiência do desejo infinito não é apenas o momento pós-histórico na *Fenomenologia*, mas também um incipiente modernismo na noção metafísica de Absoluto de Hegel.

Ao reabilitar o tempo como um absoluto monístico, Hyppolite sugere uma alternativa ao dualismo ontológico de Kojève. Para Kojève, o mundo humano e o natural eram domínios ontologicamente distintos; para Hyppolite, a estrutura comum do tempo serve como um princípio monístico que governa ambos os mundos. Embora Hyppolite afirme estar "de acordo com Kojève em seu esforço para reconhecer todas as ressonâncias existenciais da obra de Hegel" (Hyppolite, 1971, p. 239), ele claramente pensa que Kojève falhou ao levar em consideração alguns dos temas existenciais mais importantes. Kojève interpreta a negação como a ação transformadora que marca o mundo natural com uma assinatura humana; Hyppolite amplia o domínio da negação, argumentando que os sujeitos humanos são negatividade na medida em que são seres temporais que se dirigem à morte. A imagem do ator histórico desenhada por Kojève implicitamente nega os fatos existenciais da temporalidade. Embora Kojève critique a noção de história teleológica, ele ainda não se curou da crença em um *telos* da existência humana. Por isso, para Kojève, a visão teleológica da história é menos rejeitada do que internalizada como uma característica potencial da vida de um indivíduo; o "fim" da existência é encontrado na narrativa de uma vida que faz a história universal toda vez que suas próprias ações envolvem reconhecimento em nível mundial. Hyppolite sugere que esse "fim" ou conjunto de fins são apenas uma realização momentânea, e que o estatuto "momentâneo" dessas realizações permanece não analisado na teoria de Kojève. Dessa maneira, Kojève se recusa a pensar as consequências do tempo pós-histórico, a experiência da temporalidade desassistida e a reflexão sobre o tempo como a essência da Vida.

Segundo Hyppolite, a ênfase quase exclusiva que Kojève dá à *Fenomenologia* necessita do antropocentrismo restritivo da análise feita por ele: "A *Fenomenologia* seria a epopeia do espírito humano para chegar a esse fim da história, o trabalho da negatividade humana. A filosofia de Hegel, ao tomar consciência de sua história, agora realizada, seria o saber absoluto" (Hyppolite, 1971, p. 237). O negativo, entretanto, não é encontrado apenas na autoconstituição histórica do sujeito da *Fenomenologia*, mas também no pensamento da diferença que, para Hyppolite, é a função do tempo e constitui o ser da Vida. Ele escreve:

> Acredito que a interpretação de Kojève é demasiadamente antropológica. O saber absoluto não é, para Hegel, uma teologia, nem tampouco uma antropologia. É a descoberta do especulativo, de um pensamento do ser que aparece por meio do homem e da história, a revelação absoluta. Ao que parece, é a noção desse pensamento especulativo que me opõe à interpretação puramente antropológica de Kojève (Hyppolite, 1971, p. 241).

Hyppolite distingue duas tendências no trabalho de Hegel, uma que se inicia com o ponto de vista do sujeito e outra que se inicia, por assim dizer, com o ponto de vista da substância, a "aventura do ser", a jornada sem sujeito da metafísica. No ensaio intitulado "Notes on the Preface to the *Phenomenology of Spirit*: The Absolute is Subject", ele escreve:

> Em nossa opinião, há dois aspectos complementares e praticamente quase inconciliáveis do pensamento hegeliano: 1) é um pensamento sobre a história, sobre a aventura humana concreta, constituído para dar conta dessa experiência; 2) também é uma aventura do Ser – Hegel fala do Absoluto – e não apenas do homem, e por isso é especulativa, o saber absoluto, para além da história, do devir e da temporalidade (Hyppolite, 1971, p. 334-335).

Embora o saber especulativo do absoluto seja "além da história, do devir e da temporalidade", ele só é acessível à consciência humana por meio de sua própria vida temporal. A *Vida* é o elemento especulativo compreendido pela temporalidade humana, mas que também a transcende, e é essencial às relações lógicas e naturais à parte de qualquer relação com a realidade humana. Por isso, Hyppolite não se questiona pelo ser do "homem", mas pelo ser da "vida"; por meio desse retorno à Vida, à transmissão e à dissolução da forma, Hyppolite descobre o absoluto tão dinâmico como completamente monístico.

A noção de tempo de Hyppolite, mais especulativa do que antropológica, opõe-se à postulação de Kojève do tempo como *criado* pelos vários "projetos" dos agentes humanos. Para Hyppolite, o tempo constitui a realidade humana como uma empreitada *ek-stática*, um modo de estranhamento de si permanente. Vivendo no tempo, os seres humanos são necessariamente outros em relação a eles mesmos, não apenas porque não podem habitar a memória e a antecipação de uma só vez, mas também porque o próprio tempo está para além do seu controle; na verdade, o tempo é menos uma criação humana do que um limite para toda criatividade humana, a transitoriedade inevitável de todas as criações humanas. Enquanto, para Kojève, o absoluto é encontrado nos atos históricos propriamente ditos, para Hyppolite, ele está em uma temporalidade que inevitavelmente mostra esses atos como menos que absolutos. Kojève parece esquecer a principal lição hegeliana da *Fenomenologia*, a Vida é necessariamente uma questão de repetição. Na verdade, a forma como Kojève vê a História parece considerá-la como oposta ao tempo; as obras e os trabalhos históricos são destinados a suspender o tempo, a elevar o espírito humano à permanência do mundo histórico, para além da futilidade da vida animal. E, se a história é entendida como um reino de permanência, a história mesma precisa ser oposta ao tempo. Kojève admite tal posição quando defende que a tarefa verdadeiramente humana é transformar o tempo em História, assentar a transitoriedade em formas duráveis. Nesse sentido, Kojève elevou o saber do escravo a uma tarefa absoluta, já que o escravo aprendeu que, na criação de um trabalho, "o desejo é *refreado*" e o "desvanecer contido" (Hegel, 2013, §195, p. 150). Para Hyppolite, tal ator que, por meio de seus atos, ergue a si mesmo para fora do tempo é um ser sem vida, um ser que se voltou contra a vida. Hyppolite enfatiza que a dissolução da forma é intrínseca à vida, assim como sua reconstituição. Por isso, para Hyppolite, o absoluto não é uma realização como tal, mas a dialética da realização e da perda, a não coincidência perpétua dos seres e, na esfera humana, a permanência do desejo, o caráter inevitável da transitoriedade.

Hyppolite entende seu próprio projeto mais como uma elaboração de temas hegelianos sub-representados do que uma reescrita de Hegel. A interpretação do saber absoluto como pensamento *do tempo* é um bom exemplo disso:

> O saber absoluto não existe em outro lugar; não está para além do devir, em um céu inteligível ou suprassensível; por sua vez, esse devir não é uma sequência dispersa e sem conexão, é uma teleologia sem precedentes, uma aventura do Sentido, na qual os momentos confluem e se separam como os momentos do tempo: "o tempo é o próprio conceito aí-essente [...] essa pura inquietude da vida e diferenciação absoluta" (Hyppolite, 1971, p. 335).

A interpretação que Hyppolite faz do saber absoluto como "a inquietude da vida" aproxima Hegel de Kierkegaard. Seguindo o argumento de Jean Wahl de que os *Escritos teológicos de juventude*, de Hegel, evidenciam uma perspectiva kierkegaardiana do Absoluto como um paradoxo, Hyppolite defende que o esforço de Hegel de "pensar através da pura vida" é uma aventura paradoxal, assim como o "pensamento da existência" (Hyppolite, 1969) de Kierkegaard.[45] De acordo com Hyppolite, o pensador hegeliano cuja intenção é pensar o absoluto, a verdade que estrutura todas as coisas, deve aprender a pensar o próprio tempo, e esse pensamento é necessariamente uma experiência de an-

---

[45] Hyppolite afirma: "Há poucas dúvidas de que, em geral, Kierkegaard está certo contra Hegel e não é nosso propósito aqui defender o sistema hegeliano contra o ataque de Kierkegaard. O que nos interessa é revelar Hegel como um filósofo muito mais próximo de Kierkegaard do que poderia parecer crível, como o fizemos com seus trabalhos de juventude e com a *Fenomenologia*. Essa característica concreta e existencial dos trabalhos de juventude de Hegel foi demonstrada de maneira notável por Jean Wahl em seu trabalho *The Unhappy Consciousness in Hegel*" (Hyppolite, 1969, p. 26-27).

gústia, de não pertencimento, de inevitável transitoriedade. Por isso, pensar o absoluto envolve tanto um conhecimento da temporalidade quanto uma experiência temporal dessa verdade; de fato, deve-se padecer da verdade do tempo para que se possa conhecê-la.

Na introdução do seu comentário, para produzir uma síntese conceitual entre o ser do homem e o ser da vida, Hyppolite reconstrói os esforços de Hegel durante o período em Jena. Nos *Escritos teológicos de juventude*, Hegel rejeita a possibilidade de um movimento *racional* entre a perspectiva finita do humano que conhece e a infinitude do mundo. Em *System der Sittlichkeit*, Hegel argumentou que apenas um movimento *religioso* poderia efetuar essa transição. E, no ensaio *Sobre as maneiras científicas de tratar o direito natural*, o filósofo alemão sublinhou o tipo de intuição transcendente que poderia, por si só, alcançar o finito e o infinito em um único movimento da consciência. Ainda que posteriormente Hegel tenha pensado o Conceito como uma compreensão racional do infinito, não se trata, de acordo com Hyppolite, de uma ruptura completa com suas posições anteriores no que diz respeito aos limites da razão. A razão comporta, e não substitui, a religião e a intuição. Hyppolite afirma que: "Contudo, se nessa lógica Hegel conseguiu exprimir sob forma racional uma intuição do ser mesmo da vida, ou do Si que declarava impensável em seus trabalhos de juventude [...] não se deve concluir daí que não reste nada dessa primeira intuição, daquilo que foi o germe de todo o seu sistema" (Hyppolite, 1999, p. 161 [1974, p. 147]).

Mesmo na *Lógica*, de acordo com Hyppolite, o Conceito está ligado à noção de infinitude, tanto que o saber conceitual deve ser um processo contínuo e não um ato ou um conjunto determinado de atos. O *telos* do saber conceitual não é a resolução do Devir em e por uma concepção de Ser aprimorada, mas sim a descoberta de que essa concepção aprimorada de Ser não é nada mais que o Devir infindável. O Ser, não mais concebido como identidade simples, é identidade-na-diferença, ou, analogamente, relação consigo mesmo por intermédio do tempo. A identidade não "contém" a diferença como se fosse uma relação espacial observada entre os dois; a identidade é agora definida como o próprio fluxo, a perpétua "inquietude" do si mesmo. Ao comentar o prefácio da *Fenomenologia*, Hyppolite escreve que "o Absoluto é sempre instável e inquieto, aquilo em que a tendência, o impulso, não despareceu por detrás do resultado alcançado [...] o Absoluto é sempre uma instância de alteração, é sempre uma partida, uma alteração" (Hyppolite, 1971, p. 333). A identificação do ser do homem e do ser da vida se fez possível por meio de uma *falta de fundamento* comum, a perda de um lugar metafísico estacionário.

Portanto, o sujeito metafísico de Hegel não é mais entendido como integrado a um lugar metafísico, mas é agora revelado como moderno, angustiado, perpetuamente deslocado: "Esse ser da vida não é a substância, mas antes a inquietude do Si" (Hyppolite, 1999, p. 163 [1974, p. 149]).

Embora Hyppolite esteja interessando no desejo infinito e na Vida, temas que são introduzidos antes da seção sobre a dominação e a escravidão, está claro que, para ele, essas categorias prévias fornecem uma explicação para as posteriores. A "inquietude" do si mesmo, sua experiência do tempo, é exacerbada pela experiência do Outro. Na verdade, é apenas como um ser social que esse sujeito aprende que a Vida é essencial a seus próprios projetos (a luta de vida e morte) e que o medo dá início à individuação (a vontade de arriscar a própria vida). A Vida, enquanto necessidade de repetição e dialética da forma e do sem forma, é a noção dialética do tempo. Ter ciência da morte impõe limitação temporal ao sujeito desse saber. Contudo, no encontro com o Outro, esse sujeito aprende que isso não se dá de uma só vez, mas é alternadamente perdido e recuperado: "Essa vida é inquietude, inquietude do Si que se perdeu e que se reencontra em sua alteridade; entretanto, nunca é coincidente consigo, pois é sempre outro para ser si mesmo" (Hyppolite, 1999, p. 163 [1974, p. 150]).

Não mais convencido da coincidência entre sujeito e substância, Hyppolite declara aqui sua infinita não coincidência e afirma essa não coincidência (de cada um em relação ao outro e de cada um em relação a si) como a situação comum do sujeito e da substância. A mediação absoluta do si mesmo e de sua alteridade não é mais concebida como um projeto factível, e Hyppolite confirma que a alteridade sempre excede o si mesmo, e que o próprio si mesmo excede a alteridade. Hyppolite entende essa não coincidência ou in-quietude no âmago do ser como implícita à noção de infinito de Hegel, a primazia do Devir em relação ao Ser, isto é, a reconceitualização do Ser como um movimento do Devir. O desejo recíproco surge para aproximar esse pensamento do infinito. Por isso, Hyppolite confirma a identidade do desejo e do pensamento conceitual afirmando que o desejo é um "impulso absoluto" (Hyppolite, 1969, p. 169; p. 26-27):

> O conceito é a onipotência que só o é ao se manifestar e se afirmar em seu Outro; é o Universal que aparece como a alma do Particular e se determina completamente nele como a negação da negação, ou a Singularidade autêntica; ou, ainda, é o amor que supõe uma dualidade para superá-la sem cessar. [...] Bem se vê que o conceito não é outra coisa senão o *Si*, que permanece ele mesmo em sua alteração, o Si que só é nesse vir-a-ser de si (Hyppolite, 1999, p. 161 [1974, p. 147]).

O desenvolvimento do desejo recíproco leva à autonomia sempre crescente de cada parceiro. "Há, portanto, uma alteridade essencial do desejo em geral" (Hyppolite, 1999, p. 176 [1974, p. 162]), e, ainda assim, essa alteridade é sempre superada quando uma consciência de si descobre o Outro não como um limite para a liberdade, mas como sua condição mesma. Concretamente, o sentido desse paradoxo apenas se tornará claro na dialética sartriana do si mesmo e do Outro, mas podemos começar a extrapolar seu sentido aqui. Essa constante transformação do Outro de fonte de perigo em promessa de libertação é efetivada por uma transvaloração do corpo do Outro. O si mesmo e o Outro não observam um ao outro, documentando os eventos mentais que ocorrem no curso de sua transação; eles desejam um ao outro, já que é apenas pelo desejo que a exterioridade do Outro, o corpo, torna-se expressão de liberdade. O projeto do desejo é encontrar a exterioridade do Outro impregnada pela e com a liberdade do Outro. O desejo é a expressividade do corpo, a liberdade manifesta. A alteridade do Outro é suavizada, se não superada, à medida que o corpo dá vida à consciência, à medida que o corpo se torna o ser paradoxal que sustenta e expressa a negação. Nesse sentido, desejo é a corporificação da liberdade, e o desejo recíproco inicia uma troca infinita.

Para Hyppolite, o projeto ontológico perseguido pelo desejo orienta-se na própria formulação de Hegel, mas se afasta da pressuposição de que o absoluto possa ser discernido como uma coincidência do racional e do real. Hyppolite continua a afirmar que o desejo busca se descobrir como ontologicamente unido ao mundo, mas qualifica essa afirmação pela defesa de que essa dis-junção ontológica é o ser do tempo. Hyppolite sustenta que a mais profunda visada do desejo é encontrar a si mesmo como um ser, não determinado ou positivo, mas um ser negado internamente, um ser polarizado e paradoxal. Hyppolite entrega-se à argumentação que o próprio Hegel usa na *Lógica*: "Aliás, quando se diz do espírito: '*ele é*', 'tem *um* ser', 'é uma *coisa*', uma efetividade singular – não se 'visa' com isso algo que se possa ver ou tomar mão, ou nele tropeçar [...]. Contudo: se diz uma coisa dessas: o que na verdade é dito, se exprime [...]" (Hegel, 2013, §343, p. 242).[46] Para Hyppolite, o tipo de ser que dá forma tanto à consciência quanto à vida em geral e caracteriza o desejo "não é somente uma realidade positiva, um ser-aí que desaparece esmagado por aquilo que o supera e lhe permanece exterior – e, assim, morre absolutamente; é ainda, no seio dessa realidade positiva, aquilo que nega a si mesmo e se retém nessa negação" (Hyppolite, 1999, p. 179 [1974, p. 166]).

---

[46] Ver também Hyppolite (1999, p. 177 [1974, p. 167]).

A autossuperação ou negação interna exige uma relação recíproca de reconhecimento entre si mesmos. A visada do desejo, de acordo com Hyppolite, "a vocação do homem, aquela de encontrar-se a si mesmo no ser, fazer-se ser", é uma visada que se realiza "somente nessa relação entre consciências de si" (Hyppolite, 1999, p. 181 [1974, p. 167]). O reconhecimento condiciona a "recuperação" do si mesmo em relação à alteridade e, assim, facilita o projeto de autonomia. Como a "recuperação" não é um recuo, mas uma expansão, um aprimoramento da empatia, a postulação e a descoberta de relações em que ele sempre esteve enredado, mesmo que tacitamente, quanto mais esse ser for completamente recuperado, tanto mais abarcador de toda a realidade provará ser.

Essa descoberta ambígua de uma alteridade que é tanto reflexiva quanto intencional constitui a ação do desejo, a essência da consciência de si. Como afirma Hyppolite, "concretamente, é essa a existência mesma do homem, 'a qual nunca é aquilo que é', que se supera sempre a si mesma, está sempre além de si, tendo um futuro, e se recusa a toda permanência que não seja a permanência de seu desejo consciente de si como desejo" (Hyppolite, 1999, p. 181 [1974, p. 166]). A experiência do desejo inicia nossa educação no Conceito; a permanência do desejo – o caráter insuperável da alteridade – é a experiência vivida da infinidade. Assim, Hyppolite dá sentido fenomenológico às afirmações de Hegel, não apenas de que "a consciência de si é desejo em geral", mas também que o conceito da consciência de si é "o conceito da infinidade se realizando na e para a consciência" (Hyppolite, 1999, p. 181 [1974, p. 166]).

Ao interpretar o absoluto não como um fechamento do sistema de Hegel, mas como a sua inevitável abertura, Hyppolite opõe-se à visão da *Fenomenologia* como um movimento em direção a um *telos* determinado. O ser que o *Geist* alcança não é uma plenitude vazia de negatividade, mas um movimento infinito entre o ser positivo e o nada. Na formulação original de Hegel, o desejo é concebido como aquilo que postula e revela tanto o si mesmo quanto o mundo, ambos mais do que opostos que se relacionam externamente. O ser que comumente estruturava o si mesmo e o mundo deveria ser entendido como uma *reflexividade* totalmente inclusiva, um ser de segunda ordem que conteria em si a diferença. O esforço para encontrar um ser totalmente inclusivo que pudesse ao mesmo tempo preservar a integridade de seus momentos e revelar a interdependência essencial entre eles não poderia ser a massa parmenidiana, para a qual a mudança é simplesmente uma ilusão fenomênica. Esse ser conteria nele mesmo o infinito, teria o infinito como uma característica constitutiva. Contudo, falar dessa maneira ainda é cortejar um modelo substancial, porque, se o ser fosse um "contêiner" ou uma substância que comportasse em si predicados, ou que os contivesse como se fossem ligados ao seu tegumento, tal ser não poderia servir aos propósitos da perspectiva de Hegel. Falando dessa maneira, substitui-se o modelo espacial que pressupõe a substância como uma entidade distinta e independente à qual os predicados estão apenas arbitrariamente relacionados. Para fazer justiça à relação dialética ou mutuamente constitutiva entre substância e predicado na perspectiva de Hegel, deve-se conceber um modelo que dê conta da intercambialidade entre substância e atributo. O tipo de ser que "contém" o infinito também é, para expandir e, a seguir, minar a metáfora, *contido pelo* infinito. Logo, a relação entre substância e predicado é uma dupla relação que, nesse caso, apresenta o infinito como um aspecto do ser e também apresenta o ser como um aspecto do infinito. A hierarquia usual entre substância e predicado é subvertida por meio de uma troca constante de papéis. Logo, esse ser de segunda ordem é o infinito nesse sentido especulativo do "*é*". O Conceito, essa forma de saber e ser que estrutura o ser do si mesmo e o ser do mundo, é o próprio *tempo*, o deslocamento infinito, o movimento do mundo engendrado constantemente por meio da diferença aparente.

Se o absoluto é infinito e o desejo é um "impulso absoluto", então o desejo não mais ambiciona a "satisfação", mas se empenha em se sustentar como desejo, "se recusa a toda permanência que não seja a permanência de seu desejo consciente de si como desejo" (Hyppolite, 1999, p. 181 [1974, p. 166]). A consciência só permanece viva e unida ao ser da vida como *desejo insatisfeito*, uma unidade que é a infinita altercação do si mesmo e do não-si-mesmo que põe e sustenta o mundo orgânico em movimento. A insatisfação do desejo deve ser vista como uma insatisfação determinada, isto é, uma insatisfação que tem uma intencionalidade. Não se trata de uma simples vontade, do suplício de Tântalo infinitamente distanciado do objeto do desejo; a insatisfação do desejo é descoberta no âmago da vida, mais como consequência do movimento do que da estase, como uma consequência do projeto impossível de reconciliar a identidade determinada e o tempo.

Essa não coincidência da consciência de si também implica que o objeto do desejo está sempre parcialmente não revelado. As visadas do desejo são sempre duais; há um objeto determinado (a visada intencional) e o projeto para alcançar maior autonomia (a visada reflexiva). Noutras palavras, o desejo está sempre atrás de algo mais que o si mesmo, mas também está sempre envolvido em um projeto de autoconstituição. Dado que as visadas do desejo são duais, qualquer esforço para isolar o objeto "real" do desejo é necessariamente ilusório. Qualquer esforço para sujeitar o objeto do desejo a determinado pensamento termina por ser uma versão truncada da verdade. Portanto, o problema do desejo é o problema da natureza paradoxal da consciência de si, como continuar sendo o que é em meio à alteridade. Caso se resolva a visada do desejo na visada de uma identidade singular que descobre e reflete a si mesma, abandona-se o reino da alteridade, e com isso se perderá também o si mesmo. E, caso se afirme que está na natureza dos objetos determinados solicitar o desejo, se estará negligenciando o projeto de identidade que informa o desejo. Portanto, qualquer esforço para determinar a verdadeira visada do desejo é necessariamente ilusório. Pode-se dizer, então, que o desejo sempre opera sob a necessidade de uma ilusão parcial; nas palavras de Hyppolite: "o desejo é, em sua essência, outra coisa que não aquilo que, imediatamente, parece ser" (Hyppolite, 1999, p. 175 [1974, p. 160-161]).

Porque o desejo é, em parte, um desejo por autorreflexão, e também porque o desejo busca manter-se como desejo, é necessário compreender a autorreflexão como uma forma de desejo, e o desejo como um esforço cognitivo de tematizar a identidade. O desejo e a reflexão não são termos mutuamente excludentes, já que a reflexão forma uma das visadas intencionais do desejo, e o próprio desejo pode ser entendido como o projeto ambíguo de vida e reflexão. O objetivo central da *Fenomenologia*, o objetivo mais abrangente do desejo, é compreender as condições do pensamento, é devir um ser plenamente existente por meio da reflexão sobre a vida que produziu a postura reflexiva. A ilusão emerge como uma função da perspectiva, do fato insuperável de que a consciência humana nunca pode apreender totalmente as condições de sua própria emergência, de que, mesmo no ato de "capturar", a consciência também está no processo de devir.

Para Hyppolite, essa não coincidência entre vida e pensamento não é motivo para desespero. Não se deve comprometer o projeto de atingir uma identidade capaz simplesmente porque não há garantia de sucesso. O projeto não é necessário devido a qualquer princípio natural ou teleológico nem opera com esperança de sucesso; na verdade, ele é arbitrário e destinado ao fracasso. O esforço para se conhecer, para pensar as condições da própria vida, é uma função do desejo de ser livre. A consciência humana pode escapar da vulnerabilidade do ser meramente positivo apenas por meio da assimilação da alteridade. O desejo de refletir está, portanto, originalmente em dívida com um desejo de se estabelecer como um ser que nega, cujo desejo ao mesmo tempo está integrado ao ser finito e dele se elude.

Se há um *telos* para o movimento do desejo, um fim e uma força motivadora, isso só pode ser entendido como a morte. A vida humana, um mero ser positivo, não teria capacidade de influenciar o que a cerca; seria apenas si mesma, sem relações, bruta. Essa vida, como um simples corpo, apareceria como um ser positivo que apenas existe e perece, que, enquanto existe, tem uma existência positiva, e quando morto é uma negação indeterminada. Construída nos termos de um ser positivo desprovido de negação, a vida humana seria negada de maneira irrevogável pela morte. Porém, o desejo é um princípio negativo que emerge como constitutivo da vida finita, como um princípio de alteração infinita que se esforça para superar o ser positivo pela revelação do lugar em constante mudança que é o si mesmo na rede de relações internas. Paradoxalmente, o desejo aviva o corpo com negação; proclama o corpo como mais que um mero ser positivo, isto é, como um projeto expressivo ou transcendente. Nesses termos, o desejo é o esforço para escapar da vulnerabilidade e do niilismo do ser positivo ao fazer do corpo finito uma expressão da negação, isto é, da liberdade e do poder de criar. O desejo busca escapar do veredito da morte por meio da preempção de seu poder – o poder do negativo.

Embora o esboço acima seja a minha leitura das implicações da análise de Hyppolite, parece claro que o comentador francês aceita a visão acima sobre o desejo e a morte. Em "The Concept of Existence in the Hegelian Phenomenology", Hyppolite afirma que "a negação de toda alteridade recomeça sempre no desejo que nega, é isso que move o desejo" (Hyppolite, 1969, p. 27 [1955, p. 35-36]). Em uma discussão posterior, ele afirma que é o princípio da morte em vida que performa esse papel: "A operação fundamental da morte, que aniquila os viventes, torna-se a operação mesma da consciência de si que transcende toda alteridade e seu próprio ser-no-mundo quando esse ser-no-mundo lhe é próprio" (Hyppolite, 1969, p. 28 [1955, p. 37]). Podemos concluir com segurança que a característica negativa do desejo vem de um princípio mais fundamental de negação que governa a vida humana; a vida humana termina na negação, embora essa negação opere por toda a vida como uma estrutura ativa e pervasiva. O desejo nega o ser determinado repetidas vezes, logo, ele é uma versão mais branda da morte, que é a negação derradeira do ser determinado. O desejo evidencia o poder que a vida humana tem sobre a morte precisamente por ser partícipe no poder da morte. A vida humana não tem seu sentido roubado pela morte, já que a vida humana, assim como o desejo, está sempre parcialmente além da vida determinada. Por meio da apropriação gradual da negação – do cultivo da autorreflexão e da autonomia –, o ser humano luta tacitamente contra sua própria negação derradeira: "O homem só pode existir por meio da negatividade da morte, ele toma a operação da morte para si e faz dela um ato de transcendência ou suprassunção de cada situação limitada" (Hyppolite, 1969, p. 28 [1955, p. 38]).

A consciência de si existe parcialmente no rancor contra a vida determinada e vê a sua assimilação pela morte como uma promessa de liberdade. Hyppolite especula que "a consciência de si da vida se caracteriza por um certo pensamento sobre a morte" (Hyppolite, 1969, p. 25 [1955, p. 34]). Essa frase sugestiva pode se tornar mais específica se compreendermos o desejo como o "pensamento sobre a morte", um pensamento sustentado e perseguido pelo desenvolvimento da autonomia. Como desejo, o corpo manifesta a si como mais que um ser positivo, como algo que escapa ao veredito da negação da morte. O si mesmo é expandido para além do lócus positivo do corpo por meio de encontros sucessivos com domínios de alteridade. No desejo, o si mesmo não mais reside nos confins do ser positivo, internos ao corpo, cercados, mas *devém* das relações que busca, instaura-se no mundo por ele condicionado e transcende sua própria finitude.

Até seria possível concluir que Hyppolite mobilizou a visão expressa por Freud em *Além do princípio do prazer*, em que sustenta que todo desejo é, de alguma maneira, inspirado por uma batalha fundamental em função da morte, isto é, pelo desejo de morrer. Embora tal afirmação seja plausível no contexto acima, é importante notar que o cristianismo de Hegel (e de Hyppolite) parece implicar que a morte à qual a consciência aspira é uma noção mais completa da vida. Hegel é particularmente ambíguo nesse ponto, mas sua afirmação na *Fenomenologia* de que a individualidade encontra sua expressão mais adequada no *Geist* parece implicar que a morte não é uma negação absoluta, mas uma negação determinada que estabelece as fronteiras de um novo começo.

Entretanto, o "tremor" do escravo ressalta um aspecto diferente do pensamento de Hegel sobre a morte e o aproxima mais do temor e do tremor de Kierkegaard. Acompanhando Kojève e Jean Wahl, Hyppolite se restringe à intepretação da morte oferecida na seção que trata do senhor e do escravo. Ele leva a sério a faticidade do corpo, a finitude como condição de uma perspectiva limitada, a corporeidade como uma garantidora da morte. A visão de uma vida nova, uma vida para além da morte, permanece puramente conjectural na análise de Hyppolite, mas como uma conjectura que impera na vida humana. O desejo humano postula uma vida para além da morte, na qual a subjetividade humana, contudo, não pode habitar; para Hyppolite, o desejo se afirma *como um projeto impossível*, um projeto cujo cumprimento precisa permanecer *imaginário* – um tema que será elaborado por Sartre em toda a sua obra. Não ser possível manter a vida após a morte sugere que a morte precisa ser sustentada *em vida*: a consciência de si existe apenas "por meio do recusar-se a ser". E, assim, "essa recusa essencial deve aparecer no ser, manifestar-se de algum modo" (Hyppolite, 1999, p. 161 [1974, p. 167]). A liberdade precisa se tornar conhecida para si própria para poder ser, para pôr a si própria na existência e ganhar realidade por meio do conhecimento dos outros. Esse desejo de ser uma pura liberdade, entretanto, é derradeiramente derrotado pela faticidade irredutível da morte, uma faticidade antecipada durante toda a vida por meio da batalha desse ser finito para suprassumir seus limites:

> A consciência da vida, é claro, já não é mais uma vida ingênua. É o conhecimento do Todo da Vida, como negação de todas as suas formas particulares, o conhecimento da "vida verdadeira", mas também é simultaneamente o conhecimento da ausência dessa "vida verdadeira". Portanto, ao tomar consciência da vida, o homem existe à margem da vida ingênua e determinada. Seu desejo visa uma liberdade que não pode ser dada por uma modalidade particular; e todos os seus esforços para conceber a si em liberdade são sempre fracassados (Hyppolite, 1969, p. 24 [1955, p. 32-33]).

De Hegel a Sartre

Tanto Kojève quanto Hyppolite aceitaram a formulação na qual os seres humanos são o que não são e não são o que são. Para Kojève, essa dissonância interna do si mesmo implica uma ontologia dualista que cinde os seres humanos em uma dimensão natural e outra social; o trabalho da negação está confinado à tarefa de transformar o natural em social, isto é, um processo de humanização gradual da natureza. Para Hyppolite, o caráter paradoxal da realidade humana sugere que a liberdade escapa a cada uma das formas determinadas às quais ela deu origem, e que esse deslocamento constante do si mesmo significa a não coincidência, o tempo em si, o absoluto monístico que caracteriza igualmente as ontologias humana e natural. Na verdade, para Hyppolite, a doutrina da negação de Hegel inclui a diferença entre a realidade natural e a humana como uma diferença constitutiva ou interna. A leitura antropocêntrica que Kojève faz de Hegel restringe a negação a um poder criativo que os seres humanos exibem frente a realidades externas; para Kojève, a negação é uma ação de origem humana aplicada externamente no reino do não humano. Hyppolite retorna à formulação original de Hegel para dar um sentido atual à negação, não como mera ação, mas como constitutiva da realidade externa. Para Hyppolite, a negação já reside nos objetos que a consciência humana encontra; para Kojève, a negação é o solo próprio de uma consciência humana ativa e transformadora.

Embora Kojève lesse o desejo como um esforço humano para transformar aquilo que inicialmente parece alienígena e hostil à vontade humana, Hyppolite vê o desejo como aquilo que revela o lugar ontológico dos seres humanos, como um movimento temporal que abarca o todo da vida, que é, na verdade, anterior à realidade humana, mais fundamental, mas dela também essencialmente constitutivo. Embora ambas as posições vejam o desejo humano como implicando seres humanos como naturezas paradoxais, como liberdades determinadas que não podem ser ao mesmo tempo determinadas e livres, uma das posições infere dessa não coincidência um mundo dualista, e a outra estabelece a dualidade (interna à negação) como um princípio monístico. Hyppolite afirmou que "a ontologia dualística que Kojève reivindica é realizada por Sartre em *O ser e o nada*" (Hyppolite, 1971, p. 240). Já a formulação de Kojève parece ecoar literalmente na própria elaboração de Sartre da realidade humana como uma unidade paradoxal do em-si e do para-si: "trata-se de constituir a realidade humana como ser que é o que não é e não é o que é" (Sartre, 2015, p. 105 [1956, p. 58]). Entretanto, não fica claro se Sartre sempre acompanha Kojève na adoção de uma ontologia dualística. Sartre ocasionalmente se refere à consciência como internamente relacionada ao seu próprio mundo, isto é, como uma consciência "do" mundo que nada mais é do que o mundo do qual ela participa. Em outros momentos, ele sugere que a consciência é uma "fissura" no ser, uma contingência que pode não tem nenhuma relação necessária com aquilo a que se refere. É apenas quando aceita a consciência como *corporificada* que Sartre abre mão do vocabulário do dualismo em prol de uma linguagem da intencionalidade. Ao seu modo, essa linguagem o leva de volta ao que Hegel reconheceu: o caráter sensível do desejo se torna o acesso do desejo ao caráter sensível do mundo. Isso se torna claro nas reflexões de Sartre sobre a sexualidade e sobre a escrita. Retorno a Sartre para traçar a corporificação gradual da consciência, a realização fenomenológica da discussão prévia de Hegel sobre o desejo tanto constituir quanto revelar as relações que vinculam o si mesmo ao mundo. Para tornar a doutrina de Hegel concreta, o desejo humano precisa ser apresentado não apenas como significando vínculos ontológicos abstratos, mas também como a atividade negadora de um si mesmo corporificado e situado historicamente.

A discussão feita por Sartre acerca do desejo e da satisfação se dá no contexto da recepção francesa de Hegel. Tanto para Sartre quanto para seus predecessores hegelianos, o ideal de uma satisfação secular se torna cada vez mais remoto. Antecipando Sartre, Hyppolite recusa a possibilidade de uma satisfação final e compreende a inexorabilidade do desejo como uma função da temporalidade humana. O projeto de estabelecer uma unidade ontológica com a alteridade, de redefinir como internas relações aparentemente externas, é perpetuamente frustrado por um movimento temporal que anula qualquer conquista provisória de unidade. Em todo caso, a satisfação é atenuada pelo saber da iminência do tempo, alcançado fenomenologicamente como uma demanda inexorável de que o si mesmo renove sua satisfação no presente. As realizações do desejo são consumações que invariavelmente devem dar lugar ao desejo renovado; a satisfação é, então, sempre provisória e nunca final ou definitiva. Hyppolite, dessa forma, transforma o sujeito itinerante de Hegel em um personagem de *Fausto* que, nas palavras de Goethe, "cada vez mais atiça o fogo vivo/Que no meu peito arde pela bela imagem./E assim salto do desejo para o gozo/E no gozo aspiro a novo desejo" (Goethe, 2023, linhas 3247-3450 [1972, p. 146]).

Kojève só pode propor uma satisfação verdadeira e final para o desejo pela postulação de uma distinção imaginária entre história e tempo; para ele, a história é menos sujeita ao tempo e mais seu princípio organizador; na verdade, para Kojève, o tempo surge como uma característica dos atos ou projetos históricos, mas não exerce nenhum poder sobre eles. Pode-se concluir, então, que, para Kojève, os atos históricos são históricos em um sentido profundamente paradoxal, já que transcendem o tempo no momento mesmo em que o consagram. A História, como a revelação progressiva dos valores universais, é uma interpretação normativa do tempo, um modelo de unidade imposto sobre uma realidade existencial em perpétua desunião. Nesse sentido, a posição de Kojève acerca da história é de negação do tempo existencial, uma negação que lhe permite imaginar uma satisfação definitiva do desejo.

A partir de ambas as formulações, parecemos aprender que o desejo pode alcançar a satisfação apenas por meio da negação temporária do tempo, isto é, pelo *estado imaginado ou conjecturado da presença* para a qual as discriminações do tempo são irrelevantes. O ideal de autossuficiência que assombra o pensamento pós-hegeliano é uma nostalgia por uma vida liberta das exigências da temporalidade – uma vida que poderia escapar de um destino de contínuo estranhamento de si e, por fim, da morte. Kojève ensaia reformular a satisfação nos termos seculares da ação histórica, enquanto Hyppolite se afasta da possibilidade de autossuficiência, qualificando a "vida após a morte", que assombra o projeto do desejo como uma conjectura *significativa*, uma esperança imaginária que dá sentido às lutas reais dos seres humanos finitos.

Sartre concorda com Hyppolite neste ponto: o desejo humano é motivado e estruturado por uma unidade projetada com o mundo, que deve permanecer uma pura projeção, um sonho imaginário. Para Sartre, o desejo trabalha sob ideais imaginários que o dotam de sentido mesmo que escapem ao seu alcance. O esforço de antropogênese elaborado por Kojève encontra sua transcrição existencial no debate sartriano acerca de todo o desejo humano ser uma função do desejo de tornar-se Deus. Para Sartre, esse desejo está fadado a falhar. Por outro lado, Kojève acredita que homens divinos são possíveis; ele concebe agentes históricos como Napoleão e Hegel como capazes de uma criação antropogenética da história por meio da geração do reconhecimento pervasivo dos Outros. Para Sartre, entretanto, o desejo antropogenético pode ser realizado apenas em um modo *imaginário*. Em termos sartrianos, então, na medida em que Kojève considera certos indivíduos como homens divinos, ele os transfigurou em personagem imaginários. Na verdade, sempre que concebemos uma satisfação para o desejo, somente o fazemos pela participação no domínio do imaginário. A discussão que acompanhou Sartre no decorrer de sua obra é se uma presença atemporal só pode ser cogitada no imaginário, como uma temporalidade transfigurada que nos livre provisoriamente das exigências da transitoriedade perpétua e do estranhamento de si, e que constitua um ideal de satisfação. Esse ideal é, portanto, definido com o privilégio da imaginação, uma posição que terá consequências para a visão de Sartre sobre o mundo *artístico* como o reino exclusivo da satisfação, o *telos* das ambições humanas.

Não se trata aqui de defender que a doutrina do desejo de Sartre é derivada somente de Hegel e de seus comentadores franceses nem de tentar provar que a consciência de si de Sartre busca ampliar a tradição que aqui estamos seguindo. Entretanto, podemos ver que o dualismo que Sartre traz entre o em-si e o para-si é a lógica de Hegel em sua dissolução moderna (ver Hartmann, 1966), e que sua defesa de uma não coincidência interna dos seres humanos reflete tanto a fraseologia quanto o significado dos *explicateurs* franceses de Hegel. A afirmação de Sartre em *O ser e o nada* de que "o homem é fundamentalmente desejo de ser" (Sartre, 2015, p. 692 [1956, p. 565]) ecoa a afirmação anterior de Hyppolite, segundo a qual "a vocação do homem é encontrar-se a si mesmo no ser [...] é preciso, porém, não esquecer que esse ser não é o da natureza [...] é o ser do desejo" (Hyppolite, 1999, p. 181 [1974, p. 167]). Em vez de sustentar que haja uma relação de *influência* entre autores – embora Sartre aparentemente tenha assistido aos cursos de Kojève –, restrinjo-me à consideração de como o ideal de uma síntese absoluta entre o si mesmo e o mundo é tomado por Sartre em sua compreensão do desejo. Portanto, examinarei mais uma vez o papel e a amplitude da negação como princípio do desejo e o paradoxo da liberdade determinada que caracterizou a busca corpórea do absoluto. Ao ampliar a fissura entre substância e sujeito, Sartre pode ser lido como aprimorando os poderes da negatividade – o desejo passa a ser visto como uma *escolha*, um *juízo* e um *projeto de transfiguração*. O desejo é sempre e apenas resolvido no imaginário, uma verdade sartriana que condiciona os vários projetos do desejo no decorrer da vida mundana, na sexualidade e na criação de trabalhos literários. O dualismo ontológico de Sartre do em-si e do para-si pode ser lido como uma reformulação do paradoxo da liberdade determinada, da perpétua autoalienação do sujeito, que torna impossível o ideal de autossuficiência ou de satisfação final. Para Sartre, "o desejo é o ser da realidade humana" (Sartre, 2015, p. 704 [1956, p. 575]), mas o desejo é governado por possibilidades e não por efetividades. O "desejo de ser", que caracterizou o projeto impossível do para-si, é o desejo de devir o fundamento de seu próprio ser – é o desejo reflexivo e antropogenético. Ainda assim, o aspecto fático da existência, em particular do corpo, não pode ser totalmente autocriado; ele é meramente dado, e, segundo Sartre, esse caráter de ser dado ou de ser externalidade é uma adversidade ao projeto do para-si; desde o começo ele é garantidor do fracasso do para-si. A síntese do para-si e do em-si que forma a meta projetada do desejo é uma unidade hipotética do si mesmo e do mundo. A síntese é uma impossibilidade ou, ainda, uma possibilidade permanente que nunca pode ser efetivada.

Na teoria da imaginação e do desejo de Sartre, essa possibilidade permanente dá origem à característica especial das produções imaginárias: a impossibilidade de realização do imaginário no mundo real indica uma solução que é a segunda melhor, a saber, a realização imaginativa dessa possibilidade no mundo do texto literário. As produções imaginárias são tanto "mentiras nobres" que permitem a criação de mundos transfigurados que mantêm o sonho inatingível do desejo. As produções imaginárias, como as imagens, envolvem um "determinado nada" (Sartre, 2019, p. 18 [1948a, p. 18]), mas são um nada com um determinado objetivo: manifestam o "desejo de ser" por meio da criação de uma corporificação – o texto – que reflete o si mesmo, seu autor. A impossibilidade de realizar o imaginário dá origem, dialeticamente, à desrealização do mundo no texto literário. O imaginário oferece uma satisfação provisória ao desejo porque produz uma negação momentânea do fático; cria sua própria temporalidade, torna fluida a faticidade da matéria; dá forma à contingência com a ação criativa da vontade humana.

No primeiro capítulo, descrevi a *Fenomenologia* como um texto ficcional, e o sujeito hegeliano como um tropo para o impulso hiperbólico em si. *Sartre torna explícita a dimensão imaginária do desejo, descrevendo o desejo humano como um caminho constante de criação artística de mundos imaginários.* O *páthos* do sujeito de Hegel continua existindo no trabalho de Sartre, e a inevitável falha de toda jornada fictícia é ressaltada como a vaidade de todas as paixões humanas. Ao ler Sartre contra a *Fenomenologia* e a recepção francesa de Hegel, podemos ver que ele tornou explícito o tema central da narrativa de Hegel sobre o sujeito humano – o desejo metafísico de negar a diferença por meio da construção de mundos falsos ou parciais que, ainda assim, aparecem como absolutos. Na apropriação que Sartre faz dessa descoberta, o próprio desejo vem a ser um esforço de criação de ficção, e o autor das ficções literárias reais traça a tipologia privilegiada do desejo. O sujeito do desejo não precede ou contém o desejo, mas é manufaturado pelo trabalho do desejo, articulado como um ser imaginário, e ganha realidade apenas pela projeção do desejo no mundo. A noção que Sartre tem do desejo pode, então, ser lida como o resultado de uma doutrina das relações internas completamente dissimulada; a consciência nunca se torna consciência de si, permanece ontologicamente alienada, superando essa alienação apenas por meio dos encantamentos necessários à satisfação imaginária do desejo.

O enquadramento hegeliano nos permitiu ver a significância ontológica do desejo como uma estrutura dual, isto é, como o movimento de uma identidade conduzida para fora de si a fim de ser ela mesma. Essa condução para o domínio (aparentemente) externo é análogo àquela da análise de Sartre sobre a intencionalidade. A intencionalidade do desejo caracteriza a direcionalidade da consciência que busca conhecer o mundo fora dela. Na maior parte do tempo, Sartre vê o mundo como sempre externo à consciência, uma exterioridade que nunca pode ser assimilada. Como o mundo nunca pode ser reivindicado como um aspecto constitutivo da consciência, ela deve estabelecer outra relação com o mundo; deve interpretar o mundo e transfigurá-lo imaginativamente. O desejo se torna um caminho pelo qual impulsivamente nos situamos no mundo: é o ato primordial, um ato incessantemente performado por meio do qual nos definimos na situação. Na verdade, o desejo é a construção de nós mesmos, que o performamos todos os dias, e raramente o fazemos sob a égide do pensamento reflexivo.

O componente cognitivo do desejo – aquele que o constitui como um ato de consciência reflexivo e interpretativo – é compreendido por Sartre em *O ser e o nada* como uma escolha pré-reflexiva. Como tal, ele é tanto uma relação epistemológica quanto ontológica. Como uma consciência não posicional, o desejo é uma relação epistemológica que engloba mais do que julgamentos do tipo puramente reflexivo; na verdade, o desejo forma a estrutura intencional de todos os julgamentos emocionais – tema que será tratado posteriormente. Como um "recrudescimento" da consciência, o desejo revela o ser humano como um ser que se autodetermina ou que escolhe, uma contingência que deve *dar a si mesma* uma forma determinada.

Para Sartre, então, o desejo é tanto uma relação com a exterioridade quanto uma autorrelação; mas no estilo pós-hegeliano, essas duas relações precisam de mediação em uma unidade dialética. A consciência está exilada de seu mundo e conhece a si mesma apenas nessa e por meio dessa *exclusão* do mundo. Por isso, o mundo se curva frente à vontade humana apenas de modo imaginário. Confrontado com sua própria impossibilidade de se encontrar como um ser, o sujeito existencial de Sartre é quem tematiza essa impossibilidade, fazendo dela objeto de sua meditação e, em última análise, daí derivando uma forma literária. "O desejo de ser" é constitutivo da vida humana, e, ainda assim, a impossibilidade de sempre "ser" em um sentido definitivo aparece com uma necessidade ontológica; os seres humanos, capturados no paradoxo da liberdade determinada – de serem livres ou determinados, mas nunca as duas coisas ao mesmo tempo –, são forçados a desejar o impossível. E a impossibilidade garante a continuidade da vida do desejo, a batalha paradoxal que caracteriza essencialmente os seres humanos.

O desejo pode aliviar os seres humanos da consciência de sua própria negatividade – seja a temporalidade, a liberdade ou a finitude – apenas por uma presença provisória magicamente estabelecida. O encantamento da presença é uma aventura imaginária que só pode reivindicar plausibilidade em um mundo imaginário e, portanto, ainda não é a satisfação absoluta do desejo. Esse encantamento pode ser uma criação recíproca, como no caso da sexualidade, ou pode ser uma transfiguração literária do negativo, permanecendo, em cada instância, uma luta contra a diferença que nunca pode ser completamente vencida. O desejo, então, revela nossa inelutável liberdade em face do exílio ontológico, uma liberdade que necessariamente participa do mundo, mas que nunca pode renunciar a si mesma aí. Nunca podemos nos perder completamente, mas tampouco podemos alcançar essa antropogênese ideal que faria com que fôssemos pura liberdade. O que parece que Sartre reivindica persistentemente é que interpretamos o mundo mesmo quando o vivemos, que toda imediatidade é mitigada pela disjunção ontológica e por alguma aparência de autoconsciência. Mesmo nas experiências em que parecemos alienados de nós mesmos, tomados ou sobrecarregados, há uma estratégia pré-reflexiva de escolha operando, uma estratégia que visa estabelecer uma determinada realidade para o si mesmo de forma que possa ser conhecida e, sendo conhecida, criada.

Para Sartre, o desejo é o processo de criarmos a nós mesmos, e, na medida em que estamos nesse processo, estamos no desejo. O desejo não é simplesmente o desejo sexual, tampouco é o tipo de vontade focalizada que usualmente atende por esse nome. O desejo é a totalidade dos nossos si mesmos espontâneos, a "eclosão" que somos, o recrudescimento que nos leva em direção ao mundo e que faz do mundo nosso objeto, a intencionalidade do si mesmo. Como o mundo aparece como uma situação histórica e biográfica complexa, o desejo se torna uma maneira central pela qual buscamos um lugar social para nós mesmos, um caminho para encontrar e reencontrar uma identidade provisória na rede do mundo social.

O tema do desejo só pode ser totalmente explorado por Sartre no contexto de uma vida cuja "escolha de ser" pode ser reconstruída e explicada. Para Sartre, a biografia é precisamente tal investigação. E, na medida em que Sartre argumenta que todo desejo encontra uma resolução imaginária, faz sentido que o vejamos se voltar repetidas vezes para aquelas vidas que deram formas imaginárias ao desejo. Antes de examinar a avaliação que Sartre faz de duas dessas vidas, as de Jean Genet e Gustave Flaubert, preciso reapresentar as etapas dessa teoria: o desejo e o imaginário, o desejo como uma escolha do ser, o desejo e a criação encantatória. Ao se voltar para estudos biográficos, Sartre implicitamente põe uma questão de consequências retóricas para o trabalho de sua própria vida, a saber, o que é o desejo de escrever? "Por que escrever?" é uma extensão de "por que dar ao desejo uma forma determinada?" e, no caso dos escritores de ficção, "por que dar forma a mundos impossíveis?". Perguntei no começo o que faz o desejo possível. Para Sartre, é precisamente o mero domínio do possível que condiciona o desejo; as condições do desejo são as *não efetivações* das nossas vidas, as ausências determinadas do passado e os meramente sugeridos e inexplorados domínios do presente.

Capítulo 3

Sartre: a busca imaginária do ser

Imagem, emoção e desejo

> *um desejo nunca é satisfeito ao pé da letra, justamente*
> *por causa do abismo que separa o real do imaginário.*
>
> Sartre. *O imaginário.*

Os primeiros estudos de Sartre sobre a imaginação, *A imaginação* (2008a) e *O imaginário* (2019), diferem no que concerne ao estilo e ao propósito, porém, ambos esboçam uma teoria intencional da consciência imaginativa que tem consequências significativas para a teoria da emoção e do desejo. O primeiro desses estudos, publicado em 1936, critica as teorias da imaginação que falham em distinguir entre imaginação e percepção, postulando assim que a "imagem" tem um conteúdo próprio posto em algum lugar entre a consciência e seu objeto. Nesse tratado, Sartre segue o programa husserliano da fenomenologia e convoca uma análise reflexiva da imaginação como uma forma de consciência. Sartre critica aqui tanto as teorias empiristas quanto as intelectualistas, e convoca uma análise da imaginação baseada na experiência, em vez de baseada na redução da experiência aos dados dos sentidos. Como um exercício sobre os debates epistemológicos acerca da abordagem apropriada à imaginação, essa obra particular de Sartre não aborda a questão mais ampla sobre a origem e a significação existencial do imaginar.

O segundo livro, *O imaginário*, publicado em 1940, reafirma a tese do tratado anterior, a saber, que as imagens devem ser compreendidas como formas da consciência intencional, mas também faz algumas incursões sobre o fundamento existencial do imaginar. Ao longo desse livro, em grande parte por meio de abordagens não sistemáticas, Sartre inicia suas especulações sobre a relação entre o desejo e o imaginário. Nesse contexto, a intencionalidade se torna uma estrutura essencial não apenas para a percepção e a imaginação, mas também para o sentimento. Dispensando as reinvindicações das teorias representacionais do conhecimento, Sartre afirma que a percepção, a imaginação e o sentimento são formas intencionais da consciência, isto é, que se referem a objetos no mundo e não devem ser construídos como percepções empobrecidas ou empreendimentos solipsistas. De fato, a doutrina de Husserl sobre a intencionalidade significa para Sartre o fim do idealismo solipsista na tradição da epistemologia moderna (Sartre, 2006, p. 55 [1970, p. 4-5]).

A extensão e a reformulação que Sartre faz da visão de Husserl sobre a intencionalidade provoca o deslocamento de uma perspectiva epistemológica para uma perspectiva existencial. A intencionalidade, para o Sartre de 1930, significa não somente os diferentes modos como nos colocamos para conhecer nossas relações com as coisas, mas significa igualmente uma estrutura essencial do ser da vida humana. A direcionalidade da consciência, seu comportamento em relação às coisas que estão fora de si mesma, começa a significar a situação ontológica dos seres humanos como "espontaneidade" e "impulso". Como seres intencionais, não é apenas nosso conhecimento que está relacionado *ao* mundo, mas também nossa paixão essencial; nosso desejo é ser encantado pelo mundo, ser "do" mundo. A intencionalidade começa a significar o acesso humano ao mundo, o fim das teorias que isolam a consciência e a subjetividade do mundo, forçando-as a permanecer por trás da "tela" densa das representações.

Sartre descobriu a possibilidade de uma visão não solipsista da consciência nas *Ideias*,[47] de Husserl. Contra o pano de fundo das teorias psicologistas da percepção e do conhecimento, Husserl apareceu para Sartre como o primeiro filósofo a sucessivamente evitar a "ilusão da imanência" – o mal-estar da "filosofia digestiva" – que compreende os objetos da percepção como os diversos conteúdos da consciência, fabricados e conservados dentro dos limites espaciais da mente (Sartre, 2006, p. 55 [1970, p. 4]). Ao afirmar que toda consciência é consciência *de* um objeto, a visão de Husserl da consciência intencional afirmou a capacidade da consciência de alcançar o exterior de si mesma e de obter um conhecimento do mundo que não era uma mera elaboração do si mesmo.

Pode-se suspeitar que Sartre se apresente como um realista, entretanto, ele consistentemente contesta tal atribuição, argumentando em contrapartida que nem a consciência nem o mundo são primários, pois ambos "são dados de uma só vez: por essência exterior à consciência, o mundo é, por essência,

---

[47] Sobre a compreensão inicial de Sartre das *Ideias* como estabelecendo a estrutura para uma psicologia não solipsista, ver: Sartre. *A imaginação*, cap. IV.

relativo a ela" (Sartre, 2006, p. 56 [1970, p. 4]). O mundo não imprime a si mesmo unilateralmente na consciência, como se a consciência fosse uma tábula rasa formada de maneira arbitrária pelas contingências do mundo; do mesmo modo, a consciência não cria o mundo como uma representação particular. A consciência revela o mundo por meio de relações intencionais determinadas; ela apresenta o mundo por modos específicos, sem nunca negar a externalidade essencial desse mundo. Apesar de o mundo nunca se fazer conhecer fora de um ato intencional, esse polo noemático da experiência – o polo do objeto – é em si mesmo irredutível; todo ato intencional, pelo fato de estar direcionado para um correlato noemático, afirma a independência e a externalidade da consciência e de seu mundo. No primeiro estudo de Sartre sobre a intencionalidade, ele afirma a diferença entre a consciência e o mundo como uma relação externa, mas insiste que essa própria externalidade é o que os vincula indissoluvelmente. A externalidade dessa relação assegura um encontro não solipsista com o mundo: "Vocês veem esta árvore aqui – seja. Mas a veem no lugar exato em que está: à beira da estrada, em meio à poeira, só e curvada sob o calor, a 100 quilômetros da costa mediterrânea. Ela não conseguiria entrar em suas consciências, pois não é da mesma natureza que elas" (Sartre, 2006, p. 55-56 [1970, p. 4]).

A consciência, então, não apreende o mundo por conta de uma identidade comum com o mundo, exceto na medida em que consciência e mundo representem os polos noético e noemático que são estruturalmente isomórficos.[48] Esse isomorfismo estrutural, entretanto, não refuta a distinção ontológica de ambos os polos: intenciona-se o mundo em um modo temeroso, imaginante e desejante, mas o mundo não pode intencionar a consciência em um modo temeroso ou desejante, assim como a consciência não pode sucessivamente fechar-se a si mesma no seu objeto sem primeiro negar a si mesma como consciência – uma negação que, de fato, afirmaria a si mesma como consciência, como o poder de negar. A consciência se evade do mundo, ainda que o mundo – e sua própria autoevasão – permaneça como seu tema apropriado e necessário. A consciência, para Sartre, em "Uma ideia fundamental da fenomenologia de Husserl: a intencionalidade" (2006), assim como em *A transcendência do Ego* (2016), é uma revelação translúcida do mundo, uma apresentação ativa que se move em direção ao mundo como um nada impulsionado pelo desvelar.

---

[48] A teoria de Husserl sobre a intencionalidade pode ser vista como exemplificando o princípio da harmonia ontológica que tomamos em consideração em relação a Hegel. As diversas comparações que Aron Gurwitsch faz entre Husserl e Leibniz dão credibilidade à afirmação de que a doutrina de Husserl sobre a intencionalidade é um esforço para reinterpretar a doutrina das relações internas nos termos de uma epistemologia moderna.

A diferença ontológica entre consciência e mundo não é uma diferença entre *tipos* de objeto; na verdade, a consciência não é propriamente um objeto, é antes a possibilidade de apresentação dos objetos. A consciência confronta o mundo como uma não atualidade em busca do atual; a diferença ontológica entre consciência e mundo é a diferença entre o nada e o ser; a "consciência [é] um fato irredutível que nenhuma imagem física pode exprimir. A não ser, talvez, a imagem rápida e obscura da explosão [...] e não posso me perder nela [a árvore] assim como ela não pode se diluir em mim: fora dela, fora de mim" (Sartre, 2006, p. 56 [1970, p. 5]).

Sartre considerou a noção de intencionalidade como uma libertação do idealismo e como uma reivindicação da função cognitiva dos vários modos de consciência para além da consciência representacional: "O conhecimento ou pura representação é apenas umas das formas possíveis da minha consciên-cia 'de' tal árvore; posso também amá-la, temê-la, detestá-la [...]. Detestar outrem é ainda uma maneira de explodir em direção a ele" (Sartre, 2006, p. 57 [1970, p. 5]). As emoções são formas variadas de apresentação, tipos de intencionalidade, as quais, de acordo com Sartre, são maneiras "de apreender o mundo" (Sartre, 2008, p. 57 [1949, p. 52]).

Em *Esboço para uma teoria das emoções* (2008b), assim como no artigo citado sobre a intencionalidade, o desejo é indicado como uma possível rela-ção intencional, uma em meio às diversas apresentações afetivas do mundo; em *O imaginário* (2019), o desejo começa a assumir um estatuto privilegiado como um modo da intencionalidade que informa a todos os outros modos emocionais de apresentação. A discussão sobre o desejo em *O imaginário*, embora seja não sistemática e amplamente sugestiva, começa a elucidar o desejo como sendo coextensivo à própria consciência. Esse texto indica que o desejo é a estrutura fundamental da intencionalidade e que essas relações intencionais – relações de desejo – não são meramente cognitivas como atos de presentificação da consciência, antes, elas significam o estatuto ontológico dos seres humanos como "desejo de ser".

Antes de estabelecermos o desejo como coextensivo à consciência in-tencional em geral, devemos nos voltar para *O imaginário* e para o *Esboço de uma teoria das emoções* a fim de avaliar certas características inconsistentes, até mesmo contraditórias, da teoria de Sartre sobre a intencionalidade. Por um lado, Sartre afirma que a intencionalidade garante que as emoções sejam realmente "sobre" algo exterior ao si mesmo: "é o desejável que move o de-sejante" (Sartre, 2016, p. 34 [1957, p. 56]). Por outro lado, as emoções são consideradas como sendo uma forma degradada ou mágica da consciência, uma apreensão do mundo que é essencialmente imaginária, uma fuga. De modo similar, o desejo é visto como responsável pelo desejável, como uma "apreensão" e uma "descoberta" do outro e, no entanto, é igualmente visto como uma busca imaginária que deve permanecer como um mero "encantamento" que nunca pode atingir seu objeto, mas apenas efetuar uma construção imaginária. Uma ambiguidade, ou talvez um paradoxo, parece afligir a discussão de Sartre sobre a intencionalidade da consciência afetiva, pois parece impossível que o desejo seja simultaneamente uma revelação *e* uma degradação imaginária do mundo. Meu procedimento aqui, contudo, será abordar esse paradoxo com generosidade. Ali onde o paradoxo caracteriza toda a atividade humana, é preciso exercitar o cuidado ao fazer acusações de contradição, pois a contradição na teoria de Sartre pode não indicar necessariamente a presença exclusiva da falsidade, ela pode indicar que a verdade nunca aparece sem as restrições daquilo que lhe é oposto.

A relação ambígua de Sartre com Husserl nos fornece um contexto para compreender o caráter paradoxal de sua própria visão. Sartre criticou a teoria da intencionalidade em Husserl principalmente por conta da postulação de um ego transcendental que existe *a priori* das suas relações intencionais. Em *A transcendência do Ego*, Sartre afirma que tal postulação privou a doutrina da intencionalidade da sua contribuição mais perspicaz para a epistemologia, a saber, o caráter não solipsista da consciência. Segundo Sartre, Husserl estava equivocado ao recorrer a um "Eu" kantiano que supostamente garantiria a possibilidade de realização de uma síntese das percepções antes de qualquer síntese real, pois, se a consciência é direcional, e se ela é realmente "do" objeto, então a consciência irá organizar a si mesma no próprio processo de pensar o objeto:

> É possível que aqueles que acreditam que "dois mais dois são quatro" é o conteúdo de minha representação sejam obrigados a recorrer a um princípio transcendental subjetivo de unificação, que será então o Eu. Mas precisamente Husserl não precisa disso. O objeto é transcendente às consciências que o apreendem e é nele que se encontra sua unidade (Sartre, 2016, p. 21 [1957, p. 38]).

Na perspectiva de Sartre, "o Ego não é proprietário da consciência, mas seu objeto" (Sartre, 2016, p. 63 [1957, p. 97]). Além disso, a consciência só descobre a si mesma como um ego quando ela se torna consciência refletida. Ao refletir sobre sua própria espontaneidade, ou seja, sobre si mesmo como consciência irrefletida, o ego é constituído; a agência é descoberta e posicionada somente após o ato. A consciência, afirma Sartre, "toma consciência de si enquanto como é consciente de um objeto transcendente" (Sartre, 2016, p. 23 [1957, p. 40]). Esse "Eu" que a consciência descobre reflexivamente não é um "Eu" previamente estabelecido, é antes um "Eu" constituído pelo reconhecimento prestado pela consciência reflexiva, que toma sua própria espontaneidade como objeto. Para Sartre, "o Ego é um objeto apreendido, mas também constituído pela consciência reflexiva" (Sartre, 2016, p. 52 [1957, p. 80]).

A rejeição de Sartre do ego transcendental implicou igualmente uma reinterpretação radical da "*epoché*" husserliana. Nos termos sartrianos, não era necessário sair da atitude natural para a perspectiva transcendental por meio da qual os atos intencionais do ego empírico poderiam ser descritos; para Sartre, o deslocamento entre a consciência pré-reflexiva – a consciência que é não posicionalmente consciente de si mesma na medida em que é consciente de um objeto – e a consciência reflexiva – a consciência que faz o inventário dos atos espontâneos da consciência irrefletida assim como da consciência pré-reflexiva que acompanha esses atos – é um deslocamento ocorrido no interior da atitude natural. De acordo com Sartre, nós podemos refletir sobre as condições de emergência da consciência a partir do interior da experiência cotidiana:

> Se a "atitude natural" aparece inteiramente como um esforço que a consciência faz para escapar-se a si mesma projetando-se no *Moi* e absorvendo-se nele, e esse esforço jamais é completamente recompensado, se basta um ato de simples reflexão para que a espontaneidade consciente se aparte bruscamente do Eu e se dê como independente, a epoché não é mais um milagre, não é mais um método intelectual, um procedimento erudito: é uma angústia que se impõe a nós e que não podemos evitar; é ao mesmo tempo um evento puro de origem transcendental e um acidente sempre possível da nossa vida cotidiana (Sartre, 2016, p. 68 [1957, p. 103]).

A consciência, para Sartre, não tem necessidade de tomar distância de si mesma, precisamente pelo fato de que a consciência – como uma unidade paradoxal da consciência pré-reflexiva e reflexiva – *já está* em permanente distância em relação a si mesma. O ego que a consciência cria para si é um pseudo-si, uma construção imposta à espontaneidade da intencionalidade pré-reflexiva, e que nunca pode ser totalmente responsável por ela. Quando começamos a compreender o desejo como coextensivo à espontaneidade da consciência, com a intencionalidade pré-reflexiva em geral, vemos que a consequência dessa não coincidência entre a consciência pré-reflexiva e a reflexiva consiste no fato de que o desejo sempre ultrapassa a reflexão deliberada, mesmo sendo seu próprio modo de consciência pré-reflexiva.

O problema da imaginação, ou seja, da consciência imaginativa, torna-se um problema central para Sartre no seu esforço de expandir a crítica de Husserl ao psicologismo e às teorias representacionais da consciência. Além disso, a imaginação ajudou na elucidação da estrutura da consciência espontânea ou pré-reflexiva. Em relação à crítica ao psicologismo, era evidente que, se as imagens deviam ser interpretadas como intencionais, então era preciso oferecer uma consideração visando dar conta do "sobre o que" ou "de que" uma imagem seria. E se uma imagem fosse não representacional, como ela poderia ser interpretada como fazendo referência a alguma coisa no mundo? No que concerne à elucidação da consciência pré-reflexiva, Sartre buscou mostrar não somente que a imaginação poderia ser compreendida como um conjunto de relações intencionais, mas também que a imaginação era um componente necessário de *todos* os atos de conhecimento, em suma, que, sem a imaginação, a apreensão dos objetos em sua "realidade" seria impossível. Nesse sentido, então, a imaginação é um tipo de investigação espontânea sobre as estruturas possíveis e ocultas da realidade, uma *epoché* do mundo existente que a consciência performa no *interior* da experiência mundana.

A conjugação positiva do real com o existente pode ser vista claramente na teoria do conhecimento de Hume, uma teoria que Husserl critica explicitamente em *Experiência e juízo* e que Aron Gurwitsch tomou como um claro exemplo daquilo que a intencionalidade husserliana busca refutar (ver Gurwitsch, 1967). Hume afirma que "nossas ideias dos corpos não são mais que coleções, formadas pela mente, das ideias das diversas qualidades sensíveis distintas que compõem os objetos, e que constatamos terem uma união constante umas com as outras" (Hume, 2009, p. 252). Na visão de Hume, essas qualidades sensíveis são aquilo que conhecemos diretamente; elas indicam um objeto fora da consciência, mas o fazem apenas de modo oblíquo. Enquanto impressões diretas, as qualidades sensíveis são a evidência efetiva daquilo que conhecemos; elas são, de fato, elementos "reais" internos à consciência. Essas qualidades sensíveis são simultaneamente representações e características constitutivas do próprio objeto. Então, Hume afirma,

> [...] as próprias sensações que entram pelo olho ou ouvido são [...] os verdadeiros objetos [...] há apenas uma única existência, a que chamarei indiferentemente *objeto* ou *percepção*, [...] entendendo por ambos os termos aquilo que todo homem comum entende por um chapéu, um sapato, uma pedra ou qualquer outra impressão transmitida por seus sentidos (Hume, 2009, p. 235).

Uma vez que essas qualidades sensíveis são impressões na consciência, e são igualmente o próprio objeto, parece seguir-se que o objeto da consciência está *na* consciência. A "filosofia digestiva" tem seu dia de festa.

A identificação de Hume do objeto real da percepção com a massa das qualidades sensíveis ou impressões apresenta uma clara dificuldade em relação à determinação da continuação da identidade do objeto através do tempo. Admitindo-se que a cada vez que nos confrontamos com um objeto estamos diante de diferentes qualidades sensíveis – assumamos que o objeto se transforme, ou que mudamos nossa perspectiva –, então como podemos determinar com confiança que estamos na presença do mesmo objeto? Como poderíamos, nessa visão, derivar um princípio de identidade a partir dessa teoria por meio do qual pudéssemos julgar um único objeto como sendo ele mesmo, ainda que alterado? A resposta de Hume nos aproxima do problema da imaginação que vamos considerar no contexto do pensamento de Sartre. Na medida em que Hume está comprometido com a noção de que apenas as qualidades sensíveis são reais, é necessário que ele veja a organização das impressões sensíveis sucessivas em objetos distintos como um ato de fé, uma construção imaginária que a mente põe para si mesma a fim de fazer o mundo mais vivível. A identidade entre os objetos é, na verdade, uma realização da imaginação. Se apenas as qualidades sensíveis são reais, e se os critérios usados para organizar essas qualidades não são igualmente reais, então os critérios são contingentes e, segundo Hume, são contribuições da imaginação que devem ser concebidas como tantos outros projetos de simulação.

A doutrina de Husserl sobre a intencionalidade buscou refutar esse problema de identidade tal como ela emergiu a partir das teorias psicologistas como a de Hume. Para Husserl, o objeto é "constituído" por meio de uma série de atos intencionais direcionados para o núcleo noemático que é o objeto. Esses atos intencionais podem incluir aqueles que apenas apresentam o que é imediatamente dado, mas podem incluir também aqueles que apresentam as dimensões do objeto que estão espacial ou temporalmente escondidas. Essa é a principal preocupação presente na *Fenomenologia da consciência interna do tempo*, de Husserl, a obra que talvez tenha afetado mais do que qualquer outra a apropriação que Sartre faz da intencionalidade.[49] Segundo Husserl, quando nos deparamos com um dos lados de um cinzeiro, nós não tomamos essa

---

[49] Ao longo de *A transcendência do Ego*, Sartre se refere a *Lições para uma fenomenologia da consciência interna do tempo* como uma obra que apresenta uma teoria não egológica da intencionalidade assumida por ele. Ver *A transcendência do Ego*, p. 20-24.

entidade de três lados como sendo a totalidade da coisa; nós o encontramos como um objeto que está parcialmente escondido e parcialmente revelado. Em outras palavras, na própria percepção do objeto está em operação um ato de *antecipação* que postula o critério necessário a um completo entendimento do objeto. Esse tipo de antecipação conhecedora é possível a partir do isomorfismo estrutural que dá forma aos correlatos noético e noemático da experiência. Embora estejam ausentes da consciência, os aspectos opacos do objeto ainda assim são dotados de significado para essa consciência. O triunfo da fenomenologia, nesse sentido, tem sido o de conferir dignidade ao reino daquilo que não é expresso e daquilo que é ausente, na medida em que são em si mesmos constitutivos da realidade dotada de sentido. Esse também é um ponto em comum entre a fenomenologia de Husserl e a de Hegel: a essencialidade da negação para a realidade. Quando nós "sabemos" que o lado oculto do objeto está ali, e sabemos algo sobre o que ele deve ser, isso não se dá por meio de um ato arbitrário da imaginação que acaba sendo uma mentira epistêmica regularmente contada a nós mesmos. O imaginário é estruturado, e ele mesmo estrutura qualquer ato determinado de conhecer. A imaginação nos permite compreender o objeto em sua completude, onde o pensamento perspectivista ou positivista falharia. Trata-se do movimento em direção à onisciência interior a qualquer ato da consciência.

Assim, na visão de Husserl, a imaginação é crucial para a constituição dos objetos. Uma vez desprovidos da imaginação, nós conheceríamos apenas objetos truncados, a mera superfície das coisas. Consequentemente, a ênfase de Husserl no método da variação imaginária é essencial para formar uma descrição fenomenológica completa de qualquer objeto considerado. A imaginação é o esforço mundano da consciência em ultrapassar a perspectiva; a "presença" da imagem é uma realidade completa em si mesma.[50] Para Husserl, a essência do objeto deve ser encontrada na sua realidade *ideal*, e o ideal é indicado por meio de uma investigação imaginária sobre o objeto que sucessivamente revela a *Abschattungen* do objeto, que não pode ser simultaneamente presente à consciência perceptiva.

O imaginário, de Sartre, segue a tentativa de Husserl de estabelecer uma distinção entre o real e o existente e, além disso, de reivindicar a imaginação como uma forma verdadeira de consciência com estruturas complexas que intencionam objetos. Enquanto Husserl buscou refutar o tipo de psicologismo indicado na análise de Hume sobre a consciência, recorrendo à harmonia

---

[50] "Uma imagem [...] dá-se inteira pelo que é, já em seu surgimento" (Sartre, 2019, p. 30 [1948, p. 10]).

implícita entre uma consciência intencional e sua realização noemática, Sartre claramente pensou que era possível refutar essa posição pela elucidação dos atos posicionais da consciência. Para Sartre, uma imagem não é um objeto ou um conteúdo, é antes uma relação na qual um objeto é posicionado como não presente ou não existindo, ou ainda como não posicionado de forma alguma, mas ainda assim presente de modo neutro em relação à questão da existência (Sartre, 2019, p. 36 [1948a, p. 16]). Tanto para Husserl quanto para Sartre, a imaginação é um conjunto de relações intencionais direcionadas ao mundo; e, no caso de Sartre, trata-se de uma relação que busca a desrealização desse mundo. Para Sartre, essa imaginação é ainda intencional: ela está direcionada ao mundo no modo da negação ou da desrealização.

A crítica de Sartre à concepção egológica de Husserl acerca da intencionalidade tem consequências específicas para a sua apropriação da visão husserliana sobre a intencionalidade da imaginação. Para Husserl, o polo noético da experiência imaginária é considerado como intencionando certos tipos de objetos e contribuindo para a constituição desses objetos. Portanto, objetos imaginários devem ser compreendidos como correlatos noemáticos que são intencionados noeticamente como não existentes: não como ilusões ou representações vagas, mas como objetos da consciência fortemente estruturados. O imaginário não é uma representação empobrecida da realidade; ele não aspira de forma alguma à realidade, mas é seu próprio conjunto de objetos explicitamente intencionados como *irreais*. Claramente, Sartre aprecia essa conquista da fenomenologia husserliana, que circunscreve e confere dignidade ao domínio do imaginário como um domínio autônomo e estruturado da consciência, e, no entanto, sua refutação do polo noemático da intencionalidade – uma posição que Sartre mantém de modo inconsistente – põe em dúvida a habilidade de Husserl de sustentar essa conquista dentro de sua própria teoria. Em *A transcendência do Ego*, a afirmação de Sartre de que a consciência é organizada pelo objeto da experiência corre o risco de se tornar uma posição fortemente behaviorista, a menos que ele possa oferecer uma narrativa das contribuições da consciência para seu objeto. Sartre explicitamente busca sustentar que, no caso dos objetos imaginários – imagens, segundo seus termos –, a consciência intenciona a imagem por meio de um entre quatro atos posicionais possíveis.[51] Contudo, se pedirmos em seguida

---

[51] "Este ato [...] pode colocar o objeto como inexistente, ou como ausente, ou como existente em outro lugar; também pode se 'neutralizar', ou seja, não colocar seu objeto como existente" (Sartre, 2019, p. 36 [1948, p. 16]).

uma narrativa das estruturas da consciência que permitem essas quatro relações posicionais, ficaremos sem nenhuma explicação, caso aceitemos a visão da consciência intencional tal como foi apresentada nas obras iniciais de Sartre. Se a consciência é um puro nada, um fenômeno translúcido que apenas deixa o mundo aparecer, então não temos nenhuma maneira de compreender os modos de apresentação que fazem o mundo aparecer como odioso, desejável, imaginário etc. Além disso, não temos nenhuma maneira de compreender por que consciências diferentes apresentam o mundo de formas diferentes, ou seja, por que o mundo pode, por exemplo, aparecer como desejável para uma consciência e como repugnante para outra. Não se pode considerar que seja simplesmente o mundo que age sobre a consciência, pois a consciência deve organizar sua própria experiência, e a versão que Sartre oferece da intencionalidade como orientada para o objeto é incapaz de dar conta desse fato aparente.

A interpretação de Sartre da consciência intencional como um *meio* translúcido que deixa o mundo aparecer o leva à conclusão de que a consciência imaginária e emocional, como suas expressões opacas, são formas degradadas da consciência.[52] Tanto a imagem quanto a emoção são fugas do mundo, uma desrealização que significa um recuo em relação ao mundo. Esse aspecto da teoria de Sartre aparece como uma consequência direta da sua visão da intencionalidade como orientada para o objeto, na qual a negação ou transformação da "realidade dada", quer dizer, do mundo exterior à consciência, é simultaneamente a fixação do *meio* translúcido. Enquanto, para Husserl, o imaginário constitui seu próprio domínio de objetos e fornece uma função necessária para a apreensão dos objetos dados, para Sartre, o imaginário é o fracasso da consciência translúcida em vez de ser uma dimensão constitutiva desta. Ao afirmar que somente aquilo que está *fora* da consciência tem realidade, Sartre parece comprometer a afirmação da fenomenologia husserliana que ele mais preza:

> [...] para Husserl e os fenomenólogos, a consciência que tomamos das coisas não se limita em absoluto ao conhecimento delas. O conhecimento ou "pura representação" é apenas uma das formas possíveis da minha consciência "de" tal árvore: posso também amá-la, temê-la, detestá-la, e

---

[52] Sartre faz uso da noção de "degradação" para se referir ao estado da consciência emocional ao longo de *Esboço para uma teoria das emoções*. Em *O imaginário*, ele subentende que a consciência, enquanto imaginário, encontra-se engajada em um projeto resoluto de auto-ofuscação, uma crença na plenitude que se mostra como sendo uma "pobreza essencial" (Sartre, 2019, p. 31 [1948, p. 11]).

essa superação da consciência por si mesma, que chamamos de "intencionalidade", reaparece no temor, no ódio e no amor (Sartre, 2006, p. 57 [1970, p. 5]).

Sartre é claramente inconsistente nesse ponto. Ocasionalmente, ele afirma que as imagens fazem parte de nossa apreensão do "real", entretanto, da mesma maneira sustenta em outros contextos que elas são fenômenos de desrealização, fugas do real. Essa ambivalência que permanece ao longo de *O ser e o nada* parece surgir não apenas como uma função da sua visão da consciência intencional, mas também a partir das suas considerações contraditórias sobre "o ser". Por vezes Sartre parece afirmar que o domínio da exterioridade é o único lócus da realidade, e que a consciência é uma intencionalidade translúcida que pode imediatamente revelar o ser-em-si.[53] Nessa visão, os objetos da consciência são dados positivos da experiência, e a consciência não tem nenhum papel na constituição de sua existência e seu significado. Apesar de ser um movimento ativo em direção aos objetos, a consciência encontra sua expressão máxima como uma apresentação reveladora que dissolve a si mesma ao deixar o objeto aparecer. Essa crença na percepção direta parece classificar Sartre entre os positivistas que a fenomenologia buscou refutar desde sua origem. A realidade é definida como um domínio autônomo do qual a consciência está excluída, ainda que a consciência possa apresentar ou revelar essa realidade quando é uma consciência iluminada, isto é, livre do imaginário e da emoção.

Essa consideração de Sartre da concepção não egológica da intencionalidade fornece o contexto para a compreensão do caráter problemático da sua visão da imaginação e, em última instância, do desejo. Falando a partir de termos husserlianos, Sartre afirma que as imagens são objetos que a consciência apresenta a si mesma. Ao se referir aos atos posicionais da consciência, Sartre parece afirmar que a consciência é uma atividade estruturada que constitui os objetos da experiência imaginária. No entanto, falando a partir do que parece ser uma perspectiva positivista, Sartre vê as imagens como uma evasão do real. Essa segunda perspectiva tem por consequência o fato de que a realidade deve ser confinada ao fenômeno positivo e existente, o que acaba sendo a própria fusão entre realidade e existência que Husserl buscou repudiar. Sartre afirma que as imagens são uma espécie de consciência afetiva que é "ao mesmo tempo conhecimento" (Sartre, 2019, p. 123 [1948a, p. 103]); então, seu afastamento

---

[53] "[…] não há mais nada nela [consciência] a não ser um movimento para fugir de si" (Sartre, 2006, p. 56 [1970, p. 5]); "tudo está fora" (Sartre, 2006, p. 57 [1970, p. 6]).

em relação ao programa husserliano não é definitivo. A discussão sobre a consciência afetiva mobilizada para esclarecer a visão de Sartre sobre o desejo começa a assumir seu caráter ambivalente em *O imaginário*; estabelecer se a afetividade é uma "apreensão" do real ou um indicador de solipsismo é uma questão que assombra a discussão de Sartre sobre o imaginário, as emoções e o desejo. Na medida em que Sartre passa a considerar a afetividade como uma forma de conhecimento, ele é forçado a reconsiderar seu forte repúdio ao polo noético da experiência. Ao longo de sua teoria, o noético é efetivamente reconstruído, porém, isso não é feito em acordo com as diretrizes epistemológicas estabelecidas por Husserl. O ser não substancial do si mesmo e da consciência em geral é reformulado como a presença da escolha na origem do si mesmo. O polo noético da experiência é reafirmado, assim como a função cognitiva da afetividade, por meio da concepção existencial do si mesmo. Os objetos não são meramente "dados", são também "constituídos". A busca pelo ser que caracteriza a intencionalidade não é uma busca unilateralmente solicitada pelo mundo, é também motivada pelo desejo de um si mesmo em busca da sua própria emergência. O mundo é compreendido no contexto de um projeto subjetivo, e tal projeto, uma expressão do desejo fundamental de ser, é *apaixonado*; os esforços do conhecimento para apresentar o mundo são, assim, sempre esforços apaixonados do si mesmo para encontrar a si mesmo na situação que ele tanto descobre quanto cria.

Esse deslocamento de um modelo epistemológico para um modelo existencial pode ser identificado em *O imaginário*, apesar de não ser explicitamente admitido nesse texto. Ainda que a investigação se apresente como um projeto de fenomenologia descritiva, ela investiga igualmente as origens existenciais do imaginar. A imagem é, para Sartre, estranhamente autossuficiente, uma pura presença que preenche completamente seu próprio espaço. As imagens diferem das percepções na medida em que estas têm "uma infinidade de relações com as outras coisas" (Sartre, 2019, p. 31 [1948a, p. 11]). Sartre explica que, "para esgotar as riquezas da minha percepção atual, seria necessário um tempo infinito" (Sartre, 2019, p. 31 [1948a, p. 11]). As imagens, por outro lado, dão a si mesmas em sua inteireza; elas sofrem de "uma espécie de pobreza essencial" (Sartre, 2019, p. 31 [1948a, p. 11]) na medida em que não carregam nenhuma relação com o resto do mundo da percepção, elas são, na verdade, uma espécie de pura presença que o mundo da percepção não pode fornecer.

O mundo perceptivo é um horizonte repleto de negação; as variadas relações sustentadas entre os fenômenos distintos são passivamente registradas e descritas pela consciência perceptiva, e, enquanto perceptiva, a consciência compreende a si mesma como inadequada a esse mundo. Na imagem, a complexidade e a alteridade do mundo perceptivo são negadas, e a sensação de limitação que acompanha toda consciência perceptiva é superada. A imagem apresenta seu objeto como ausente, não existente ou indiferente a qualquer condição existencial. Esse "não ser" da imagem é paradoxalmente a ocasião para sua completude e sua presença. Na verdade, a ausência que ocasiona a imagem é preenchida pela consciência que a acompanha; a imagem é a "presença na ausência", um modo como a consciência preenche as ausências com ela mesma. Então, as imagens surgem por conta das lacunas que existem no mundo perceptivo; elas manifestam um desejo de presença e são um modo de interpretar a ausência: "se a imagem de um morto que eu amava me aparece bruscamente, não há necessidade de uma 'redução' para que eu sinta um choque desagradável em meu peito: esse choque faz parte da imagem, é a consequência direta de a imagem dar seu objeto como um nada de ser" (Sartre, 2019, p. 37 [1948a, p. 17]).

O mundo perceptivo proíbe à consciência a experiência como a autora de seu próprio mundo, pois a facticidade e a complexidade interna desse mundo ultrapassam a consciência perceptiva. Na medida em que a imaginação posiciona seu objeto como não existente, ela é livre para criar um mundo imaginário tal como ela o vê. Na imaginação, o mundo fático ou perceptivo é posto fora do jogo; a imaginação é então um tipo de procedimento de pôr entre parênteses que acontece na experiência ordinária da consciência, é também uma manifestação daquela "angústia" mencionada em *A transcendência do Ego* por meio da qual a consciência se desprende do seu envolvimento ordinário com o mundo. O mundo ganha um tipo de presença temporária para a consciência pela desrealização imaginária do mundo: "Por mais viva, por mais tocante, por mais forte que seja uma imagem, ela dá seu objeto como não sendo" (Sartre, 2019, p. 38 [1948a, p. 18]). A imagem é, contudo, sustentada por meio da crença de que ela tem algum tipo de existência. A necessidade de acreditar na existência da imagem e a incapacidade de sustentar essa crença formam o projeto existencial ambíguo que está na origem da criação das imagens: "o estado ambíguo e falso a que chegamos desse modo apenas realça o que acaba de ser dito: em vão buscamos por nossa conduta para com o objeto fazer nascer em nós a crença de que ele existe realmente; podemos mascarar por um instante, mas não podemos destruir a consciência imediata de seu nada" (Sartre, 2019, p. 38 [1948a, p. 18]).

A imaginação é assim uma forma de consciência que corporifica a liberdade, em que esta é definida como uma superação da facticidade e como a transcendência da perspectiva. Na percepção, o elemento representativo é passivo, mas na imagem "esse elemento, no que tem de primeiro e incomunicável, é produto de uma atividade consciente, é atravessado de ponta a ponta por uma corrente de vontade criadora" (Sartre, 2019, p. 40 [1948a, p. 20]). A consciência imaginativa proporciona a experiência da autonomia radical nos termos de Sartre; a desrealização do mundo é o advento da consciência: "segue-se necessariamente que o objeto em imagem nunca é nada mais que a consciência que se tem dele" (Sartre, 2019, p. 40 [1948a, p. 20]). Uma vez que a realidade é identificada com a existência positiva, a imaginação é uma fuga da realidade, uma negação do real; e ainda, seguindo Husserl, na medida em que as ausências são vistas como constitutivas do real, a imaginação é o recurso a uma realidade significante que, segundo Sartre, a vida perceptiva não é capaz de obter. No primeiro caso, a consciência cai no solipsismo; no segundo, ela ganha acesso às dimensões escondidas do real. Em ambos os casos, a consciência afirma a si mesma nos limites do ser positivo, não apenas construindo o mundo para além dos seus contornos positivos, mas também construindo a si mesma como uma atividade criativa.

Como as origens existenciais do imaginar são consideradas em mais detalhes na seção "A vida imaginária" e nas referências de Sartre à afetividade ao longo de *O imaginário*, podemos observar a ênfase dada cada vez mais a uma visão subjetivamente orientada da intencionalidade. O realismo de Sartre, que, ao identificar o real com o existente, aparece como uma forma de positivismo, é cada vez mais impedido por uma visão da intencionalidade para a qual o projeto do desejo é central. Sartre explica que a imagem é um projeto subjetivo de fantasiar o si mesmo como uma vontade destemida: "o ato de imaginação [...] é um ato mágico. É um encantamento destinado a fazer aparecer o objeto no qual pensamos, a coisa que desejamos, de modo que possamos tomar posse dela" (Sartre, 2019, p. 197 [1948a, p. 177]).

Em consonância com a visão das emoções como esforços mágicos para superar a adversidade, a imagem é uma recusa do mundo fático: "Nesse ato há sempre algo de imperioso e infantil, uma recusa a se dar conta da distância, das dificuldades" (Sartre, 2019, p. 197 [1948a, p. 177]). As imagens não são dadas como esboços (a não ser que seja propositalmente intencionada uma versão esboçada de uma imagem, por exemplo, Pierre em sua casa ontem à noite, em vez de uma imagem inclusiva com mais perspectivas). Diferentemente dos objetos perceptivos, as imagens são dadas de uma só vez. Nesse sentido, elas são objetos do desejo que não oferecem a resistência encontrada nos objetos do mundo perceptivo em sua forma externa e, na maior parte, truncada. Consequentemente, *a imagem é uma relação a um objeto inteiramente desejado e inteiramente apropriado*: "esses objetos não aparecem, como na percepção, *sob um ângulo particular*; tento fazê-los nascer como são em si" (Sartre, 2019, p. 197 [1948a, p. 177]). A tentativa de ascensão à onisciência proporcionada pela imaginação ocasiona a satisfação momentânea do desejo: "O que quero, o que obtenho, é Pierre simplesmente" (Sartre, 2019, p. 197 [1948a, p. 177]). A imagem representa, portanto, uma satisfação para o desejo baseada na desrealização do mundo fático. O desejo procura se apossar magicamente do seu objeto, estabelecendo a si mesmo como o criador desse objeto. Segundo Sartre, as imagens acompanham os estados mais afetivos porque a afetividade ou a emoção carregam uma intencionalidade em busca de uma possessão mágica e de um controle do mundo; as emoções são os meios mágicos por meio dos quais imaginamos mundos alternativos. Portanto, as emoções exigem as imagens no seu esforço de criar o mundo novamente, mesmo que de um modo impossível: "Tomar consciência de Paul como odiável, irritante, simpático, inquietante, atraente, repulsivo etc., é conferir-lhe uma nova qualidade, constituí-lo de acordo com uma nova dimensão" (Sartre, 2019, p. 119 [1948a, p. 99]).

Sartre não oferece um modo preestabelecido para a compreensão das inter-relações entre imagens, emoção e desejo, embora suas diversas observações em *O imaginário* forneçam a base para uma reconstrução convincente do desenvolvimento de suas considerações. Ao final dessa obra ele arrisca a seguinte formulação: "a imagem é uma espécie de ideal para o sentimento, ela representa para a consciência afetiva um estado limite, o estado no qual o desejo seria ao mesmo tempo conhecimento" (Sartre, 2019, p. 123 [1948a, p. 103]). Segundo essa visão, os estados mais afetivos vislumbram a realidade em um modo subjuntivo e, assim, sustentam as imagens como características centrais de sua intencionalidade: a imagem é o tipo de presença indiferenciada em direção à qual o desejo tende, e as emoções parecem ser as diversas permutações do desejo humano. Por um lado, a criação dos objetos parece ser o projeto que estrutura a afetividade e o imaginar, na medida em que ambas as atividades estão subordinadas ao desejo fundamental de tornar-se a fundação do próprio mundo. Dessa forma, o desejo, enquanto desejo de fundamentar a própria realidade, forma a base tanto da consciência intencional quanto da consciência imaginativa. Mas, por outro lado, o desejo é intencional, e não meramente reflexivo; os objetos do desejo são "exteriores" ao si mesmo, indicando o significado da afirmação de Sartre de que o desejável move o desejo. O caráter duplo do desejo como intencional e reflexivo exige uma explicação que estabeleça que os projetos idealistas e realistas do desejo não são simples contradições, mas, na verdade, são paradoxos dinâmicos e construtivos.

O argumento de Sartre de que o desejo busca construir seu objeto parece entrar em conflito com sua afirmação de que o desejo é uma forma de conhecimento. Precisamos perguntar: que tipo de conhecimento criativo é o desejo humano? É concebível que o desejo tanto descubra quanto crie seus objetos? Que sentido podemos atribuir a essa visão paradoxal? Quando Sartre afirma que o desejo é em si mesmo uma forma de conhecimento, ele parece estabelecer uma diferenciação entre conhecimento intencional e conhecimento representacional. O desejo não "conhece" seu objeto no sentido em que o objeto do desejo corresponderia ao objeto objetivo supostamente escondido atrás do objeto desejado. "Conhecer", para Sartre, sempre ocorre por meio de atos determinados de apresentação e de determinados modos de aparecimento. O objeto nunca é acolhido independentemente da maneira específica como se apresenta; na verdade, mesmo que o objeto deva ser considerado "objetivamente", ele precisa ser intencionado como tal. Consequentemente, o objeto desejado não deve ser diferenciado de algum objeto "objetivo", pois o objeto deve ser interpretado em termos de modos de aparecimento, e, se o objeto aparece como desejável, sua desejabilidade é constitutiva do seu ser fenomenal.

O problema crítico presente nessa explanação consiste no fato de que parece ser difícil, se não impossível, diferenciar entre uma aparência ilusória e uma aparência objetiva. Como seria possível, nessa visão, dar conta do caráter ilusório do desejo? Como seria possível dar conta da experiência dos anseios deslocados e dos objetos ilusórios do desejo? Existe alguma diferença crítica entre imagem e ilusão, entre o mundo imaginário que o desejo busca criar e o autoengano em geral? Se o desejo busca enganar o si mesmo fazendo-o acreditar que a facticidade é superável, todo desejo não seria um projeto de autoilusão? Qual o sentido em fazer referência ao desejo como uma forma de conhecimento se ele é, em última instância, um empreendimento de autoengano?

A resposta completa para essas questões exige que nos voltemos a *O ser e o nada* e à discussão sobre a má-fé. Nesse ponto, entretanto, podemos abordar o problema provisoriamente a partir da discussão sobre o desejo e a imagem. Na visão de Sartre, o desejo é uma forma de conhecimento na medida em que ele "vislumbra" seu objeto de um determinado modo, ou seja, na medida em que o desejar é sempre coextensivo ao imaginar. O desejo não lida com aquilo que é dado na percepção, mas, antes, com aquilo que está escondido na percepção; ele é, em certo sentido, uma investigação sobre as dimensões significativas da ausência. Ele tematiza a ausência e assim a faz presente para si mesmo. Desse modo, o desejo é fundamentalmente um desejo de plenitude, um esforço em preencher as lacunas da vida perceptiva: "o objeto em imagem é uma *falta definida*; desenha-se em oco. *Uma* parede branca *em imagem* é uma parede branca que *falta na percepção*" (Sartre, 2019, p. 199 [1948a, p. 179]). Ainda assim, a imagem da parede branca não é uma imagem da parede tal como ela aparece na percepção; a presença que a parede branca alcança na consciência imaginária é inalcançável por uma consciência limitada pela perspectiva. O conhecimento do mundo que a imaginação fornece, e que não pode ser medido a partir de sua correspondência com os objetos perceptivos, consiste na *presença* das coisas. A consciência de um par de mãos macias e delicadas, Sartre observa, "é, antes, consciência de alguma coisa fina, graciosa, pura, com um matiz rigorosamente individual de finura e pureza" (Sartre, 2019, p. 121 [1948a, p. 101]). Essas nuances "aparecem" para a consciência; elas "não se mostram sob seu aspecto representativo" (Sartre, 2019, p. 121 [1948a, p. 101]). Ele explica: "essa massa afetiva tem um caráter que falta ao mais claro e completo saber: ela está *presente*" (Sartre, 2019, p. 121 [1948a, p. 101]).

O desejo descobre um objeto imaginário que tem certas características que nenhum objeto perceptivo poderia ter. A *presença* do objeto é dada ao desejo, ou seja, ela é aquilo que o desejo busca, e essa função de presentificação do desejo exige a consciência imaginativa para articular e estabelecer a condição da crença nessa presença. O objeto do desejo é irreal na medida em que ele não é perceptivo. Portanto, a consciência perceptiva é irreal na medida em que ela é limitada pelas exigências da perspectiva e do esboço. Se definimos "realidade" em termos de consciência perceptiva, ou se a definimos em termos de uma imaginação hipostasiada e liberta das restrições da perspectiva, a definição determina se o desejo e a consciência imaginária em geral são vistos como dando origem à ilusão ou à verdade. Na medida em que Sartre sustenta a visão husserliana da intencionalidade, o segundo critério parece se manter: o aspecto negativo do objeto permanece constitutivo de sua objetividade, e, de modo correspondente, a função de negação da consciência – sua condição de desejo – fornece à consciência o acesso às regiões ausentes dos objetos. E, na medida em que Sartre restringe sua definição de realidade ao ser positivo, os objetos dados da consciência perceptiva, o desejo e o imaginário, são, na verdade, fugas do real em vez de sua revelação.

Em *Esboço para uma teoria das emoções*, publicado em 1939, um ano antes de *O imaginário*, Sartre apresenta a afetividade tanto como referencial quanto como transfigurativa. Por um lado, ele afirma que "o sujeito emocionado e o objeto emocionante estão unidos numa síntese indissolúvel" (Sartre, 2008b, p. 57 [1949, p. 52]). Ele conclui: "a emoção é uma certa maneira de apreender o mundo" (Sartre, 2008b, p. 57 [1949, p. 52]). Por outro lado, ele afirma que as emoções são "fugas" e degradações da realidade: "a diminuição no tônus no medo e na tristeza [...] visa negar o mundo ou descarregá-lo de seu potencial [...]" (Sartre, 2008b, p. 76 [1949, p. 74]). E novamente: "a cólera aparece [...] como uma evasão: o sujeito em cólera assemelha-se a um homem que, não podendo desfazer os nós das cordas que o prendem, torce-se em todos os sentidos em suas amarras" (Sartre, 2008b, p. 44 [1949, p. 37]). Para Sartre, as emoções são respostas inefetivas às várias dificuldades do mundo, expressões de uma impotência fundamental na qual os seres humanos estão presos: "[as emoções] representam, cada qual, um meio diferente de eludir uma dificuldade: são uma escapatória particular, uma trapaça especial" (Sartre, 2008b, p. 40 [1949, p. 32]).

A interpretação de Sartre das emoções como construções imaginárias revela uma visão pessimista acerca da eficácia da emoção. Ao dizer a um homem em cólera que ele não pode "desfazer os nós das cordas que o prendem", a cólera é vista nesse contexto como manifestação da falta de poder. Porém, parece que é preciso perguntar, não seria a cólera também uma forma de poder? Quando Sartre argumenta que as emoções são fundamentalmente ineficazes, que elas alcançam apenas uma transformação mágica do mundo, parece que somos compelidos a perguntar: por que a emoção não consegue alcançar o mundo? O que seria esse abismo instalado entre a consciência emocional e o mundo em direção ao qual ela está dirigida? O que faz com que as emoções sejam paixões inúteis tal como Sartre as descreve?

A dificuldade do mundo, afirma Sartre, é um dado fenomenológico permanente: "esse mundo é difícil. Essa noção de dificuldade não é uma noção reflexiva que implicaria uma relação a mim. Ela está aí, no mundo [...]" (Sartre, 2008b, p. 63 [1949, p. 58-59]). A adversidade do mundo é sua inacessibilidade à consciência, seu dar-se bruto, sua absoluta alteridade. Ainda, esse mundo que resiste à consciência não pode ser o mesmo mundo que revela a si mesmo para a consciência em sua própria estrutura, segundo a visão de Husserl sobre as harmonias noéticas e noemáticas. Novamente, "o mundo" é visto inconsistentemente; primeiro como um correlato noemático para uma consciência estruturalmente semelhante (a visão de Husserl), e, depois, como uma realidade bruta e impenetrável em relação à qual a consciência pode apenas escapar (a visão positivista). A validade dessa segunda interpretação parece ser, de maneira imediata, posta em questão pelo fato aparente de que, eventualmente, as emoções são eficazes ao transformar o mundo. Caso olhemos para a cólera não como o sinal de uma impotência definitiva, mas como uma possível fonte de poder a partir da qual uma ação eficaz pode ser esboçada, então a visão de Sartre das emoções como degradações do real, como meras transformações mágicas do mundo, parece se deparar com um sério desafio. Robert Solomon sugere que o próprio Sartre é inconsistente nesse ponto:

> Para Sartre, o conceito de mágica serve para destacar a inefetividade do comportamento emocional, o fato de que nossas emoções apenas mudam a direção da consciência sem mudar realmente o mundo [...] O problema é que Sartre continua, à maneira daqueles psicologistas que ele castiga, a tratar a emoção como "isolada" e o "mundo das emoções" como um mundo que difere do mundo "real" das ações efetivas e do comprometimento. Porém, são nossas emoções que motivam nossas ações e sustentam nossos comprometimentos. O "projeto fundamental" que domina grande parte dos escritos de Sartre é por natureza um projeto emocional, no qual investimos intensamente a nós mesmos, até o ponto de reorganizar ("transformar") todo nosso mundo ao redor de suas demandas (Solomon, 1981 p. 284).

Uma objeção ainda mais forte em relação à visão das emoções como engajadas exclusivamente em projetos de negação e desrealização pode ser observada na contribuição da emoção para toda a consciência. A "espontaneidade" da consciência pré-reflexiva, o "recrudescimento" da consciência que constitui a experiência vivida da intencionalidade pré-reflexiva é ele mesmo uma paixão ou um desejo que é o próprio ser da consciência. As emoções podem ser compreendidas como as variadas permutações desse engajamento fundamental com o mundo, o projeto fundamental da vida humana como "um esforço de ser". Cada ato que busca fazer o mundo presente para a consciência, que busca, na verdade, construir o mundo como presente para a consciência, é uma expressão desse impulso primário em direção à plenitude que caracteriza a consciência intencional e o ser da realidade humana. Com efeito, nenhum ato da consciência ocorre sem essa estrutura afetiva. *A intencionalidade da consciência é vivida concretamente como a experiência difusa e insistente do desejo humano.*

No início desta discussão, levantei a questão de se a consideração de Sartre sobre a afetividade sofreria de alguma inconsistência ou paradoxo, assumindo que, se fosse o primeiro caso, a teoria se provaria inadequada, e se o segundo fosse verdade, então a teoria deveria ser recuperada. Apesar de ter apontado uma inconsistência no pensamento de Sartre, um conflito entre a interpretação da acessibilidade do mundo e, correlativamente, a eficácia da consciência emocional, não esgotei as possibilidades de interpretação da teoria de Sartre. O ou/ou que parece assombrar sua teoria da consciência afetiva consiste em uma batalha entre solipsismo e realismo; ou o desejo – e a afetividade em geral – é estruturado por um projeto subjetivo de alcançar uma presença onipotente no mundo, ou o desejo é "movido pelo desejável", suscitado e estruturado pelo objeto da consciência. *O ser e o nada* pode ser visto como a retomada do problema desse paradoxo aparente e a elaboração de um programa filosófico que visa conferir sentido à consciência afetiva como referencial e mágica ao mesmo tempo.

Na medida em que o mundo é "difícil", a consciência nunca pode alcançar a unidade projetada que Hegel considerou plausível; certamente, podemos interpretar a sucessão de teorias desde Hegel até Sartre como a revelação gradual da dificuldade inerente do mundo. Para Sartre, a disjunção ontológica da consciência em relação ao mundo não impossibilita a função intencional ou referencial da consciência, mas sugere que intencionar o mundo e se identificar com ele são empreendimentos muito distintos. A alegação de Hegel de que a consciência só pode vir a conhecer aquilo em relação ao qual ela sempre esteve ontologicamente vinculada não se mantém verdadeira para Sartre. Dessa forma, o conhecimento não deve ser compreendido como uma série de atos por meio dos quais as identidades da consciência e do mundo são aprimoradas para incluir a ambos, na verdade, deve ser compreendido como uma relação de paradoxo permanente que nunca chega a ser resolvido.

O sujeito itinerante sartriano não se desenvolve para descobrir, finalmente, que sempre foi aquilo que ele veio a ser; pelo contrário, esse sujeito é uma criação original, um ser formado a partir do nada. Então, a consciência intencional acaba por conhecer seus objetos como exteriores a si mesma, mas essa exterioridade nunca é dada em uma forma inalterada; nunca conhecemos os objetos e os outros fora da experiência de sua dificuldade fundamental e de sua exterioridade, e, assim, sempre levamos a esses objetos nossas próprias relações com a dificuldade – nossas emoções. Volto agora para *O ser e o nada* visando compreender o duplo significado da exterioridade para o projeto do desejo, como aquilo que apaixona os seres humanos e como aquilo do qual fugimos.

A fissura que Sartre apresenta entre sujeito e substância posteriormente estabelece a consciência como negatividade ou, como afirma Kojève, como "um buraco no ser", que nunca pode renunciar a sua negatividade pela participação em uma síntese mais inclusiva. Sartre concebe a consciência como uma negatividade negadora, uma negação que se volta sobre si mesma e assim se produz como um ser determinado. Para Sartre, o desejo que motiva a vida humana vem a ser um processo de *negação reflexiva* que cria o si mesmo, assim como um processo de *negação recíproca* entre os si mesmos por meio do qual cada um cria o Outro. Primeiramente, irei voltar-me para o trabalho da negação por meio do qual o si mesmo cria a si, e, em seguida, no contexto da discussão de Sartre sobre a sexualidade, para o processo de reconhecimento íntimo pelo qual constantemente trazemos um ao outro para o ser.

As estratégias da escolha pré-reflexiva: o desejo existencial em *O ser e o nada*

> *O ponto de vista e o desejo são a mesma coisa.*
> Wallace Stevens. *An Ordinary Evening in New Haven.*

A discussão de Sartre sobre o desejo em *O ser e o nada* ocorre primeiramente no contexto das relações intersubjetivas, e em seguida na seção sobre a psicanálise existencial. Na primeira seção, o desejo é compreendido como desejo sexual,[54] e, na última, o desejo é compreendido como aquilo que poderia ser chamado de desejo existencial.[55] No contexto inicial, o desejo sexual é somente uma permutação do "desejo de ser", um projeto existencial que estrutura a espontaneidade do para-si. Na medida em que o desejo existencial é considerado por Sartre como mais fundamental, vou me voltar primeiramente para o "desejo de ser" e, na seção seguinte, vou considerar seu significado no contexto de uma troca sexual recíproca. A tarefa de Sartre em "A psicanálise existencial" é mostrar as insuficiências das teorias psicológicas que postulam o desejo humano como uma substância ou um dado natural,

---

[54] "A apreensão primordial da sexualidade do Outro, enquanto vivida e padecida, não poderia ser senão o *desejo*; é desejando o Outro (ou descobrindo-me como incapaz de desejá-lo) ou captando seu desejo por mim que descubro seu ser sexuado; e o desejo me revela, *ao mesmo tempo*, o *meu* ser sexuado e o *seu* ser sexuado, o *meu* corpo como sexo e o *seu* corpo como sexo" (Sartre, 2015, p. 478 [1956, p. 384]). Ver também: "Minha tentativa original de me apossar da subjetividade livre do Outro através de sua objetividade-para-mim é *o desejo sexual*" (Sartre, 2015, p. 476 [1956, p. 382]). A compreensão do desejo em termos exclusivamente sexuais pode ser encontrada em Marcuse, "Existentialism", p. 326, e em Natanson, *A Critique of Jean-Paul Sartre's Ontology.*

[55] Essa concepção mais ampla do desejo é discutida largamente na seção "A psicanálise existencial", em que o desejo é identificado ao para-si entendido como uma falta: "A liberdade é precisamente o ser que se faz falta de ser. Mas uma vez que o desejo [...] é idêntico à falta de ser, a liberdade só poderia surgir como ser que se faz desejo de ser [...]" (Sartre, 2015, p. 695 [1956, p. 567]).

ou ainda como um irredutível psíquico que serviria como causa primeira do comportamento humano. Ele afirma que a tendência psicológica de reduzir o comportamento humano a certos desejos primários revela uma recusa a uma radicalização na investigação sobre o desejo. Para Sartre, não se deve tratar o desejo como uma causa, mas como a expressão de uma escolha primeira e mais fundamental:

> Dizem-nos, por exemplo, que Flaubert tinha uma "ambição desmedida", e toda a descrição supracitada se apoia nesta ambição original. Que assim seja. Mas esta ambição é um fato irredutível que de forma alguma satisfaz o pensamento. Isso porque a irredutibilidade, neste caso, não tem outra razão de ser salvo impedir que a análise prossiga mais a fundo. No ponto em que o psicólogo se detém o fato considerado apresenta-se como primordial (Sartre, 2015, p. 685 [1956, p. 560]).

A ambição de Flaubert é considerada um dado positivo importante da experiência, uma contingência que, para Sartre, não é diferente das qualidades que aderem aos objetos naturais. Em uma representação irônica desse tipo de empirismo psicológico, Sartre comenta: "Esse penhasco está coberto de musgo, o rochedo vizinho, não. Gustave Flaubert tinha ambição literária e seu irmão Achille não. Assim é" (Sartre, 2015, p. 686 [1956, p. 560]). Sartre rejeita a visão naturalista sobre a relação do desejo com a identidade pessoal, moldada a partir da relação das propriedades naturais contingentes com sua substância idêntica a si mesma. Embora, na visão de Sartre, os desejos possam ser compreendidos como "propriedades", eles não estão relacionados externamente nem fixamente à substância a qual eles pertencem. Seguindo Espinosa, Sartre concebe essas propriedades como modos como a substância determina a si mesma: "Em certo sentido, a ambição de Flaubert é um fato com toda sua contingência – e é verdade que é impossível avançar para além do fato –, mas, em outro sentido, essa ambição se faz, e nossa insatisfação é garantia de que, para além dessa ambição, poderíamos captar algo mais, algo como uma decisão radical, a qual, sem deixar de ser contingente, consistiria no verdadeiro irredutível psíquico" (Sartre, 2015, p. 686 [1956, p. 560]).

Assim, para Sartre, não se "tem" um desejo tal como se tem uma posse que, em outra ocasião, poderia ser perdida por erro ou descartada em um momento de tédio. Os desejos não são características contingentes dos sujeitos que, fora isso, seriam autossubsistentes; eles são os modos como o sujeito vem a subsistir; eles são, para estender a metáfora, a própria subsistência do sujeito. O desejo não indica um si mesmo previamente constituído, revela na verdade um sujeito que precisa vir a ser formado; de fato, o desejo é o modo como o si mesmo vem a ser, ou seja, é seu modo de realização.

Segundo Sartre, a investigação que busca descobrir o fundamento da ambição de Flaubert teria de perguntar como foi que Flaubert determinou a si mesmo como ambicioso. A ambição não é mais considerada uma causa, mas o produto de uma relação reflexiva. A "decisão radical", para Sartre, é o verdadeiro irredutível psíquico, é um movimento de negação interna que estabelece a ambição de Flaubert como um projeto e uma busca. Além disso, Flaubert não determina a si mesmo em um vazio; ele o faz em relação ao mundo. Na verdade, todo desejo, assim como toda emoção, indica obliquamente uma orientação existencial em direção ao mundo como tal, uma decisão sobre como viver no mundo particular – a situação – na qual nos encontramos (Sartre, 2015, p. 693-694 [1956, p. 563]). O desejo de Flaubert "de ser um grande escritor" é ao mesmo tempo uma escolha de autoria e uma escolha de ser; a autoria é um modo de ser, uma decisão radical sobre como ser. Então, para Sartre, as decisões radicais expressas nos e por meio dos desejos são sempre reflexivas e intencionais; são projetos de autodeterminação, sempre empreendidos com referência ao mundo. Cada desejo particular indica uma escolha existencial de como ser:

> Os moralistas mais perspicazes mostraram algo como um transcender do desejo a si mesmo; Pascal [...] clarificava, em uma atividade que seria absurda se reduzida a si mesma, uma significação que a transcende, isto é, uma indicação que remete à realidade do homem em geral e à sua condição. Igualmente Stendhal [...] e Proust [...] mostraram que o amor e o ciúme não poderiam reduzir-se ao estrito desejo de possuir *uma* mulher, mas visam apoderar-se do mundo inteiro *através* da mulher (Sartre, 2015, p. 688-689 [1956, p. 562]).

Sartre esboça três níveis diferentes e inter-relacionados de significado para o desejo, que elucidam a condição de todo desejo humano ao indicar o desejo de ser. Todo desejo pressupõe uma "escolha original" ou um desejo generalizado de ser, um desejo não especificado de viver e de ser "do" mundo. Em segundo lugar, o desejo indica uma "escolha fundamental", o modo de ser pelo qual um indivíduo específico escolhe viver – um modo de viver ou determinado modo de ser. Por fim, existe uma miríade de desejos particulares que refletem, por meio de uma conexão simbólica complexa, tanto a escolha original quanto a fundamental (Sartre, 2015, p. 694 [1956, p. 567]). A primeira dessas escolhas, o desejo original de ser, não tem um estatuto ontológico separado, mas é expressa essencialmente por meio de uma escolha fundamental: "o desejo de ser sempre se realiza como desejo de uma maneira de ser" (Sartre, 2015, p. 694 [1956, p. 567]). Nem a escolha original nem a fundamental se fazem conhecer diretamente na experiência, elas devem aparecer em "miríades de desejos concretos que constituem a trama de nossa vida consciente" (Sartre, 2015, p. 694 [1956, p. 567]). Portanto, os desejos particulares expressam ao mesmo tempo a especificidade do si mesmo, a decisão radical sobre como ser, que distingue os indivíduos uns dos outros, e os projetos anônimos e universais do si mesmo "para ser", ou seja, para superar a disjunção ontológica da consciência e seu mundo.

Para Sartre, o desejo de ser é um esforço para alcançar uma presença absoluta no mundo, para superar a exterioridade e a diferença, de modo que o si mesmo possa finalmente coincidir consigo mesmo e, então, ter uma compreensão completa de si. Esse desejo de superar a disjunção ontológica é, para Sartre, o desejo de se tornar Deus – um esforço de superar os limites da corporificação, da perspectiva e da temporalidade que mantêm o si mesmo como uma distância extática de si: "Deus, valor objetivo e supremo da transcendência, representa o limite permanente a partir do qual o homem anuncia a si mesmo aquilo que ele é. Ser homem é propender a ser Deus; ou, se preferirmos, o homem é fundamentalmente desejo de ser Deus" (Sartre, 2015, p. 693 [1956, p. 566]).

Os seres humanos esforçam-se em direção a esse fim como uma impossibilidade permanente. Enquanto *desejo* de ser, esse projeto permanece uma experiência de insatisfação; o desejo revela a falta que a consciência é no ser, uma falta que não pode ser abdicada a não ser através da morte da consciência. Nesse sentido, o desejo indica a *liberdade* que, em termos sartrianos, só pode permanecer como si mesma por meio da transcendência do em-si. Com efeito, só se é livre na medida em que se é desejo, pois o desejo é a expressão necessária da liberdade: "A liberdade é precisamente o ser que se faz falta de ser. Mas, uma vez que o desejo […] é idêntico à falta de ser, a liberdade só poderia surgir como ser que se faz desejo de ser […]" (Sartre, 2015, p. 695 [1956, p. 567]).

O projeto de ser Deus deve ser realizado no e por meio do "[…] desejo livre e fundamental, ou pessoa" (Sartre, 2015, p. 694 [1956, p. 567]). A identidade pessoal é um desejo particularizado de ser Deus, o esforço em se tornar o fundamento de sua própria liberdade e facticidade, o sonho antropogênico que assombra essa posição pós-hegeliana. Ainda que, para Sartre, o desejo de ser Deus caracterize um aspecto essencial do todo esforço humano, existe uma escolha em relação a como esse projeto será realizado; na verdade, decide-se que tipo de Deus se quer ser. A controvérsia essencialista de Sartre de que todo esforço humano é derivado do desejo de ser Deus não se torna um determinismo para o desejo; escolhas particulares e situações permanecem como características variáveis desses esforços. Os fins do desejo "são perseguidos a partir de uma situação empírica particular; e é inclusive esta perseguição que constitui em *situação* os arredores" (Sartre, 2015, p. 694 [1956, p. 567]). Tal como a mônada de Espinosa, que se comporta como um "perseverar em seu ser" (Spinoza, 2013, IIIP7, p. 175), o esforço humano é conhecido apenas pelas suas várias modalidades, e esse desejo subjacente escapa à determinação mesmo que ele precise dela. Nossos desejos particulares situados são nosso acesso necessário ao projeto existencial que caracteriza universalmente a identidade humana:

> [...] o projeto fundamental, ou pessoa, ou livre realização da verdade humana encontra-se por toda parte, em todos os desejos [...]; *jamais é captado a não ser através dos desejos* – assim como não podemos captar o espaço salvo através dos corpos que nos informam a seu respeito [...]; ou, se preferirmos, tal projeto fundamental equivale ao objeto de Husserl, que só se revela por "*Abschattungen*" e, todavia, não se deixa absorver por nenhuma *Abschattung* (Sartre, 2015, p. 694 [1956, p. 567]; grifo de Butler).

O argumento de Sartre de que o desejo de ser aparece apenas por meio dos desejos particulares pelos quais ele é expresso levanta o problema de se podemos saber se tal desejo de fato existe. Caso a postulação de Sartre de que um desejo unificante estrutura a miríade de desejos da vida cotidiana não possa ser sustentada por uma referência direta a tal desejo, então como poderíamos evitar descartar essa postulação como uma especulação insustentável? Sartre parece afirmar que a descrição desses desejos não empíricos é possível por meio de uma volta reflexiva da consciência: "O homem é fundamentalmente desejo de ser, e a existência desse desejo não deve ser estabelecida por uma indução empírica; resulta de uma descrição *a priori* do ser do Para-si, posto que o desejo é falta, e que o Para-si é o ser que para si mesmo sua própria falta de ser" (Sartre, 2015, p. 692 [1956, p. 565]).

Sartre alerta sobre tratar o desejo original ou fundamental como separável do desejo empírico, e ainda sugere que exista uma opacidade nos desejos empíricos que indica as regiões existenciais por meio das quais eles são sustentados:

> Não que, por outro lado, o desejo de ser *primeiro* seja para só depois expressar-se pelos desejos *a posteriori*, e sim que que nada há à parte da

expressão simbólica que encontra nos desejos concretos. Não há primeiro *um* desejo de ser e depois milhares de sentimentos particulares, mas sim que o desejo de ser só existe e se manifesta no e pelo ciúme, pela avareza, pelo amor à arte, pela covardia, pela coragem, as milhares de expressões contingentes e empíricas que fazem com que a realidade humana jamais nos apareça a não ser *manifestada* [...] por uma pessoa singular (Sartre, 2015, p. 692 [1956, p. 565]).

A possibilidade de recuperação dos projetos existenciais do desejo a partir de suas manifestações particulares e determinadas está fundada no fato de que a consciência reflexiva está ela mesma relacionada às estratégias pré-reflexivas dos desejos espontâneos; de fato, é por isso que Sartre se refere à tarefa de descobrir os projetos opacos do desejo como uma "hermenêutica". Ele sugere que o catálogo dos desejos empíricos deveria ser o objeto das investigações psicológicas apropriadas: "Neste como em outros casos, a verdade não é encontrada por acaso; não pertence a um domínio no qual seria preciso buscá-la sem jamais termos presciência dela [...]. Pertence *a priori* à compreensão humana, e o trabalho essencial é uma hermenêutica, ou seja, uma decifração, uma decifração, uma determinação e uma conceituação" (Sartre, 2015, p. 696 [1956, p. 569]).

Esse sujeito investigador está apto a decifrar os projetos ocultos do desejo precisamente pelo fato de ser ele mesmo a origem do objeto da investigação. Os projetos existenciais do desejo não são conhecidos por indução; são descobertos por um processo mais comparável à recordação. O sucesso daquele que se autointerpreta consiste em poder "*conhecer* aquilo que *já compreende*" (Sartre, 2015, p. 699 [1956, p. 571]). Para Sartre, a ocultação ou ilusão parcial presente no desejo não é motivo para concluir que os propósitos do desejo sejam a princípio irrecuperáveis. Ao contrário, o agente que deseja e o agente que reflete sobre o desejo é o mesmo, apesar de a subjetividade dessa agência ser capaz de modos paradoxais de expressão. Na medida em que o cogito pré-reflexivo está na origem do desejo – os desejos emergem com a consciência, são coextensivos à consciência e, de fato, são eles mesmos modos da consciência –, os propósitos do desejo são a princípio recuperáveis por meio de *uma tematização reflexiva da consciência espontânea*. A crítica bem conhecida de Sartre a Freud assume sua importância no contexto desse problema. Sartre acusa Freud de efetuar uma disjunção ontológica entre o signo (desejo original) e o significado (manifestações determinadas desse desejo original), na medida em que tanto a origem quanto o significado dos desejos devem ser encontrados antes da consciência. Se o desejo alcança seu significado no inconsciente, e se as expressões inconscientes do desejo são redutíveis a um sistema que não é recuperável pela consciência, então as compreensões conscientes do desejo são, por definição, sempre ilusórias. Na verdade, o esforço consciente para compreender o desejo deve sempre permanecer enganado, e a verdade do desejo deve ser obtida apenas a partir da assunção do ponto de vista de uma terceira pessoa, ou seja, o ponto de vista de um sistema inconsciente. A afirmação de que o desejo existe ou se origina no inconsciente é, segundo Sartre, um absurdo, uma hipóstase que não pode reivindicar nenhum estatuto ontológico. A atribuição de um desejo estratégico ao inconsciente é uma projeção das relações próprias à consciência reflexiva para o domínio não reflexivo. Além disso, essa bifurcação da psique humana em dois sistemas separados parece inviabilizar a possibilidade de qualquer recuperação dos propósitos e significados do desejo a partir do interior da consciência subjetiva, o domínio no qual, segundo Sartre, qualquer interpretação do desejo deve receber sua verificação final (Sartre, 2015, p. 695-703 [1956, p. 568-574]; 2008b, p. 50-54 [1949, p. 44-47]).

Sartre claramente se opõe à visão freudiana implícita de que o desejo necessita de uma perspectiva objetiva ou em terceira pessoa para a revelação de seu significado. Essa visão constrói uma alienação dentro da própria estrutura da psique e faz da autocompreensão uma vã ilusão. Para que o reconhecimento do significado do desejo seja possível, o desejo precisa emanar da mesma agência que reflete sobre seu significado. Segundo Sartre, Freud não oferece uma narrativa unitária da agência humana de um modo em que esse tipo de reconhecimento seja possível. No domínio do desejo, só se pode conhecer como verdade aquilo que, em certo sentido, sempre já se soube, e Freud, ao isolar sistematicamente o inconsciente como um sistema cognitivo não experienciável, compromete na teoria aquilo que sua análise prática conquistou. A possibilidade do conhecimento sem uma origem e um sentido final no interior da experiência é, para Sartre, uma posição não intencional que definitivamente exclui a afirmação fenomenológica de suas asserções; em outras palavras, a teoria de Freud é, na melhor das hipóteses, especulativa, e, na pior das hipóteses, contraproducente.

A resposta de Sartre a Freud é análoga à sua crítica da *epoché* de Husserl: em ambos os casos, ele busca expandir a atitude natural – o ponto de vista da experiência vivida – para incluir o tipo de autorreflexão radical que Husserl pensava exigir na perspectiva transcendental, e que Freud pensava exigir no recurso ao inconsciente. Sartre certamente concordaria que o desejo não é uma consciência lúcida, que ele tem uma opacidade e uma profundidade que

– tal como toda afetividade – precisam ser interpretadas para que possam ser compreendidas. Isso fica claro a partir da sua distinção entre os propósitos existenciais e os propósitos determinados do desejo. Contudo, o desejo não é em si mesmo oposto à consciência como um fenômeno ontológico distinto; de fato, o desejo é em si mesmo um modo da consciência pré-reflexiva que ocasionalmente se opõe à consciência. A batalha entre razão e desejo é, segundo Sartre, na verdade uma batalha entre a consciência reflexiva e os propósitos da consciência pré-reflexiva. O desejo não se opõe a um si mesmo conhecível, o desejo é simplesmente outra forma da consciência que desafia a soberania da agência reflexiva. A consciência pré-reflexiva é uma consciência não posicional de si mesma no ato de intencionar um objeto dado. Assim, ela é parte da experiência ambígua da consciência, que impede uma apreensão lúcida de si mesma. O projeto existencial do desejo é obscurecido pelo objeto do desejo, e, no entanto, o projeto determinado é realizado pelo desejo. A reflexividade presente em todo engajamento com o mundo mostra a si mesma de maneira oblíqua e só pode ser iluminada pela tematização reflexiva dessa consciência pré-reflexiva. A discussão de Sartre sobre a consciência pré-reflexiva e a consciência reflexiva em *A transcendência do Ego* é transcrita na terminologia de *O ser e o nada* como o problema da experiência vivida (*l'expérience vécue*). Na primeira obra, o si mesmo é descoberto apenas por meio do posicionamento intencional dos objetos. Cada movimento intencional da consciência em direção a um objeto transcendente específico pressupõe a consciência não posicional de *si mesma* como o agente da consciência; além disso, essa agência só se torna explícita pelas suas ações atuais. O si mesmo não é o fim explícito da consciência intencional, mas é dado "[...] no horizonte dos estados" (Sartre, 2016, p. 49 [1957, p. 75]). É nesse sentido que o si mesmo sartriano é considerado como permanentemente *exterior* à consciência. A introspecção fora do contexto da intencionalidade é uma impossibilidade. Assim como em Hegel, só conhecemos a nós mesmos através do conhecimento dos objetos; *somos* o modo como conhecemos; nossa identidade é o estilo de nosso comportamento em direção ao mundo, os vários modos como *aparecemos*. O si mesmo vem a ser um objeto para a consciência quando ele é posicionado enquanto tal, porém, ele pode ser posicionado apenas indiretamente, ou seja, por meio do posicionar dos objetos; a autorrevelação é uma consequência inesperada do posicionamento de um objeto, que é outro em relação ao si mesmo. Ao contrário de Hegel, a consciência reflexiva não fornece acesso exclusivo ao si mesmo, pois somos conscientes de nós mesmos em nossa espontaneidade, e essa consciência é consciência pré-reflexiva.

Quando acompanhamos as jornadas do sujeito hegeliano, aprendemos sobre a ingenuidade da consciência que não descobriu sua própria reflexividade. Antes de se tornar um objeto explícito para si mesmo, esse sujeito imaginou que não existia e, além disso, não tinha nenhuma consciência irônica do fato de que algo, no caso ele mesmo, deve existir para que seja possível "imaginar" qualquer coisa. Estritamente falando, o sujeito hegeliano só vem a existir para si mesmo por meio do processo de reflexividade e reconhecimento, e até mesmo o "esforço" por tal conhecimento só é conhecido retrospectivamente. A experiência de tal sujeito é difícil de conceitualizar, na medida em que esse sujeito não tem uma experiência de conhecimento de si mesmo anterior à realização dessa tarefa reflexiva. Porém, qual experiência de si mesmo esse sujeito tem antes de alcançar o conhecimento reflexivo? Como ela poderia ser descrita? A doutrina de Sartre sobre a consciência pré-reflexiva pode ser vista como abordando precisamente esse problema, ou seja, a qualidade da autoconsciência imediata que ainda não foi desenvolvida em um conhecimento de si explícito. Na medida em que o sujeito é uma negatividade em busca de um lugar no ser, então, como essa negatividade é experenciada anteriormente ao seu advento, como ela se faz sentir a si mesma? O pré-reflexivo pode ser compreendido como uma consciência periférica dessa negatividade, como o modo como um si mesmo emergente sempre já assombra a consciência ingênua do mundo.

Pelo fato de que, para Sartre, a "unidade" com o mundo é uma impossibilidade, o sujeito que em última instância chegamos a confrontar no mundo é sempre uma projeção dessa negatividade, uma externalização que difere daquela do sujeito hegeliano que é afortunado o suficiente para descobrir o mundo como interno à sua própria consciência. Para Sartre, a consciência estabelece a si mesma no mundo, mas nunca faz parte dele; é uma negatividade que nunca se resolve em um ser mais inclusivo. Consequentemente, a externalização do sujeito sempre ocorre no contexto de uma irredutível disparidade ontológica entre o si mesmo e o mundo, e, seja qual for a "unidade" que surja, ela é sempre fundamentalmente uma projeção e uma ilusão.

Devemos nos perguntar: o que é esse si mesmo sentido em meio aos contornos do objeto do desejo? É o projeto de ser, a escolha original que estrutura a espontaneidade do cogito pré-reflexivo. Na verdade, é a descoberta da estrutura unitária da consciência, ou seja, a descoberta de que ele sou eu, que estou na origem das minhas manifestações emocionais, sou eu que, tomando distância dessa espontaneidade, reflito sobre os seus significados. A reflexão sobre o desejo é, então, reflexão sobre mim mesma como uma escolha de ser: *refletir sobre o desejo é tomar consciência de escolhas que já foram previamente tomadas.*

O argumento de Sartre sobre a estrutura unitária da consciência reflexiva, pré-reflexiva e não reflexiva é exemplificado de maneira mais convincente em sua discussão sobre a má-fé. Irei assinalar o sentido da "escolha pré-reflexiva" desenvolvida nesse contexto, e em seguida irei aplicá-lo à minha discussão sobre a tarefa de decifrar os projetos existenciais do desejo.

Uma manobra comum da má-fé consiste em tratar as emoções como se elas fossem contingências em vez de expressões determinadas de um si mesmo que conhece. Para Sartre, o desejo e a emoção são escolhidos, embora em nenhum sentido corriqueiro de "escolher". Sartre argumenta que os psicólogos empiristas tendem a tratar os desejos como elementos psíquicos irredutíveis, ou seja, ao determinar o caráter de Flaubert, os psicólogos empíricos remetem o seu comportamento a um desejo aparentemente primário de ter sucesso, e doravante consideram esse desejo como sendo constitutivo da identidade de Flaubert. Na visão de Sartre, o desejo não é um irredutível psíquico, exceto na medida em que o desejo seja compreendido como uma manifestação da escolha. O desejo não é dado, mas, significativamente falando, é criado e recriado; como tal, ele indica uma agência livre anterior à sua própria emergência.

Um exemplo extraído da linguagem popular contemporânea torna mais concreto esse ponto em relação à escolha pré-reflexiva. No caso dos desejos que sofrem uma decepção rápida ou inevitável, ou seja, quando se deseja alguém que, por uma série de razões, é inacessível, ouve-se a afirmação crítica, porém simpática, "mas foi você que procurou por isso!". O padrão de má-fé que emerge nesse contexto frequentemente assume a forma da afirmação de que somos vítimas do desejo de alguém.

Na visão de Sartre, é impossível afirmar que não se escolhe o próprio desejo; na verdade, nos casos mencionados anteriormente, é bem provável que um desejo por um objeto impossível seja desejo precisamente pelo fato de ele ser impossível, assim como pelo fato de que a falta de consumação serve ao projeto de quem deseja. Para Sartre, "[...] *o desejo é consentimento ao desejo*" (Sartre, 2015, p. 483 [1956, p. 388]). No caso acima, sabe-se o desfecho pré-reflexivamente, e consente-se ao drama com esse conhecimento pré-reflexivo intacto; a surpresa, a dor, o sentido agudo de traição que emanam do desenlace do drama são, efetivamente, expressões da decepção de que a consciência reflexiva não pode manter sua hegemonia. Somos nós mesmos que não podemos ser subjugados, nosso próprio conhecimento da situação que é coincidente ao emergir do desejo. Quando afirmamos que somos vítimas do desejo, ou que estamos totalmente emaranhados pelo objeto do desejo, temporariamente ocultamos a dimensão reflexiva do desejo e somos conscientes apenas da intencionalidade em relação ao objeto; e ainda, em tal estado, a reflexividade opera com mais dificuldade – promovemos o próprio encantamento, a própria vitimização. Na verdade, somos nós que "procuramos por isso".

O projeto existencial do desejo é uma característica da experiência mundana descoberta fenomenologicamente. O projeto manifesta-se no quasi-conhecimento que temos dos fins ocultos do desejo, mesmo estando em meio ao desejo. O conhecimento pré-reflexivo é ambíguo e vive nas sombras de todo ato, simultaneamente acessível e dissimulado. Enquanto certa conscientização, ele revela a ligação entre a consciência engajada (não reflexiva) e a consciência reflexiva; é a possibilidade da recuperação de si mesmo. Na medida em que é não posicional, esse conhecimento é uma consciência marginalizada, obscurecida pelo objeto intencional ao qual ela atende.

A postulação do desejo como uma forma de consciência pré-reflexiva tanto afirma quanto nega a opacidade da consciência. Para Sartre, o desejo não é uma imediatidade inequívoca; trata-se de uma imediatidade que habita uma posição intermediária entre a absorção no objeto e a autorreflexão. Para Hegel, a opacidade é uma característica necessária da consciência de si; esta não pode ser coincidente consigo mesma na medida em que não pode ser todos os seus momentos ao mesmo tempo. Oposta à exterioridade, a consciência de si torna-se imediatamente estranha a si mesma; o reino da exterioridade significa um domínio do si mesmo que ainda está para ser recuperado. A transformação de uma negação externa em uma negação interna – a assimilação do mundo à consciência de si – é a recuperação do si mesmo, uma recuperação que é ao mesmo tempo uma expansão. A dimensão "implícita" da consciência de si, ou sua opacidade, é considerada sua própria identidade com o mundo, ainda não explicitada. Para Sartre, um drama similar de estranhamento e recuperação pode ser visto na caracterização da vida do desejo, e, no entanto, os termos dessa dialética são decididamente pós-hegelianos. A opacidade do si mesmo é uma função da consciência pré-reflexiva, da consciência cuja reflexividade é obscurecida por seu objeto intencional. Encantada com seu objeto, a agência é temporariamente eclipsada; a opacidade do desejo é antes de tudo uma opacidade do si mesmo em relação a si mesmo, uma alteridade interna entre a consciência reflexiva e a consciência pré-reflexiva. A dimensão "implícita" da consciência é o domínio pré-reflexivo que, antes de ser uma identidade com o mundo, na verdade é um esforço interpretativo de se pôr a si mesma em relação ao mundo.

Para Sartre, o desejo de ser um sujeito idêntico ao mundo, evidenciado na *Fenomenologia*, de Hegel, é simplificado como "desejo de ser". A esperança de ser coextensivo ao mundo, mutuamente implicado no mundo, nunca se desenvolve além da esperança. Assim, a noção de Sartre do desejo de ser Deus, tal como a conjectura de Hyppolite de uma vida além da morte, é uma paixão vã e irresistível. Almejando superar os limites fácticos da perspectiva, o agente desejante é, no entanto, ciente da futilidade desse comportamento. Para Hegel, a recuperação do si mesmo em relação ao estranhamento extático é a *descoberta* do si mesmo como um ser previamente relacionado aos outros seres. Para Sartre, a relação dos seres humanos entre si não é descoberta como um fato primeiro; é algo que precisa ser estabelecido. A dimensão implícita do desejo não é, para Sartre, a presença de uma ontologia que explica uma identidade preestabelecida, é na verdade certo conhecimento pré-reflexivo de que a identidade é algo a ser criado. A consciência pré-reflexiva é a consciência da agência na presença de um mundo; concretamente, é a determinação da escolha de como ser em sua situação.

O sentido que Sartre dá à consciência como uma atividade de negação difere da compreensão hegeliana da negação como uma relação que vincula ontologicamente a consciência ao seu mundo, e exige que esse encontro seja marcado como um desenvolvimento. A compreensão de Sartre da consciência pré-reflexiva como uma relação de negação reflexiva interna à consciência implicitamente refuta a alegação hegeliana de que todas as relações de negação são relações de mediação.

Na transcrição de uma sessão da Sociedade Francesa de Filosofia de junho de 1947, quatro anos após a publicação na França de *O ser e o nada*, o tópico hegeliano da mediação é contraposto à noção de Sartre da consciência pré-reflexiva.[56] Nessa sessão, Hyppolite defende uma posição hegeliana, argumentando que a consciência pré-reflexiva em Sartre é o mesmo que o princípio da negatividade em Hegel. Hyppolite argumenta que não faz sentido falar de uma consciência que não seja imediata nem mediata. Caso a consciência pré-reflexiva seja um tipo de conhecimento, ela deve ser um princípio de mediação, uma relação de negação que, no ato de distinguir duas realidades díspares, revela sua convergência. Para Hyppolite, o conhecimento sempre deve ser uma operação sintética desse tipo. Sartre, entretanto, resiste a essa equivalência entre o conhecer e a consciência sintética. O diálogo começa com Hyppolite perguntando se uma consciência paradoxal tal como Sartre apresenta é possível (Sartre, 1948b, p. 87). Ele questiona se existe uma passagem da consciência pré-reflexiva para a

---

[56] Os trechos citados são traduções minhas da transcrição francesa dessa seção publicada como "Conscience de soi et connaissance de soi" (*Bulletin de la Societe Française de Philosophie*, n. 13, p. 49-91, 1948).

consciência reflexiva, e se ambas seriam dialeticamente relacionadas. A resposta de Sartre escapa às categorias hegelianas presumidas pela questão de Hyppolite: "O que podemos entender por consciência pré-reflexiva? É aí, aliás, que reside toda a originalidade e toda a ambiguidade de uma posição que não é a imediatidade da vida, e que, no entanto, é imediata e prepara esse estado de tomada de consciência que é a reflexão" (Sartre, 1948b, p. 88).

Para Sartre, o pré-reflexivo é um estágio intermediário, não puramente dialético no seu modo de ligar a imediatidade da vida à mediação, que é a reflexão. Hyppolite claramente considera impossível tal formulação, permanecendo, como faz, na epistemologia hegeliana, que considera o conhecimento como uma função exclusiva da reflexão. O argumento de Sartre busca mostrar que nem toda a vida é transformada em um objeto de reflexão, e, em segundo lugar, que a reflexão não é o lócus exclusivo das funções cognitivas. De acordo com o seu esforço em expandir a atitude natural para incluir uma reflexividade crítica, Sartre afirma que a imediatidade não é necessariamente uma fonte de falsidade e defende a validade da apreensão instantânea.

A discussão de Hyppolite com Sartre parece recapitular a crítica de Hegel a Fichte (ver Hartmann, 1966, p. 21). Hyppolite parece rejeitar a capacidade introspectiva atribuída por Sartre ao cogito pré-reflexivo, afirmando, ao contrário disso, que todo conhecimento deve depender da mediação da exterioridade. A reabilitação feita por Sartre da posição de Fichte é simultaneamente uma reivindicação do cartesianismo, ou seja, a postulação de que a consciência pode vir a ser transparente para si mesma. Além disso, ele afirma que as categorias hegelianas não podem oferecer uma compreensão da "descoberta pura e simples" (Sartre, 1948b, p. 88). Nem todo conhecimento exige uma progressão temporal, quer dizer, um alternar entre o si mesmo e os outros, superado pelo desenvolvimento dessa relação. O pré-reflexivo é o domínio da reflexividade que está *presente* na consciência intencional dos objetos em vez de sucedê-la. A sucessão dos momentos no desenvolvimento de um objeto conhecido, falando em termos hegelianos, é dada de uma só vez pela estrutura polivalente da consciência intencional defendida por Sartre. A compreensão conceitual desse tipo de conhecimento instantâneo, segundo Sartre, requer uma mudança de Hegel para Husserl: "Edmund Husserl é o primeiro filósofo que chegou a falar de uma dimensão própria à consciência que não é nem o conhecimento, nem a vida, nem uma espécie de progresso indefinido do espírito, nem ainda uma relação pura e simples a um objeto, mas que é precisamente aquilo que ela deve ser, uma consciência de si mesma" (Sartre, 1948b, p. 88).

No diálogo que se segue, Sartre se empenha em explicar a consciência não posicional para Hyppolite, uma noção que só pode parecer conceitualmente confusa em uma perspectiva hegeliana. Consideremos o diálogo:

> Sartre: É certo que na consciência existe um elemento de mediação. Você o chama de negatividade, a partir de termos hegelianos. É um nada que afeta a consciência, uma imediatidade que não é completamente imediata, ainda que ela permaneça, contudo, imediata. Isto é exatamente o que ela é.
>
> Hyppolite: Trata-se da contradição dialética vivida.
>
> Sartre: Sim, porém dada sem nenhum movimento. Ela ainda não está em movimento. Em outras palavras, eu diria que não existe inocência; não há nem inocência nem pecado. E isso é falar propriamente do homem, precisamente pelo fato de que o homem precisa vir a ser seu ser. Toda negatividade, toda mediação, toda culpa, toda inocência, toda verdade devem aparecer. O que não quer dizer que ele possa criar a totalidade de si mesmo. Mas, ao aparecer no mundo, se ele não for o homem que é em si mesmo todas as suas categorias, ele jamais as encontrará no mundo.
>
> Hyppolite: A única coisa possível é o em-si. É o que você está dizendo.
>
> Sartre: Eu acrescentaria ainda que essa possibilidade só será evidenciada *a posteriori*, quando ela tiver sido realizada (Sartre, 1948b, p. 89).

O ponto de discórdia entre Sartre e Hyppolite consiste nas condições e no sentido do conhecimento de si. Para Hyppolite, a liberdade não é a asserção instantânea do si mesmo indicada pelo cogito pré-reflexivo. O si mesmo é definido nos termos de um desdobramento progressivo, uma oposição ao mundo que, embora nunca seja resolvida, é, não obstante, perseguida. Para Sartre, esse esforço em superar a diferença não é efetuado pela mediação, mas pelas apreensões da consciência espontânea, uma pré-reflexividade cônscia de sua própria futilidade. A visão de Hyppolite de uma perpétua altercação entre o si mesmo e o mundo que constitui um progresso indefinido, ou seja, que não possui um *telos* válido, é, tal como a visão de Sartre, uma busca que nunca pode achar uma satisfação última. A diferença entre suas visões consiste no fato de que Sartre internaliza esse "altercar" na própria estrutura da consciência *espontânea*. Desde o início, o projeto de ser que é a estrutura e o sentido do para-si sabe a si mesmo como uma paixão vã, na medida em que sabe a si mesmo como uma liberdade irredutível que não pode ser abandonada nos objetos que ela busca. Para Hyppolite, a insatisfação é revelada; para Sartre, é presumida.

Nos momentos finais dessa troca, Hyppolite procura encontrar uma garantia ontológica para a existência de um progresso imanente para a liberdade. A resposta de Sartre é reafirmar seu princípio primeiro, a saber, de que a existência precede a essência, de que não existe nada (!) em um nível ontológico que possa garantir um progresso para a liberdade ou uma maior lucidez para a autorreflexão, pois tal progresso só pode ser obtido a partir de escolhas individuais. Hyppolite pergunta se, na visão de Sartre, "o poder de insurreição da vida" e um princípio de "progresso" não estariam sendo dados ao mesmo tempo:

> Hyppolite: [...] este progresso dialético, você mesmo apontou, ao indicar que a liberdade não era apenas o fato dessa mediação imediata, mas era igualmente a possibilidade de um progresso perpétuo, por meio do qual o homem ganharia cada vez mais lucidez sobre si mesmo.
> Sartre: O ato de passar de um nível de consciência para outro depende do tipo de pessoa que se é. Mas eu nunca afirmei que se trataria de um progresso (Sartre, 1948b, p. 89-90).

Sartre discorda implicitamente do desenvolvimento inexorável do *Bildungsroman* fenomenológico de Hegel. Na verdade, ele está apresentando a Hegel a questão de Kierkegaard, já considerada brevemente antes: o que motiva as transições da *Fenomenologia do Espírito*? Qual otimismo e qual capacidade incansáveis levam o sujeito hegeliano à reconstituição de seu mundo de novo e mais uma vez, e a reconstituí-lo de tal modo que o autoconhecimento completo seja o resultado inevitável de suas lutas? Para Sartre, o progresso da jornada do sujeito hegeliano não pode ser garantido por meio de um requinte metafísico que mistura realidades empíricas e normativas. A única motivação para o autoconhecimento é ela mesma uma escolha. Enquanto radicalmente incondicionada – ao menos nesse momento da obra de Sartre –, a escolha não pode ser prevista como um desenvolvimento inevitável. A pessoa é compreendida como um desejo fundamental que é, por sua vez, a concretização de uma escolha; então, quando Sartre afirma que o autoconhecimento "depende de quem a pessoa é", ele se refere ao tipo de escolha que estrutura qualquer pessoa dada.

Sartre, porém, não é totalmente consistente aqui. Apesar de estabelecer claramente que o pré-reflexivo não manifesta um princípio normativo de desenvolvimento, quer dizer, que ele é em si mesmo uma estrutura amoral, para além da "inocência" e da "culpa", suas próprias palavras não devem ser tomadas como necessariamente verdadeiras. É intrínseca à noção de Sartre de um projeto de ser pré-reflexivo unificante a assunção de uma força moral para a intencionalidade. No início desta seção, indiquei duas questões inter-relacionadas: primeiramente, como o projeto do desejo se faz conhecer pela consciência, e, em segundo lugar, como seria possível sustentar a visão de um projeto único e original do desejo, unificando e explicando os vários desejos determinados que parecem pertencer a um indivíduo específico no mundo fenomenal. Como resposta à primeira questão, está claro que o cogito pré-reflexivo é o acesso a esse projeto do desejo. Em relação à segunda questão, somos confrontados com uma dimensão moral implícita no desejo. O projeto unificante de ser que, segundo Sartre, estrutura cada desejo particular parece atender ao critério postulado por Hyppolite de que a liberdade seja vista como um movimento progressivo. Que o desejo seja unificado por um único desejo fundamental, constitutivo da individualidade, não é, para Sartre, uma verdade somente descritiva, é também normativa. A unificação dos desejos sob um projeto singular é simultaneamente o ser da realidade humana e sua aspiração moral mais alta.[57] O projeto de ser Deus é considerado desejável precisamente porque Deus representa "uma autocompreensão completa". Podemos ver essa aspiração como moral na medida em que sua realização seria idêntica à liberdade perfeita. Ser Deus significaria, por fim, conquistar uma coincidência entre o ser para-si e o ser em-si, de tal modo que a liberdade humana estaria na origem em-si. A contingência e a facticidade – a totalidade do mundo perceptivo descrito em *O imaginário* – apareceriam, para

---

[57] Apesar de Sartre parecer seguir a crítica nietzschiana às concepções egológicas da consciência (ver *A transcendência do Ego*), podemos, contudo, questionar-nos sobre como seria uma crítica nietzschiana ao postulado de Sartre de um sujeito unificado. *A vontade de poder*, de Nietzsche, sustenta a concepção de uma multiplicidade fundamental dos desejos e considera o si mesmo unificado como uma construção enganosa. Na seção 518 desse texto, Nietzsche afirma contra a ideia do si mesmo como uma unidade: "Se nosso 'eu' é para nós o único ser a partir do qual tudo fazemos e entendemos ser: muito bem! Então cabe bem a dúvida de se aqui não há uma ilusão perspectivista – a aparente unidade na qual, como em uma linha horizontal, tudo se encadeia. No fio condutor do corpo mostra-se uma imensa multiplicidade [...]" (Nietzsche, 2011, p. 272 [1968, p. 281]). Sobre esse ponto também é preciso consultar as seções 489, 492, e 259. Segundo Nietzsche, o princípio de identidade que estrutura as teorias egológicas serve a um proposito normativo; colocar uma identidade singular ou unificada mascara um anseio em superar as multiplicidades do corpo e as contradições dos desejos, "a redução por princípio de todos os sentimentos integrais do corpo a valores morais" (Nietzsche, 2011, p. 136 [1968, p. 131]). Para Nietzsche, a ontologia encobre a moralidade, e esta é motivada por um desejo de superar completamente o corpo. Pode-se extrapolar dessa posição uma crítica à visão de Sartre de que o desejo é internamente unificado e que busca uma transcendência da facticidade. Essas posições poderiam, então, ser vistas não como consequência de uma situação ontológica, mas como uma transcrição de um anseio religioso para a linguagem racionalizante da ontologia. Na seção 333, Nietzsche explica: "esta reclamação de que 'deveria ser assim' só provocou aquela outra exigência pelo que é: o saber disso que é já é uma consequência daquela pergunta: 'Como? Isso é possível? Por que é justamente assim?'. A admiração sobre a não correspondência entre o nosso desejo e a marcha do mundo levou até o ponto de travar conhecimento com a marcha do mundo. Talvez haja ainda outra coisa: talvez aquele 'deveria ser assim' seja o nosso próprio desejo de subjugação do mundo" (Nietzsche, 2011, p. 183 [1968, p. 182]). Para uma maior discussão sobre isso, ver o capítulo 4.

tal divindade, como as diversas criações do si mesmo; o fático seria subjugado e dispensado de sua alteridade e diversidade.

O ideal normativo impossível para o desejo reformula a concepção de Hegel da "reprodução" do mundo exterior como uma criação da consciência. Segundo tal ideal, o fático se confrontaria com a consciência como produto da consciência, em vez de ser o seu limite. O desejo de ser só pode ser satisfeito quando a consciência se move para convencer a si mesma de que suas criações imaginárias são reais. A satisfação do desejo existencial sempre pressupõe o sucesso da má-fé e, em contrapartida, a busca pela autenticidade exige uma perpétua insatisfação.

Parece haver, assim, na visão de Sartre, uma dimensão moral do desejo existencial, na medida em que uma visão normativa da liberdade governa o projeto de ser Deus. Isso parece ocorrer novamente na sua assunção de que o si mesmo é uma unidade, é um conjunto de escolhas que revelam uma escolha única e primordial (a escolha fundamental), ou seja, um modo consistente de ser no mundo. Uma vez que esses ideais sugerem que os seres humanos desejam uma fuga da facticidade, uma superação da perspectiva, Sartre parece estar promovendo uma visão da realidade humana na qual a fuga da situação é fundamental, e esse desejo de se desprender da adversidade parece contrastar acentuadamente com a esperança primeira de que a doutrina da intencionalidade pudesse estabelecer o si mesmo "no meio da vida".

Apesar de Sartre parecer aceitar uma visão normativa da identidade humana como um projeto de vir a ser uma subjetividade onipotente, ele reconhece que esse ideal é uma impossibilidade e, em outros contextos, sugere uma visão da autenticidade como uma jornada paradoxal da consciência corporificada. Na discussão do desejo sexual, Sartre parece oferecer um projeto para a identidade corporificada no qual o corpo não é somente um limite fático para a liberdade, mas também uma condição material para a determinação e a expressão da liberdade. No contexto das relações sexuais, vê-se que o desejo de ser não é somente o desejo de uma transfiguração onipotente do mundo, mas é também o desejo de ser conhecido, de vir a ser pelo olhar do Outro. Além disso, esse olhar não é apenas uma visão hostil, e a troca entre os dois si mesmos não é apenas uma luta na qual cada um busca afirmar a si mesmo como Deus. A situação do desejo recíproco se torna o lócus para um movimento progressivo da liberdade, um domínio no qual a facticidade é preenchida pela vontade humana. Ainda que o desejo pareça operar sob um ideal de descorporificação na discussão do desejo existencial, podemos ver que Sartre reformulou uma compreensão alternativa para os projetos do desejo no contexto do desejo sexual. A progressão da visão de Sartre acerca do desejo em suas obras posteriores – *Crítica da razão dialética*, *Saint Genet: ator e mártir* e *O idiota da família: Gustave Flaubert 1821-1857* – confirmam sua crescente conscientização de que o paradoxo de uma consciência corporificada não precisa ser formulado como uma luta antagônica entre o corpo e a consciência. Na verdade, em uma série de observações gravadas em uma entrevista, *Autorretrato aos setenta anos*, Sartre sugere que o corpo pode ser um *meio* expressivo para a consciência:

> Sartre: [...] não há uma diferença de natureza entre o corpo e a consciência.
> Entrevistador: Não é verdade que somente entregamos totalmente nossos pensamentos àqueles que entregamos realmente nossos corpos?
> Sartre: Entregamos nosso corpo a todo o mundo, mesmo fora de qualquer relação sexual: pelo olhar, pelos contatos. Você me entrega seu corpo, eu lhe entrego o meu: nós existimos um para o outro como corpo. Mas não existimos da mesma maneira como consciência, como ideia, ainda que as ideias sejam modificações do corpo.
> Se quiséssemos existir verdadeiramente para o outro, existir como corpo, como corpo que pode então ser perpetuamente despido – mesmo que nunca o façamos –, as ideias deveriam aparecer ao outro como vindas do corpo. As palavras são traçadas por uma língua em uma boca. Todas as ideias deveriam aparecer assim, mesmo as mais vagas, as mais fugazes, as menos apreensíveis. Dito de outro modo, não deveria mais haver essa omissão, esse segredo que em certos séculos acreditou-se ser a honra de homens e mulheres, o que me parece uma tolice (Sartre, 1976, p. 142).

Turvação e expectativa: o círculo do desejo sexual em *O ser e o nada*

> *Com efeito, ninguém negará que o desejo não é apenas apetite, claro e translúcido apetite que visa certo objeto através de nosso corpo.*
> *O desejo é definido como turvação. [...]*
> *A água turva continua sendo água, conserva a fluidez e as características essenciais da água; mas sua translucidez está turva por uma presença inapreensível que faz corpo com ela, está por toda parte e em parte alguma, e que se mostra como um empastamento da água por ela mesma.*
> Sartre. *O ser e o nada.*

A visão de Sartre do desejo sexual é em geral interpretada como um argumento existencial sobre a inevitabilidade do sadomasoquismo. Claramente,

Sartre afirma o sadismo e o masoquismo como possibilidades permanentes de todo encontro sexual,[58] e rejeita a categoria de "dialética", argumentando, em vez disso, que o drama sexual do senhor e do escravo não é *aufgehoben* em um estado de reciprocidade universal. Na verdade, a troca sexual é um "círculo" (Sartre, 2015, p. 454 [1956, p. 363]) no qual a inversão de sadismo para masoquismo e a de masoquismo para sadismo segue conforme a necessidade ontológica segundo a qual cada indivíduo determinado é o que não é e não é o que é. O fato de não emergir do círculo do desejo um terceiro termo ou uma síntese transcendente não implica necessariamente que os lugares sexuais sejam fixos e vãos. O fenômeno da inversão dá origem à consciência de inversão, e a inversão é simultaneamente tomar consciência e escolher. Assumir o papel de sádico ou de masoquista como uma característica permanente da sexualidade do si mesmo é se posicionar como um essencialista e ceder à má--fé do desejo sexual. A constância da inversão é, para Sartre, uma nova base de reciprocidade; a impossibilidade de ser sujeito e objeto ao mesmo tempo advém do caráter perspectivístico da vida corporal. O sadomasoquismo é o paradoxo da liberdade determinada revelado na vida sexual.

Para Sartre, a consciência é sempre uma consciência individual, e como tal é distinta de toda outra consciência; o nada persiste entre os parceiros do desejo como uma diferença necessária e inerradicável. A interioridade do Outro não pode, tal como Hegel eventualmente pareceu pensar, ser revelada pela cognição, na medida em que o pré-reflexivo é a consciência de si mesmo privada e escondida da agência; nesse sentido, o cogito pré-reflexivo é um lócus de liberdade privada e inviolável. O desejo sexual busca a interioridade do Outro, ordena que o Outro manifeste sua liberdade na forma da carne. O conhecimento dessa liberdade requer a mediação do corpo. A liberdade purificada do corpo é uma impossibilidade.

O paradoxo da liberdade determinada, o problema contínuo de existir como uma escolha corporificada, é superado em Hegel quando o corpo vem a ser o corpo generalizado de Cristo.[59] Em outras palavras, o corpo não é mais concebido como limite para a liberdade, na medida em que não se trata mais

---

[58] Sartre descreve tanto o masoquismo (Sartre, 2015, p. 471 [1956, p. 378]) quanto o sadismo (Sartre, 2015, p. 502 [1956, p. 405]) como "fracassos" do desejo. Ele define o verdadeiro fim do desejo como uma "encarnação recíproca" (Sartre, 2015, p. 486 [1956, p. 398]), mas ele vai além e afirma que se trata de um fracasso *necessário* (Sartre, 2015, p. 492 [1956, p. 396]). O sadismo e o masoquismo parecem ser as formas mais pronunciadas como a reciprocidade se transforma em uma troca não recíproca.

[59] Ver Hegel, "A religião manifesta", na *Fenomenologia do Espírito*, p. 490-516.

do corpo determinado de um ser mortal cujos contornos indicam necessariamente a diferença. Em termos simples, Sartre identifica o corpo como sendo o limite da liberdade e a insuperável condição da individuação. Além disso, a visão de Sartre não é completamente negativa, pois o corpo mediatiza e determina a liberdade no caso do desejo sexual. É preciso, portanto, voltar-nos para o tratamento que Sartre dá ao desejo sexual visando compreender como o corpo tanto medeia quanto limita os diversos projetos de escolha.

Na medida em que a liberdade é definida como o projeto de se tornar o fundamento de seu próprio ser, e o corpo é dado como uma facticidade contingente – um ser que nós somos, mas não escolhemos –, pareceria decorrer daí que em todos os casos o corpo é oposto à liberdade como seu limite prematuro. Na discussão de Sartre sobre o círculo do desejo, o corpo não é exclusivamente identificado com a contingência, assim como a liberdade não é sempre construída como a liberdade de ser Deus. Apesar de ser chamado de dimensão "fática" do si mesmo, o corpo nunca é *apenas* fático; ele é igualmente uma perspectiva e um conjunto de relações intencionais (Sartre, 2015, p. 385-450 [1956, p. 381-420]). A liberdade nem sempre é discutida como um projeto de descorporificação fadado ao fracasso. Na verdade, a liberdade também é concebida como um projeto de corporificação, um esforço constante de afirmar os laços corporais ao mundo que compõem uma *situação*. Em *O ser e o nada*, e mais precisamente nos estudos biográficos posteriores, assim como na *Crítica da razão dialética*, a liberdade se torna menos ligada a ideais ontológicos que transcendem a história e mais aproximada a projetos concretos e altamente mediados de sobreviver, interpretar e reproduzir uma situação socialmente complexa. A noção da liberdade como uma criação *ex nihilo* certamente tem seu lugar no pensamento de Sartre.[60] A resenha de Herbert Marcuse sobre *O ser e o nada* critica acertadamente essa concepção de Sartre, porém, não dá atenção adequada à noção de situação como algo que qualifica radicalmente o caráter *ex nihilo* da liberdade (ver Marcuse, 1948, p. 330). Pode-se dizer o mesmo no que concerne à crítica de Merleau-Ponty ao cartesianismo de Sartre, presente em *As aventuras da dialética* e *Sentido e não sentido*. A suposta aderência de Sartre a uma consciência isolada, sem relação com a corporificação e com a socialidade, foi efetivamente refutada por Simone de Beauvoir em "Merleau-Ponty e o pseudo sartrismo" e, mais recentemente,

---

[60] Para um artigo interessante apontando o cartesianismo de Sartre e sua eventual dissolução, ver Buch, Thomas. Beyond the Cogito. The Question of Continuity in Sartre's Thought. *The Modern Schoolman*, v. 60, 1983.

por Monika Langer em "Sartre and Merleau-Ponty: A Reapraisal".[61] Será visto a seguir que a suposta oposição entre corpo e consciência é mantida por Sartre de forma tênue, na medida em que o corpo no desejo sexual não é mera contingência, mas igualmente um modo de consciência e uma maneira de situar a si mesmo no mundo: o desejo "é a consciência fazendo-se corpo" (Sartre, 2015, p. 484 [1956, p. 389]).

O sadomasoquismo introduz o paradoxo da liberdade determinada como um drama da consciência e da objetificação. A bem conhecida formulação de Sartre de que só se pode entrar nas relações com um outro vindo a ser objeto para esse Outro engana em sua simplicidade. É claro que Sartre contribui para tal engano ao empregar a metáfora visual do "olhar" para dar conta do ato constitutivo por meio do qual uma consciência apreende outra como um objeto. Sartre nem sempre esclarece em que sentido a identidade do Outro é objetificada, assim como não fornece uma definição do "olhar" que faça distinção entre sua formulação literal e suas formulações mais genéricas.[62] Algumas vezes sua própria escrita convida a uma leitura literal, de tal modo que o desejo sexual, como uma troca de "olhares" constitutivos, parece ser um círculo de voyeurismo e exibicionismo: "meu ser-objeto é a única relação possível entre mim e o Outro, é somente este ser-objeto que pode me servir de instrumento para operar a assimilação a mim da *outra liberdade*" (Sartre, 2015, p. 456 [1956, p. 365]).

Apenas sob o olhar do Outro que o si mesmo alcança/conquista o ser: "o olhar do Outro modela meu corpo em sua nudez, causa seu nascer, o esculpe, o produz como é, o vê como jamais o verei" (Sartre, 2015, p. 454 [1956, p. 364]). Como um si mesmo visto, o agente do desejo pode fazer uso do olhar do Outro como instrumento de sua própria auto-objetificação. Como

---

[61] Langer, Monika. Sartre and Merleau-Ponty: A Reappraisal. *In*: Schilpp. *The Philosophy of Jean-Paul Sartre*, p. 300-325.

[62] Claramente Sartre considera o "olhar" do Outro como uma expressão figurativa, na medida em que ela pode ser um "roçar de galhos" ou um "entreabrir de uma janela" (Sartre, 2015, p. 332 [1956, p. 257-258]). Os objetos podem manifestar um olhar, e o olhar pode persistir como memória ou antecipação. "Até na solidão eu estava em representação: Anne Marie, Karlemami haviam virado essas páginas muito antes que eu tivesse nascido, era o saber dêles que se estendia a meus olhos; à noite, interrogavam-me: 'O que é que você leu? O que é que você compreendeu?', eu o sabia, eu estava em trabalho de parto, eu daria à luz uma palavra de criança; fugir aos adultos na leitura, era o melhor meio de comunicar-se com eles; ausentes, o futuro olhar deles penetravame pelo occipital, tornava a sair pelas pupilas, curvava ao nível do chão aquelas frases cem vezes lidas que eu lia pela primeira vez. Visto, eu me via: via-me ler como alguém se ouve falar." (Sartre, 1967, p. 45 [1981, p. 70]).

um si mesmo que olha o Outro, o agente transcende os limites da perspectiva corporal e afirma a si mesmo como uma liberdade produtiva. Primeiramente, o Outro aparece como a alienação das nossas próprias possibilidades. Tal como na dialética do senhor e do escravo de Hegel, o Outro aparece como uma versão alienada de mim mesmo: "capto o olhar do Outro no próprio cerne de meu ato, como solidificação e alienação de minhas próprias possibilidades" (Sartre, 2015, p. 338 [1956, p. 263]). Enquanto produtor e escultor do Outro, o sádico tende a uma identidade da pura liberdade, descobrindo *o corpo* como alienado no Outro. Como agente que efetua sua própria objetificação, o masoquista descobre sua *liberdade* alienada no Outro.

O si mesmo sartriano só pode conhecer a si no seu desejo na medida em que comparece a si mesmo em um modo pré-reflexivo. Essa agência pré-reflexiva é sempre uma consciência não posicional de escolha, o modo como a consciência determina a si mesma no mundo. Essa consciência é necessariamente consciência de frustração: a realidade humana busca conhecer a si mesma como *ser*, e a consciência pré-reflexiva a revela como uma agência perpetuamente inatingível. O Outro aparece como um agente que pode captar o si mesmo *reflexivamente*, ou seja, como um objeto ou um conjunto de possibilidades realizadas. O Outro não tem acesso ao cogito pré-reflexivo, mas reconhece o si mesmo apenas pelos atos determinados por meio dos quais a liberdade é congelada. Então, o olhar tanto confirma o si mesmo como um ser – uma objetificação de possibilidades – quanto ameaça privar o si mesmo de sua liberdade essencial. Apesar de o olhar conceder o ser, só o faz ao se tornar um ato de privação, uma violação e uma expropriação da liberdade. O si mesmo assim expropriado é, contudo, apenas o si mesmo fenomenal – aquele que aparece. Sob o olhar do Outro, pode parecer que não há mais nada do si mesmo a ser visto e que o Outro "roubou meu ser" (Sartre, 2015, p. 455 [1956, p. 364]). Além disso, o "não há mais nada" não é uma negação absoluta, mas uma atitude determinada da liberdade, um "nada" que, nos termos de Sartre, é "um absoluto não substancial" (Sartre, 2015, p. 687 [1956, p. 561]).

Segundo Sartre, a experiência de "ser visto" dá origem à experiência do "ver". O si mesmo visto nunca é meramente um si mesmo apropriado pelo olhar do Outro; na verdade, convencido de sua própria alienação, buscando recuperar a si mesmo, esse si mesmo objetivado já ultrapassou o olhar que o define. O sentido de "ser convencido", o esforço em direção à autorrecuperação são desde o início posturas da liberdade – orientações pré-reflexivas que escapam ao olhar do Outro. Ao falhar reflexivamente em tematizar seus atos pré-reflexivos, esse si mesmo não vê a consciência da expropriação como uma prova de que a expropriação falhou. Nesse sentido, o pré-reflexivo é o domínio da liberdade inviolável. O encontro com o Outro obscurece a consciência pré-reflexiva e faz com que o si mesmo duvide de sua própria interioridade. O si mesmo aparece fora de si com um ego constituído como um produto dos atos dos outros. Assim constituído, o si mesmo experiencia a si como capturado, possuído e definido pelo Outro. O fato de que ele "experiencia a si mesmo" nesses modos é obscurecido pelos próprios modos; o encantamento intencional encobre a escolha pré-reflexiva – a reflexividade da consciência. Tal como em Hegel, o projeto desenvolvido como resposta a esse encantamento consiste em um projeto "de recuperação de meu ser" (Sartre, 2015, p. 455 [1956, p. 364]). O Outro que despoja o si mesmo por meio do olhar operado por sua liberdade é seduzido a oferecer ao si mesmo uma confirmação do seu ser; essa sedução é efetuada por meio do *olhar de volta*. Esse olhar convidativo busca, por sua vez, efetuar uma visão larga o suficiente para apreender o si mesmo como corpo e como liberdade.

A intransponibilidade do "olhar" é uma função da impossibilidade de superação da exterioridade entre o si mesmo e o Outro. A distância é corporal e, por isso, espacial; assim, o "olhar" significa a necessidade do ponto de vista do espectador, um *meio* de troca baseado na distância física. Entretanto, essa exterioridade não é uma fonte de indiferença, na medida em que a distância corporal estabelece o Outro em posição privilegiada do olhar. O si mesmo só pode ser consciente de si de modo oblíquo; ele sente a si mesmo indiretamente, ou infere de seus atos aquilo que ele pode ser. O si mesmo é sobrecarregado pelo fato de que precisa viver e refletir sobre si mesmo simultaneamente; então, sua compreensão de si nunca é completa, pois, no momento em que capta a si mesmo reflexivamente, escapa a si mesmo pré-reflexivamente. Porque o Outro não vive o si mesmo que ele vê, o Outro é capaz de captar esse si mesmo apenas em termos reflexivos. Nessa posição de ser visto, o si mesmo busca recuperar a si por meio de uma assimilação ou absorção da postura reflexiva do Outro: "Assim, meu projeto de recuperação de mim é fundamentalmente projeto de reabsorção do Outro" (Sartre, 2015, p. 455 [1956, p. 364]). O esforço em absorver a liberdade do Outro é efetivada por meio da apropriação de um ponto de vista objetivador em relação a si mesmo e, portanto, da superação dos limites de perspectiva dados pela corporeidade: "[eu quero] assimilar o Outro enquanto Outro-olhador, e tal projeto de assimilação comporta um reconhecimento ampliado de meu ser-visto. Em resumo, identifico-me total-mente com meu ser-visto a fim de manter à minha frente a liberdade olhadora do Outro [...]" (Sartre, 2015, p. 456 [1956, p. 365]).

O agente desejante que olha, que monopoliza o poder de definição e de transcendência, passa, de modo similar, por uma inversão em direção à objetificação ou à corporificação. Esse Outro que "olha", que define e produz o agente identificado com a corporeidade, é ele mesmo um si mesmo descorporificado, uma pura visão sem fundamento no mundo. Na medida em que o "olhar" significa um ato livre de constituição, ele é liberdade em um sentido limitado; mas a liberdade do vidente puro é uma liberdade desenraizada que não pode fazer um inventário de seu próprio ser. O si mesmo que é visto está ele mesmo refletido como um objeto e um ser corporificado, o si mesmo é visto e afirmado em sua situação corporal. Porém, o si mesmo que apenas vê não conhece a si reflexivamente, ele só pode sentir a si mesmo pré-reflexivamente como uma fuga transcendente em direção ao si mesmo que ele apreende. Seu corpo está permanentemente exterior a si, assim como o Outro. Assim, esse que vê e que constantemente define os objetos e os outros como exteriores a si carece de seu próprio ser e inicia paradoxalmente uma busca por sua própria definição. A fuga descorporificada do vidente puro busca sua própria "definição" corporal. Tal como irei mostrar, o sadismo se torna a expressão concreta do projeto de descorporificação.

O círculo do desejo, que começa a ser explicado nos termos do sadomasoquismo, é o paradoxo do corpo como uma liberdade determinada praticada no contexto do desejo recíproco. O corpo é "uma *paixão* pela qual estou comprometido e em perigo no mundo" (Sartre, 2015, p. 483 [1956, p. 388]). Desse modo, o corpo é igualmente uma fonte de produtividade e vitimização: é um modo de afetar e ser afetado pelo mundo; o corpo é o "ponto de partida que sou e que, ao mesmo tempo, transcendo rumo ao que tenho-de-ser" (Sartre, 2015, p. 412 [1956, p. 326]). Ultrapassa-se o corpo na medida em que um projeto de significação é feito a partir da contingência corporal: "jamais podemos captar esta contingência como tal, enquanto nosso corpo é para nós, porque somos escolha, e ser é, *para nós*, escolher-nos. [...] este corpo inapreensível é precisamente a necessidade de que *haja uma escolha*, ou seja, a necessidade de que eu não seja *tudo ao mesmo tempo*" (Sartre, 2015, p. 414 [1956, p. 326]). Portanto, o corpo é uma perspectiva insuperável; ele é tanto nossa distância do mundo quanto nossa condição de acesso ao mundo: "[...] o corpo não poderia ser para mim transcendente e conhecido: a consciência espontânea e irrefletida já não é mais consciência do corpo. Seria melhor dizer, usando o verbo existir como transitivo, que a consciência *existe seu corpo*. [...] meu corpo é uma estrutura consciente [...]" (Sartre, 2015, p. 416 [1956, p. 329]).

Sartre conclui que o corpo pertence às estruturas não téticas da consciência, e que "a consciência do corpo é lateral e retrospectiva" (Sartre, 2015, p. 416 [1956, p. 329]). Nunca experenciamos o corpo como contingência pura e simples, pois, para isso, seria necessário que o corpo fosse privado de consciência, e assim não poderia ser "experenciado". A contingência é sempre "daquilo a partir do qual ela se faz escolha" (Sartre, 2015, p. 416 [1956, p. 329]). Assim, o corpo, apesar de referido como facticidade, nunca é experenciado exteriormente a um campo interpretativo. Isso é claro na afirmação de Sartre de que "a consciência do corpo é comparável à consciência do *signo*" (Sartre, 2015, p. 416 [1956, p. 329]). Além disso, o corpo não simboliza um conjunto primeiro ou anterior de significados; simboliza, na verdade, a "maneira como ela [a consciência] *é afetada*" (Sartre, 2015, p. 416 [1956, p. 329]). Esse ser afetado que o corpo expressa é uma "afetividade *constituída*" (Sartre, 2015, p. 416 [1956, p. 329]), um modo de ser no mundo. O afeto que o corpo simboliza é uma "'intenção' transcendente [que] se dirige para o mundo" (Sartre, 2015, p. 417 [1956, p. 330]).

O desejo sadomasoquista significa o sentido ambíguo do corpo como uma perspectiva limitada e como a condição de acesso ao mundo, ou seja, como contingência e projeto simultaneamente. O corpo é uma perspectiva restrita assim como uma perspectiva que constantemente transcende a si mesma em direção a outras perspectivas. Na experiência sexual, o corpo contingente ou passivo nunca é completamente sem vida, justo pelo fato de que ele precisa manter-se a si mesmo em sua passividade; entretanto, a passividade é descoberta – ou, a princípio, pode ser descoberta – como um instrumento por meio do qual a liberdade do Outro é assimilada, quer dizer, a perspectiva do Outro é empática e imaginativamente animada. Ao buscar sua própria descorporificação, o sádico se esforça em vão para superar a facticidade; ele nega seu próprio corpo sem privá-lo da existência; na verdade, ele elimina seu próprio corpo do campo de visão do Outro. O único modo de impedir que o Outro olhe o sádico, arruinando assim seu projeto de descorporificação, é convencer o Outro a ser apenas seu corpo, ou seja, cegar o Outro em relação à sua própria capacidade de olhar.

O sádico constrói uma distância entre sua carne e a carne do masoquista pela transformação do seu próprio corpo em um puro instrumento de controle. Como um instrumento, ele é conhecido apenas pelos efeitos que causa e, então, não é considerado como é em si mesmo: "o sádico recusa sua própria carne, ao mesmo tempo que dispõe de instrumentos para revelar à força sua carne ao Outro" (Sartre, 2015, p. 496 [1956, p. 399]). Moldando o Outro como puro corpo, o sádico tenta convencer esse Outro a escolher o congelamento de suas possibilidades:

> Quer [...] que a liberdade do outro se determine a si própria a se converter-se em amor – e isso, não apenas no começo do romance, mas a cada instante – e que essa liberdade seja subjugada por *ela mesma*, reverta-se sobre si própria, como na loucura, como no sonho, para querer seu cativeiro. E este cativeiro deve ser abdicação livre e, ao mesmo tempo, acorrentada em nossas mãos. No amor, não é o determinismo passional que desejamos no Outro, nem uma liberdade fora de alcance, mas sum uma liberdade que *desempenhe o papel* de determinismo passional e fique aprisionada nesse papel (Sartre, 2015, p. 458 [1956, p. 367]).

Por conta da ambivalência intrínseca tanto ao desejo sádico quando ao desejo masoquista, há uma falha no esforço para subjugar o Outro como puro corpo. Como fica claro a partir da descrição de Sartre citada anteriormente, o sádico não busca o Outro como puro corpo, mas como uma liberdade que se determinou a si mesma como um corpo. O masoquista não pode vir a ser essa pura contingência, mesmo que isso fosse o desejo verdadeiro do sádico, pois, para o desejo masoquista, assim como para toda outra forma de desejar, o desejo é "consentimento ao desejo" (Sartre, 2015, p. 483 [1956, p. 388]), "a consciência se elege desejo" (Sartre, 2015, p. 486 [1956, p. 388]). Os projetos do sadismo e do masoquismo necessariamente se convertem um no outro, na medida em que toda carne dá origem à intencionalidade e toda transcendência intencional exige um fundamento na vida corporal. Tal como o senhor na "Dialética do senhor e do escravo", de Hegel, o sádico só pode perseguir seu projeto de dominação ao se fazer cego para a futilidade do projeto reflexivo que está operando em simultaneidade, quer dizer, a busca da descorporificação. O sádico requer do masoquista aquilo que o senhor exige do escravo: ser o corpo que o sádico se esforça em não ser. Ainda, "o sadismo não tem saída, pois desfruta não somente da carne do Outro, como também, em conexão direta com essa carne, de sua própria encarnação" (Sartre, 2015, p. 496 [1956, p. 399]). A fruição e o prazer frustram o projeto sexual de descorporificação, na medida em que o prazer revela a consciência como um corpo: "se o prazer permite sair do círculo, isso ocorre porque mata ao mesmo tempo o desejo e a paixão sádica sem satisfazê-los" (Sartre, 2015, p. 502 [1956, p. 405]).

O projeto do sadismo é subvertido pela experiência do prazer, porque o prazer reafirma o corpo que o sádico tentou negar. Como um projeto sexual que busca negar o próprio fundamento da sexualidade, o sadismo é um movimento da sexualidade contra si mesma, uma expressão de rancor contra a vida corporal que emerge a partir de seu próprio meio. Seu fracasso é evidente na medida em que o desejo, *meio* desse projeto, não pode ser usado sem prejudicar o próprio projeto. Isso não quer dizer que não existam atos sexuais sádicos verdadeiros, mas sim que eles não são satisfatórios no modo como se esforçam por ser. Na medida em que o masoquismo é um projeto que também busca resolver a situação ontológica de ter de ser uma unidade paradoxal entre realidade corporal e liberdade, o masoquismo é igualmente fadado ao fracasso. O olhar do sádico que confere o ser ao masoquista precisa ser sustentado; assim, o masoquista precisa manter-se a si mesmo fascinado pelo sádico, o que, paradoxalmente, significa que o masoquista precisa manter sua liberdade intacta para poder oferecê-la continuamente. O masoquista molda a si mesmo como objeto, não para perder a consciência, mas para alcançar uma consciência expandida de si mesmo. Ao identificar-se a si mesmo com seu corpo, ele busca obter uma compreensão completa de si mesmo pelo olhar objetificador do Outro. O masoquista quer ser definido pelo Outro e participar do olhar do Outro. Assim, sua identificação com seu próprio corpo é implicitamente um esforço de superar a perspectiva desse corpo e assumir a perspectiva do Outro. O masoquismo é, então, um esforço de transcender o corpo por meio de uma identificação com o corpo: "[quero] assimilar o Outro enquanto Outro-olhador, e tal projeto de assimilação comporta um reconhecimento ampliado de meu ser-visto. Em resumo, identifico-me totalmente com meu ser-visto a fim de manter à minha frente a liberdade olhadora do Outro" (Sartre, 2015, p. 456 [1956, p. 365]).

O sadismo e o masoquismo compartilham um objetivo em comum na medida em que buscam transcender o caráter restritivo da corporeidade: o sádico segue um caminho de autonegação, enquanto o masoquista, talvez de modo mais realista, busca a transcendência, impelindo a restrição até o extremo. Em ambos os casos, o desejo é revelado fundamentalmente como uma intencionalidade extática pela qual o corpo busca transcender sua situação, e falha. O sadismo e o masoquismo realçam os dois polos da unidade paradoxal da consciência corporificada e são, assim, momentos constitutivos de toda expressão sexual: "sou, na própria raiz de meu ser, projeto de objetivação e assimilação do Outro" (Sartre, 2015, p. 453 [1956, p. 363]). Esse projeto está enraizado na natureza paradoxal do para-si: "o Para-si é ao mesmo tempo fuga e perseguição; [...] ele é a relação" (Sartre, 2015, p. 452 [1956, p. 362]).

O círculo do sadismo e do masoquismo pode ser designado como um círculo da liberdade e da corporificação, um círculo no qual os termos estão essencialmente relacionados, apesar de nunca serem sintetizados em uma unidade completa. Ao serem postos em ato, o sadismo e o masoquismo revelam as premissas impossíveis nas quais tais projetos estão baseados, além disso, o reconhecimento da impossibilidade não dá origem, como ocorre em Hegel, a um enquadramento novo e mais inclusivo no qual o paradoxo é resolvido. A experiência da futilidade dá origem à consciência da futilidade, mas essa consciência de segunda ordem não dá origem a uma nova possibilidade. Com efeito, não há nenhuma resolução desse paradoxo que não seja temporária e imaginária. Para Sartre, o desejo é um paradoxo essencial, de tal modo que é intrínseco ao desejo buscar, ainda que provisoriamente, uma resolução para sua própria situação ontológica. O desejo excede o mundo que lhe é dado, e, por isso, qualquer satisfação do desejo exige a mudança de um mundo dado para um mundo criado. O corpo não pode ser completamente negado, bem como não pode ser completamente suficiente em si mesmo, portanto, o desejo só pode buscar uma resolução para esse paradoxo constante organizando uma fuga temporária das exigências da corporeidade. O desejo precisa assujeitar o corpo ao imaginário, precisa criar de novo seu objeto e a si mesmo para poder ser satisfeito.

Na discussão presente em *Esboço para uma teoria das emoções* e em *O imaginário*, a afetividade é compreendida como uma resposta à adversidade, como um esforço mágico de transformar os fatos do mundo perceptivo e a dificuldade essencial desse mundo. Segundo Sartre, essa distância entre os fins da consciência e o coeficiente de adversidade que caracteriza toda facticidade pode ser atravessada apenas por meio de uma consciência que assume sua própria facticidade e, por meio desta, descobre a "carne" dos objetos ou, como dizia Merleau-Ponty, descobre um "intermundo". Na medida em que mágico é o modo como a emoção transforma o mundo, então o "encantamento" vem a ser o efeito transformador do desejo:

> Ocorre com o desejo o mesmo que com a emoção: sublinhamos em outra parte que a emoção não é a apreensão de um objeto emocionante em um mundo inalterado: uma vez que corresponde a uma modificação global da consciência e de suas relações com o mundo, a emoção se traduz por uma alteração radical do mundo. Igualmente, o desejo é uma modificação radical do Para-si, já que este se faz ser em outro plano de ser, determina-se a existir seu corpo de modo diferente, a se fazer empastar por sua facticidade (Sartre, 2015, p. 487 [1956, p. 391-392]).

O desejo sexual não é somente uma transformação do para-si, porque esse para-si transformado *apresenta* o mundo em uma dimensão transformada.

O mundo que o desejo sexual traz à existência não é um mundo mágico contraposto ao mundo "real" ou "objetivo". Sartre parece confirmar que o desejo sexual revela um domínio mágico *intrínseco* ao mundo, uma dimensão oculta para a consciência perceptiva da vida no mundo. Em *O ser e o nada*, Sartre não faz referência ao mundo perceptivo enquanto tal, e podemos ver na discussão do desejo sexual uma disposição a admitir que a consciência imaginativa não está totalmente separada da consciência perceptiva cotidiana que presencia o mundo fático. Na verdade, na discussão do desejo sexual, a posição de Sartre se aproxima bastante da de Merleau-Ponty na *Fenomenologia da percepção*, para quem a própria percepção contém e depende da imaginação de modo essencial.[63] Sartre explica que o mundo da sexualidade não é irracional ou falso, mas antes uma dimensão da realidade que exige o desejo para o seu desvelamento. Portanto, o desejo não cria um mundo solipsista: "correlativamente, o mundo deve advir ao ser pelo Para-si de maneira nova: há um mundo do desejo. Com efeito, se meu corpo [...] é vivido como carne, então é como remissões à minha carne que apreendo os objetos do mundo" (Sartre, 2015, p. 487 [1956, p. 392]).

No desejo sexual, o mundo perde seu valor primário como campo de valores instrumentais e aparece, por sua vez, como *presente*. Para Sartre, o desejo não é uma relação instrumental em direção aos outros e aos objetos, é na verdade um esforço duplo de encarnar e revelar. O fático não é mais exterior, como uma dimensão do mundo difícil e estranha; penetrado pela consciência, ele é a experiência da sua própria carne. A facticidade é corporificada e, assim como no caso da imagem, atravessada "de ponta a ponta por uma corrente de vontade criadora" (Sartre, 2019, p. 40 [1948a, p. 20]). Ao assumir sua própria facticidade, o para-si, definido inicialmente como uma orientação instrumental em direção ao mundo, descobre uma relação anterior com o mundo que sua orientação instrumental tende a ocultar. Através da assunção do corpo como sua expressão necessária, a consciência faz a si mesma passiva, mas essa passividade vem a ser a condição da revelação do mundo sensível:

---

[63] A *Fenomenologia da percepção*, de Merleau-Ponty, busca refutar a compreensão, endossada por Sartre em *O imaginário*, de que a percepção confronta um mundo fático que é dado de maneira bruta como uma distância insuperável em relação à consciência. A percepção não é um modo de conhecer o mundo que requer uma distância entre aquele que percebe e o mundo que ele conhece: para Merleau-Ponty, a percepção já é carne, é um ato sensível que apreende um objeto a partir de uma sensibilidade em comum. Ver também "O entrelaçamento", em *O visível e o invisível*.

[...] me faço passivo em relação a eles e que é do ponto de vista desta passividade, na e por ela, que esses objetos a mim se revelam (pois a passividade é o corpo, e o corpo não deixa de ser ponto de vista). Os objetos constituem, então, o conjunto transcendente que me revela minha encarnação. Um contato é uma caricia, [...] na atitude desejosa, perceber um objeto é acariciar-me nele. [...] descubro em minha percepção desejosa algo como se fora a carne dos objetos (Sartre, 2015, p. 487 [1956, p. 392]).

Para Sartre, a relação primeira entre o para-si e seu mundo é a da *distância*, e essa distância é rompida na medida em que a consciência submerge a si mesma na sua facticidade. Nos termos de Sartre, a corporificação da consciência é ela mesma um projeto. A consciência conhece a si mesma primeiro como uma translucidez apenas vagamente cônscia de sua própria dimensão corporal. A alienação significa o momento inicial da jornada da consciência em direção a sua autorrecuperação, um movimento de operar a si mesma como carne, quer dizer, como corpo essencial para a consciência. É interessante essa afirmação de um estranhamento inicial entre a consciência e seu corpo, por meio da qual a consciência existe primeiro e então conquista sua própria corporificação, contrasta claramente com as noções comuns intuitivas sobre o desenvolvimento da criança, cuja afirmação é de que a dimensão somática do si mesmo é primeira e a consciência é um fenômeno emergente. Na perspectiva de Sartre, o corpo segue a consciência. A criança, para ele, não parece vir ao mundo por meio da carne, mas a partir de um vazio existencial; com efeito, a criança não é "entregue" ao mundo, mas, em termos heideggerianos, é "lançada".

As razões, na filosofia de Sartre, para o estranhamento inicial entre a consciência e seu corpo podem ser abordadas a partir de várias perspectivas. Sartre claramente sustenta com frequência uma convicção cartesiana de que o pensamento é constitutivo da identidade pessoal, e que tal pensamento constitutivo é fundamentalmente uma atividade abstrata sem vinculação essencial ao sensível. Sustentar que o si mesmo e o mundo como um fenômeno sensível são conhecidos inicialmente à distância, e só chegam a se encontrar como carne *após* a consciência moldar a si mesma como desejo, permanece uma noção profundamente contraintuitiva, de tal modo que parece contradizer a própria ênfase de Sartre na consciência como engajamento.[64] Com efeito, que

---

[64] "O ponto de vista do conhecimento puro é contraditório: só existe o ponto de vista do conhecimento *comprometido*" (Sartre, 2015, p. 391 [1956, p. 308]).

a consciência precise fazer-se a si mesma desejo e só então descobrir a carne do mundo parece contradizer sua afirmação, em *O ser e o nada*, de que o para-si é essencialmente desejo e que "o desejo é o ser da realidade humana" (Sartre, 2015, p. 704 [1956, p. 575]). Conforme o primeiro modelo, a consciência é espectadora do mundo, estranhada do sensível, um instrumento descorporificado do conhecimento. No segundo modelo, porém, a consciência conhece a si mesma como essencialmente corporificada, e primariamente engajada.

Quando Sartre assume o ponto de vista da consciência como espectadora, parece que temos uma descrição fenomenológica diferente da experiência, que toma a *epoché* como constitutiva da experiência cotidiana e leva Sartre a ver a entrada na atitude natural como uma realização filosófica. Para essa consciência, a forma do objeto aparece antes de sua matéria, e a reflexão gradualmente cede espaço ao desejo:

> [...] na atitude desejosa [...] sou menos sensível à forma do objeto e sua instrumentalidade do que à sua matéria (granulosa, lisa, tíbia, gordurosa, áspera etc.), e descubro em minha percepção desejosa algo como se fora a carne dos objetos. Minha camisa esfrega a minha pele e posso senti-la: aquilo que comumente é para mim o objeto mais remoto, converte-se no sensível imediato; o calor do ar, o sopro do vento, os raios do sol, etc., tudo isso acha-se presente a mim de certa maneira, como que posicionado sem distância sobre mim e revelando minha carne por sua carne (Sartre, 2015, p. 487 [1956, p. 392]).

O mundo da instrumentalidade é claramente oposto ao mundo do desejo sexual. Para Sartre, a orientação usual em direção ao mundo consiste em um engajamento instrumental irrefletido, que pressupõe e reconfirma a distância entre agente e objeto. Os raios do sol somente são sentidos e tornados imediatamente sensíveis uma vez que tenhamos nos desfeito de nossos instrumentos, por assim dizer. A ação instrumental requer e confirma a distância entre o agente e seu produto; o desejo não busca fazer uso desse objeto, mas, antes, quer deixá-lo aparecer tal como ele é. O desejo é, nessa visão, um relaxamento do modo instrumental; é sua própria emergência no mundo, sem que este seja um campo de propósitos e fins, mas sim um emergir nesse campo em sua presença.

Segundo Sartre, o Outro é a ocasião para o aparecimento do mundo como presente. O mundo como carne aparece apenas para o corpo que foi transformado em carne, e tal transformação só é possível pelo olhar do Outro. Lembremos que "o olhar do Outro modela meu corpo em sua nudez, causa seu nascer" (Sartre, 2015, p. 454 [1956, p. 364]). O corpo, uma vez desejado, já não é mais um instrumento; o corpo vem a ser uma criação, uma presença que, por sua vez, torna presente a carne dos Outros e do mundo.

Podemos ver aqui mais claramente a relação significativa entre desejo e imaginação, tal como é considerada em *O imaginário*; entre o desejo e as emoções, vistas como transformações mágicas em *Esboço para uma teoria das emoções*; e, por fim, em *O ser e o nada*, a sua relação com o desejo sexual, considerado como "uma conduta de encantamento" (Sartre, 2015, p. 489 [1956, p. 394]). O desejo sexual é, para Sartre, um modo de imaginar o outro, mas esse imaginar não dá origem à desilusão ou à criação solipsista. O si mesmo não é uma identidade previamente pronta que o desejo se esforça por apreender; o si mesmo é uma corporificação gradual da liberdade, o corpo vem a ser carne, um processo de vir a ser que o desejo do Outro facilita e confirma. O problema do solipsismo considerado em *O imaginário* não mais se aplica, pois o Outro não é um dado positivo, um ser idêntico a si mesmo, é antes um processo de escolher-se a si mesmo; desse modo, o Outro é uma identidade que exige sua própria constituição social para poder ser. O si mesmo só começa a ser pelo olhar do Outro, que afirma e cria esse si mesmo. Evidentemente, o si mesmo não é completamente criado pelo Outro; o si mesmo é um corpo e sustenta relações instrumentais com o mundo antes do olhar do Outro, mas permanece à distância de sua própria carne e da presença sensível dos Outros e do mundo. Antes da troca constitutiva do desejo, o si mesmo é mudo e, talvez, funcional, fechado em si mesmo, sustentando em si mesmo uma história implícita e um conjunto de possibilidades frustradas. O desejo do Outro traz esse si mesmo para o ser; ele não faz com que esse si mesmo exista, ao contrário, faz com que ele assuma seu ser, quer dizer, inicie seu processo de criar a si mesmo pelos atos determinados que são afirmados por meio do reconhecimento do Outro. A troca constitutiva do desejo ocorre sob o pano de fundo da negação; as diferenças inextirpáveis entre os si mesmos, a distância irreversível entre as consciências e o mundo sensível dão origem a uma necessidade de presença, a um anseio de unidade que vimos como o projeto fundamental do desejo em Hegel. Essa diferença é um dado ontológico, mas isso não implica que ocorra de modo estático. Embora, para Sartre, o desejo não seja capaz de superar a diferença, pode formulá-la de diferentes modos. O esforço para formular a diferença, para tematizar a negação de tal modo que o negativo seja circunscrito e subjugado por meio da criação perpétua da presença, é o projeto tácito do desejo sexual. Tal como em nossas considerações sobre Kojève e Hyppolite, o desejo revela os seres humanos como capazes de suportar o negativo, ou seja, a perda, a morte, a distância e a ausência, precisamente pelo fato de que eles se apropriam do poder do negativo e o expressam na forma da liberdade. No caso do desejo sexual, essa liberdade assume a forma da encarnação do si mesmo e do Outro, a experiência da consciência e do mundo sensível na qual ao mesmo tempo se sustenta a diferença na forma de uma tensão e se cria a configuração provisória da presença.

Sartre descreve o esforço do desejo sexual como uma busca pela facticidade do Outro e "a existência das coisas" (Sartre, 2015, p. 490 [1956, p. 394]). O "mundo do desejo [é um] [...] mundo desestruturado, que perdeu seu sentido e no qual as coisas ressaltam como fragmentos de matéria pura" (Sartre, 2015, p. 491 [1956, p. 395]). A absorção na carne do Outro é um esforço impossível de se fundir com a matéria ou com a própria facticidade, uma "obstrução" proposital da consciência que busca esquecer a situação, o entorno e todo o mundo perceptivo, preenchido com negação. Nesse sentido, então, o desejo é um esforço de congelar o mundo, reduzi-lo à carne do Outro, para recriar o mundo como carne. A busca pelo ser que dá forma ao projeto tácito do desejo estabelece o desejo como um "impulso absoluto".[65]

Esse movimento em direção à presença absoluta encontra necessariamente a frustração, na medida em que a encarnação do Outro exige a encarnação do si mesmo. Sartre parece compreender o projeto inicial do desejo como uma absorção no Outro: "o desejo não é somente desejo do corpo do Outro: é, na unidade de um mesmo ato, o projeto não teticamente vivido de atolar-se no corpo" (Sartre, 2015, p. 483-484 [1956, p. 389]). O desejo é sempre assombrado pela "perturbação" ou pela "turvação" que indica a "presença de uma qualquer coisa invisível, [...] e se manifesta como pura resistência de fato" (Sartre, 2015, p. 481-482 [1956, p. 387]). A presença da facticidade é essencialmente ambígua: promete uma resolução para a negação, ao mesmo tempo que reafirma sua necessidade. Para Sartre, o prazer "é a morte e o fracasso do desejo" (Sartre, 2015, p. 493 [1956, p. 397]), precisamente porque reenvia cada parceiro do desejo a sua corporeidade separada; na verdade, o prazer lembra a cada parceiro que a criação da presença que poderia efetivamente subjugar a diferença seria uma criação mágica, uma criação encantada, impossível de ser mantida. Não devemos conceber a vida e a morte do desejo como um movimento em direção a um mundo mágico que está fadado a retornar ao mundo racional.

---

[65] Sartre se refere à intuição como uma "intuição do absoluto" (Sartre, 2008b, p. 82 [1949, p. 81]), uma frase que ecoa Hyppolite em "The Concept of Existence in the Hegelian Phenomenology", quando ele afirma que o "o desejo é um impulso absoluto".

Não se trata do fato de que o desejo crie uma fantasia momentânea de superação da diferença ontológica e então perca essa fantasia ao se lembrar da separação inevitável. Ao contrário, o movimento em direção à criação mágica é uma necessidade dessa ontologia da diferença; a inevitabilidade do negativo condiciona e necessita do desejo como um projeto mágico, um fenômeno de crença. Em "A 'fé' dá má-fé", Sartre escreve: "denominamos crença a adesão do ser ao seu objeto, quando este não está dado ou é dado indistintamente" (Sartre, 2015, p. 115 [1956, p. 67]). O desejo é, de fato, sempre "turvado" pela ausência do Outro, ou seja, por esse "algo invisível", indicativo da inferioridade do Outro e que é, a princípio, inacessível. Segundo Sartre, a crença é um modo de atribuição de ser a algo que não está dado ou dado indistintamente; assim, ela fundamenta o imaginário, que, como vimos, dispõe objetos não existentes ou ausentes. Na medida em que o mundo permanece oculto para a consciência, aparecendo de forma parcial e por esboços, somos forçados a acreditar. A crença emerge na confrontação com o não-ser e afirma a si mesma como o modo como a consciência subsiste com essa ausência sempre presente. Pelo fato de que a realidade humana é fundamentalmente desejo de ser, um impulso absoluto em direção à presença, ela encontra o não-ser primariamente sob o modo do sofrimento. Ela suporta a ausência como uma aniquilação de si mesma. Além disso, essa passividade que corresponde ao não-ser – e que é em si mesma uma espécie de deterioração do ser do si mesmo, uma decepção do seu desejo constitutivo – não é um modo estático de ser; a passividade se transforma em paixão, que vem a ser o modo essencial como o ser humano existe diante do negativo.

O desejo sexual é fundamentado na crença na medida em que é um modo de atribuição de ser a uma realidade inatingível, e é um modo de encontro passional com a diferença inextirpável entre os si mesmos. Em *Esboço para uma teoria das emoções*, Sartre sustenta que "o corpo é crença" (Sartre, 2008b, p. 86 [1949, p. 86]), no sentido de que o corpo, vivido como carne ou como a contingência da pura presença, revela um mundo de carne e assim realiza uma transformação mágica do mundo perceptivo. A carne do mundo não é uma criação unilateral do corpo vivido como carne, é na verdade uma dimensão do mundo já dado, elucidada e tornada presente. O corpo como carne é um modo passivo de presentificar o mundo, mas é uma passividade tornada apaixonada: "é do ponto de vista desta passividade, na e por ela, que esses objetos a mim se revelam (pois a passividade é o corpo, e o corpo não deixa de ser ponto de vista)" (Sartre, 2015, p. 487 [1956, p. 382]). O desejo indica assim a determinação da crença como sua própria precondição necessária. Esse ato primeiro de "tornar presente" que constitui a crença também torna possível a imagem e, consequentemente, a atividade criativa ou constitutiva do desejo. Podemos compreender o "desejo de ser" essencial como um tipo de encantamento pré-reflexivo, uma disponibilidade para a crença, para atribuir ser ao não existente, ao ausente ou ao perdido. De modo similar, podemos compreender os desejos ambivalentes como indicadores de uma crise preliminar da crença. Ainda, a incapacidade do desejo em geral pode ser compreendida como uma descrença radical na possibilidade de superação de qualquer diferença.

Apesar de o desejo sexual aproximar-se da experiência da presença que satisfaria os propósitos ontológicos do desejo em geral, Sartre também estabelece claramente que o desejo está fadado ao fracasso. Ele afirma que a experiência de prazer dá origem à "atenção ao prazer" (Sartre, 2015, p. 493 [1956, p. 397]), com o que podemos concluir que o encantamento pré-reflexivo do desejo é, desse modo, extinto pela postura reflexiva que se desengaja da crença. Em *A transcendência do Ego*, Sartre afirma que "a reflexão envenena o desejo" (Sartre, 2016, p. 36 [1957, p. 59]). Fazendo referência à discussão de Sartre sobre a crença em *O ser e o nada*, podemos concluir que a reflexão envenena o desejo, na medida em que compromete a crença mágica que sustenta o desejo. Além disso, porque a realidade humana é uma unidade paradoxal da consciência reflexiva e pré-reflexiva, é inevitável o eterno emergir e declinar do desejo. Assim, o desejo nunca escapa à dúvida introduzida pela consciência reflexiva. O desejo sem pudor revela a fé simples, um abandono à vida do corpo que significa crença. Sartre segue Hegel ao afirmar que a fé simples não pode permanecer enquanto tal: "O que assim defino como boa-fé é o que Hegel denominaria o imediato, é a fé do carvoeiro. Hegel mostraria em seguida que o imediato atrai a mediação e que a crença, ao fazer-se crença para-si, passa ao estado de não crença. [...] se eu sei que creio, a crença me surge como pura determinação subjetiva, sem correlato exterior. [...] Crer é saber que se crê, e saber que se crê é já não crer" (Sartre, 2015, p. 117 [1956, p. 69]).

O contraste estabelecido por Sartre entre a reflexão e a crença não deve nos levar à conclusão de que a descrença é racional e a crença é irracional. Ao contrário, parece ser crucial considerar que a racionalidade aparece de forma dupla. Caso um objeto cruze meu caminho e depois vá embora, seria racional concluir que o objeto não existe mais? Claramente, o domínio da crença pré-reflexiva e, coincidentemente, do desejo é necessário para que tenhamos uma compreensão racional de um mundo impregnado de negação. O pré-reflexivo nos possibilita navegar no reino da negação na medida em que ele desacredita da palavra final dada pela realidade positiva. Nesse sentido, o pré-reflexivo é sua própria forma de descrença, uma relutância em aceitar a hegemonia da consciência reflexiva. Se o mundo é presença e ausência, então, sua compreensão racional exige uma consciência que seja simultaneamente crença e descrença.

Assim, o desejo sexual apareceu na discussão de Sartre como um esforço de pôr em ato, com um Outro, o desejo original de ser, constitutivo da realidade humana. Assim, uma referência ao meu debate anterior sobre o desejo existencial levanta imediatamente uma série de questões. Nesse ponto, Sartre afirmou que o desejo deve ser abordado em três níveis diferentes; primeiramente, como uma escolha original, o desejo anônimo de ser característico de toda a realidade humana; em segundo lugar, como uma escolha fundamental, um modo determinado de ser característico de uma vida específica; e, em terceiro lugar, como a miríade de desejos particulares que expressam indiretamente as duas escolhas anteriores. A discussão de Sartre do desejo sexual permanece quase exclusivamente no nível da primeira escolha. O desejo sexual é considerado na sua dimensão universal, como uma atividade que emerge a partir de uma necessidade ontológica. Tal como indicou primeiramente em *O ser e o nada* e depois, de modo mais claro, em *A questão do método*, a análise concreta do desejo precisa acontecer por meio de uma psicanálise existencial da situação do indivíduo.[66] Considerando as características universais ou anônimas do desejo, Sartre pode afirmar que desejamos a carne do Outro. Contudo, certamente é preciso que ele responda à questão posta por Freud: por que desejamos esse Outro em vez de outra pessoa? E, na medida em que se afirma que toda vida é estruturada por uma escolha fundamental que a distingue das outras vidas individuais, então é necessário compreender o que é esse desejo no contexto de uma vida, e como ele pode ser conhecido.

Retorno assim à minha questão original, a saber, quem é o sujeito do desejo? Podemos concluir, com base em *O ser e o nada*, assim como nas obras anteriores, que o desejo faz o sujeito presente como carne e, no contexto do desejo recíproco, revela esse si mesmo corporificado como aquilo que ele sempre foi implicitamente, mas nunca soube para si mesmo que era. Vimos que o si mesmo é criado pela reciprocidade do desejo, e vimos também que esse si mesmo emerge a partir do nada, porém, não vimos como isso se dá. De tal modo estabelecida, a teoria de Sartre é uma investigação ontológica interessante, mas permanece a questão sobre se haveria uma descrição fenomenológica satisfatória dessa experiência.

---

[66] Ver: "De modo geral, não há paladar ou inclinação irredutível. Todos representam certa escolha apropriadora do ser. Cabe à psicanálise existencial compará-los e classificá-los. Aqui, a ontologia nos abandona" (Sartre, 2015, p. 750 [1956, p. 615]).

Qual narrativa Sartre pode oferecer para nos convencer dessa teoria? Assim, volto-me para os estudos de Sartre sobre Genet e Flaubert tendo em mente questões específicas. Na medida em que uma narrativa completa de cada obra é impossível e imprópria no presente contexto, considero tais obras apenas em relação à questão que coloquei sobre o desejo: o que o desejo pode nos dizer sobre essa vida? Como o desejo significa o projeto de uma vida, e como ele constitui essa vida? Genet e Flaubert se tornaram um interesse especial para Sartre porque, assim como o próprio Sartre, eles escolheram determinar suas vidas pelas palavras.[67] Suas obras não apenas explicitamente traçam a vida do desejo em seus diversos personagens, mas são elas mesmas produtos do desejo. Tal como na *Fenomenologia*, de Hegel, o trabalho do desejo faz conhecer a si mesmo por suas estruturas narrativas. Para Sartre, as narrativas do desejo são necessariamente obras do imaginário; como tais, elas não somente contam algo sobre o desejo, mas, além disso, o próprio "contar" é a transformação essencial do desejo que o faz sair do nada e passar para uma presença linguística e imaginária. Ao perguntar sobre a estrutura do desejo, estamos perguntando pela origem das articulações de sentido e ficcionais, e, para Sartre, a narrativa filosófica sobre o desejo não pode escapar a essas limitações ficcionais. Ao traçar a evolução do desejo em palavras e obras literárias, o filósofo-biógrafo vem a ser também um artista literário. Para Sartre, então, a análise do desejo precisa acontecer no interior da reconstrução da vida do escritor literário, para que somente então possamos ver as transições da negação para o desejo, deste para o imaginário e para sua secularização literária. O próprio Sartre está implicado na situação ontológica do desejo, e sua própria narrativa precisa pôr em ato a estrutura retórica que ele busca compreender em Genet e Flaubert. Como veremos, esse dilema ontológico do biógrafo o leva de volta à questão central do desejo e do reconhecimento posta em *O ser e o nada*: até que ponto podemos conhecer outro ser humano, e em que medida, conhecendo-o, estamos destinados a criá-lo?

Desejo e reconhecimento em *Saint Genet* e *O idiota da família*

> *Cada volta surda do mundo tem tais deserdados,*
> *aos quais já nada mais pertence, nem o que virá...*
> Rainer Maria Rilke. *Elegias de Duíno.*

---

[67] Em "Itinerary of a Thought", Sartre observa: "Escrevi *As palavras* para responder a mesma questão presente nos meus estudos sobre Genet e Flaubert: como um homem vem a ser alguém que escreve, que quer falar do imaginário?" (Sartre, 1969, p. 133-134).

Desde *O ser e o nada,* a biografia se mostrou para Sartre uma forma promissora de investigação filosófica, na medida em que parecia ser a única maneira de estabelecer a verdade de suas afirmações sobre a estrutura da realidade humana em termos concretos e demonstráveis. Tal como Hazel Barnes apontou, os estudos biográficos de Genet e Flaubert satisfazem à expectativa despertada por *O ser e o nada* – a realização de uma psicanálise existencial concreta das vidas individuais (ver Barnes, 1981, p. 2). No capítulo "A psicanálise existencial", Sartre afirma: "Esta psicanálise ainda não encontrou o seu Freud; quando muito, pode-se encontrar seus prenúncios em certas biografias particularmente bem-sucedidas. Esperamos poder tentar alhures dois exemplos, acerca de Flaubert e Dostoievsky" (Sartre, 2015, p. 703 [1956, p. 575]). Em uma passagem relacionada, Sartre torna claro por que a reconstrução de uma vida individual é crucial para o cumprimento de seu próprio projeto filosófico: "*Ser*, para Flaubert, como para todo sujeito de 'biografia' é unificar-se no mundo. A unificação irredutível que devemos encontrar, unificação que é Flaubert e que pedimos aos biógrafos para nos revelar, é, portanto, a unificação de um *projeto original*, unificação que deve revelar-se a nós como um *absoluto não substancial*" (Sartre, 2015, p. 687 [1956, p. 561]).

Os seres humanos são indistinguíveis no seu "projeto original" de obter e vir a ser uma presença substantiva no mundo. Eles começam a exibir a individualidade a partir dos vários modos, por meio dos quais lutam contra o problema sempre presente da substância efêmera. Assim, o si mesmo é uma maneira de responder à insatisfação inevitável, uma configuração particular da expectativa que, através do tempo, vem a ser distintivamente a si mesma. O desejo é, então, a ocasião hermenêutica para o desvelamento do projeto fundamental de um indivíduo, o legado de escolhas unificadas sobre como ser em um mundo onde o ser substancial e final é uma impossibilidade experimental.

A tarefa hermenêutica de descobrir o projeto fundamental no e por meio do desejo se mostra problemática em *O ser e o nada*, e a ida para a investigação biográfica parece ser um suplemento necessário ao caráter esquemático do texto anterior. Em *O ser e o nada*, o desejo foi considerado como uma unidade de três projetos inter-relacionados: o projeto original (o desejo de ser universal e anônimo), o projeto fundamental (o desejo individual de ser de determinada maneira), e a miríade de projetos da vida cotidiana (os desejos particulares manifestos diretamente na experiencia vivida) (Sartre, 2015, p. 694 [1956, p. 567]). Sartre argumenta que esses três desejos são dados de uma só vez como uma unidade simbólica. Já em *Baudelaire* (1947), os estudos biográficos buscaram esclarecer a inter-relação entre essas várias dimensões do desejo no contexto de um indivíduo concreto.

Em termos hegelianos, Sartre tentou, em suas investigações biográficas sobre Genet e Flaubert, ilustrar esses dois indivíduos em sua "universalidade concreta", elucidando a vida afetiva como uma unidade simbólica de elementos particulares e universais. Em termos que lembram o filtro kierkegaardiano por meio do qual Sartre se apropria da visão de Hegel sobre o sujeito, ele afirma iluminar a vida de Flaubert como um "singular universal".[68] A mediação entre desejos particulares e universais é menos uma suposição ontológica do que uma tarefa ou demanda em relação à qual todo indivíduo confere uma resposta original. Apesar de o estudo de Sartre sobre Flaubert ter sido escrito após a sua guinada marxista, o enquadramento existencial continua servindo para sua teoria do si mesmo. A percepção de Sartre dos efeitos profundos do desenvolvimento infantil e das estruturas sociais e políticas na vida do desejo não culmina em uma renúncia da sua doutrina da escolha; na verdade, a escolha é reformulada como um processo sutil de apropriação e reinterpretação, uma tarefa diária de reproduzir uma situação histórica complexa em seus próprios termos, reformulando essa história, moldando-a novamente. A luta de Flaubert com o ser substancial assume termos históricos específicos: "totalizado e, por isso mesmo, universalizado por sua época, ele a retotaliza ao reproduzir-se nela como singularidade" (Sartre, 2013, p. 7 [1981, p. ix]).

Em suas obras literárias, tanto Genet quanto Flaubert reproduzem singularmente suas circunstâncias pessoais e históricas, e tais obras, por sua vez, tornam-se para Sartre a expressão simbólica unificada de seus desejos fundamentais. Na medida em que o desejo sempre e fundamentalmente intenciona um objeto além de seu alcance, a satisfação reside em um mundo meramente possível ou imaginário. O desejo manifesta as escolhas pré-reflexivas

---

[68] Sartre usa esse termo em *O idiota da família*. Ele também o utiliza como título de uma leitura sobre Kierkegaard, "The Singular Universal", realizada em um colóquio internacional intitulado "Kierkegaard Living", realizado em Paris, em abril de 1964. Uma tradução de Peter Goldberger pode ser encontrada em Thompson, Josiah. *Kierkegaard: A Collection of Critical Essays*. Garden City, NY: Anchor Books, 1972. Em minha discussão usarei somente o volume I de *O idiota da família*; os volumes seguintes, disponíveis em francês nas edições da Gallimard, não serão considerados aqui especificamente pelo fato de que o primeiro volume elabora a teoria do desejo de modo mais explícito do que os outros volumes. Além disso, a versão em inglês do volume I dá conta do problema da experiência infantil e sua relação com a imaginação literária. Os volumes seguintes abrangem as tradições materiais e culturais a partir das quais Flaubert produziu e, portanto, não dão conta do problema de como o desejo dialético e o reconhecimento constituem a identidade pessoal. Evidentemente, tais temas são mencionados de modo limitado nos volumes seguintes, mas os esforços de Sartre se mostram mais preocupados com uma reconciliação da psicanálise com o marxismo em vez de uma concretização de sua teoria anterior.

em sua origem por meio do imaginário – a expressão simbólica do desejo. A escolha que Sartre faz de Genet e Flaubert como objetos intencionais dos seus desejos biográficos não parece ser acidental; ambos buscam a resolução do desejo no reino imaginário, concretizando ou "realizando" o imaginário em obras literárias efetivas. Sartre ressalta: "Escrevi *As palavras* para responder a mesma questão presente nos meus estudos sobre Genet e Flaubert: como um homem vem a ser alguém que escreve, que quer falar do imaginário?" (Sartre, 1972, p. 133-134). Questionado sobre por que escolheu Flaubert, Sartre responde com palavras que também explicariam sua escolha por Genet: "Porque [Flaubert] é o imaginário. Com ele, eu estou na margem, nos limites dos sonhos" (Sartre, 1972, p. 133-134).

Sartre está interessado em como esses indivíduos começam a sonhar e como seus sonhos são *realizados*, em como estes ganham a forma de obras literárias, e em como essas obras refletem a paixão fundamental que constitui suas vidas. O objetivo do desejo é satisfeito apenas no reino da impossibilidade; o imaginário, como uma presença pressuposta, alivia temporariamente a consciência de seu estranhamento da plenitude. Os modos particulares como Genet e Flaubert constroem o universo imaginário refletem suas atitudes fundamentais em direção ao ser; assim, a transcrição literária do imaginário vem a ser a situação hermenêutica na qual é possível ler de volta a tácita intencionalidade do desejo, o estilo cultivado de responder à sua impossibilidade e ao mesmo tempo conjurar a presença, a escolha implícita nessa resposta.

A "realização" literária do imaginário oferece uma satisfação provisória ao desejo de superar a disjunção ontológica entre a consciência e o ser substancial. As obras literárias promovem a ilusão de que a consciência pode transfigurar a substância em si mesma. Genet está em desacordo com um mundo social que parece difícil; pela produção de obras literárias, ele obtém um sentimento de eficácia pessoal que lhe é recusado por outros meios. A "diferença" que ele supera é a existente entre ele mesmo e os outros; pela apresentação de suas peças, "Genet quer fazer-nos sonhar o seu sonho" (Sartre, 2002, p. 512 [1963, p. 546]). Em sua primeira vocação de ladrão, Genet imagina que seus crimes irão perturbar a complacência da vida burguesa, mas ele não pode sustentar esse sonho de perturbação precisamente porque ele é preso. O desejo de Genet de criar um sonho que efetivamente transforme o mundo social só é realizado por meio da arte. Ele não pode escapar desse olhar determinante – e degradante – do Outro, de tal modo que se esforça, em suas peças e em sua poesia, em dirigir o olhar do Outro, em cativar sua audiência e assim obter domínio sobre a perspectiva que esta tem sobre ele. Sartre escreve:

"Na verdade, se prefere a obra de arte ao invés do roubo, é porque este é um ato criminoso que se irrealiza num sonho, e inversamente a obra de arte é um sonho de assassinato que se realiza por um ato [...] os assassinos encontram a sua glória obrigando as pessoas honestas a sonharem com o Crime" (Sartre, 2002, p. 457-458 [1963, p. 485]).

Genet busca escapar do olhar do Outro e tornar-se um poder invisível e incorpóreo, que discretamente determina a experiência dos outros na medida em que assistem a ou leem suas peças. Porém, Genet também *demanda* reconhecimento pelos seus escritos; tal como Sartre afirma, "com as palavras, o Outro reaparece" (Sartre, 2002, p. 432 [1963, p. 455]). A transformação de ladrão em poeta se funda a partir do reconhecimento da inevitabilidade do Outro. Portanto, para Genet, o Outro não pode simplesmente ser aceito; desde a infância, o Outro significou uma realidade social que excluiu e deslegitimou Genet. Banido do mundo do Outro, Genet tentou, por meio da arte, assimilar o Outro a seu mundo, o mundo invertido da burguesia no qual o crime, a vulgaridade e a licença sexual são normas predominantes. Como destaca Sartre: "incapaz de moldar um lugar para si mesmo no universo, ele começa a *imaginar*, visando convencer a si mesmo de que ele criou o mundo que o exclui" (Sartre, 2002, p. 441 [1963, p. 468]).

A biografia de Sartre sobre Genet traça uma carreira iniciada como uma vitimização e que culmina em uma invenção radical. Genet inverte sua relação com o mundo social através de uma reprodução original da linguagem. Sendo um jovem órfão tratado com distanciamento em seu lar adotivo, Genet decide roubar os talheres de prata dessa família. Ele é preso e classificado como "ladrão", vindo a ser, aos olhos dos outros, o pária social que ele mesmo já se sentia. Segundo Sartre, tal roubo é seu primeiro ato, o momento no qual ele determina a si mesmo como o tipo de indivíduo temido e abominado pelos outros. Ilegítimo por nascimento, Genet assume essa ilegitimidade e a transforma em missão pessoal. Ele virá a ser o filho ilegítimo que rouba dos outros seus símbolos de legitimidade. Suas ferramentas são forjadas a partir das armas voltadas originalmente contra ele; ele vem a ser o mestre da inversão, sentindo e expondo as possibilidades dialéticas da oposição social entre ele mesmo e os outros.

A possibilidade de uma inversão dialética das relações de poder que caracterizam suas relações originais com os outros é encontrada na linguagem: "Genet se obstina. Grita: 'Sou um ladrão'. Ele escuta sua voz e, com isso, a relação com a linguagem se inverte: a palavra deixa de ser um indicador, torna-se um ser" (Sartre, 2002, p. 52 [1963, p. 42]). "Ladrão", com efeito, é a iniciação de Genet nas palavras poéticas. A palavra não é aquilo que faz uma referência, ela cria; ao ser assim nomeado, Genet veio a ser ele mesmo o nome. O nome se agarra a ele como um momento essencial de seu ser. Em *Saint Genet*, Sartre afirma que "a poesia se serve dos vocábulos para constituir uma aparência de mundo, e não para designar os objetos reais" (Sartre, 2002, p. 482 [1963, p. 512]). Assim, as palavras poéticas são aquelas que constituem realidades imaginárias, tal como a veemente denominação de "ladrão" transforma o jovem Genet, investe-o de uma identidade, um destino, e restringe suas possibilidades. O poder transformador da linguagem se tornará a arma de Genet para forçar os outros a "sonhar o seu sonho". Por meio da descoberta desse poder, Sartre afirma: "Genet [...] quer nomear, não para *designar*, mas para *transformar*" (Sartre, 2002, p. 269 [1963, p. 280]). O objeto de seus atos de transformação será o mundo social do "justo", o mundo instrumental da burguesia, assim como as moralidades rígidas e hipócritas que sustentam essas ordens.

As narrativas biográficas de Sartre sobre Genet e Flaubert reconstituem a resolução do desejo no imaginário, assim como a resolução do imaginário em um conjunto de obras literárias nas quais os autores assumem e perseguem uma permanente luta por reconhecimento. Tanto para Genet quanto para Flaubert – e, na verdade, também para Sartre – as palavras vêm a ser o veículo pelo qual a infância é atualizada e reformulada. O desejo fundamental de ser implica o desejo fundamental de ser *afirmado*, e essa luta permanente por reconhecimento é tematizada e reposta em ato na construção linguística de mundos imaginários. Além disso, em ambos os casos, a apropriação literária dessa luta realiza uma inversão da dinâmica do poder constituída pela situação original. O estudo biográfico de Sartre sobre Genet foi chamado de sua obra mais hegeliana,[69] porém, também podemos ver, em *O idiota da família*, o lugar constitutivo do reconhecimento na luta de Flaubert em criar a si mesmo. Para Genet e para Flaubert, a primeira infância é um cenário de privação; Genet é excluído da comunidade social legítima, enquanto Flaubert é *mal aimé*. Essas situações originais de vitimização são reinterpretadas – apesar de não serem

---

[69] Douglas Collins afirma que, em *Saint Genet*, "a influência externa mais marcante é Hegel", que a "relação senhor-escravo [...] reaparece em *Saint Genet* como o enquadramento para questões morais", e ainda que "em *Saint Genet* todas as questões são abordadas dialeticamente". Na visão de Collins, Sartre claramente parte do programa hegeliano: "A consciência individual em Hegel, sem ser anulada, vem a ser una consigo mesma e com os outros, enquanto a consciência infeliz de Sartre precisa recorrer a uma solução mais mundana [...] a projeção do si mesmo sobre o outro" (Collins, 1980, p. 84-85).

superadas inteiramente – pela transcrição imaginária desse cenário. Na visão de Sartre, as obras literárias transformam o sentido do sofrimento da primeira infância por meio do processo ativo da reapresentação imaginária. A escrita imaginativa faz uso das sensibilidades passivas e receptivas da primeira infância, efetuando em relação a essas possibilidades uma distância crítica o suficiente para corporificá-las em forma literária. A escrita não transcende ou resolve a vitimização, mas está condenada, por assim dizer, a reformular essa situação original repetidamente. Como uma reformulação ativa, a escrita vem a ser uma resposta assertiva a um passado passivo, mas isso não significa reescrever o passado nem escapar dele como um tema necessário e implacável. Tal como Sartre fala sobre Genet: "escrever é explorar sistematicamente a situação em que ele se lançou" (Sartre, 2002, p. 522 [1963, p. 558]).

Sartre compreende a luta por reconhecimento intrínseca à primeira infância como a evolução dramática do si mesmo para a existência. Nesses estágios iniciais, o desejo de ser é a urgência de existir para um outro – em outras palavras, a necessidade de ser amado; essa relação fundamental com o Outro forma a estrutura passional de toda vida individual. Rejeitando a tendência presente em *O ser e o nada* de tratar os projetos fundamentais como escolhas que emergem *ex nihilo* do para-si, em *O idiota da família*, Sartre afirma que "o que conta aqui é rejeitar o idealismo: as atitudes fundamentais são *adotadas* se, em primeiro lugar, existirem. Usamos aquilo que temos" (Sartre, 2013, p. 52 [1981, p. 43]). O projeto original e constitutivo do si mesmo é primeiramente uma relação aos outros, e o desenvolvimento do si mesmo ao longo do tempo é a reposição em ato dessas relações anteriores. Incorporando essa descoberta de Freud em seus próprios termos, Sartre percebe que o esquema do desejo de *O ser e o nada* precisa dar lugar a uma análise enriquecida com detalhes biográficos. Em *O idiota da família*, Sartre escreve que, "sem a primeira infância, dizer que o biógrafo constrói sobre a areia é pouco" (Sartre, 2013, p. 53 [1981, p. 54]).

Tanto em *Saint Genet* quanto em *O idiota da família*, Sartre mostra como essas crianças insatisfeitas chegaram a assumir carreiras adultas como autores do imaginário. Genet e Flaubert parecem exemplificar, para Sartre, as verdades que caracterizam universalmente a situação humana. Suas insatisfações são as diversas aparições da insatisfação humana fundamental. Na medida em que o desejo é uma "paixão inútil", então, os desejos constitutivos de Genet e Flaubert permanecem sem uma destinação final no ser. Apesar de Sartre se referir à criança maltratada de Genet como "fissura na plenitude do ser", ele se refere aos seres humanos em geral a partir dos mesmos termos;

na verdade, o que se afirma é a consciência é como uma "fissura" no ser. A solidão da criança não amada reflete a solidão existencial de toda consciência, sua diferenciação da substância, seu exílio do domínio do ser.

A mudança para o imaginário como uma possível satisfação dos desejos é desencadeada pela crença de que a realização mundana é impossível. A ausência de um Outro fundamental que poderia assistir e reconhecer a criança culmina em uma crença adulta de que o mundo como tal é hostil ao desejo humano. Para Genet, essa ausência constitutiva em sua vida provoca o seu voltar-se para os mundos imaginários como um preenchimento temporário e compensatório para o horizonte social empobrecido. Percebendo sua ilegitimidade, Genet reage a essa falta de reconhecimento pela invenção linguística de um universo, realizando sua própria transubstanciação em palavras. Sem um corpo, Genet se imagina implicitamente dispensado dessa necessidade de reconhecimento. "Essa linguagem maravilhosa reduz o corpo, gasta-o até a transparência, até o grão de luz", escreve Genet, citado por Sartre (Sartre, 2002, p. 489 [1963, p. 520]). A sua autonegação se torna a precondição da sua vida iluminada. Sartre conclui: "Genet se evapora; acreditava seriamente, profundamente, numa transubstanciação que o arrancaria à sua vida vivida, para encarná-la nesses corpos gloriosos, as palavras" (Sartre, 2002, p. 489 [1963, p. 520]). Flaubert sofre um destino ligeiramente diferente nas mãos de sua mãe: "Gustave é de imediato condicionado pela indiferença de sua mãe; ele deseja *sozinho*" (Sartre, 2013, p. 139 [1981, p. 133]). Quando criança, Gustave sofre de uma intensa letargia, e Sartre o descreve como vivendo em um estado de "emoção passiva". Desprovido de reconhecimento, ou seja, desprovido de amor parental, Gustave vem a ser convencido de sua própria ineficácia inevitável e, paradoxalmente, resolve usar essa sua receptividade característica para absorver o mundo:

> Sem *valor*, Gustave sente a necessidade como uma lacuna, como uma inquietude ou – no melhor dos casos, que também é o mais frequente – como o anúncio de uma agradável e próxima saciedade, mas esse conflito não é extraído da subjetividade para fazer-se *reclamação* no mundo dos outros: permanece dentro dele, inerte e ruidoso afeto; Gustave o suporta, agradável ou desagradável, como suportará, chegado o momento, a satisfação. [...] ele não tem nem os meios nem a oportunidade de, aos brados, exteriorizar seus afetos: ele os degusta, é dispensado deles, ou então eles passam, apenas isso. Sem soberania nem revolta, ele não vive a experiência das relações humanas; manejado como um instrumento delicado, absorve a ação como uma força sofrida e nunca a produz, nem mesmo como um

grito: a sensibilidade será sua competência (Sartre, 2013, p. 136-137 [1981, p. 130-131]).[70]

Em *O idiota da família*, Sartre afirma que a constituição do si mesmo advém da internalização das atitudes parentais. O "olhar" parental vem a ser a maneira como a criança olha a si mesma, e o "si mesmo" que é visto é sempre o si mesmo que foi visto primariamente e, assim, constituído pelos Outros. Fazer uma demanda para si mesmo, traduzir o desejo em fala e ação, pressupõe a existência ou a possibilidade de um Outro que responderia. Onde não há o Outro, o desejo se volta sobre si mesmo e se torna rígido e mudo. Não sendo convencido da possibilidade de tal resposta afirmativa, a criança Gustave permanece muda e inexpressiva, incapaz de descobrir ou conhecer a si mesma. Sobre Flaubert, Sartre escreve: "Frustrado, portanto, ele o foi: bem antes do desmame, mas sem grito nem revolta" (Sartre, 2013, p. 135 [1981, p. 129]). De modo similar, o abandono inicial de Genet deixa em seu caráter uma marca essencial de pobreza: Genet não se lamenta nem se desespera sobre sua solidão, porque "a aflição, o desespero só são possíveis se existe uma saída, visível ou secreta" (Sartre, 2002, p. 190 [1963, p. 191]). Tanto Genet quanto Flaubert carecem dos meios para reconhecer sua própria substancialidade, e, porque não podem ver a si mesmos refletidos no olhar de seus pais, são forçados a *inventar* a si mesmos. Os personagens imaginários vêm a ser os meios principais nos quais esses si mesmos sem espelhamento encontram a reflexão objetiva no mundo social. Comentando sobre o jovem Flaubert, Sartre escreve: "Gustave, por certo, é atormentado pela urgente necessidade de se conhecer, de decifrar suas tumultuosas paixões [...]. Mas está de tal maneira constituído que só se compreende ao inventar-se" (Sartre, 2013, p. 219 [1981, p. 211]). A Genet são negados os benefícios do reconhecimento inicial, e, apesar de sentir sua exclusão como uma relação determinada, embora negativa, com

---

[70] Sartre afirma que, sem reconhecimento, falta à criança um sentido dos direitos pessoais. Flaubert não ousa desejar em seus primeiros anos, pois o próprio desejo pressupõe a crença no direito e na capacidade de ser realizado. "Para desejar, como vimos, é preciso ter sido desejado: por não ter interiorizado – enquanto afirmação primeira e subjetiva de si – essa afirmação original, o amor materno, com objetividade, Gustave nunca afirma seus desejos nem os considera realizáveis: nunca tendo sido valorizado, não lhes reconhece valor algum; criatura do acaso, ele não tem o direito de viver e, por consequência, seus desejos não comportam em si o direito positivo de serem satisfeitos: vagos humores passageiros que assombram sua passividade, eles atrofiam e desaparecem, na maior parte do tempo, sem que ele pense em satisfazê-los. [...] essa alma austera [...] é consumida pelo negativo do desejo, pela inveja" (Sartre, 2013, p. 421 [1981, p. 409]).

os outros, ainda lhe faltam os meios para ver a si mesmo como o ser exilado que é. Após cometer seus crimes, o jovem Genet "está pronto a odiar-se, se pelo menos conseguisse ver-se de frente" (Sartre, 2002, p. 56 [1963, p. 47]).

Embora a luta por reconhecimento da primeira infância seja com certeza definitiva para a vida adulta, ela não *determina* a textura da experiência adulta em um sentido estrito. Os primeiros dramas do desejo estabelecem os motivos dominantes de determinada vida e circunscrevem o domínio das escolhas possíveis. A primeira infância não produz unilateralmente a vida adulta; sua causalidade é dialética em vez de mecânica. A infância mantém seu poder na experiência adulta na medida em que seus temas são apropriados e reinterpretados em termos atualizados. Gustave permanece passivo apenas porque ele continuamente acredita ser essa sua única opção. Sartre explica: "a passividade não *subsiste*: ela precisa fazer-se de modo contínuo ou desfazer-se pouco a pouco. O papel das novas experiências é manter ou liquidar" (Sartre, 2013, p. 51 [1981, p. 42]).

Sartre compreende a subjetividade não apenas como a culminação de uma história das circunstâncias, mas, de modo mais importante, compreende-a também como a realização ou determinação singular dessa história. O indivíduo se apropria das circunstâncias históricas e biográficas e as concretiza – ou realiza – em sua própria personalidade: esse é o conceito do singular universal. Em *O idiota da família*, Sartre se refere ao indivíduo como signo e significante ao mesmo tempo, e sugere que os efeitos da história e das circunstâncias devam ser compreendidos como modo de constituição da pessoa como signo. Ele conclui: "se toda pessoa singular tem, por si mesma, a estrutura do signo, e se o conjunto totalizado de seus possíveis e de seus projetos lhe é dado como seu sentido, o sombrio âmago desse sentido é a primeira infância" (Sartre, 2013, p. 53 [1981, p. 44]). *O ser e o nada*, projeto fundamental de Sartre, agora filtrado pelo *meio* da primeira infância, convoca a uma reformulação: a escolha vem a ser o processo incessante de assumir o drama da infância, que já afirmou a si mesmo como o motivo norteador de uma vida. Não há liberdade diante dessa assunção renovada do motivo – trata-se de uma necessidade: a subjetividade é obrigada a tematizar as condições de sua própria existência; essa é uma necessidade de sua estrutura reflexiva e a lógica inerente do desejo.

Sartre faz uso da formulação de Hegel sobre a consciência de si ao afirmar que as situações históricas particulares de Genet e Flaubert ganham seu significado somente por meio da sua *realização*. Na metade do primeiro volume de *O idiota da família*, Sartre adverte seus leitores de que uma compreensão abrangente da vida de Flaubert não pode ser satisfeita com uma história causal da sua vida interior, porque nenhuma "causa" pode produzir um "efeito" a não ser no momento em que ela é apropriada ou realizada na pessoa de Flaubert. Desse modo, Sartre afirma que devemos buscar uma explicação a partir dos fins intencionais de Flaubert, do seu projeto fundamental. Em uma linguagem que remete à doutrina hegeliana da consciência de si, Sartre escreve: "[...] a experiência íntima se caracteriza ontologicamente pela dissociação ou presença a si. Não basta, portanto, ter mostrado a estrutura original dessa vida e o tipo particular de sua alienação, nem mesmo ter restituído seu sabor imediato, é preciso, a partir dos dados de que dispomos, determinar a maneira com que esse vivido se faz viver. Condenado, como Gustave *realiza* essa condenação?" (Sartre, 2013, p. 393-394 [1981, p. 382]).

Assim como em suas obras anteriores, em *O idiota da família* Sartre questiona a origem dos projetos fundamentais dos seres humanos. Contrastando com a análise oferecida em *O ser e o nada*, as categorias ontológicas de Sartre em *Saint Genet* e, particularmente, em *O idiota da família* revelam as mediações concretas pelas quais os projetos fundamentais aparecem. Em ambas as obras, as categorias antigas ainda prevalecem: os projetos fundamentais de Genet e Flaubert são formulações da "falta", respostas ao "olhar" incorporadas no desejo. Porém, os estudos biográficos também historicizam essas categorias: a "falta" a partir da qual os projetos humanos emergem é compreendida como as privações concretas da infância; o "olhar" do Outro que constitui a identidade é compreendido como a forma inicial de afirmação que uma criança recebe. O próprio desejo é visto como uma correlação entre agência e vida cultural, como um ato mediador complexo por meio do qual o passado é assumido e reproduzido, como um modo de concretizar a própria história e determinar seu curso.

Paradoxalmente, Flaubert precisa buscar realizar um passado que nunca houve, quer dizer, dar forma a uma história que é a história de uma ausência. Sem nenhum valor, ele não tem o direito de existir, então ele precisa tomar emprestados os direitos do seu pai. Ele alcança um sentido de legitimidade apagando a si mesmo na sombra de seu pai. Sartre explica: "[Gustave] só obtém seu direito de ter nascido de seu laço com o Genitor, ele o baseia igualmente sobre o seu laço possessivo com o conjunto material que representa este: a propriedade feudal" (Sartre, 2013, p. 340 [1981, p. 330]). A fusão simbólica do pai e do senhor feudal vem a ser, na visão de Sartre, a interpretação fundamental do Outro para Flaubert. Tal como o jovem escravo, Flaubert luta pelo reconhecimento sempre no interior dos termos dessa dinâmica:

Sua ligação, *vivida*, se torna, nele, subjetiva. Não que ela alguma vez seja sentida ou sofrida; ela é uma matriz: uma infinidade de *práticas* resulta dela – ações, afeições, ideias –, suscitadas pelas situações mais diversas, elas levam sua marca sem o saberem, invisivelmente, e, sem jamais se colocarem por si, revelam ou reproduzem a ligação original nos objetos que visam: assim, o instante subjetivo é o da mediação; a relação inicial é interiorizada para voltar a se exteriorizar em outros setores – quaisquer aliás – da objetividade (Sartre, 2013, p. 340 [1981, p. 330]).

Em sua vida adulta, Genet carrega a experiência inicial de rejeição como "a criança melodiosa morta em mim" (Sartre, 2002, p. 15 [1963, p. 1]). Sedento por reconhecimento, o jovem Genet, na verdade, não "existe", é um natimorto condenado a viver: "para a criança que rouba e para a criança que se masturba, *existir é ser vista pelos adultos* e, já que essas atividades secretas ocorrem na solidão, elas [e ela] não existem" (Sartre, 2002, p. 28 [1963, p. 15]). Os atos criminosos de Genet são modos de realização daquilo que ele toma como sendo seu destino – seu exílio. Nas palavras de Sartre, "não vemos que [ele vive] [...] em dois planos ao mesmo tempo. Evidentemente, Genet condena o roubo! Mas nos atos furtivos que ele comete quando está sozinho, não *reconhece* o delito que condena. Ele, roubar?" (Sartre, 2002, p. 27 [1963, p. 15]). Genet não compreende a si mesmo como um ser ofensivo anterior ao ato que revela sua identidade, mas sua percepção dessa identidade – a internalização do olhar desaprovador do Outro – persiste implícita ou pré-reflexivamente. Esse sentimento de si mesmo como socialmente indesejável leva ao desejo de roubar, o que é confirmado pela realização desse desejo. O sentimento pré-reflexivo de sua identidade vem à tona na experiência sob a forma de uma angústia premente e mal definida. Sartre escreve:

A verdade é que ele é levado pela inquietação: algumas vezes, obscuramente, sente nascer em si como que uma aurora de angústia, pressente que vai ver com clareza, um véu vai se rasgar e ele conhecerá sua miséria, o seu abandono, a sua falta original. Então, ele rouba. Rouba para fugir da angústia que se anuncia. Quando houver roubado os doces e as frutas, quando os tiver comido às escondidas, sua inquietação desaparecerá, ele estará de novo no mundo fasto e solar da honestidade (Sartre, 2002, p. 27 [1963, p. 15]).

Genet e Flaubert nunca chegam a acreditar em sua própria substancialidade social; assim como nunca obtêm aquilo que Sartre compreende como o direito a desejar e a receber um reconhecimento afirmativo. Ambos se refugiam em mundos imaginários, confirmando sua crença persistente na impossibilidade de alguma satisfação real. Essa exclusão da realidade, entretanto, é ela mesma realizada na produção de obras literárias, e, para ambos os indivíduos, as produções literárias subvertem os projetos de autofracasso. Tanto Genet quanto Flaubert criam os Outros fictícios, corporificam-nos, lutam com eles e lhes conferem a forma material de um texto escrito. Por meio da apresentação pública de suas produções, Genet e Flaubert criam e recebem os olhares afirmativos dos Outros, na verdade, passam a ser vistos e tomados em alta conta.

O reconhecimento que ambos procuram de seu público é menos uma reparação do passado e mais uma afirmação paradoxal do passado tal como ele foi e como continua a ser. Em outras palavras, Genet e Flaubert permanecem *ausentes* em suas obras, escapando aos olhares diretos dos Outros, e, portanto, seus personagens e suas criações linguísticas são os modos como sua ausência da realidade se torna bastante presente. Como escritor, Genet é descrito por Sartre como "uma ausência perpétua" (Sartre, 2002, p. 92 [1963, p. 84]), uma visão descorporificada que escapa ao olhar do outro mesmo ao criar o espetáculo que o aproxima dele. Flaubert está igualmente perdido em suas objetificações, afirmando que ele *é* Madame Bovary, e em seguida aparecendo na figura de Satã, recapitulando os temas da insatisfação infinita que estruturaram sua identidade desde o início.

No caso de Flaubert, as obras literárias tematizam a insatisfação infinita do desejo, conferindo assim uma forma presente e reconhecível para a ausência persistente. Sartre afirma que o sucesso das obras literárias de Flaubert depende do fracasso de seu desejo. Sartre sustenta que, ao vir a ser escritor, Flaubert não modifica a ineficácia do seu desejo – ele apenas usa essa ineficácia a seu favor. Ela vem a ser a falta a partir da qual seus romances emergem. Nas palavras de Sartre: "A práxis se torna *eficácia do passivo*" (Sartre, 2013, p. 146 [1981, p. 139]). A práxis literária não resolve a passividade, mas lhe confere uma forma na qual persiste e é produzida.

O vínculo íntimo entre desejo e frustração na consciência de Flaubert contém em si mesmo as sementes para a subversão. Flaubert se abstém do desejo, convencido da inevitabilidade de sua insatisfação. Entretanto, essa recusa ao desejo manifesta implicitamente a vida infinita do desejo. Seus personagens repetidamente comprovam a paixão infinita pela passividade. Sartre destaca que: "Em todas as suas primeiras obras [de Flaubert], há um mesmo motivo: o da *intencionalidade outra*, ou da *liberdade roubada*: em qualquer vida, um grande computador trabalhou por antecipação o *Umwelt*, seus utensílios e suas circunstâncias, de maneira a que cada desejo seja suscitado no exato momento em que a organização dos arredores o torna mais inoportuno" (Sartre, 2013, p. 390 [1981, p. 379]). Para Sartre, essa caracterização literária da frustração tematiza o dilema fundamental de Flaubert. Em certo sentido, a frustração é a precondição necessária ao desejo de Flaubert, pois é apenas como um *ser frustrado* que Flaubert pode reconhecer a si mesmo. Flaubert não é exatamente um ser sem um si mesmo – ele internalizou um si mesmo empobrecido, um si mesmo desprovido de direitos. Na medida em que todo desejo busca implicitamente tornar explícitos os projetos fundamentais que formam a identidade, o desejo de Flaubert busca realizar e confirmar sua pobreza inicial. Com efeito, ele só pode realizar a si mesmo como um ser desrealizado; assim, ele precisa do imaginário para existir. Portanto, Flaubert vive uma vida de puro desejo, habitando apenas por entre as possibilidades do universo literário, tal como os espíritos descorporificados do inferno de Dante ou a figura de Satã no "Rêve d'enfer" do próprio Flaubert, cuja ausência de órgãos impede a satisfação do desejo.

Dado que o esquematismo ontológico primeiro de Sartre é historicizado por suas investigações biográficas, a busca pelos detalhes concretos dessas vidas individuais o faz retornar às preocupações fortemente ontológicas de *O ser e o nada*. A falta de direitos de Flaubert o transforma em um herói existencial adequado para Sartre, pois Flaubert, assim como Genet, nasce "de modo ilegítimo" em seu mundo. Para Sartre, essa ausência de um "direito de nascimento" caracteriza todo nascimento humano; vem-se a existir sem razões necessárias ou propósitos, de modo injustificável, sem uma legitimação ou um "lugar" ontológicos. A figura da criança mal-amada exemplifica o abandono existencial de todo indivíduo. Notemos a seguir como a ontologia de Sartre parece encontrar uma transcrição literária no simbolismo de Flaubert:

> [A soberania] parece ela própria mais *desejada* do que realmente possuída. Nesse momento da pesquisa, descobrimos a profundidade das descrições de Flaubert e a convergência dos símbolos que ele utiliza: o *nada* que triunfa sobre o Ser, a *negatividade* que pode engolir toda a plenitude positiva, a ventosa de vazio que aspira a realidade, nada mais é que a subjetividade pura, informe e *presente*, na medida em que se faz *páthos*, isto é, desejo de valorização. O fundamento dos direitos *nulos* que o invejoso afirma contra todos, e que o fazem sofrer tanto, é o *desejo em si mesmo*, que conhece sua impotência e se conserva, apesar de tudo, como aberta reinvindicação, ainda mais forte porque se sabe não ouvida (Sartre, 2013, p. 431 [1981, p. 418-419]).

A vida de Flaubert como uma vida de insatisfação confirma a visão de Sartre do desejo como uma falta em busca de uma impossível plenitude. Em princípio, todo desejo humano teria esse caráter, incluindo o desejo daqueles que afirmam que encontraram satisfação e aí permaneceram. Flaubert é conveniente para Sartre, contudo, precisamente pelo fato de que ele renuncia à má-fé do satisfeito. O fato de a realidade humana ser "fundamentalmente desejo" significa, para Sartre, que os seres humanos em geral trabalham em direção a metas impossíveis. Os escritores do imaginário assumem explicitamente essa tarefa humana decisiva, fornecendo assim para o resto de nós uma visão mais clara de nós mesmos. Ainda que o desejo sempre fracasse, isso não implica que a vida humana seja necessariamente um fracasso; na verdade, a permanente insatisfação do desejo salienta nossa condição ontológica como *seres que se esforçam*. A resposta humana para a insatisfação inevitável pode vir a ser a matéria para um verdadeiro sucesso. Flaubert revela a ontologia de Sartre ao responder ao seu exílio da satisfação substancial com o desejo de inventar mundos insubstanciais. Essa lembrança da limitação humana vem a ser a oportunidade para uma *hybris* inesperada:

> Flaubert, desde a origem, vive seu desejo como uma necessidade, pois reconhece a impossibilidade de realizá-lo e pretende interiorizar essa impossibilidade pela *morte* vivida [...] esse desejo surge com conhecimento de causa, apresenta sua própria impossibilidade, se rompe; seus ferimentos o azedam, mas o exaltam. Ou melhor: ele logo seria acalmado, suprimido, se o desejado estivesse ao alcance das mãos; impossível, ele se exalta; a impossibilidade consciente de si mesma suscita o Desejo e o erige; ela está dentro dele enquanto rigor e violência, ele a encontra do lado de fora, no objeto, como categoria fundamental do Desejado. [...] o homem é definido como um *direito sobre o impossível* (Sartre, 2013, p. 432 [1981, p. 420]).

Sartre parece dizer que os seres humanos estão menos interessados na satisfação e mais interessados no próprio desejo. O desejo fundamental que unifica os desejos particulares é o desejo de sustentar o ser. Sartre afirma que "[...] o desejo *vem depois*; se a insatisfação o caracteriza, é porque ele sempre é suscitado pelo reconhecimento da necessidade de satisfazê-lo" (Sartre, 2013, p. 438 [1981, p. 426]).[71]

No rastro da insatisfação do desejo emerge a inextirpável alteridade e especificidade do mundo substancial. Com efeito, a falha do desejo faz a

---

[71] Tradução modificada.

consciência retornar à apreciação da textura do mundo. Não mais interessada em uma fusão com a substância que erradicaria a diferença, a consciência insatisfeita se torna atenta às qualidades. Nesse sentido, as experiências de insatisfação possibilitam a revelação sucessiva do mundo em sua alteridade e variação. É isso que Sartre vê confirmado em Flaubert:

> Quando Gustave declara que a essência do desejo reside na insaciabilidade, ele está longe de estar errado. Mas ainda é preciso entendê-lo. O desejo, afora todos os interditos que o mutilam ou refreiam, é insaciável na medida em que sua *demanda* não é suscetível de um enunciado correto, que ela não pode ser comparada com a linguagem articulada, e que, qualquer que seja o objeto que ela vise, ela tenta atingir por meio dele uma relação de interioridade com o mundo que nunca é concebível e, consequentemente, realizável. Em todo caso, no futuro imediato, o desfrutar existe, mesmo que este surpreenda por corresponder de modo imperfeito ao que fora exigido; para que se perceba que por meio do ato sexual se postula *outra coisa* que escapa, é preciso "possuir" o corpo do outro e desfrutar dele. Nesse sentido, seria melhor dizer que o desejo se revela insaciável na medida em que for saciado (Sartre, 2013, p. 433 [1981, p. 421]).

O desejo também parece ser uma afirmação da liberdade diante das limitações fáticas. Ao discutir o "Rêve d'enfer", Sartre sugere que Flaubert é como Satã, divertindo-se no vasto mundo do puro desejo. "[…] Satã se diz vítima de desejos infinitos e insaciáveis: somente os órgãos, nos diz ele, lhe faltariam. Ele se vangloria: na verdade sofre com desejos imaginários porque deseja desejar" (Sartre, 2013, p. 272-273 [1981, p. 263-264]). Flaubert também opta por sua descorporificação, pois sem seu corpo ele passa a não pertencer a nenhum lugar e a nenhum tempo – livre da história, torna-se pura liberdade. Sartre afirma que o desejo é a estratégia de Flaubert para "livrar-se das ruminações que o dilaceram, da influência do passado, dessa paixão retrospectiva que o faz andar para trás, com o olhar fixo em uma infância para sempre perdida. […] para negar o círculo estreito e profundo em que giram suas paixões" (Sartre, 2013, p. 273 [1981, p. 264]). Negando seu próprio corpo, Flaubert projeta tal corpo no exterior por meio dos personagens literários que desejam ambiciosa e interminavelmente. Por um lado, Sartre observa: "[…] aquele adolescente acossado, taciturno, feroz e miserável quer acreditar e se recusa a atribuir-se a liberdade de desejar, amar, em uma palavra, de viver" (Sartre, 2013, p. 273 [1981, p. 264]). Portanto, a abstenção de Flaubert vem a ser a condição para a onisciência do autor. Nas palavras de Sartre, Flaubert se opõe

"[...] ao jugo de sua finitude [...] a imensa lacuna do desejo irreal de Tudo, isto é, do Infinito" (Sartre, 2013, p. 273 [1981, p. 264]).

Na medida em que tanto Genet quanto Flaubert tiveram uma infância marcada pela privação, e que ambos assumiram o mundo imaginário da literatura para tematizar seu vazio fundamental, eles ilustram assim, em termos claros, a duplicação de uma consciência exilada da identidade substancial. Sartre escreve em um enquadramento pós-hegeliano no qual já não há mais o pressuposto de que toda negatividade será absorvida em uma esfera mais alargada do ser. A tematização da negatividade não consiste, para Sartre, em sua resolução em uma substância – consiste na sua vida imaginária. Sartre leva em consideração as negações que estruturam estas vidas. Ele vê essas crianças como mal-amadas, abandonadas, desvalorizadas. A questão posta por ele a essas vidas ecoa o drama hegeliano que toda subjetividade deve sustentar: como a negação pode, através da autonegação, pôr-se a si mesma como um ser positivo? A resposta de Hegel parece ser esta: uma negação que inverte a si mesma e vem a ser um ser positivo precisa ter sido desde sempre um ser positivo, mas de modo implícito. Toda negação se mostra pertencente a uma unidade fundamental que exige o trabalho do negativo para seu desvelamento. Em *O ser e o nada,* Sartre questiona o "otimismo ontológico" (Sartre, 2015, p. 315 [1956, p. 243]) de Hegel, e sua retomada de certos temas hegelianos nas biografias não diminui em nada a força desse primeiro questionamento. Negando a assunção de unidades prévias, Sartre afirma que uma negação que resolva a si mesma em um ser positivo é uma impossibilidade. A duplicação da consciência não a restaura a uma substância escondida, mas vem a ser a mediação da disjunção ontológica entre a consciência e sua substância. Em outras palavras, os seres humanos podem tematizar e reformular as negatividades constitutivas de suas vidas, mas essa reflexão ou repetição não é uma reparação.

A falta que caracteriza a existência humana permanece uma premissa inquestionável nas obras de Sartre, mas em *Genet* e novamente em *Flaubert,* começamos a compreender a fluidez histórica dessa categoria. Toda vida começa como uma negatividade, mas também como uma relação determinada – esse é o sentido da necessidade que a criança tem de ser amada por um outro. A característica específica dessa relação confere uma forma peculiar à negatividade – ela ajuda a formar um desejo diferenciado. Apesar de essa falta nunca ser superada, os seres humanos permanecem preocupados com sua tematização, com a descoberta e a retomada de ausências, privações, separações e perdas determinadas que fazem com que as personalidades humanas sejam o que são. Essas negações são repetidas (duplicadas ou expressas positivamente), frequentemente com a esperança de que dessa vez a satisfação será obtida; a repetição da negação, contudo, só tem sucesso ao reafirmar sua inevitabilidade.

Para Sartre, portanto, o desejo não articula um si mesmo substancial que já estava ali desde sempre, assim como não inventa uma identidade *ex nihilo*; o desejo trabalha dentro dos limites de relações históricas estabelecidas. Em consonância com a teoria de Freud sobre a formação do ego,[72] as obras biográficas de Sartre, especialmente *Flaubert*, veem a identidade pessoal como uma derivação das experiências iniciais de separação e insatisfação. Em termos freudianos, o ego surge como uma defesa contra a perda, como uma agência de autoproteção que infere sua exclusão da presença parental. Se o desejo é uma dupla negação que cria o ser do si mesmo, então podemos compreender o desejo de modo sartriano como um esforço vão para sanar essa ferida do início da vida, a ferida de uma separação original, esforço feito por uma repetição que busca ser reparação sem nunca alcançá-la. Os seres humanos só podem negar as negações que os constituem criando a fantasia da pura presença. Para Sartre, o imaginário se apresenta como uma presença sem fissuras, mas é na verdade um "nada". Assim, a imaginação repõe em ato a negatividade apenas para instituí-la novamente. Para Sartre, o pôr em ato ou a tematização da negação é o limite daquilo que os seres humanos podem fazer em relação às perdas do passado, mas essa reapresentação também pode ser a chance de uma realização singular. Na verdade, para Sartre, o significado de Genet e Flaubert parece se dar pela extrema fertilidade desses autores do imaginário, que transformaram suas perdas em possibilidades de criações literárias incomparáveis.

As narrativas biográficas sobre Genet e Flaubert traçam as carreiras dessas duas vidas, mas também estabelecem os contornos de uma teoria desenvolvida do desejo e da identidade pessoal. O si mesmo aparece como uma

---

[72] Ver a explicação de Freud sobre a formação do Eu em *Além do princípio do prazer*, em que a experiência da perda precipita a formação de um ego "carapaça" para sua proteção. Ver também a discussão de Freud sobre a mesma questão em "Luto e melancolia", em que a noção de internalização é central. Nesse ensaio, Freud afirma que a perda de um ente querido é internalizada como parte do próprio Eu, pelo menos no caso da melancolia. O luto é distinto da melancolia na medida em que o primeiro não busca "preservar" o outro por meio de sua incorporação ao Eu; o enlutado reconhece o outro simultaneamente como outro e perdido. Posteriormente, em *O Eu e o Id*, Freud afirma que o trabalho da melancolia, a incorporação do ente querido perdido no próprio Eu, fornece um modelo para a compreensão de toda a formação do Eu. No desenvolvimento dessa teoria, Freud parece afirmar, em consonância com Sartre, que o "si mesmo" é forjado por meio da internalização das primeiras perdas.

tarefa paradoxal de reapresentar uma falta constitutiva. No caso de Flaubert, sua constituição passiva torna-se a fonte de seu *páthos* e, consequentemente, de uma apresentação literária singular dessa paixão. Como toda consciência, Flaubert precisa objetificar a si mesmo para se conhecer. Paradoxalmente, o si mesmo que ele chega a conhecer não pode ser entendido como existente antes dessa objetificação. Portanto, há uma experiência anterior a esta auto-objetificação, que só se dá sob o modo do desejo de ser objetificado. Esse "si mesmo" incipiente anterior a seus atos de objetificação é, para Sartre, a experiência vivida de internalização de antigas relações com os outros. Emergindo como uma angústia, esse si mesmo tácito, essa história inarticulada, é assumida e toma forma, chegando assim à "existência". Flaubert escreve a partir de sua passividade e, ainda que escreva de modo passional, subverte a passividade que está na origem de sua escrita. A realização de uma falta sempre acarreta um processo de inversão: o ato de reapresentação afirma a si mesmo como constitutivo ao si mesmo que ele busca reapresentar. Na verdade, não há um si mesmo conhecível anterior a essa reapresentação. A reapresentação faz uso de uma história latente e refaz essa história no momento de sua reapresentação. Assim, o próprio ato de reapresentação vem a ser integrado ao projeto fundamental do si mesmo. A reapresentação vem a ser o modo de projeção de um passado implícito que o estabelece como parte do presente.

A escrita torna-se, para Sartre, o ato paradigmático de autonegação que realiza essa transição de uma história latente para um si mesmo inventado. Em termos hegelianos, a obra literária emerge como a mediação necessária entre as dimensões mudas e incipientes do si mesmo e o reconhecimento que confere valor e existência objetiva ao si mesmo. Essa dupla negação dá forma à atividade da escrita, ainda que a escrita seja menos uma solução e mais uma contínua reflexão sobre a vida que não pode ter solução. A escrita também vem a ser o modo como Flaubert e Genet sustentam o desejo, na medida em que ambos escrevem imaginativamente – eles desejam mundos impossíveis. As palavras vêm a ser a realização do desejo e sua perpétua reinvenção. Nos termos de Sartre, "[...] o amor vivido não pode ser nomeado sem se reinventar. Trocaremos um pelo outro, o discurso e o vivido. Ou, de preferência, aumentamos ao mesmo tempo a exigência de experimentar e a de expressar [...] visto que um e outro são provenientes de uma mesma fonte e, desde a origem, se interpenetravam" (Sartre, 2013, p. 37 [1981, p. 28]).

As reflexões de Sartre sobre a escrita, o desejo, a invenção do si mesmo e a invenção do Outro trazem consequências para sua própria escrita biográfica. Em uma entrevista, Sartre afirmou que *O idiota da família* era menos uma pesquisa empírica do que um romance em seus próprios termos. Ele nomeou essa obra um "romance verdadeiro" (Sartre, 1976, p. 94) e em seguida colocou a questão de se as narrativas biográficas não seriam a única forma de romance possível atualmente. De modo similar, quando Genet contestou a fidelidade do retrato que Sartre havia feito de sua vida, Sartre achou a crítica insignificante. Permanece propositalmente ambíguo saber se essas biografias, ou empreendimentos romanescos, relatam ou inventam as vidas que consideram. A visão desenvolvida por Sartre sobre as relações interpessoais parece indicar que "conhecer" e "inventar" um Outro estão indissoluvelmente ligados. Quando Sartre afirma "quer-se ser modificado pelo outro", ele quer dizer também que Flaubert, ainda que esteja morto, será transformado pelo próprio Sartre. A biografia é menos um estudo empírico cuja verdade consiste na correspondência aos fatos e mais um esforço original de assumir a própria história cultural por meio da sua corporificação em outra pessoa. Sartre não é um observador neutro de Flaubert; Flaubert é o passado cultural de Sartre, o campeão das Letras Francesas, e a participação de Sartre na tradição fortemente influenciada por Flaubert evidencia que sua escrita sobre Flaubert é um esforço do próprio Sartre de recuperação e invenção de seu passado cultural.

Sartre sustentou que a *empatia* é atitude própria ao biógrafo (Sartre, 1976, p. 102). Podemos muito bem assumir a hipótese de que essa atitude foi a que Sartre cultivou ao longo do tempo em relação a Flaubert, que, como Sartre confessou, sempre evocou nele antipatia (Sartre, 1976, p. 92). O projeto de Sartre de escrever sobre Flaubert pode parcialmente ter sido concebido para transformar essa antipatia em empatia. E podemos também nos perguntar se é essa transformação emocional necessária que Sartre achou como o fundamento em comum com Flaubert. O sujeito da biografia é quase sempre um sujeito do passado, e podemos ver que Flaubert é de certo modo tanto o passado cultural de Sartre quanto o passado de sua vocação como escritor. O fato de que Sartre não esteja mais escrevendo literatura no momento de produção de *O idiota da família*, na verdade, que ele esteja concluindo esses romances que agora devem vir a ser narrativas biográficas, sugere que não há um ponto de vista da pura inventividade que não sustente uma relação com o passado cultural e pessoal. Biografia é a forma de invenção que entra em uma história em curso para contá-la novamente de modo levemente modificado. O sonho de um salto no imaginário que nos liberaria do peso da facticidade da história não é mais uma procura viável para Sartre; a invenção, a escolha, o desejo precisam mediar o presente através do passado que o produz e, por essa mediação, produzir novamente o passado.

O projeto de Sartre de superar a diferença entre Genet e Flaubert é perseguido em termos hegelianos na medida em que tanto Genet quanto Flaubert vêm a ser, como sujeitos da biografia, características imanentes do biógrafo Sartre. Tal como na *Fenomenologia*, as palavras que buscam dizer o diferente vêm a ser um meio inesperado de superar a diferença. As palavras são, assim, assujeitadas ao projeto do desejo e facilitam sua satisfação; conferem presença à negatividade, construindo tanto o sujeito quanto sua satisfação provisória.

A partir do projeto literário de Sartre, duas questões emergem em relação a uma psicanálise existencial. A primeira diz respeito aos limites daquilo que pode ser articulado, e a segunda, relacionada internamente à primeira, concerne ao acesso a um passado pessoal. Sartre assume que a linguagem produz a história da negação que constitui um indivíduo, mas é razoável assumir que o desenvolvimento infantil, compreendido a partir de uma repressão fundamental, é totalmente acessível à consciência e às palavras? O que acontece com as palavras quando aquilo que não pode ser dito se faz presente na fala? Como vamos ver, a resposta para essas questões contesta profundamente toda a teoria de Sartre sobre o sujeito e sua autonomia, assim como a natureza da sua capacidade linguística.

Capítulo 4
A luta de vida e morte do desejo:
Hegel e a teoria contemporânea francesa

É o sujeito quem introduz a cisão no indivíduo.
Lacan. *Escritos.*

A história do hegelianismo na França do século XX pode ser compreendida em dois momentos constitutivos: (1) a especificação do sujeito em termos de finitude, limites corpóreos e temporalidade e (2) a "cisão" (Lacan), o "deslocamento" (Derrida) e a eventual morte (Foucault, Deleuze) do sujeito hegeliano.[73] No curso dessa história, o viajante hegeliano em busca de um

---

[73] Essa reflexão sobre a recepção contemporânea francesa da concepção hegeliana de desejo tem um escopo necessariamente restrito. O capítulo leva em conta um número seleto de obras de Lacan, Deleuze e Foucault, além de incluir breves discussões com Derrida e Kristeva. Há, sem dúvida, inúmeros intelectuais franceses cujo trabalho não é apenas significativo por si mesmo, mas também foi substancialmente influenciado por uma leitura crítica de Hegel, e este estudo não espera fazer justiça a esse conjunto de empreendimentos intelectuais. Entre os alunos mais influentes do seminário de Kojève que não discuto aqui estão Georges Bataille, autor de *L'Érotisme* e, previamente, *Histoire de l'érotisme*, além de uma discussão crítica com Hegel via Nietzsche em *Sur Nietzsche. Volonté de chance*; Maurice Merleau-Ponty, autor de muitas discussões comparativas sobre Hegel e o existencialismo, que pensava que o método dialético oferecia a possibilidade de uma revisão concreta da doutrina husserliana da intencionalidade; Raymond Aron, Pierre Klossowski, Éric Weil e Alexandre Koyré, entre outros. O seminário de Hyppolite deu origem a inúmeros outros pensadores proeminentes: Paul de Man, Jacques Derrida e Michel Foucault. Entre colegas que se beneficiaram de diálogos intelectuais de longa data com Hyppolite estão Claude Lévi-Strauss e Georges Poulet. Outros pensadores tornaram-se influentes críticos de Hegel: Tran Duc Thao, cujo *Phénoménologie et matérialisme dialectique* buscou uma solução tanto para o idealismo hegeliano quanto para o idealismo husserliano pelo marxismo, além de Althusser, cuja crítica do sujeito buscava pôr fim ao hegelianismo por meios marxistas e estruturalistas. Jean-François Lyotard empreendeu uma crítica semelhante a Husserl em *La Phénoménologie*, reivindicando uma concepção marxista-freudiana de prazer e desejo

lugar global que ocupa desde sempre perde seu sentido de tempo e espaço, sua direcionalidade e, portanto, sua autoidentidade. De fato, esse sujeito se revela como o tropo que sempre foi, e torna-se possível ver as aspirações hiperbólicas da filosofia, agora claramente inscritas no próprio logos do desejo. No entanto, Hegel não pode ser dispensado tão facilmente, nem mesmo por aqueles que alegam ultrapassá-lo. É raro haver sinais de indiferença na oposição a Hegel. A diferenciação com Hegel é vital e envolvente, e o ato de repúdio exige, com muita frequência, a existência continuada daquilo que se repudia, sustentando, paradoxalmente, o "Hegel rejeitado" a fim de reconstituir a identidade contemporânea no e por meio do repúdio repetidamente atuado. É como se Hegel se tornasse uma rubrica conveniente para uma série de posicionamentos que defendem o sujeito autossuficiente, mesmo aqueles a favor de uma perspectiva cartesiana da consciência que Hegel rejeitava claramente. A popularidade de Hegel entre os intérpretes do início do século XX foi seguida por uma rebelião da segunda geração, os discípulos de Hyppolite e Kojève que, ao mesmo tempo, liam Nietzsche, Freud, Marx, linguística e antropologia estruturalistas e posições pós-fenomenológicas derivadas das obras tardias de Husserl e Heidegger. Hegel nunca foi abordado na França de maneira estritamente escolástica, e, em certo sentido, poderíamos compreender a recepção francesa de Hegel como um movimento *contra* a escolástica. Até mesmo a obra de Jean Wahl, *Le Malheur de la conscience dans la philosophie de Hegel*, de 1929, tentava demonstrar que Hegel não era de partida um filósofo "sistemático", mas um autor que antecipava, de uma só vez, as próprias críticas religiosas e existenciais. E, no entanto, essa leitura inicial de Hegel, que ressoava as interpretações de Kojève, Hyppolite, Henri Noël e Mikel Dufrenne, já consistia em um esforço de se afastar de uma metafísica da clausura e uma teoria do sujeito autônomo com lugar metafísico consolidado na história. Nesses trabalhos iniciais, o sujeito hegeliano já é paradoxal, e a própria metafísica é entendida como território de deslocamento. Assim, é curioso assistir à geração que sucede Hyppolite, amplamente gestada em seu seminário a qual repudiava Hegel por ser precisamente tudo aquilo que Kojève e Hyppolite diziam que ele nunca, de fato, foi. Em outras palavras,

---

em sua economia libidinal. Como os seguidores de uma apropriação teológica de Hegel exemplificada por Henri Niel, Jean Wahl e Hyppolite, outros filósofos como Emmanuel Lévinas e Paul Ricœur recorreram a temas hegelianos em suas teorias altamente ecléticas. *O segundo sexo*, de Simone de Beauvoir, emprega um enquadramento dialético na medida em que compreende as relações não recíprocas entre os sexos, e seu romance *A convidada* começa com uma epígrafe hegeliana: "Toda consciência visa à morte de outra".

a crítica imanente do sujeito autoidêntico foi, de muitas formas, ignorada por Derrida, Deleuze e outros autores que passaram a considerar Hegel como partidário de um "sujeito", de uma metafísica da clausura e da presença, que exclui a diferença e, de acordo com seus críticos nietzschianos é contra a vida.

E, no entanto, a crítica ao hegelianismo permanece ambivalente. Não está claro se a ruptura com Hegel é tão radical quanto, às vezes, alega ser. O que faz do último estágio do pós-hegelianismo um momento definitivo para além da dialética? Esses posicionamentos continuam assombrados pela dialética, mesmo quando afirmam estar em premente oposição a ela? Qual é a natureza dessa "oposição"? Seria essa forma porventura antecipada pelo próprio Hegel?

Uma filiação questionável: questões (pós-)hegelianas em Derrida e Foucault

Embora a obra de Foucault seja remetida com frequência a predecessores intelectuais como Nietzsche, Marx e Merleau-Ponty, suas reflexões acerca da história, do poder e da sexualidade aproximam-se de um enquadramento dialético revisto de modo radical. O texto de Foucault intitulado "Nietzsche, a genealogia, a história", publicado pela primeira vez em uma antologia em homenagem a Hyppolite, é, ao mesmo tempo, uma crítica direcionada à filosofia dialética da história e uma abordagem renovada da relação hegeliana entre dominação e escravidão.[74] De maneira semelhante, em geral se atribui a Derrida uma dívida com a filosofia de Husserl, o estruturalismo e a semiologia, mas a importância da sua relação com Hegel é evidenciada em *A escritura e a diferença*, *Glas* e, para nosso propósito, em um ensaio apresentado no seminário de Hyppolite, *O poço e a pirâmide*.[75]

---

[74] O ensaio de Foucault foi publicado em *Hommage à Jean Hyppolite* (Paris, PUF, 1971) e traduzido em inglês em *Language, Counter-Memory, and Practice* (Edited by Donald F. Bouchard. Tanslated by Sherry Simon and Donald F. Bouchard. Ithaca: Cornell University Press, 1977 [Ed. bras.: Jean Hyppolite (1907-1968). *In: Arqueologia das ciências e história dos sistemas de pensamento (Ditos e escritos II)*. Organização e seleção de textos de Manoel Barros da Motta. Tradução de Elisa Monteiro. Rio de Janeiro: Forense Universitária, 2000]).

[75] O ensaio de Derrida foi originalmente apresentado no seminário de Hyppolite, em 1968, publicado em Jacques d'Hondt, *Hegel et la pensée moderne* (Paris: PUF, 1970) e traduzido em *Margins of Philosophy*. Translated by Alan Bass. Chicago: University of Chicago Press, 1982 [Ed. bras.: *Margens da filosofia*. Tradução de Joaquim Torres Costa e Antônio M. Magalhães. Campinas, SP: Papirus, 1991]. Ver também "From Restricted to General Economy: An Hegelianism Without Reserve", em *Writing and Difference*. Translated by

Os ensaios de Foucault e Derrida levantam questões hegelianas a fim de sugerir pontos de partida filosóficos radicalmente distintos. O ensaio de Derrida considera os comentários de Hegel acerca da linguagem e faz uma análise retórica que mostra como a teoria hegeliana do signo o implica em uma metafísica da presença, exato oposto da teoria da negatividade e do dinamismo defendida explicitamente pelo filósofo alemão. O ensaio de Foucault resume algumas das principais tendências de explicação histórica, desafiando a pressuposição de que a mudança e o desenvolvimento históricos podem ser adequadamente descritos em termos unilaterais; Foucault pergunta se a experiência histórica pode ser compreendida nos termos de uma ruptura, uma descontinuidade, de mudanças e confluências arbitrárias. Em seguida, ele questiona o pressuposto cosmogônico inerente à historiografia de que a origem de um estado histórico das coisas pode ser encontrada e, caso seja, se poderia lançar alguma luz sobre o *significado* do estado das coisas. A filosofia da história implícita, objeto da crítica de Foucault, pode ser entendida como hegeliana de maneira indireta, na medida em que a explicação dialética da experiência histórica supõe que a história se manifeste como uma racionalidade implícita e progressiva. Foucault argumenta que o pressuposto da racionalidade imanente consiste em uma ficção teórica empregada por historiadores e filósofos da história como defesa contra a arbitrariedade e a multiplicidade (in)fundadas das experiências históricas, que resistem à categorização conceitual. Se assumirmos que os ensaios de Derrida e Foucault são fortes críticas a certos aspectos do hegelianismo, como será possível entendê-los como respostas a Hyppolite?

Parece justo afirmar que tais ensaios consistem em esforços de prestar homenagem a Hyppolite, de modo que o teor crítico tanto de Derrida quanto de Foucault pode ser entendido como uma continuação e uma revitalização da atitude crítica incorporada pelo próprio autor. E, no entanto, essas análises não podem mais ser entendidas como revisionistas em seus propósitos nem como uma crítica "imanente" ao hegelianismo, na medida em que a "interpretação" de Kojève e o "comentário" de Hyppolite permanecem dentro da essência do enquadramento hegeliano. Com efeito, parece que Derrida aceita o projeto hegeliano de pensar a diferença em si mesma, mas quer argumentar que o próprio método para alcançar esse objetivo na prática exclui sua realização. Hegel afirma que o pensamento filosófico deve se separar do Entendimento,

---

Alan Bass. London and New York: Routledge, 2001 [Ed. bras.: "Da economia restrita à economia geral: um hegelianismo sem reserva", *In: A escritura e a diferença*. 4. ed. Tradução de Maria Beatriz Marques Nizza da Silva. São Paulo: Perspectiva, 2019].

esse modo de conhecimento que tende a corrigir e ser mestre de seu objeto, modo que Hyppolite compreende como "pensamento do ser da vida". De acordo com Derrida, no entanto, parece que Hegel simplesmente instituiu o projeto de maestria em um nível conceitual, e que a "diferença" e o "negativo" são finalmente e sempre pensados *no interior* dos confins de uma linguagem filosófica que intenta ser aquela à qual o pensamento se refere, uma pretensão que procura instanciar a finitude, o princípio da identidade, a metafísica da clausura e da presença.[76] Segundo Derrida, isso fica claro na teoria hegeliana do signo – ou melhor, na retórica que formula essa teoria –, cuja tendência é antecipar o significado, ser um ato do fechamento e uma constituição simbólica, e assim proibir a referência a qualquer coisa que já não seja ela mesma. Contra a relação simbólica entre signo e significado, Derrida sugere que a referência com o significado está sempre deslocada, de fato, que tal "referência" é, internamente, paradoxal. Assim, Derrida conclui que os limites da significação, ou seja, da "diferença" entre o signo e aquilo que significa, emergem de tempos em tempos onde quer que a linguagem pretenda atravessar a fissura ontológica entre ela mesma e um puro referente. A impossibilidade de referir ao puro referente faz com que tais atos linguísticos sejam projetos paradoxais, nos quais a referência torna-se um tipo de demonstração da inadequação linguística.

A ruptura entre signo e significado torna-se a oportunidade para a forma própria da ironia derridiana em relação a Hegel, e pode ser entendida como o campo em que Derrida reformula o projeto irônico de Hyppolite nos termos de sua própria teoria da significação. Assim como Hyppolite revelou de muitas formas as consequências irônicas do eu não autoidêntico, sujeito que toma por suposta sua própria adequação ao eu, Derrida expõe a *hybris* inerente à presunção filosófica de o signo referir. Em ambos os casos, a crítica ao princípio da identidade expõe os limites da instrumentalidade humana e constitui um desafio aos pressupostos antropocêntricos hegelianos. Para Derrida, o fracasso do signo revela a plena ambição metafísica do sujeito absoluto, completamente incapaz de alcançar essa ambição por meio da linguagem, de modo que o "sujeito" é, em si, a ficção de uma prática linguística que busca negar a diferença

---

[76] "Clausura da metafísica" e "clausura da presença" são, em muitos momentos da filosofia de Derrida, tomados como termos equivalentes. Isso, porque, para o autor, a história da metafísica é uma história de reivindicação da presença do ser, idêntico a si mesmo, condição que Derrida irá apontar como um pressuposto sobre o qual se fundamenta a história da filosofia de matriz grega, de forma a produzir um fechamento em relação à alteridade. [N.T.]

absoluta entre signo e significado. Assim, a teoria da eficácia do signo, supostamente defendida por Hegel em sua própria teoria da linguagem, cria as condições para a autoilusão necessária. Para Derrida, então, essa prática hegeliana exige, de fato, um tipo de comentário mais radical que exponha o ardil linguístico que produz e sustenta o sujeito em sua eficácia ficcional.

Derrida e Hyppolite buscam o momento de uma inversão irônica, e Derrida quer mostrar que essa busca exige fazer uma volta suplementar em Hegel. Embora ambos revelem os limites do sujeito autônomo, Hyppolite quer reter o sujeito como um ser *internamente* contraditório, enquanto Derrida argumenta que, se a referencialidade é impossível, o sujeito não faz sentido conceitualmente. De fato, de acordo com Derrida, a inversão irônica sofrida pelo sujeito autônomo revela a necessidade de uma crítica do próprio sujeito e do conceito de referencialidade: o sujeito apenas existe como quem faz uso do signo referencial, e a crítica da referencialidade implica que o sujeito, como uma figura da autonomia, não é mais possível em si mesmo. O sujeito torna-se, com efeito, aquele conceito de referencialidade que a linguagem carrega, mas que está dissolvido – ou melhor – desconstruído por meio de uma análise retórica que revela as inversões irônicas intrínsecas a qualquer busca de referencialidade. O sujeito é um sujeito à medida que efetua uma relação com a exterioridade, mas, uma vez que essa não relação passa a ser reconhecida como a "diferença" constitutiva de toda significação, o sujeito se revela, então, como uma ficção que a linguagem dá a si mesma como um esforço para dissimular a própria estrutura impossível de ser erradicada: é o mito da referência em si mesma.

Assim, a passagem de Hegel à semiologia lança para fora do enquadramento das relações internas o discurso sobre a diferença permanentemente; a exterioridade do significado nunca pode ser reapropriada, e a própria linguagem torna-se a prova negativa dessa exterioridade finalmente inacessível.

"Nietzsche, a genealogia, a história", o ensaio de Foucault, retoma as questões de Hegel de maneira muito mais indireta, ainda assim, esse texto torna evidente o encaminhamento de uma crítica implícita à formulação hegeliana da razão na história, e Foucault reformula a relação de senhor e escravo em um enquadramento que, de uma só vez, preserva a relação de inversão e desloca essa relação de seu quadro dialético. Assim, como Derrida, Foucault presta homenagem a Hyppolite, mas de modo que uma elucidação própria dos termos hegelianos exige uma virada *contra* Hegel. No caso de Foucault, como para Deleuze, essa virada consiste, de uma vez, em um movimento em direção a Nietzsche. O ensaio de Foucault contesta as narrativas de experiência histórica que supõem que a multiplicidade dos fenômenos históricos atuais possa ser derivada de uma única origem, e que a complexidade da experiência histórica moderna possa ser remetida a uma única causa. Ao reverter esse tropo historiográfico da Queda, Foucault sugere que no começo existia a multiplicidade, uma heteronomia radical de eventos, forças e relações que os historiógrafos ocultaram e racionalizaram por meio da imposição de ficções teóricas ordenadas (Foucault, 2000, p. 262 [1977, p. 142]; Derrida, 1982, p. 169). Sem dúvida, podemos compreender o desenvolvimento narrativo da *Fenomenologia do Espírito* precisamente como uma ficção teórica ordenada, um relato de uma experiência histórica cada vez mais complexa através da metafísica das unidades dialéticas sempre conciliadoras. De maneira análoga à concepção de Derrida de que as contradições do sujeito não podem ser contidas, Foucault defende que o caráter múltiplo da experiência histórica não pode ser apropriado e domado por uma dialética unificadora. De fato, a análise de Foucault da modernidade tenta mostrar como os termos da oposição dialética não se resolvem em termos mais sintéticos ou inclusivos, mas, em vez disso, tendem a se fragmentar em uma multiplicidade de termos que expõem a própria dialética como uma ferramenta metodológica limitada para os historiadores.

As referências foucaultianas à dominação nesse ensaio enfatizam, ao mesmo tempo, sua apropriação e sua recusa das estratégias dialéticas. Sem dúvida, as referências ao senhor e ao escravo se baseiam na análise de Nietzsche em *Genealogia da moral*, mas é esclarecedor ler os comentários de Foucault como uma abordagem nietzschiana da cena de Hegel. Nesse ensaio e em outros lugares, Foucault tende a compreender a experiência histórica como uma luta de "forças" que não resultam em uma reconciliação final, mas na proliferação e na matização da própria força. A força deve ser entendida como o impulso direcional da vida, um movimento, por assim dizer, constantemente envolvido nos conflitos e nas cenas de dominação; a força é, portanto, o nexo entre vida e poder, o movimento de sua intersecção. Essas forças, a que Nietzsche teria se referido como "instintos", constituem valor nas e por meio das cenas de conflito em que as forças maiores dominam as mais fracas. O valor emerge como a "manifestação" da potência ou da força superior, e também vem a ocultar as relações de forças que o constituem; assim, o valor é constituído pelo sucesso de uma estratégia de dominação; é, além disso, aquilo que tende a ocultar a gênese de sua constituição. Nos termos de Foucault: "O que Nietzsche chama da *Entstehungsherd* do conceito de bom não é exatamente nem a energia dos fortes nem a reação dos fracos, mas essa cena em que eles se distribuem uns diante dos outros, uns acima dos outros; é o espaço que os divide e se abre entre eles, o vazio através do qual eles trocam suas ameaças e suas palavras" (Foucault, 2000, p. 269 [1977, p. 150]). De forma significativa, o forte e o fraco, o senhor e o escravo não compartilham um terreno em comum; eles não devem ser compreendidos como parte de uma "humanidade" comum ou de um sistema de normas culturais. De fato, a diferença radical entre eles, concebida por Foucault como uma diferença qualitativa nos modos ontológicos, é o momento da gênese da própria história, a cena de conflito invariável na qual o poder é produzido, desviado e redistribuído, e na qual os valores vêm à existência. O momento de "emergência" em que o conflito de forças produz alguma nova configuração histórica de forças pode ser amplamente entendido nos termos de proliferação, multiplicação, inversão, substituição. Para Foucault,

> [A] emergência designa um lugar de confrontação; ainda é preciso evitar concebê-la como um campo fechado no qual se desenrolaria uma luta, um plano em que os adversários estariam em igualdade; é [...] um "não--lugar", uma pura distância, o fato de os adversários não pertencerem ao mesmo espaço. Ninguém é, portanto, responsável por uma emergência; ninguém pode se atribuir a glória por ela; ela sempre se produz no interstício (Foucault, 2000, p. 269 [1977, p. 150]).

Para Hegel, assim como para a maioria dos seus leitores na França, o confronto entre uma agência de dominação e uma agência subordinada tem sempre lugar na suposição de uma realidade social compartilhada. De fato, é o reconhecimento desse terreno social em comum que constitui cada agência como uma agência social e, assim, torna-se base de constituição para a experiência histórica. Kojève talvez seja mais claro acerca do papel do reconhecimento mútuo na constituição da experiência histórica e alega que, sem essa compreensão da consciência como agente do reconhecimento, seria impossível conceber a experiência histórica como algo compartilhado. Foucault parece, então, inverter a afirmação hegeliana de uma só vez, argumentando que a experiência histórica "emerge" precisamente no ponto em que o terreno em comum *não pode* ser estabelecido, isto é, em um confronto entre duas agências de poder cuja diferença não é mediatizada por alguma uniformidade mais fundamental. De fato, para Foucault, a dominação não consiste em um único estágio em uma narrativa histórica cujo destino final está decididamente além da dominação. A dominação é, em vez disso, a cena final da história, a cena repetida, que não engendra uma inversão dialética, mas continua sendo imposta a si de diferentes formas. Não se trata de uma cena autoidêntica, mas de uma cena elaborada com muitos detalhes e variações históricas. Com efeito, para Foucault, a dominação se torna a cena que engendra a própria história, momento em que os valores são criados e são produzidas novas configurações de relações de força. A dominação é tornada o curioso *modus vivendi* da inovação histórica. Nas palavras de Foucault:

> [...] a peça representada nesse teatro sem lugar é sempre a mesma: aquela que os dominadores e dominados repetem perpetuamente. Homens dominam outros homens, e assim nasce a diferenciação dos valores; classes dominam outras classes, e assim nasce a ideia de liberdade. Os homens se apoderam das coisas que têm necessidade para viver, impondo-lhes uma duração que elas não têm, ou eles as assimilam pela força, e é o nascimento da lógica. A relação de dominação não é mais uma "relação", nem o lugar onde ela se exerce é mais um lugar. E é por isso precisamente que, em cada momento da história, ela se fixa em um ritual; ela impõe obrigações e direitos, constitui cuidadosos procedimentos. [...] Seria um erro acreditar, segundo o esquema tradicional, que a guerra geral, esgotando-se em suas próprias contradições, acaba por renunciar à violência e aceita se suprimir nas leis da paz civil. A regra é o prazer calculado da obstinação, é o sangue prometido. Ela permite relançar ininterruptamente o jogo da dominação; ela encena uma violência minuciosamente repetida (Foucault, 2000, p. 269-270 [1977, p. 150]).

Para Foucault, a dominação não é, como para Hegel, um projeto impossível contraditório a si mesmo. Pelo contrário, a lei proibitiva ou reguladora deve encontrar modos para implementar a si, e as várias estratégias dessa autoimplementação da lei tornam-se a oportunidade para novas configurações históricas de força. As leis reguladoras ou proibitivas, a que Foucault virá a chamar "jurídicas", são curiosamente produtoras. Elas criam o fenômeno que deveriam controlar; delimitam certo conjunto de fenômenos como subordinados e, assim, concedem identidade e mobilidade potenciais àquilo que pretendem subjugar. Criam consequências inadvertidas, resultados imprevisíveis, uma proliferação de repercussões precisamente porque não há qualquer prefiguração dialética da forma que a experiência histórica deve ter. *Na ausência do pressuposto de uma harmonia ontológica prévia, o conflito pode produzir efeitos que excedam os limites da unidade dialética e resulte em uma multiplicação de consequências.* Dessa perspectiva, o conflito não tem como resultado a restauração da ordem metafísica, mas se torna condição para complicação e proliferação da experiência histórica, para uma criação de novas formas históricas.

Esse "não lugar" de emergência, momento conflituoso que produz inovação histórica, deve ser entendido como *uma versão não dialética da diferença*, no mesmo sentido em que a "diferença", para Derrida, irrompe permanentemente a relação entre signo e significado. Para Foucault e Derrida, o tema hegeliano da oposição relacional é radicalmente desafiado por uma formulação da diferença como constante linguística/histórica primária e irrefutável. Essa inversão, feita por Hegel, do primado da identidade sobre a diferença é alcançada por meio da postulação de certos tipos de "diferenças" como historicamente invariantes e insuperáveis. Com efeito, as diferenças de que Foucault e Derrida falam são diferenças que não podem ser *aufgehoben* em identidades mais inclusivas. Qualquer esforço para postular uma identidade, seja a identidade de um significante linguístico ou a identidade de alguma época histórica, é necessariamente minada pela diferença que condiciona tal postulação. Com efeito, onde a identidade é postulada, a diferença não é *aufgehoben*, mas ocultada. De fato, parece seguro concluir que, para Derrida e Foucault, *Aufhebung* é nada além do que uma estratégia de ocultação, não a incorporação da diferença na identidade, mas a recusa da diferença em nome do postulado de uma identidade ficcional. Veremos que, para Lacan, o papel da diferença cumpre uma função semelhante. Para Derrida e Foucault, a diferença desloca o impulso metafísico de seu objetivo totalizante. O momento derridiano do fracasso linguístico, no qual o conceito de referencialidade denuncia a si mesmo, mina o esforço hegeliano de estabelecer signo e significante como características internamente relacionadas em uma realidade unificada. De maneira semelhante, o momento foucaultiano do conflito parece apenas ser capaz de produzir, em seu percurso, uma complexidade cada vez maior, que prolifera a oposição para além de suas configurações binárias em formas múltiplas e difusas, minando, assim, a possibilidade de uma síntese hegeliana de opostos binários.

É evidente que Derrida e Foucault formulam suas teorias no interior da tradição de uma dialética destituída do poder de síntese. A questão que emerge em uma análise desses pós-hegelianos é se o "pós" consiste em uma relação que diferencia e vincula ou, possivelmente, faz os dois ao mesmo tempo. Por um lado, as referências de uma "ruptura" com Hegel são quase sempre impossíveis, pelo simples fato de que Hegel tornou a própria noção de "romper com" o tom central de sua dialética. Romper com Hegel e, ainda, escapar de ser lançado em sua rede de envolvimento total de inter-relações exige encontrar um caminho para *diferenciar-se de* Hegel de uma maneira da qual ele mesmo não tenha dado conta. Por outro lado, torna-se necessário distinguir entre *tipos* de diferença; algumas delas são dialéticas e sempre restabelecem uma identidade subsequente a qualquer aparição de diferença ontológica, outras são não dialéticas e resistem à assimilação em qualquer sistema de unidade sintética. Encontrar esse último tipo de diferença é modificar o próprio significado de "trabalho do negativo", de modo que esse "trabalho" consiste em construir relações onde parecia não haver nenhuma, no "poder mágico que converte o negativo em existência". A diferença não dialética converteria o negativo, apenas e sempre, em outra negatividade, ou revelaria a diferença em si mesma não como negativa, mas como uma permutação qualitativa do Ser; com efeito, a diferença não dialética, apesar de suas várias formas, é o trabalho do negativo que perdeu sua "magia", um trabalho que não constrói uma existência em nível mais alto, mas tanto desconstrói as ilusões de uma imanência ontológica restaurativa quanto postula a diferença não dialética como irredutível, ou rejeita o primado da diferença de qualquer tipo e propõe uma teoria de plenitude metafísica primária que remete às categorias hegelianas e acarreta uma defesa da afirmação em um fundamento não dialético.

Sem dúvida, seria imprudente falar a respeito do "pensamento pós-hegeliano" ou da "filosofia francesa contemporânea" como se fossem significantes unívocos e verdades universais. Os filósofos da diferença claramente têm divergências entre si, e, para alguns deles, a própria noção de diferença é uma questão de indiferença. E, no entanto, minha narrativa continua com Lacan, Deleuze e Foucault, pois todos eles se preocupam com um tema que, mesmo indiretamente, conecta-os à tradição hegeliana: o sujeito do desejo. O problema da diferença ontológica e a noção de sujeito humano – assim como sua inter-relação com a tradição hegeliana – passam por uma reformulação radical, especialmente quando o desejo não mais denota o projeto metafísico de um sujeito idêntico a si mesmo. Embora Derrida seja claramente influenciado por Hegel, ele, contudo, exclui a si mesmo do discurso sobre o desejo. De fato, em *Glas*, Derrida afirma que o desejo é um tema restrito a um discurso antropocêntrico da presença, embora não elabore essa afirmação (Derrida, 1982, p. 169). O "antropocentrismo" do discurso sobre o desejo, no entanto, será levado em conta em minhas considerações finais a respeito de Foucault.

Na discussão anterior acerca de Kojève, Hyppolite e Sartre, vimos a crescente instabilidade do sujeito, sua falta de lugar, suas soluções imaginárias, suas várias estratégias para escapar da própria e inevitável ausência de substancialidade. O desejo de criar um mundo ficcional metafisicamente agradável, plenamente presente e desprovido de negatividade revela o sujeito humano em suas aspirações metafísicas como um produtor de falsas presenças, unidades construídas e satisfações meramente imaginadas. Os estudos biográficos de Sartre, em particular, constroem o próprio sujeito como uma unidade ficcional projetada em palavras. Enquanto o sujeito em Hegel é projetado e, então, recuperado, em Sartre o sujeito é projetado infinitamente sem retorno, no entanto, *conhece a si* em seu estranhamento e permanece como uma consciência unitária, uma reflexividade idêntica a si mesma. No estruturalismo da psicanálise de Lacan e nos escritos nietzschianos de Deleuze e Foucault, o sujeito é, mais uma vez, entendido como uma unidade projetada, mas essa projeção *se distingue* e falsifica a falta de unidade múltipla constitutiva da experiência, seja concebida como forças libidinais, vontade de potência ou as muitas estratégias de poder/discurso.

A diferença entre o hegelianismo de Sartre e o pós-hegelianismo dos estruturalistas e pós-estruturalistas torna-se clara na reformulação do desejo como "projeção". Para o Sartre de *O idiota da família*, o desejo humano sempre serve implicitamente ao projeto de conhecimento de si; ele dramatiza o si mesmo, a história específica da negatividade que caracteriza qualquer indivíduo, e essa projeção fornece a condição para o reconhecimento de si. Assim, o projeto ficcional do si mesmo é sempre uma ficção instrutiva ou transparente, uma oportunidade para o conhecimento recuperador, uma ficção imanentemente filosófica. Para Sartre, o projeto hegeliano do desejo é evidenciado na dramatização retórica do desejo para a qual uma ficção (irrealidade) se articula (realiza), o negativo magicamente se transforma em ser. Assim, para Sartre, a externalização do desejo é sempre a potencial revelação dramática da identidade, agência unitária de escolha que serve como princípio unificador de qualquer vida dada. Em Lacan, Deleuze e Foucault, de formas muito diferentes, o si mesmo projetado consiste em uma falsa construção imposta sobre uma experiência que escapa, de uma só vez, à categoria da identidade. Em um nível mais geral, o sujeito é postulado em um esforço de impor uma unidade fabricada do desejo, de modo que o desejo é agora entendido como a multiplicidade e a descontinuidade da experiência afetiva que desafia a integridade do próprio sujeito.

Nas considerações que se seguem, traçarei o efeito da dialética cuja ruptura se dá no destino do sujeito, a reconceitualização do desejo, do prazer e do corpo fora dos termos dialéticos, e, por último, abordarei o estatuto desse "fora". Por que, parece necessário perguntar, os pós-hegelianos retornam às cenas da *Fenomenologia* para afirmar seus pontos de vista anti-hegelianos? Que forma peculiar de fidelidade filosófica estrutura implicitamente essas rebeliões contra Hegel? Ou será essa rebelião bem-sucedida? Que tipos de análise a deposição de Hegel permite?

Lacan: a opacidade do desejo

apenas a psicanálise reconhece esse nó
de servidão imaginária que o amor sempre tem que
redesfazer ou deslindar.
Lacan. *Escritos.*

A obra de Jacques Lacan não somente se apropria do discurso hegeliano sobre o desejo, mas também limita radicalmente o escopo e o significado do desejo ao fazer a transposição de certos temas da *Fenomenologia* para o enquadramento da psicanálise e do estruturalismo. Para Lacan, o desejo não pode mais ser equiparado à estrutura fundamental da racionalidade humana; Eros e Logos resistem à fusão hegeliana. O desejo não pode mais ser compreendido como aquilo que revela, expressa ou tematiza a estrutura reflexiva da consciência, mas, ao contrário, deve ser entendido como o momento exato da opacidade da consciência. O desejo é aquilo que a consciência, em sua reflexividade, busca ocultar. Com efeito, o desejo é o momento da expectativa que, poderíamos dizer, a consciência sofre, mas que só é "revelado" por deslocamentos, pelas rupturas e pelas fissuras da própria consciência. Desse modo, o desejo só se manifesta pelas descontinuidades da consciência e deve ser compreendido como a incoerência interna da própria consciência. Para Lacan, portanto, o desejo vem a significar a impossibilidade de um sujeito coerente, em que o "sujeito" é compreendido como uma consciência e uma agência autodeterminada. Tal agência sempre já está significada por um significante anterior e mais eficaz, o inconsciente. O sujeito é dado, então, a partir de uma cisão em relação à unidade libidinal original com o corpo materno; em termos psicanalíticos, essa cisão é a repressão primordial que realiza a individuação. Assim, o desejo é a expressão de uma expectativa de retorno à origem que, caso fosse recuperável, demandaria a dissolução do próprio sujeito. Portanto, o desejo está destinado a uma vida imaginária na qual permanece assombrado e governado por uma memória libidinal cuja recordação não é possível. Para Lacan, essa expectativa impossível afirma o sujeito como o limite da satisfação. E o ideal de satisfação necessita de uma dissolução imaginária do próprio sujeito. O sujeito não é mais compreendido como a agência de seu desejo, ou como a própria estrutura do desejo; o sujeito do desejo emergiu como uma contradição interna. Fundado a partir de uma defesa necessária contra a fusão libidinal com o corpo materno, o sujeito é compreendido como o produto da proibição. O desejo é o resíduo dessa união inicial, é a memória afetiva de um prazer anterior à individuação. Assim, o desejo é tanto um esforço em dissolver o sujeito que barra o caminho para esse prazer, quanto a evidência atualizada de que esse prazer é irrecuperável.

A contradição interna do sujeito não pode ser resolvida pela criação de uma síntese dialética nem pode ser compreendida nos termos de um paradoxo insolúvel. A barra ou a proibição que separa o sujeito do inconsciente é uma relação negativa que falha em mediar aquilo que ela separa. Em outras palavras, a negatividade da repressão não pode ser compreendida a partir do modelo da *Aufhebung* hegeliana, e a diferença posta entre o inconsciente e o sujeito não é uma diferença "interna" que caracterizaria uma unidade mais inclusiva. Na verdade, a cisão do sujeito deve ser conceitualizada como o postulado da diferença entre unidade (a pretensão fundadora do sujeito) e desunião (a impossibilidade de recuperar o inconsciente). Essa diferença é, assim, constitutiva do sujeito como um fenômeno necessariamente cindido.

O desacordo de Lacan com a noção hegeliana de *Aufhebung* se torna claro a partir de um diálogo com Hyppolite, registrado na edição francesa dos *Escritos*, no qual eles discutem o significado de "*Verneinung*", ou denegação.[77] Para Hyppolite, a negação que caracteriza a ação de denegação é uma dupla negação e, portanto, produtora de uma estrutura sintética. A denegação de qualquer evento ou desejo dado é simultaneamente um modo de dar existência àquilo que está sendo denegado. Em outras palavras, a denegação é um ato positivo que busca negar uma coisa dada, mas que culmina em uma inversão da intenção, em que aquilo que é denegado alcança novo significado. A denegação é então compreendida como uma negação determinada, uma modalidade peculiar pela qual uma coisa dada é posta. Além disso, aquilo que é denegado (negado) é em si mesmo certa forma de negatividade, de expectativa ou de desejo, algum evento ou cena que já foi esquecido, algum conteúdo do inconsciente, de tal modo que a própria denegação vem a ser uma dupla negação, um modo paradoxal como a negatividade é trazida à linguagem. Hyppolite compreende essa ação de dupla negação como a própria estrutura

---

[77] O termo alemão "*Verneinung*" é traduzido no francês como "*la dénégation*". Os comentários de Lacan podem ser encontrados em "Introdução ao comentário de Jean Hyppolite". A noção de denegação é de interesse especial para Lacan e para Hyppolite na medida em que é compreendida como uma denegação intelectual da repressão e, assim, constitui uma dupla negação. Lacan aponta que "O eu de que estamos falando é absolutamente impossível de distinguir das captações imaginárias que o constituem [...], obriga-nos a compreender o eu, de ponta a ponta, no movimento de alienação progressiva em que se constitui a consciência de si na fenomenologia de Hegel" (Lacan, 1998, p. 375 [1977, p. 374]).

do Eros (Lacan, 1998, p. 897 [1977, p. 883]), o movimento construtivo ou criativo de tornar a negatividade positiva. O postulado da negação é compreendido como sua tematização, o modo como ele se torna indicado na e pela modalidade da negação.

Lacan discorda da elegância dialética da explicação de Hyppolite. Para Lacan, a "falta" característica de algum conteúdo inconsciente nunca pode ser propriamente tematizada, e a denegação em que essa falta está corporificada não atua como uma relação positiva internamente relacionada àquilo que é denegado. Na verdade, a denegação funciona por um mecanismo de deslocamento e de substituição, tendo como consequência que aquilo que é posto pelo ato de denegação não tem nenhuma relação de necessidade com o que foi denegado e está a ele apenas associativamente relacionado. Para Hyppolite, aquilo que é negado é tomado pelo que é posto e permanece uma característica intrínseca dessa posição. Disso resulta que o negativo é sempre indicado e revelado pelo que é posto; com efeito, o negativo é subordinado a essa posição e necessariamente se torna positivo por qualquer ato positivo de representação. A pretensão hegeliana que estrutura a posição de Hyppolite exige que a linguagem seja capaz de representar o negativo, transformando a negatividade em um ser positivo, assim como exige que a própria linguagem seja o *meio* da positividade que possibilita toda essa transformação. Lacan, entretanto, afirma que a significação do negativo só acontece por meio de um deslocamento do significado e que a linguagem que intenciona representar ou indicar o negativo só pode obter sucesso em um posterior desvio e ocultação do negativo. Em outras palavras, *a positividade da linguagem é parte da estratégia de denegação de si mesmo*, e a representação é geralmente compreendida como sendo fundamentada em uma necessária repressão do inconsciente. Aquilo que é posto, o signo, está relacionado apenas arbitrariamente ao que é negado, o significado, e não há um caminho lógico para descobrir o significado por meio do exame de um signo. Para Lacan, com efeito, a denegação não é uma dupla negação que revela obliquamente aquilo que estava destinada a esconder, mas, ao contrário, uma negação da qual se origina um conjunto de substituições, uma proliferação de positividades, uma cadeia de associações metonímicas. As ligações associativas entre essas representações de substituição reiteram a negação em sua origem, revelando de novo e mais uma vez a ruptura entre a linguagem e o inconsciente, sem que essa revelação efetue uma reparação de qualquer tipo. A linguagem não é mais compreendida como internamente relacionada ao negativo, passa a ser concebida não apenas como aquilo que se apoia sobre a cisão entre o sujeito e o inconsciente, mas também como continuamente realizando essa cisão pelo mecanismo de deslocamento e de substituição. Trata-se de uma diferença que não pode ser superada, apenas reiterada – indefinidamente. Na verdade, ela é fundamental para a própria significação como diferença constitutiva entre signo e significado.

Lacan criticou explicitamente Hegel por ter restringido sua análise do desejo a uma análise da consciência de si ou, em termos psicanalíticos, da consciência. Como resultado, o inconsciente é desconsiderado como o significante da atividade da consciência, e essa agência consciente é privilegiada como o falso lócus do significante. A cisão entre consciência e inconsciente tem consequências para a opacidade fundamental do desejo. Assim, Lacan critica Hegel por desconsiderar a opacidade do inconsciente e por ter estendido o pressuposto cartesiano da consciência transparente: "A promoção da consciência como essencial ao sujeito, na consequência histórica do *cogito* cartesiano, é para nós a acentuação enganosa da transparência do [Eu] como ato, à custa da opacidade do significante que o determina, e o deslizamento pelo qual o *Bewusstsein* serve para abranger a confusão do *Selbst* vem justamente demonstrar, na *Fenomenologia do Espírito*, pelo rigor de Hegel, a razão de seu erro" (Lacan, 1998, p. 824 [1977, p. 307]).

Para Lacan, a "opacidade do significante que determina o Eu" não é a dimensão pré-reflexiva do "Eu" em Sartre, nem mesmo a experiência não realizada, mas imanentemente realizável, da consciência de si como reflexividade mediatizada de Hegel. *O inconsciente* é, na verdade, uma cadeia de significantes que repetidamente interferem na autorrepresentação coerente e sem fissuras do sujeito consciente. Em Lacan, o inconsciente não é concebido topograficamente, mas como as várias negatividades – intervalos, buracos, fissuras – que marcam a fala do Eu. Estruturado como uma série de significações metonímicas, o inconsciente se manifesta na fala, "nesse ponto em que, entre a causa e o que ela afeta, há sempre claudicação" (Lacan, 1998, p. 27 [1977, p. 22]). Essa opacidade que emerge em meio a uma cadeia causal rompida designa uma proibição, designa aquilo que foi impedido de ser realizado. O sujeito consciente não pode dar conta dessa descontinuidade fazendo recurso a si mesmo, pois ele está *sujeito a* essa descontinuidade, significado pelo inconsciente que é a ausência do significante.

O inconsciente primeiramente aparece como um fenômeno na forma da descontinuidade e da "vacilação" (Lacan, 1998, p. 826 [1977, p. 299]). Ele é um sistema metonímico de significação na medida em que se dá a conhecer através de representações de substituição que não têm relação interna com ele. O inconsciente como significante só está relacionado arbitrariamente à consciência ou ao sujeito, como significado, e a discrepância ontológica entre ambos indica a opacidade irrecuperável do inconsciente. Assim, o sujeito pode ser compreendido tanto como produto do significante quanto como uma defesa contra sua recuperação.

O inconsciente é o "*não realizado*" (Lacan, 1998, p. 28 [1977, p. 30]) que só se torna presente na fala como uma "vacilação" no deslocamento, na condensação, na negação (*Verneinung*) e em outras significações metonímicas. Nas palavras de Lacan, "a distância do inconsciente, poderíamos dizê-la *pré--ontológica*" (Lacan, 1998, p. 33 [1977, p. 30]), no sentido de que ela precede a ontologia do sujeito e constitui um universal indiscutível. Na verdade, o inconsciente delimita o contexto a partir do qual qualquer discurso sobre a ontologia pode ocorrer. A função do inconsciente em qualquer indivíduo indica essa função universal, apesar de em nenhum caso a fratura entre significante e significado vir a ser resolvida em uma síntese hegeliana abrangente.

Como Lacan explica: "Mas se restava algo de profético na exigência, pela qual se avalia o talento de Hegel, da identidade intrínseca entre o particular e o universal, foi justamente a psicanálise que lhe trouxe seu paradigma, ao desvelar a estrutura em que essa identidade se realiza como desarticuladora do sujeito, e sem apelar para o amanhã" (Lacan, 1998, p. 293 [1977, p. 80]).

O indivíduo dissociado, mais bem descrito como o significante e o sujeito, sustenta uma espécie de cisão ou alienação que não pode ser superada por nenhuma jornada progressiva. Não há "apelo para o amanhã" precisamente pelo fato de que essa dissociação é universalmente constitutiva da experiência e da cultura humana. Um apelo para o "amanhã" seria um apelo para além da própria cultura; portanto, uma impossibilidade. O inconsciente é um tipo de negatividade que só chega a ser por meio de uma representação consciente substitutiva, mas sua expressão é arbitrária, e a diferença entre significante e significado é irreversível. O postulado do inconsciente lacaniano levanta implicitamente, portanto, uma questão filosófica sobre como conheceríamos o inconsciente se os únicos meios para sua representação estão na consciência, e esta não tem nenhuma relação mimética ou estruturalmente isomórfica com o inconsciente.

Quando o analisando fala em uma sessão psicanalítica, Lacan sugere que é necessário colocar entre parênteses o sujeito que parece falar, e perguntar: "'Quem está falando?', quando se trata do sujeito do inconsciente. Pois essa resposta não poderia provir dele, se ele não sabe o que diz e nem sequer que está falando, como nos ensina a experiência inteira da análise" (Lacan, 1998, p. 815 [1977, p. 299]).

A fala do analisando é tomada como reverberação das significações do inconsciente: "a relação do sujeito com o significante, em uma enunciação na qual o ser estremece na vacilação que retorna a ele pelo seu próprio enunciado (*énoncé*)" (Lacan, 1998, p. 816 [1977, p. 300]).[78] Assim, o inconsciente pode ser escutado nos significados que um enunciado produz e que não são intencionais naquele que fala. As associações que um dado enunciado evoca na linguagem em que é falado são significações metonímicas estruturantes do próprio inconsciente. Para Lacan, o inconsciente é o Outro, e a cadeia de significados, a ligação das associações metonímicas na linguagem é o próprio inconsciente. Portanto, ser na linguagem é ser apresentado a um Outro não erradicável, à própria alteridade da significação e sua constante fuga das intenções subjetivas. O sujeito não é alienado em relação a si mesmo, não há um princípio de identidade a ser mantido, ainda que tacitamente. Trata-se, na verdade, de um sujeito alienado do próprio significante.

Lacan considera que essa cisão se dá em termos de repressão dos desejos edipianos, como uma proibição fundacional que sobrevive no desejo como a Lei do Significante, e que condiciona a individuação do sujeito. Essa repressão primordial também constitui o desejo como uma *falta*, uma resposta à separação em sua origem, menos uma separação do nascimento e mais o resultado de uma união incestuosa proibida. Para Lacan, o desejo é uma "falta-a-ser" (*manque-à-être*) (Lacan, 1998, p. 33 [1977, p. 29]), perpetuamente frustrada por conta de sua sujeição à Lei do Significante, quer dizer, pelo fato de que essa falta está na linguagem, mas apenas de modo oblíquo; então, o desejo aparece junto à sua proibição, tomando assim a forma de uma ambivalência necessária.

Em elaboração formulada a partir da distinção de Freud entre o objeto e o destino da pulsão,[79] Lacan compreende o projeto tácito do desejo como a recuperação do passado através do futuro que o proíbe por necessidade; o desejo é o *páthos* do ser cultural, do sujeito pós-edipiano: "[...] o desejo [...] é uma falta engendrada pelo tempo precedente que serve para responder à falta suscitada pelo tempo seguinte" (Lacan, 1998, p. 204 [1977, p. 215]). A proibição que constitui o desejo é precisamente aquilo que impede sua satisfação final; assim, o desejo está continuamente enfrentando um limite que, paradoxalmente, sustenta-o enquanto tal. O desejo é uma atividade agitada dos seres humanos, que os mantém inquietos em relação a um limite necessário:

---

[78] Tradução ligeiramente modificada por nós a partir do texto original de Lacan. [N.T.]

[79] Ver Freud, Sigmund. *A pulsão e seus destinos*. Tradução Pedro Heliodoro Tavares. Belo Horizonte: Autêntica, 2013. (Coleção Obras incompletas).

"O desejo, mais do que qualquer outro ponto do quinhão humano, encontra em alguma parte seu limite" (Lacan, 1998, p. 34 [1977, p. 31]).

Assim como Kojève, Lacan assume uma distinção entre desejo animal e desejo humano, embora o "desejo animal" seja denominado "necessidade", enquanto o desejo é exclusivamente humano. Ainda em paralelo a Kojève, o desejo para Lacan se distingue na e por meio da sua manifestação na fala. Para Kojève, o falante do desejo precipita o "eu" como uma consequência inesperada; a primeira pessoa do singular emerge retrospectivamente como uma precondição necessária para a articulação do desejo. Lacan aceita a verbalização do desejo como sua precondição necessária, mas sustenta que a cadeia metonímica de associações manifesta pelo desejo é o lócus de sua insolúvel opacidade. Seguindo Hyppolite, Lacan concorda que o desejo é sempre desejo do Outro, mas afirma que esse desejo nunca pode ser satisfeito, na medida em que o Outro, o inconsciente, permanece ao menos parcialmente opaco. Além disso, o desejo não deve ser identificado com o projeto racional do sujeito, algo que Hegel e Kojève parecem aceitar prontamente, mas deve ser visto como a discrepância entre a necessidade (pulsão biológica) e a demanda (*que é sempre a demanda por amor e por reconhecimento completo* por meio da restauração de uma união pré-edipiana). "O desejo não é, portanto, nem o apetite de satisfação, nem a demanda de amor, mas a diferença que resulta da subtração do primeiro à segunda, o próprio fenômeno de sua fenda (*Spaltung*)" (Lacan, 1998, p. 698 [1977, p. 287]).

Aqui começamos a ver a própria relação diferenciada entre desejo e linguagem que Lacan mantém, para além e contra seus precursores hegelianos. Claramente, para Kojève, o falante do desejo é internamente relacionado ao próprio desejo; o falante põe em ato a retórica do desejo, seu complemento e sua expressão necessários. Na verdade, assim como para Sartre, a expressão é sempre uma afirmação involuntária do desejo; e a retórica em geral, de Hegel até Sartre, realiza uma unificação de fenômenos mesmo quando uma negação ou distinção está sendo dita. A visão implícita da linguagem como um conjunto de relações internas, como uma rede que vincula discrepâncias, é mantida por todos os pensadores hegelianos considerados aqui. Lacan difere deles drasticamente, na medida em que aceita a posição de Saussure de que o significante determina o significado, mas não se manifesta nele diretamente; assim, é a *fratura* entre significante e significado que gera significação, e não a revelação de sua unidade previamente ocultada. Lacan é claro no que concerne à transposição: "Se a linguística nos promove o significante, ao ver nele o determinante do significado, a análise revela a verdade dessa relação, ao fazer dos furos do sentido os determinantes de seu discurso" (Lacan, 1998, p. 815 [1977, p. 299]). Assim, o desejo aparece como um intervalo, uma discrepância, um significante ausente e que por isso só aparece *como aquilo que não pode aparecer*. Pôr o desejo em fala não resolve essa negação. Portanto, o desejo nunca é materializado ou concretizado por meio da linguagem, mas indicado pelos *intervalos da linguagem*, ou seja, daquilo que a linguagem não pode representar: "Nesse intervalo cortando os significantes, que faz parte da estrutura mesma do significante, está a morada do que [...] chamei de metonímia. É de lá que se inclina, é lá que desliza, é lá que foge como o furão, o que chamamos desejo" (Lacan, 1998, p. 203 [1977, p. 214]).

Para Lacan, então, o desejo está sempre vinculado a um projeto de recuperação impossível, em que aquilo que precisa ser recuperado é tanto o campo libidinal reprimido constitutivo do inconsciente quanto o "objeto perdido", a mãe pré-edipiana. Esse projeto é impossível precisamente porque o sujeito deseja ser idêntico ao significante, e tal identificação é impedida pela própria linguagem. Na verdade, o sujeito é o que substitui o objeto perdido e pode ser compreendido como a incorporação dessa perda. Portanto, para Lacan, o sujeito é "a introdução de uma perda na realidade" (Lacan, 1976, p. 205 [1975b, p. 193]), e a fala de tal sujeito atormentado pelas perdas é ela mesma repleta de ausências. Além disso, essa fala indica a "perda" que ela representa, ao mesmo tempo que evidencia o desejo de superar essa perda. Assim, essa fala é orientada pela busca do fantasma do Outro perdido.

Para Lacan, a fala do sujeito é necessariamente uma fala do desejo deslocado, que constantemente faz analogia entre o objeto perdido e o objeto presente, e constrói falsas certezas a partir de similaridades parciais. O sujeito que fala é um sujeito "evanescente", que constantemente se evanesce no inconsciente que o sujeito representa, ou seja, *na perda* que o sujeito *deseja*; o sujeito está constantemente oscilando entre sua própria particularidade e o Outro perdido que, com efeito, também é representado por ele.

Lacan compreende, assim, o desejo de ser como um princípio do deslocamento linguístico, presente na função metonímica de toda significação. Em "Da estrutura como intromistura de um pré-requisito de alteridade e um sujeito qualquer", Lacan explica:

> A questão do desejo está em que o sujeito evanescente anseia por reencontrar-se através de algum encontro com esta coisa miraculosa definida pelo fantasma. O que o sustenta nessa busca é aquilo a que chamo de objeto perdido [...] que é algo terrível para a imaginação. O que se produz e se mantém aqui – e que, em meu vocabulário, se chama objeto *a*, minúsculo,

é muito familiar a todos os psicanalistas, já que a psicanálise se baseia na existência deste objeto peculiar. Mas a relação entre o sujeito barrado e o objeto (*a*) é a estrutura que sempre se encontra no fantasma que sustenta o desejo, na medida em que o desejo é tão-somente aqui o que chamei de metonímia de toda significação (Lacan, 1976, p. 206 [1975b, p. 194]).[80]

O efeito da articulação do desejo é o perpétuo deslocamento do significado. Na medida em que a demanda de amor, presente no desejo, é uma demanda pela prova ou evidência do amor, o desejo é orientado não ao objeto que o satisfaria, mas a um objeto perdido originário. Esse objeto, concebido na psicanálise como a mãe pré-edipiana, é, obviamente, proibido pela Lei do Pai, que, em termos lacanianos, está em consonância com a Lei do Significante. Quando Lacan afirma que "O desejo do homem é o desejo do Outro" (Lacan, 1998, p. 628 [1977, p. 264]), essa é sua versão do Absoluto, pois o desejo do Outro é tanto o propósito original quanto final da demanda de amor. Esse Absoluto, esse "ser" que falta, também é chamado de *jouissance*,[81] a completude do prazer que, em termos lacanianos, é sempre frustrada pela dor edipianamente condicionada da individuação. Na medida em que "a castração [...] é o que rege o desejo" (Lacan, 1998, p. 841 [1977, p. 323]), então "[...] o desejo é uma defesa (*défense*), proibição de ultrapassar um limite no gozo" (Lacan, 1998, p. 839 [1977, p. 322]). É o mundo do desejo, anterior à diferenciação do sujeito, que constitui o ideal nostálgico do desejo: "Que sou [Eu]? Sou no lugar de onde se vocifera que 'o universo é uma falha na pureza do Não-Ser'. E não sem razão, porque, para se preservar, esse lugar faz o próprio Ser ansiar com impaciência. Chama-se o Gozo, e é aquele cuja falta tornaria vão o universo" (Lacan, 1998, p. 834 [1977, p. 317]).

Na medida em que o desejo implicitamente busca uma recuperação impossível do gozo por meio de um Outro que não é o objeto original do desejo, o processo do desejo vem a ser uma série necessária de *méconnaissances* que nunca são totalmente esclarecidas. Pelo fato de que a repressão funda o desejo, então o equívoco é a contraparte necessária do desejo. O desejo do desejo do Outro só é possível na escuta daquilo que não é dito, daquilo que é negado, omitido, deslocado: "O desejo do Outro é apreendido pelo sujeito

---

[80] Tradução modificada por nós.

[81] "*Jouissance*" é um termo presente na obra de Lacan que carrega uma ambiguidade, indicando ao mesmo tempo uma dimensão de prazer e de dor que não é de tão fácil compreensão na tradução por "gozo", conforme estabelecido em traduções brasileiras. Mantivemos em francês seguindo a decisão da autora. [N.T.]

naquilo que não cola, nas faltas do discurso do Outro" (Lacan, 1998, p. 203 [1977, p. 214]). Não se trata de um escutar que pertence ao domínio rarefeito do psicanalista que escuta, mas que é evidenciado no e pelo desejo da criança. "Uma falta é, pelo sujeito, encontrada no Outro, na intimação mesma que lhe faz o Outro por seu discurso. Nos intervalos do discurso do Outro, surge na experiência da criança, o seguinte, que é radicalmente destacável – ele *me diz isso, mas o que é que ele quer?*" (Lacan, 1998, p. 203 [1977, p. 214]).

O "significado" a que a criança apela é mais do que a intenção do sujeito, é algo próximo à infindável metonímica do Outro. Lacan pergunta:

> Será que não há, reproduzido aqui, o elemento de alienação que lhes designei no fundamento do sujeito como tal? Se é só no nível do desejo do Outro que o homem pode reconhecer seu desejo, e enquanto desejo do Outro, não está aí algo que lhe deve parecer fazer obstáculo a seu desmaio, que é um ponto em que seu desejo jamais pode reconhecer-se? E o que não é nem levantado nem a ser levantado, pois a experiência analítica nos mostra que é de ver funcionar toda uma cadeia no nível do desejo do Outro que o desejo do sujeito se constitui (Lacan, 1998, p. 223 [1977, p. 235]).

Essa cadeia de significações metonímicas, de associações e substituições que representam o desejo do Outro, é simultaneamente o deslocamento desse desejo, de tal modo que o esforço em conhecer o desejo é sempre desviado de seu curso. Lacan discorda de Hegel exatamente nesse ponto. Segundo Lacan, Hegel mistura Eros e Logos, vinculando todo desejo ao desejo de conhecimento de si. Desse modo, o desejo está sujeito ao projeto predominante do conhecimento, evidenciado pela suprassunção inicial do desejo na *Fenomenologia*.[82] Assumindo que o sujeito hegeliano é autotransparente, Lacan confere à psicanálise o mérito de ter introduzido a noção de opacidade no interior da doutrina hegeliana do desejo:

> Pois em Hegel, é ao desejo, à *Begierde*, que compete a responsabilidade pelo mínimo de ligação que o sujeito precisa guardar com o antigo conhe-

---

[82] Ver Woody, J. Melvin; Casey, Edward. Hegel, Heidegger, Lacan: The Dialectic of Desire. *In*: Smith, Joseph H.; Kerrigan, William (ed.). *Interpreting Lacan*. Eles afirmam que a suprassunção do desejo na *Fenomenologia* é equivalente à sua transcendência, e consideram que Hegel estava errado ao dispensar o desejo como uma forma elementar da consciência de si. Pode-se ver em *Hegel: An Introduction to the Science of Wisdom*, de Stanley Rosen, uma interpretação bastante diferente, segundo a qual o desejo não é dispensado, mas vem a ser o fundamento para o progresso da *Fenomenologia*.

cimento, para que a verdade seja imanente à realização do saber. A astúcia da razão significa que o sujeito, desde a origem e até o fim, sabe o que quer. É aí que Freud reabre, na mobilidade de onde saem as revoluções, a junção entre verdade e saber. Pois nela se vincula o desejo ao desejo do Outro, mas nesse circuito reside o desejo de saber (Lacan, 1998, p. 817 [1977, p. 301]).

A crítica de Lacan tem como pressuposto que o sujeito em Hegel, com efeito, "sabe o que quer", quando já vimos que esse sujeito sistematicamente desconhece o objeto do desejo; na verdade, o próprio termo de Lacan, "*méconnaissance*", pode servir de maneira adequada para descrever as desventuras do sujeito itinerante hegeliano. Assim, é claro que a "astúcia da razão" pode operar como um refinamento metafísico, realizando as transições entre os capítulos da *Fenomenologia*. É plausível perguntar-nos se algum logos implacável não estaria dirigindo o espetáculo hegeliano desde o início. O próprio sujeito, entretanto, não sabe o que quer desde o início, ainda que ele possa *ser* implicitamente tudo aquilo que virá a conhecer sobre si mesmo ao longo da *Fenomenologia*. Portanto, esse sujeito constantemente desconhece o Absoluto, do mesmo modo como o sujeito lacaniano permanece seduzido por um gozo sempre fora de alcance. Ao não levar em conta a comédia de erros que marca os itinerários do sujeito hegeliano, Lacan atribui, sem justificativa, uma autotransparência cartesiana ao sujeito em Hegel. Permanece o fato de que o próprio significado de Absoluto é *diferente* para o sujeito da *Fenomenologia*, e, na medida em que tal noção muda, também se modificam o escopo e a estrutura do sujeito.

O argumento de Lacan de que o impulso filosófico, o desejo de conhecer (o amor à sabedoria), emerge no interior do círculo de desejo do desejo do Outro é, com efeito, uma ruptura completa com o programa hegeliano. A posição de Lacan parece ser a de que o conhecimento só se torna uma busca relevante para os seres humanos na medida em que eles desejam o desejo do Outro. Ao buscarem conhecer o significado por detrás do que é dito, ao escutarem as negatividades daquele que fala para ouvir seu desejo, os seres humanos tornam-se perseguidores do conhecimento, mas essa perseguição é sempre condicionada e contextualizada pela cadeia de significantes, a interminável metonímia do Outro. Assim, Lacan apresenta aqui o esboço de como seria a compreensão psicanalítica do impulso filosófico. O desejo seria menos a consumação das verdades filosóficas e mais sua condição repudiada, a verdade contra a qual o desejo se defende. Na medida em que a filosofia se deleita com a assunção de um sujeito adequado a si mesmo, o discurso filosófico pretende dizer tudo que o desejo significa, e nunca significa mais do que é efetivamente dito. A desconstrução psicanalítica da filosofia consistiria, portanto, em escutar as lacunas e as falhas no discurso filosófico, e em determinar sobre que base se daria o tipo de defesa contra o desejo no projeto filosófico.

Desse modo, para Lacan, a formulação de Hegel não está totalmente equivocada, na medida em que, como uma *demanda*, o desejo é um projeto de conhecimento. Apesar de o desejo não poder ser assimilado à demanda, já que o desejo existe como o elemento diferencial entre a demanda e a necessidade, mesmo assim ele mantém algo da busca transcendental da presença que observamos nos pensadores hegelianos. Lacan explica: "A demanda em si refere-se a algo distinto das satisfações porque clama. Ela é demanda de uma presença ou de uma ausência, o que a relação primordial com a mãe manifesta [...]. Ela já o constitui como tendo o 'privilégio' de satisfazer as necessidades, isto é, o poder de privá-las da única coisa pela qual elas são satisfeitas" (Lacan, 1998, p. 697 [1977, p. 286]).

A demanda busca uma prova do amor em vez de uma satisfação, e assim quer saber se o Outro pode oferecer um amor incondicional. Portanto, aquilo que esse Outro oferece não é mensurado pela satisfação que ele pode oferecer, o prazer ou o preenchimento das necessidades, mas apenas como signos do amor incondicional, em que vemos a reformulação psicanalítica do reconhecimento em Hegel feita por Lacan. A característica transcendental da demanda manifesta sua completa desconsideração para com demonstrações particulares de afeto, ou, ao contrário, ela interpreta cada uma dessas manifestações particulares como a prova incondicional do amor que ela pode representar. Com efeito, a demanda pode resultar em uma completa renúncia das necessidades, na medida em que a satisfação das necessidades aparece como a presença de diversas falsas demonstrações particulares, aleatórias e insignificantes de atenção que não servem à demanda incondicional de amor. Nesse sentido, o desejo emerge como um mediador de sacrifício, para o qual a realização da mediação é impossível. O desejo põe em ato o paradoxo da necessidade e da demanda e, tal como a paixão em Kierkegaard, nunca pode realizar uma harmonia entre as necessidades particulares e as demandas universais, mas apenas elaborar a contradição, perseguindo o impossível na mundanidade, sem nenhuma promessa.

Lacan pode ser visto como um reformulador de seus predecessores hegelianos. O desejo emerge para Lacan como uma atividade necessariamente paradoxal, e por conta disso podemos ver sua compreensão do desejo como uma transposição psicanalítica da noção de desejo paradoxal de Hyppolite.

Ao mostrar como a necessidade persiste no exercício do desejo, Lacan considera fenomenologicamente ingênua a distinção rígida de Kojève entre desejo e necessidade. Além disso, a articulação do desejo na fala revela o problema presente no simbolismo essencialmente romântico que governa as teorias da linguagem e da expressão em Hegel, Kojève, Hyppolite e Sartre. Nesses autores, a linguagem é sempre compreendida como a vida suplementar do objeto, sua externalização necessária, sua forma mais explícita e a conclusão dialética de seu desenvolvimento. Para Lacan, a linguagem sempre significa uma ruptura entre o significante e o significado, uma externalidade irreversível entre os polos, tendo como consequência que a significação linguística se dá numa série de substituições que nunca podem retornar a um significado original. Na verdade, ser na linguagem significa ser infinitamente deslocado do significado original. E, porque o desejo é constituído no interior desse campo linguístico, ele sempre está atrás daquilo que não quer realmente, e sempre quer aquilo que não pode chegar a ter. Assim, o desejo significa o domínio da contradição irreparável.

Apesar de Lacan romper com a doutrina das relações internas de Hegel, ele permanece, contudo, no interior do discurso hegeliano na medida em que a demanda mantém o ideal hegeliano, e o desejo permanece o portador dessa má notícia ontológica. Com efeito, Lacan encontra na dialética do desejo de Hegel um discurso preferível ao discurso fisiológico do "instinto", então predominante em alguns círculos psicanalíticos. Completamente prevenido em relação às falsas promessas de progressão e unidade que a explicação fenomenológica de Hegel oferece, Lacan, no entanto, permanece convencido de que a dialética de Hegel tem características universais válidas, características que são indiretamente confirmadas pelas descobertas da linguística estrutural e da psicanálise. Lacan contesta a tradução de "*Trieb*" por "instinto" e afirma que a noção hegeliana de desejo contém a ambiguidade que Freud originalmente pensou estar contida na pulsão (*Trieb*: literalmente, *impulso* ou *pulsão*).[83] Contrariando as interpretações naturalistas das pulsões como estabelecidas e constituídas pela fisiologia, Lacan afirma que, para Freud, o natural é sempre atenuado pelo não natural, quer dizer, que a naturalidade é uma significação paradoxal na medida em que sempre se expressa em um discurso linguístico cuja característica intrínseca é negar o "natural" como um domínio isolado:

---

[83] Ver "The Dialectic of Self-consciousness", de Gadamer, em *Hegel's Dialectic: Five Hermeneutical Studies* (New Haven: Yale University Press, 1976. p. 62).

O que a psicanálise nos demonstra no tocante ao desejo, em sua função que podemos chamar de a mais natural, já que é dela que depende a manutenção da espécie, não é apenas que ele está submetido, em sua instância, sua apropriação, em suma, em sua normalidade, aos acidentes da história do sujeito (ideia do trauma como contingência), mas também que tudo isso exige o concurso de elementos estruturais que, para intervir, prescindem perfeitamente desses acidentes, e cuja incidência desarmônica, inesperada, difícil de reduzir, realmente parece deixar na experiência um resíduo que conseguiu arrancar de Freud a declaração de que a sexualidade devia trazer a marca de alguma fissura pouco natural (Lacan, 1998, p. 826 [1977, p. 310]).

A demanda de amor sob a qual o desejo trabalha – quer dizer, na sombra da qual o desejo sempre existe – não é em si mesma redutível a uma necessidade fisiológica. O desejo humano específico por reconhecimento incondicional não pode ser reduzido ao materialismo cru da vida afetiva. Lacan vê em Hegel uma correção crucial ao materialismo redutor da teoria psicanalítica sustentada na fisiologia: "Cabe-nos dizer agora que, a se conceber o tipo de apoio que fomos buscar em Hegel para criticar uma degradação tão inepta da psicanálise que não encontra para si outra razão de interesse senão a de ser a atual, é inadmissível que nos imputem ser enganado por um esgotamento puramente dialético do ser [...]" (Lacan, 1998, p. 818 [1977, p. 302]).

Na medida em que o desejo é o diferencial entre a demanda e a necessidade, ele existe, por assim dizer, a meio caminho entre o silêncio e a fala. A necessidade é sempre evidente como uma opacidade subjetiva, mas é sempre diversificada e reduzida por meio da linguagem (Lacan, 1998, p. 826 [1977, p. 309]), apesar de nunca ser expressa de modo adequado pela linguagem. Entre o silêncio incurável da necessidade e o clamor logocêntrico da demanda, o desejo é o momento no qual os limites da linguagem são incessantemente problematizados. A firme convicção de Lacan de que não há uma forma lógica ou linguística que poderia reconciliar essa diferença marca sua ruptura com o otimismo ontológico de Hegel: "Longe de ceder a uma redução logicizante, ali onde se trata do desejo, encontramos em sua irredutibilidade à demanda a própria mola do que também impede de reduzi-lo à necessidade. Para dizê-lo elipticamente: que o desejo seja articulado é justamente por isso que ele não é articulável [...]" (Lacan, 1998, p. 819 [1977, p. 302]).

Assim, Lacan defende Hegel quando se opõe à naturalização da teoria psicanalítica, mas também o critica – assim como critica Sartre – quando argumenta contra o postulado de um sujeito autônomo. Na verdade, tanto a posição fisiológica quanto a filosófica não compreendem o desejo como o diferencial entre a demanda e a necessidade. Em termos hegelianos, essas são falsas soluções para um paradoxo; em termos anti-hegelianos, o paradoxo é intrinsecamente insolúvel. Ao criticar a apropriação psicanalítica do "instinto", Lacan faz uso tanto de Hegel quanto de Sartre, mas insiste em uma crítica psicanalítica do pressuposto de uma autofundamentação da consciência. A noção de *negatividade* aparece com o dever de superar seu contexto hegeliano e sartriano; o negativo deve ser transposto do domínio do sujeito para o domínio do significante, e só assim o hegelianismo estaria apto a sobreviver para os fundamentos psicanalíticos. Isso se torna claro na consideração de Lacan sobre o "instinto de morte", essa fonte de agressão diante do Outro semelhante aos parágrafos iniciais que apresentam a interpretação de Hegel do senhor e do escravo. Ao tentar explicar "a evidente relação da libido narcísica com a função alienante do [eu], com a agressividade que dela se destaca em qualquer relação com o outro [...]" (Lacan, 1998, p. 102 [1977, p. 6]), Lacan aponta que os primeiros analistas "invocaram instintos de destruição, ou até mesmo de morte" (Lacan, 1998, p. 102 [1977, p. 6]). Lacan sugere que tais analistas poderiam ter se beneficiado se tivessem feito uma apropriação psicanalítica da noção filosófica de negatividade:

> [...] eles tocaram nessa negatividade existencial cuja realidade é tão vivamente promovida pela filosofia contemporânea do ser e do nada. Mas essa filosofia, infelizmente, só a capta dentro dos limites de uma *self*-suficiência da consciência, que, por estar inscrita em suas premissas, encadeia nos desconhecimentos constitutivos do *eu* a ilusão de autonomia em que se fia. Brincadeira espirituosa que, por se nutrir singularmente de empréstimos retirados da experiência analítica, culmina na pretensão de garantir uma psicanálise existencial (Lacan, 1998, p. 102 [1977, p. 6]).

A tarefa do psicanalista é, assim, capturar a negatividade no interior da relação do significante com o sujeito. Lacan sugere que tal transposição deva ser encontrada na noção de *Verneinung*[84] ou negação que consideramos

---

[84] Na edição dos *Escritos*, de Lacan, Hyppolite contribui com uma leitura sobre as possibilidades hegelianas da *Verneinung* citada anteriormente, sugerindo que a defesa contra o eros, efetuada tacitamente por cada defesa psicológica, está sujeita a uma negação de segunda ordem operante na prática psicanalítica, sugerindo ainda que o sucesso da transferência depende do eros, que resulta dessa dupla negação. Com efeito, Hyppolite vê a confirmação da lógica dialética na prática da psicanálise. A dupla negação efetivada na transferência é a

anteriormente: "se a *Verneinung* representa sua forma patente, latentes em sua grande maioria permanecerão seus efeitos, enquanto não forem esclarecidos por alguma luz refletida sobre o plano de fatalidade em que se manifesta o *isso*" (Lacan, 1998, p. 103 [1977, p. 6-7]). Esse "plano da fatalidade" é compreendido como o conflito edipiano reprimido que, para Lacan, é descrito como uma luta de vida ou morte. A repressão ocorre sob a ameaça imaginária de "assassinato", a punição para os desejos incestuosos, o que leva Lacan a se questionar "se o assassinato é mesmo o absoluto Mestre/Senhor" (Lacan, 1998, p. 825 [1977, p. 308]).

A repressão de desejos incestuosos puníveis com a morte finalmente dá origem a uma fala repleta de *Verneinung*, de recusa, de denegação. De modo similar, o desejo de morte do pai proibitivo constitui outra esfera de repressão primária, que se manifesta como uma negatividade pronunciada na fala. A apropriação psicanalítica da negatividade deve assim ser compreendida a partir da dupla negação da repressão e da recusa (*Verneinung*), uma fuga de uma morte imaginária que precisa ela mesma ser negada. A lei proibitiva posta em ato pela repressão cria a dupla negação da neurose, e a "agressão" percebida na relação com os Outros ganha significado no contexto de uma vida condicionada pelo Édipo e por sua luta de vida ou morte. A agressão contra o Outro é a agressão contra a lei proibitiva, contra o *nom du père*, o limite do desejo. Tal agressão pode ser compreendida como uma negatividade existencial, uma negatividade que, pela sua própria negação, constrói um sujeito, no sentido de que a repressão é o fundamento do próprio ego. De fato, o medo da morte é a base da individuação, e isso é verdade tanto para o ego condicionado pelo Édipo quanto para o escravo temeroso da *Fenomenologia do Espírito*. Para Lacan, isso se torna claro no argumento de Lévi-Strauss de que o tabu do incesto condiciona todo processo de instituição da cultura. Portanto, para Lacan, a ameaça de morte emerge como consequência da lei, e, porque a lei é ela mesma uma característica inevitável e universal da cultura, toda identidade se encontra sustentada no medo, não apenas da morte, mas do assassinato.

É preciso então nos perguntar: quem está com medo nessa cena, e de quem? Em termos psicanalíticos, é o jovem menino quem sofre as injunções mortificantes do tabu do incesto e da lei paterna, compreendida como aquilo capaz de infringir punição. Apesar de os escritos de Lacan sobre a diferença sexual serem altamente devedores dos *Três ensaios sobre a teoria da sexualidade*,

---

unidade (*Vereinigung:* literalmente, vinculação) obtida pelo trabalho do negativo (repressão e, em seguida, substituição).

de Freud, ele explica o efeito do complexo de Édipo a partir de termos radicalmente diferentes. Para Lacan, o complexo de Édipo não designa um evento ou uma cena primária a ser empiricamente verificada, mas indica antes um conjunto de leis linguísticas fundadoras do gênero e da individuação.[85] O tabu do incesto não é uma lei proclamada em um momento decisivo da confusão sexual primária e posteriormente retida como uma memória abrasadora; ao contrário, esse tabu se torna conhecido em uma variedade de modos graduais e sutis. Assim, a força da proibição paterna contra a união com a mãe é coextensiva à própria linguagem e torna-se compreensível nas estruturas elementares de referência e diferenciação, em particular nas estruturas de referência pronominal. Tal como a afirmação de Lévi-Strauss de que o tabu do incesto era fundante de todo tipo de parentesco, Lacan também afirma que a força do tabu paterno contra o incesto é fundante da própria linguagem. O tabu do incesto opera nas formas primárias de diferenciação que separam a criança da mãe e que colocam a criança no interior de uma rede relações de parentesco. A proibição contra o incesto não apenas regula e proíbe certos tipos de comportamento, mas também gera e sanciona alguns outros, tornando-se assim instrumento para conferir uma forma socialmente aceitável ao desejo. Esse sistema de diferenciações linguísticas é compreendido tendo por base as relações diferenciais de parentesco, e a própria diferenciação é tida como característica da linguagem desde sua origem. Na verdade, o próprio processo de diferenciação é uma consequência da proibição do incesto. Essa linguagem baseada no princípio de diferenciação é compreendida como o Simbólico e considerada por Lacan como uma linguagem governada pelo falo, ou, dito de forma mais apropriada, governada pelo medo do falo, consequências da lei do pai (ver Mitchell; Rose, 1985, p. 109).

O falo é compreendido então como o princípio organizador de todo parentesco e de toda linguagem. Nunca confrontamos tal lei de modo imediato ou direto, a lei se faz conhecer nas operações mundanas de significação. O falo não é apenas uma ordem simbólica entre outras, ele designa a ordem simbólica que condiciona toda significação e, portanto, todo significado (como disse Foucault sobre a posição lacaniana, "sempre já se está enredado" (Foucault, 2014b, p. 91 [1980b, p. 54])). Desse modo, a entrada do infante na linguagem coincide com a emergência da Lei do Pai, o sistema falocêntrico de significado. Em outras palavras, o sujeito humano só vem a ser um "eu" distinto no interior

---

[85] Ver Mitchell, Juliet; Rose, Jacqueline. *Feminine Sexuality: Jacques Lacan and the École Freudienne*. New York: Norton, 1985.

da rede de regras de gênero. Portanto, existir como um sujeito é existir como um ser generificado, "sujeito" à Lei do Pai, cuja exigência é de que o desejo sexual permaneça no interior das regras de gênero; com efeito, o desejo sexual do sujeito é regido, sancionado e punível por tais regras.

A constituição do sujeito se inicia pela lei paterna e está fundada na cisão do sujeito masculino em relação à vinculação e à identificação materna. O sujeito masculino não apenas renuncia a essa vinculação libidinal pré-linguística à mãe, mas também põe o próprio feminino como lócus de uma "falta".[86] Na medida em que o sujeito masculino retém seu anseio pela fusão pré-linguística com o corpo materno, ele constrói o feminino como o lugar imaginário da satisfação. Definido nos termos desse cenário específico de gênero, o desejo parece ser sancionado como uma prerrogativa masculina. O desejo feminino segue o curso da "dupla alienação" – a renúncia da mãe e a mudança da vin-culação libidinal para o pai, então proibido e deslocado. Apesar de a menina renunciar à mãe como objeto de desejo, a mãe permanece, no entanto, como um objeto de identificação. Como resultado, a tarefa do desenvolvimento sexual feminino consiste em dar significado à mãe tanto para si mesma (a apropriação do objeto pela incorporação e pela identificação) quanto para o sujeito masculino (cuja exigência é uma representação substitutiva para a mãe proibida). Para Lacan, portanto, o desejo feminino é resolvido pela apropriação completa da feminilidade, ou seja, na medida em que se torna um puro reflexo para o desejo masculino, o lugar imaginário da satisfação absoluta. A "dupla alienação" da mulher é assim uma dupla alienação do próprio desejo; a mulher aprende a corporificar a promessa de retorno a um prazer pré-edipiano e a limitar seu próprio desejo àqueles gestos que efetivamente espelham o desejo masculino como absoluto. Para Lacan, a diferenciação dos gêneros deve ser compreendida como uma diferença entre aqueles que têm o privilégio do desejo e aqueles que não têm. Assim, não é possível fazer referência ao desejo feminino, na medida em que tal desejo consiste em uma dupla renúncia ao próprio desejo. Desejar em geral significa participar do direito ao desejo, um direito que o homem tem de qualquer modo; apesar de ele não poder desejar o objeto original, ele ainda pode desejar, mesmo que seja um objeto substitutivo. O destino particular da mulher, contudo, consiste em renunciar duas vezes à satisfação, e, ao longo da segunda renúncia (vindo a ser o objeto de desejo do homem que renunciou ao seu desejo pela mãe), ela é obrigada a

---

[86] Ver Mitchell, Juliet; Rose, Jacqueline. *Feminine Sexuality: Jacques Lacan and the École Freudienne*, p. 151.

se tornar um signo ou símbolo para o maternal proibido, uma fantasia ideal que nunca pode ser plenamente apropriada, apenas "pode-se crer nela" (ver Mitchell; Rose, 1985, p. 170).

Parece que, para Lacan, o desejo ainda está em busca do Absoluto, mas esse desejo se tornaria o específico desejo masculino, e tal Absoluto é compreendido como a fantasia de um preenchimento materno que as mulheres são obrigadas a representar. A posição de Lacan coloca a questão sobre a constituição psicanalítica do Absoluto, ou seja, a constituição da crença em uma satisfação última que é ao mesmo tempo a memória da *jouissance* infantil perdida e a fantasia de sua recuperação. Na verdade, não é claro que esse prazer primário e indiferenciado possa ter realmente existido, considerando que nosso acesso a tal prazer se só dá por meio da linguagem, fundada na sua negação. O Absoluto, então, poderia igualmente ser uma *fantasia* de um prazer perdido e proibido, em vez de ser uma memória ou um estágio presente no desenvolvimento infantil. Faz sentido, portanto, perguntar se Lacan não estaria redescobrindo o sonho religioso de plenitude na fantasia de um prazer perdido que ele mesmo construiu. Apesar de Lacan compreender a si mesmo como quem refutou a possibilidade de uma busca dialética da plenitude, um complexo de relações internas sem fissuras, a crença em tal estado é evidente na nostalgia que, segundo ele, caracteriza todo desejo humano.

Existe uma série de razões para rejeitarmos o relato psicanalítico de Lacan sobre o desejo, a diferença sexual, assim como suas considerações sobre a predominância e a função intercultural do tabu do incesto, mas tal discussão nos levaria a uma investigação totalmente diferente. Além disso, existe um tipo de objeção que parece ser considerada tanto pelas críticas feministas a Lacan quanto por seus sucessores filosóficos: a lei proibitiva, a Lei do Pai, parece agir de modo universal e é considerada fundante de toda linguagem e toda cultura. Uma experiência originária de prazer deve ser proibida e reprimida, de modo que o desejo emerge como uma "falta", um anseio ambivalente que incorpora a proibição mesmo quando busca transgredi-la. Seria o caso de que o desejo, além de ser fundado pela proibição, também seja estruturado nos seus termos? Seria a lei tão rígida? E a satisfação é sempre assim tão fantasmática?

A postulação de uma *Urverdrängung*, ou repressão primária, que constitui o sujeito, e a consequente formulação do desejo como uma falta exigem aceitarmos o modelo jurídico da lei como a relação política e cultural fundamental que dá forma à estrutura do desejo. Nas obras de Deleuze e Foucault, é exatamente essa assunção estruturalista da primazia da lei jurídica e da formulação do desejo a partir da oposição binária entre falta e plenitude que começará a ser posta em questão. Tanto Deleuze quanto Foucault aceitam o descentramento que Lacan opera no sujeito hegeliano, assim como seu postulado da construção cultural do desejo, porém, eles veem tal programa psicanalítico como exemplo da doença que ele deveria curar. Eles afirmam que a reificação da lei proibitiva é um meio ideológico de confirmar a hegemonia dessa lei. A partir de modos diferentes, mas relacionados, Deleuze e Foucault desafiam a formulação do desejo nos termos da negatividade, argumentando que não é a negação, mas a *afirmação* que caracteriza as expectativas humanas primárias, e que é o reconhecimento desse fato que permite depor o sujeito hegeliano de uma vez por todas. Com efeito, na visão de ambos, a negatividade do desejo é sua doença cultural, sustentada tanto pela dialética quanto pela psicanálise. Assim, ainda precisa ser considerado se o desejo poderia ser separado da negação, bem como se a teoria do desejo afirmativo que daí se segue seria realmente livre do hegelianismo, tal como alega ser.

Deleuze: da moral do escravo ao desejo produtivo

> *O vivente vidente é Espinosa vestido com*
> *a roupa do revolucionário napolitano.*
> Deleuze; Guattari. *O anti-Édipo.*

Em diversas de suas obras, Gilles Deleuze buscou reconstruir a genealogia dos desejos que se voltam contra si mesmos, além de oferecer uma concepção alternativa para o desejo como atividade produtiva e geradora. Segundo sua concepção, o discurso que conceitualiza o desejo como falta fracassou em dar conta da genealogia dessa falta, tratando a negatividade do desejo como uma verdade ontológica universal e necessária. Com efeito, para Deleuze, o desejo *veio a ser* falta por conta de um conjunto contingente de condições sócio-históricas que exigem e reforçam a autonegação do desejo. Em *Nietzsche e a filosofia* (2017), a "moral do escravo" caracteriza a ideologia cultural judaico-cristã, responsável por fazer o desejo ir contra si mesmo. Em *O anti-Édipo* (2011), essa ideologia cultural é especificada em termos contemporâneos a partir da articulação dos efeitos da psicanálise e das práticas de autojustificação do capitalismo avançado. Nessa última obra, Deleuze afirma: "A falta é arrumada, organizada, na produção social" (Deleuze, 2011, p. 45 [1977, p. 28]). A condição ontológica da "falta" é apresentada como a reificação do conceito econômico de escassez, aparecendo como a condição necessária da vida material, imune à transformação social. Assim, Deleuze submete todo o discurso sobre o desejo e a negatividade a uma crítica da ideologia que expõe o caráter supostamente privativo do desejo como efeito da privação material concreta. Que ela seja racionalizada nos termos de uma "moral do escravo", da necessidade psicanalítica, ou a partir da lei de ferro do capitalismo, Deleuze considera essa ideologia como reativa e antivida. A partir de tal afirmação, Deleuze nos ensina que o desejo emancipado é de outra ordem, para além da "falta" e da "negatividade", na medida em que é uma operação da afirmação produtiva e criadora da vida. Desse modo, sua teoria prossegue de dois modos complementares: (1) uma crítica da compreensão do desejo como negatividade e (2) a promoção de um ideal normativo para o desejo compreendido como afirmação. O primeiro projeto implica uma crítica da ideologia, e o segundo requer a reconstrução da vontade de potência de Nietzsche e do *conatus* de Espinosa, a serviço de uma teoria da emancipação afetiva. Assim como seus precursores hegelianos, Deleuze está prontamente disposto a compreender o desejo como lócus privilegiado da ontologia humana: "*Há tão somente o desejo e o social, nada mais*" (Deleuze, 2011, p. 46 [1977, p. 29]). Tal afirmação não se refere às condições sociais e historicamente dadas, mas serve como uma característica invariante da própria ontologia de Deleuze. Na verdade, o desejo afirmativo da vida, que Deleuze opõe à negatividade de Hegel, também emerge como uma verdade ontológica universal, há muito tempo reprimida, e essencial à emancipação humana. Somente em *A história da sexualidade*, de Foucault, será posta a questão histórica sobre por que o desejo se tornou tão central para as especulações sobre a ontologia humana. Podemos ver, porém, uma preparação para tal questão previamente estabelecida na genealogia seletiva do desejo feita por Deleuze.

Na medida em que Deleuze historiciza a formulação negativa do desejo, ele produz uma ruptura com Hegel que não pode ser contabilizada nos limites do sistema hegeliano. Se houvesse uma genealogia da negatividade na filosofia de Hegel, ela seria uma explicação de desenvolvimento para confirmar retrospectivamente que a negatividade "sempre já estava" lá. Em contrapartida, Deleuze afirma que a negatividade, a falta característica do desejo, é instituída por meios ideológicos a fim de racionalizar uma situação social de hierarquia ou dominação. Assim como Lacan, Deleuze procura os rastros da repressão de um desejo original, caracterizado pela plenitude e pelo excesso que culminam numa forma derivada do desejo como falta e privação. Assim, a negatividade do desejo é sintomática de uma história perdida de repressão, e a desconstrução dessa negatividade (ao menos no caso de Deleuze) promete uma liberação desse desejo mais original e abundante. Para Lacan, a lei proibitiva que institui a falta é a lei do pai simbólico, a proibição fundadora contra o incesto que inicia o processo universal de aculturação. Deleuze rejeita a relevância da construção edipiana, voltando-se para Nietzsche, para quem a lei proibitiva é marcada como a "moral do escravo" judaico-cristã, cujo objetivo é colocar o desejo contrário a si mesmo. Deleuze encontra aí a expressão contemporânea na lei psicanalítica da repressão primária e na premissa capitalista de uma escassez necessária. A noção de Deleuze da moral do escravo não tem nenhuma necessidade histórica e, assim, pode ser anulada pelas forças da vontade de potência, pelo desejo afirmativo da vida livre dos constrangimentos da lei proibitiva. Em outros termos, Deleuze afirma que a vontade de potência pode alcançar aquela *jouissance* ou Ser que Lacan via para além dos limites do desejo, ou seja, os limites das leis constitutivas da cultura. Para Deleuze, o que importa não é essa hegemonia da lei, mas o fato de que ela *pode* e também *deve* ser quebrada.

Em *Nietzsche e a filosofia*, Deleuze sustenta uma crítica do hegelianismo, entendido como uma moral do escravo, mostrando que tanto o senhor quanto o escravo culminam na mesma negação da vida. Na *Genealogia da moral*, Nietzsche caracteriza a moral do escravo como ressentimento e inveja, resultante da vontade de se voltar contra si mesma. Para Deleuze, o sujeito hegeliano é precisamente essa potência negativa que, de fato, veio a ser negativa por meio da paralisia de seus próprios poderes. O "sujeito" hegeliano, tal como o "ego" lacaniano, não é uma agência autônoma autogeradora, mas uma construção artificial produzida pela autonegação do escravo. A noção hegeliana do sujeito como potencialmente adequado a seu mundo é criticada na medida em que ela encobre uma fonte mais verdadeira e profunda de poder criador – o jogo de forças da vontade de potência. Portanto, o sujeito hegeliano supostamente autônomo é posto na condição de escravo por sua própria recusa da multiplicidade não dialética dos impulsos que sustentam sua aparente negatividade. Assim como em Lacan, o sujeito é mais uma vez compreendido como uma defesa contra uma configuração primária do desejo, e o "trabalho do negativo", característica do desejo em Hegel, é compreendido como um desejo empobrecido que dissimula a genealogia dessa privação.

Tanto para Deleuze quanto para Nietzsche, o sujeito hegeliano é a falsa aparência de autonomia. Como uma manifestação da moral escrava, esse sujeito é reativo em vez de ser autogerador. Nietzsche pensa que o ideal de autonomia seja mais bem realizado na vontade de potência ou naquilo que, na *Genealogia da moral*, é compreendido como os valores aristocráticos do vigor físico afirmativo da vida, a posição moral para além da inveja. Nietzsche parece marcar Hegel como o exemplar filosófico da reatividade. No parágrafo 10 da primeira seção da *Genealogia da moral*, Nietzsche afirma que "a rebelião escrava na moral começa quando o próprio ressentimento se torna criador e gera valores: o ressentimento dos seres aos quais é negada a verdadeira reação, a dos atos, e que apenas por uma vingança imaginária obtêm reparação" (Nietzsche, 1998, p. 28-29 [1967, p. 36]). A "verdadeira ação" é uma fonte de autoafirmação da qual o escravo está excluído. Assim como o Genet de Sartre, essa agência incapaz de agir se torna potente somente pelos seus sonhos de vingança. Nietzsche prossegue nessa exposição sugerindo que o sujeito em Hegel é precisamente esse escravo impotente pleno de *ressentimento*, incapaz de autogeração e restrito a uma autossubversão reativa:

> Enquanto toda moral nobre nasce de um triunfante Sim a si mesma, já de início a moral escrava diz Não a um "fora", um "outro", um "não eu" – e *este* Não é seu ato criador. Esta inversão do olhar que estabelece valores – este necessário dirigir-se para fora em vez de voltar para si – é algo próprio do ressentimento: a moral escrava sempre requer, para nascer, um mundo oposto e exterior hostil para agir em absoluto – sua ação é no fundo reação (Nietzsche, 1998, p. 29 [1967, p. 38]).

Segundo Deleuze, a moral nobre de Nietzsche consiste na afirmação da diferença, que resiste à tendência dialética de assimilá-la a uma identidade mais abrangente. Aquilo que difere da agência autoafirmadora não ameaça seu projeto de identidade, na verdade opera intensificando seu poder e sua eficácia. Isso se torna claro para Deleuze na teoria das forças nietzschiana, que ele interpreta como a "fio condutor" do anti-hegelianismo de Nietzsche. Segundo Deleuze: "Em Nietzsche, a relação essencial de uma força com outra nunca é concebida como um elemento negativo na essência. Em sua relação com uma outra, a força que se faz obedecer não nega a outra ou aquilo que ela não é, ela afirma sua própria diferença e se regozija dessa diferença" (Deleuze, 2018 p. 18 [1983, p. 9]).

A vontade nietzschiana é em si mesma um multíplice jogo de forças que, consequentemente, não pode ser contido em uma unidade dialética; essas forças representam os fluxos da vida, os interesses, desejos, prazeres e pensamentos que coexistem sem a necessidade de uma lei repressiva ou unificadora. Assim, segundo Deleuze, a identidade é um termo impróprio que não dá conta da multiplicidade essencial desse sujeito. Na medida em que o sujeito deleuziano não é definido a partir de uma lei única ou um conceito unificador, pode-se dizer que ele mantém uma oposição sem unidade, ao contrário do sujeito hegeliano, cuja demanda é de que essa oposição seja assimilada à identidade.

Com efeito, essa exigência é compreendida tanto por Nietzsche quanto por Deleuze como um sinal de fraqueza e decadência; uma vez que o sujeito só existe por meio da assimilação de uma oposição externa, então ele depende dessa relação negativa para sua própria identidade; portanto, falta-lhe o poder de autoasserção e autoafirmação que caracteriza a pessoa "forte", o *Übermensch*, cujas relações com os Outros transcendem radicalmente a dependência. A vontade em Nietzsche, por outro lado, não afirma a si mesma sem um contexto de alteridade, mas difere do desejo hegeliano na sua relação com a alteridade. Na medida em que a distinção não é mais compreendida como um pré-requisito da identidade, a alteridade não se apresenta como aquilo que deve ser "trabalhado", suprassumido ou conceitualizado; na verdade, a diferença é a condição do gozo, de uma sensação aprimorada de prazer, da aceleração e da intensificação do jogo de forças que constitui aquilo que poderíamos chamar de versão nietzschiana de *jouissance*. Dado que a necessidade de uma identidade distinta não governa mais o sujeito, a diferença não se apresenta como uma fonte de perigo, sendo antes a condição do autoaprimoramento e do prazer. Deleuze descreve essa diferença entre Nietzsche e Hegel: "O 'sim' de Nietzsche se opõe ao 'não' dialético; a afirmação à negação dialética; a diferença, à contradição dialética; a alegria, o gozo, ao trabalho dialético; a leveza, a dança, ao peso dialético" (Deleuze, 2018, p. 19 [1983, p. 9]).

Apesar de Deleuze considerar que a dialética hegeliana está sobrecarregada pelo "espírito de seriedade", pode-se questionar de forma legítima como o delírio báquico que Hegel menciona no prefácio da *Fenomenologia* poderia ter início se fosse, de fato, governado por tal espírito. O delírio báquico visa caracterizar o pensamento especulativo do Absoluto como uma dialética incessante e abrangente, a realização do "trabalho do negativo", a "leveza" ao final da jornada reconhecidamente árdua de Hegel. Deleuze não leva em conta essa conclusão comemorativa da *Fenomenologia*, e podemos admitir que ele não pensa que essa conclusão seria possível nos próprios termos de Hegel. Se a *Fenomenologia* é um *Bildungsroman*, narrativa de uma jornada cuja finalidade é conduzir ao lugar no qual aquele que a percorre sempre já esteve, então tal obra se assemelha ao sonho de Dorothy em *O mágico de Oz*, que não apenas a conduz de volta a seu lar, mas também é composto pelos elementos transformados desse lar. Na medida em que a imanência é a verdade final da *Fenomenologia*, então parece que os delirantes de Hegel estão dançando no mesmo lugar, fixados no interior de um único quadro, tal como a alegria congelada de Keats em *Ode a uma urna grega*.

A *Fenomenologia* aborda explicitamente o tema do gozo no contexto da relação do senhor que goza dos frutos do trabalho do escravo (*im Genusse sich zu befriedigen*). O gozo é conquistado aqui sem tal trabalho, ou, mais precisamente, ele se torna possível por meio do trabalho dos outros. O gozo tem como modelo o consumo, e o senhor acaba ficando insatisfeito por sua vida de satisfação; sua dependência do escravo arruína seu sentido de autossuficiência, sua experiência de sua própria negatividade está limitada ao consumo, e lhe falta o sentido de sua própria eficácia. O gozo se torna intolerável precisamente pelo fato de minar o projeto de autonomia que o senhor quer perseguir. A relação hierárquica entre o senhor e o escravo se torna intolerável na medida em que ela impede a realização da autonomia ou, no caso do escravo, porque a realização inesperada da autonomia promove uma maior satisfação. Claramente, para Hegel, satisfação (*Befriedigung*) não é a mesma coisa que gozo (*Genuss*); a primeira significa que a lei da identidade foi reafirmada, promovendo assim um tipo de gratificação conceitual, enquanto o segundo é verdadeiramente algo de ordem mais sensível, mais imediato e, por isso, menos filosófico.

Deleuze discorda de ao menos dois dos postulados centrais de Hegel mencionados anteriormente: a formulação do gozo como um modo de consumo em última instância insatisfatório e a rejeição das relações sociais hierárquicas em favor de uma noção de autonomia baseada na lei da identidade. Em ambos os casos, a noção de um sujeito autoidêntico determina os parâmetros da satisfação, e essa versão da identidade autônoma é sintomática da moral do escravo, na qual a diferença é apenas sofrida, mas nunca gozada.

O postulado de uma autoidentidade como condição ontológica da satisfação inviabiliza maiores prazeres oriundos da afirmação da diferença como diferença, assim como inviabiliza os prazeres derivados da troca hierárquica. A dialética é uma moral "escrava", não no sentido que Hegel dá ao "escravo" como aquele que inicia a transição da "dominação e servidão" para a "consciência infeliz", ou seja, quem carrega o princípio emancipatório da *Fenomenologia* no e pelo "trabalho" –, mas no sentido do "escravo" de Nietzsche na *Genealogia da moral*: o escravo é aquele a quem falta o poder da nobreza e que, por uma operação de transvaloração invejosa, acaba por exaltar suas próprias limitações como evidências de sua superioridade moral. O escravo racionaliza a incapacidade como uma força moral, e, tanto para Nietzsche quanto para Deleuze, o sujeito itinerante de Hegel é exatamente tal escravo. Segundo Nietzsche, em "O problema de Sócrates", "[...] com a dialética, a plebe se põe em cima [...] A dialética pode ser usada apenas como *legítima defesa*" (Nietzsche, 2017, p. 16 [2005, p. 164]). A vontade do escravo de Hegel é uma vontade autolimitada, mesmo na realização de sua suposta emancipação. Na medida em que a emancipação é concebida nos moldes da autonomia e da autorrealização, o escravo emancipado será limitado pelas restrições da autoidentidade e não chegará a conhecer o prazer e a criatividade – características essenciais da vontade de potência. Tal escravo emancipado será impedido, de tal modo que não poderá ser suprassumido nos termos da *Fenomenologia*; ele sempre irá temer a diferença e nunca saberá como agir de um modo que afirme a diferença sem ter de assimilá-la em si mesmo. O sujeito hegeliano recusa o mundo fora de si mesmo, enquanto seu próprio "si mesmo" está submetido a esse mundo, ele reage constantemente contra as externalidades que encontra e nunca afirma livremente esse mundo como diferente, de modo a poder derivar o gozo dessa afirmação; tal sujeito só pode temer ou se apropriar das características do mundo externo, mas, porque seu projeto fundamental e seu desejo mais profundo consistem em obter a autoidentidade da consciência de si reflexiva, ele não pode entrar nesse mundo de alteridade corajosa, alegre e criativamente.

Segundo Deleuze, Nietzsche está fundamentalmente propondo novos significados para as atividades de afirmação e negação que invertem e ultrapassam o significado e a relação desses termos na filosofia de Hegel. A afirmação não carrega mais aqui o fardo de efetuar uma unidade ontológica entre aquilo que afirma e aquilo que é afirmado, na medida em que não há ser exterior à vontade de potência: "*O ser e o nada são apenas a expressão abstrata da afirmação e da negação como qualidades* (qualia) *da vontade de potência*" (Deleuze, 2018, p. 235 [1983, p. 186]). Desse modo, a vontade de potência não é uma capacidade exclusiva do humano, mas o dinamismo internamente diferenciado da vida. Afirmar não é uma projeção de antropomorfização, mas uma atividade criadora que, na e pela própria atividade, afirma o caráter criador da vida em si mesma. O sujeito não precisa lutar para se tornar adequado a um mundo que lhe é oposto, mas deve se entregar àquilo que é maior do que ele mesmo – a vontade de potência, a vida criativa. Tal como enfatiza Deleuze em sua própria exposição: "*Afirmar não é se encarregar, assumir o que é, mas liberar, descarregar o que vive*" (Deleuze, 2018 p. 233 [1983, p. 185]).

A dialética de Hegel é considerada antivida, na medida em que recusa as categorias da afirmação e da vida em troca das categorias da negatividade ou, segundo Nietzsche, da morte. As expectativas filosóficas de que o mundo possa ser analisado nos termos da verdade e da falsidade, do ser e do não ser, do real e da aparência são, segundo Nietzsche, sintomáticas de um ódio profundo pela vida que racionaliza a si mesmo pela imposição de falsas construções conceituais. Essas oposições filosóficas visam deter a vida, controlá-la e sepultá-la, assim como conservar o filósofo dialético na posição de uma morte em vida. O postulado da identidade, seja na relação entre sujeito e objeto, seja entre os aspectos discrepantes do mundo ou ainda entre o ser do mundo e sua verdade, é uma estratégia de contenção motivada pelo medo e pelo ódio que o escravo sente em relação à vontade de potência como o princípio da vida. Nas palavras de Deleuze, "Nietzsche não acredita nem na autossuficiência do real nem na do verdadeiro: ele as pensa como as manifestações de uma vontade, vontade de depreciar a vida, vontade de opor a vida à vida" (Deleuze, 2018, p. 232 [1983, p. 185]).

Não podemos, é claro, explorar em detalhes os diversos temas centrais da filosofia de Nietzsche – a vontade de potência, o eterno retorno, o Dionisíaco, o Sócrates músico –, mas o esboço da posição nietzschiana aqui realizado pode revelar o desafio que representa uma formulação pós-hegeliana do sujeito do desejo. Para Deleuze, Nietzsche oferece um modo de separar o desejo da negatividade, capaz de dar conta da genealogia da posição hegeliana nos termos da moral do escravo. A vontade de potência fornece um modelo alternativo do desejo baseado na plenitude da vida e em sua incessante fertilidade, em vez da negatividade da consciência de si. A crítica de Nietzsche em relação à identidade também tem como consequência um maior descentramento do sujeito autossuficiente como o agente implícito e o objetivo explícito do desejo. Assim como em Lacan, pode-se ver em Deleuze a gênese desse sujeito como uma defesa contra um desejo mais primordial e menos filosoficamente domesticado. Em *O anti-Édipo*, é a força coercitiva do capitalismo e da ideologia da psicanálise que reprime o desejo afirmador da vida, e, em *Nietzsche e a filosofia*, esse papel cabe à moral do escravo, mas é claro que tanto o capitalismo quanto a psicanálise são essa moral de escravo, e o desejo afirmador da vida é em ambos os contextos o *telos* deleuziano da emancipação. Esse desejo reprimido é concebido nos moldes da vontade de potência, e Deleuze atribui essa noção de Nietzsche ao *conatus* de Espinosa, que, estabelecido no interior de um contexto político e cultural moderno, se torna para ele a fonte afetiva de uma mudança revolucionária.

Para Deleuze, a vontade de potência é análoga ao desejo primordial de persistir no próprio ser apresentado por Espinosa: ambos os desejos são fortalecidos e intensificados na medida em que são afetados por fenômenos externos. O desejo não é aquilo que busca uma autoria completa do mundo (Kojève e Sartre), mas aquilo que é reforçado por sua capacidade de responder ao que lhe é inevitavelmente exterior. Na verdade, Deleuze compreende a vontade de potência de Nietzsche como uma *sensibilidade* desenvolvida. Ele cita Nietzsche: "A vontade de potência não é um ser nem um devir, é um *páthos*" (Deleuze, 2018, p. 83 [1983, p. 62]). Deleuze afirma ainda que: "É difícil, aqui, negar, em Nietzsche, uma inspiração espinosista. Espinosa, numa teoria extremamente profunda, queria que a toda quantidade de força correspondesse um poder de ser afetado. Esse era o poder que media a força de um corpo, ou que expressava sua potência" (Deleuze, 2018, p. 82 [1983, p. 62]).

Em *O anti-Édipo*, Deleuze compreende o desejo e o corpo como tendo sido privados de sua capacidade de resposta, e convoca uma renovação do corpo a partir das forças "[...] da atração e da produção de intensidades [...]" (Deleuze, 2011, p. 450 [1977, p. 339]). Assim, Espinosa oferece a Deleuze um modo de compreender a resposta à externalidade como uma intensificação do desejo, que resiste à demanda dialética de apropriação dessa externalidade em uma lei da identidade.

É interessante notar que, apesar de Hegel criticar Espinosa por ter falhado em compreender a negatividade que dirige a consciência de si, Deleuze parece aprovar Espinosa por conta dessa própria exclusão do negativo. O desejo é então compreendido por Deleuze como uma reposta produtiva à vida, na qual a força e a intensidade do desejo se multiplicam e se intensificam ao longo da troca com a alteridade. A "vontade" em Deleuze não é "voluntariosa",[87] mas receptível e maleável, assumindo formas novas e mais complicadas de organização por meio da troca de forças constitutivas do desejo. Porque o campo de ação da força é abundante de energia e potência, o desejo é menos um esforço de monopolizar a potência e mais uma troca que intensifica e prolifera a energia e a potência até o excesso. Sob as condições artificiais de escassez que produziram o desejo como uma modalidade de privação, reside de pronto uma abundância do desejo afirmador da vida, e, para Deleuze, a tarefa política e pessoal de um erotismo pós-hegeliano consiste na recuperação dessa persistência espinosana e na sua reformulação nos termos da vontade de potência. A partir desse ponto de vista, o sujeito hegeliano pode ser compreendido como um produto da moral do escravo, uma consequência do mal-estar da cultura, assim como o resultado e o agente de um desejo negador da vida.

A teoria de Deleuze prescreve o abandono do desejo negativo em favor do desejo produtivo, o que requer a aceitação de um modelo emancipatório do

---

[87] Há um jogo quase intraduzível entre "*will*" (vontade) e "*willful*", aqui proposto como "voluntariosa", uma vontade que tem a característica de ser cheia (*full*) de si mesma. [N.T.]

desejo. Nesse sentido, ele politizou a teoria lacaniana ao argumentar que o desejo produtivo, a *jouissance*, é acessível à experiência humana, cujas leis proibitivas que governam esse desejo podem e devem ser quebradas. A solução dialética do desejo politicamente reprimido, como defendida por Marcuse em *Eros e a civilização*, não é aceitável para Deleuze, claro, na medida em que Marcuse admite as restrições binárias do desejo e as reconcilia em uma síntese hegeliana, ou seja, a polaridade dos sexos é superada em uma apropriação sintética da bissexualidade.

A insistência de Nietzsche na multiplicidade não dialética dos afetos contesta a possibilidade de um sujeito autoidêntico e sugere que a vontade de potência não pode ser reduzida à estrutura internamente complicada do desejo hegeliano. Apesar de o próprio Nietzsche algumas vezes se referir a uma pulsão dominante única, a partir da qual se organiza uma variedade de afetos e forças, Deleuze tem clara preferência por uma leitura da vontade de potência que resiste a essa unificação dos afetos. Para Deleuze, existe uma diferença significativa entre um desejo internamente multíplice, no qual a internalidade dos desejos variados sugere uma estrutura unificante de contenção, e um conjunto fundamentalmente variado de desejos cujo esforço em os descrever como uma unidade só pode ser falso.

Apesar de a multiplicidade do Eros desafiar a direcionalidade unitária do desejo, inclusive o "duplo objeto" dialético do desejo que consideramos na *Fenomenologia*, ainda não é claro que tipo de realidade esse desejo manifestamente reprimido supostamente deve ter. Caso Deleuze aceite a elaboração espinosana da vontade de potência como um Eros natural que na sequência foi negado por uma cultura restritiva, então parece necessário que ele explique como é possível obter a compreensão dessa multiplicidade natural a partir da perspectiva da cultura. Por um lado, Deleuze critica a reificação lacaniana da lei jurídica como fundacional de toda cultura e parece oferecer, a partir de Nietzsche, uma estratégia para a subversão e o deslocamento dessa lei. Por outro lado, a estratégia promovida por Deleuze apela a um tipo diferente de reificação, a saber, a reificação da multiplicidade dos afetos como a estrutura ontológica invariante do desejo, ainda que largamente reprimida. Se a investigação sobre a estrutura do desejo ocorre no interior de uma perspectiva culturalmente construída, então, a análise do desejo está sempre implicada na situação cultural que busca explicar.

O postulado de uma multiplicidade natural aparece, assim, como uma insuportável especulação metafísica por parte de Deleuze. Além disso, na medida em que a crítica da reificação cultural do desejo como falta conduz à sua própria forma de reificação por meio do apelo a uma afetividade ontologicamente invariante e múltipla, ela descarta os benefícios da posição lacaniana junto a suas desvantagens; em outras palavras, o apelo a um Eros pré-cultural ignora a descoberta de Lacan de que todo desejo é linguística e culturalmente construído. A crítica deleuziana da lei proibitiva, e a subsequente reificação do desejo como aquilo que está sempre previamente reprimido, exige uma estratégia política explícita para dar conta da construção cultural do desejo, quer dizer, uma estratégia política que resista ao apelo por um desejo "natural" como ideal normativo.

Apesar de a crítica de Deleuze ao sujeito hegeliano situá-lo no contexto do esforço pós-moderno de descrever uma afetividade descentrada, seu apelo à teoria de forças de Nietzsche sugere que ele compreende essa experiência descentrada como ontológica em vez de cultural e historicamente condicionada. Com efeito, seu apelo a uma afetividade naturalmente múltipla não difere do apelo iluminista aos desejos naturais que encontramos em Rousseau ou Montesquieu. De forma irônica, a posição marcadamente anticapitalista de Deleuze compartilha várias pressuposições filosóficas com o liberalismo clássico. Do mesmo modo como os indivíduos são vistos como dotados de certos desejos de prazer (Bentham) ou propriedade (Locke), posteriormente contidos pelas restrições do contrato social, a concepção de Deleuze sobre uma diversidade libidinal não reprimida em sua origem também está sujeita às leis proibitivas da cultura. Em ambos os casos, o desejo é o lócus de um ideal pré-cultural, como a essência do indivíduo, posteriormente distorcida ou reprimida pela imposição de estruturas políticas antieróticas. Aqui, Deleuze parece minar seu projeto original de historicizar o desejo, na medida em que sua visão arcádica de um caos libidinal pré-cultural é posta como um absoluto a-histórico.

Por outro lado, Lacan afirma que a lei proibitiva é precisamente aquilo que engendra a experiência culturalmente accessível do desejo e impede qualquer apelo a um desejo livre de toda proibição, questionando assim a possibilidade de o desejo ser conceitualizado sem relação com a lei. Se Lacan estiver certo nesse ponto, a preocupação de Deleuze em deslocar a hegemonia da lei proibitiva precisaria ser tomada por uma subversão e uma proliferação dessa lei a partir dos próprios termos da cultura. Tal como veremos, a teoria de Michel Foucault parece realizar exatamente isto: (1) o conhecimento de uma construção cultural do desejo que não implica aceitar a reificação cultural do desejo como falta, e (2) uma estratégia política para deslocar a hegemonia da lei proibitiva, ao acentuar as próprias possibilidades de autossubversão e autoproliferação da lei. Assim, Foucault oferece um enquadramento normativo que implica uma luta subversiva contra as proibições existentes, um programa completamente cultural que nega qualquer apelo a um desejo cuja estrutura natural ou metafísica não existiria nem antes nem depois das leis linguísticas e culturais.

Apesar da reificação da lei proibitiva, Lacan oferece, contudo, uma crítica dos tipos de experiência do desejo possíveis dentro da cultura existente, iniciando assim o projeto elaborado por Foucault de arrancar o desejo das garras da imaginação dialética. A limitação às possibilidades dessa experiência cultural pode ser excessivamente restritiva, mas assim se estabelece um limite sobre a estrutura e o sentido do desejo diante da especulação metafísica descontrolada. Não se trata de afirmar que Lacan esteja livre de aspirações metafísicas para o desejo, mas de considerar que ele percebe o limite necessário que a cultura estabelece para tais aspirações. Essa limitação kantiana da experiência do desejo tem uma dupla consequência; o desejo sempre é mais do que aquilo que experenciamos, apesar de nunca podermos usar a linguagem para descrever esse "mais". Consequentemente, o desejo é experenciado como uma espécie de limite, como os limites da própria linguagem, e como o destino de uma aspiração metafísica que necessariamente está fundada a partir dos limites estabelecidos pelas proibições linguísticas.

Portanto, nem Deleuze nem Lacan estão totalmente livres de aspirações metafísicas em relação ao desejo, e as expectativas metafísicas operantes em suas teorias podem ser compreendidas como um excesso de resíduo hegeliano. Para ambos, permanece, para o desejo culturalmente instituído, um inapreensível e irresistível "além de", a promessa de uma liberação, ainda que, no caso de Lacan, essa promessa nunca seja efetivada. Nos dois os casos, uma versão da presença absoluta, embora internamente diferenciada, é o objeto final ou o *telos* do desejo. Para Lacan, esse "ser" está barrado ao sujeito humano exatamente do mesmo modo como a síntese do real e do racional permanece como um ideal nostálgico para Hyppolite. Para Deleuze, a eliminação da negatividade do desejo produtivo[88] culmina em um Eros internamente diferenciado, no qual as "diferenças" são compreendidas como diferenciais positivos da força em vez de momentos externamente relacionados do desejo. Em outras palavras, para Deleuze, *a teoria das forças substitui a doutrina de Hegel das relações internas como garantidora do princípio da plenitude.*

---

[88] Deleuze afirma que a vontade de potência ou desejo produtivo acarreta a erradicação completa da negatividade, ainda que o negativo possa ser desenvolvido pelo desejo produtivo a serviço de sua própria autointensificação. A questão sobre se esse segundo significado de negatividade é diferente da negatividade hegeliana não é imediatamente clara, na medida em que Deleuze não o apresenta de modo preciso.

Ainda que Deleuze e Lacan difiram significativamente quanto à questão de se o desejo pode ser emancipado dos limites da lei proibitiva, ambos mantêm a afirmação de que o desejo tem um estatuto ontológico à parte dessa lei; para Lacan, *jouissance* é o ser numênico do desejo que estrutura a sua experiência culturalmente concreta, mas nunca é completamente conhecido ou experenciado no interior dos termos da cultura. Para Deleuze, a erótica da multiplicidade se apresenta como uma possibilidade sempre previamente existente, na medida em que a vida é em si mesma livre das limitações da moral do escravo. Seja como *jouissance* ou como a vida em si mesma, o postulado da afirmação e da plenitude visa caracterizar internamente o desejo como sua estrutura essencial e seu *telos*, ainda que, para Lacan, esse *telos* nunca possa ser alcançado. Nesse sentido, parece que tanto Lacan quanto Deleuze permanecem fascinados pela promessa metafísica do desejo como a experiência imanente do absoluto. A satisfação pode ser concebida como um estado anterior à diferença ontológica (Lacan), ou como a incorporação final das diferenças, que são os diversos atributos da vontade de potência afirmadora da vida (Deleuze). Em todo caso, a satisfação permanece como uma presença e uma unidade pressuposta que nega a externalidade da diferença. Desse modo, nenhuma dessas posições está livre do sonho hegeliano de que a satisfação do desejo poderia estabelecer a primazia da plenitude, a pressuposição de uma integridade ontológica e de um lugar metafísico imanente.

A interpretação de Lacan e Deleuze como autores submetidos ao princípio da identidade e à busca da presença absoluta põe seriamente em questão a suposta distinção entre filósofos da identidade e filósofos da diferença. Para os autores, a unidade ontológica é primária e só vem a ser interrompida pelo advento da lei cultural que, em consonância com a maioria das teorias da queda, faz do desejo uma experiência de insatisfação contínua. Essa unidade ou presença absoluta vem a ser o projeto tácito e fundamental do desejo – a causa do amor, segundo Lacan – que ou são imaginadas (Sartre e Lacan) ou perseguidas por um retorno revolucionário ao Eros natural (Deleuze). O esforço hegeliano de transvalorar ou suprassumir toda negatividade em um Ser mais abrangente permanece como o desejo constitutivo dessas posições aparentemente pós-hegelianas. A necessidade inexorável da *Fenomenologia* parece não funcionar mais como uma narrativa convincente, e os caminhos abertos pela psicanálise e pelo pensamento nietzschiano despertam menos ilusões em relação à autonomia do sujeito e à estrutura dialética da razão e da experiência. Porém, o sonho com a reconstrução dessa unidade perdida do Ser ainda estrutura essas teorias, seja por meio da noção de *jouissance*, seja pelo jogo de forças, sem importar se tal sonho pode vir a ser realizado.

Foucault: dialética sem rumo

> *Não existe [...] um lugar da grande*
> *Recusa – alma de revolta, foco de todas as rebeliões [...].*
> Foucault. *História da sexualidade.*

O primeiro volume da *História da sexualidade*, de Foucault, questiona se a história do desejo no Ocidente pode ser adequadamente explicada em um enquadramento dialético amparado em oposições binárias. Em *O mal-estar na cultura*, Freud tende a explicar o desejo como um instinto cuja sublimação é a consequência necessária de uma "civilização" restritiva em geral. A civilização é entendida, aqui, como um conjunto jurídico e proibitivo de instituições que, ao mesmo tempo, reprime os instintos originais e é, em si mesmo, a forma sublimada desses instintos. Em *Eros e civilização*, Marcuse examina essa noção de sublimação à luz de uma teoria do Eros, sugerindo que a sublimação constitui a organização criativa e erótica de todas as formações culturais positivas. Assim, o Eros é entendido por Marcuse como um princípio de produção cultural não repressivo e não jurídico. Em certo sentido, Foucault pode ser visto como um autor que emerge dessa particular herança psicanalítica e hegeliana. De fato, Freud identifica o modelo jurídico do poder, e Marcuse revela a produção involuntária desse poder aparentemente repressivo por uma consideração especulativa da sublimação; para Foucault, no entanto, essa tensão passa a ser reformulada como aquela entre poder jurídico e poder produtivo, de modo que ele recusa o postulado de um "instinto" ou de uma forma a-histórica do Eros. Como consequência, o desejo não é reprimido pela lei jurídica nem é uma forma derivada ou sublimada daquele instinto originalmente reprimido. O desejo é criado pela própria lei repressiva e não tem nenhum outro significado além de produzir inadvertidamente uma forma histórica específica. A lei que, conforme nossa expectativa, viria a reprimir um conjunto de desejos supostamente anteriores à própria lei é bem-sucedida em nomear, delimitar e, assim, conferir significado e possibilidade social precisamente àqueles desejos que pretendia erradicar.

A "lei", no entanto, é codificada e produzida por meio de certas práticas discursivas, e assim tem sua própria modalidade linguística historicamente específica. A medicina, a psiquiatria e a criminologia tornam-se domínios nos quais o desejo é, ao mesmo tempo, regulado e produzido, em que, de fato, a regulação do desejo é o modo de sua produção cultural. Se a lei repressiva constitui o desejo que deve controlar, então não faz sentido apelar para aquele desejo constituído como o oposto emancipatório da repressão. Para Foucault, de fato, o desejo consiste na consequência involuntária da lei. E, na medida em que a lei é reproduzida por meio de práticas discursivas determinadas, essas práticas participam da produção cultural do desejo. Em uma elaboração política das premissas estruturalistas, Foucault afirma que (a) a linguagem está sempre estruturada em uma forma histórica específica e é, por isso, sempre um tipo de *discurso*; (b) esse discurso invariavelmente recapitula e produz determinadas relações históricas de poder; e (c) esses discursos plenos de poder produzem o desejo por meio de suas práticas reguladoras. Assim, para Foucault, não há desejo fora do discurso e nenhum discurso livre das relações de poder. A noção foucaultiana de discurso inclui funções que ultrapassam aquelas dos modelos emancipatórios convencionais. O discurso não é nem uma reflexão epifenomenal das relações materiais, nem um instrumento de dominação, nem um sistema convencional de signos que corporifica princípios universais de comunicação. Em suas palavras,

> [...] deve-se conceber o discurso como uma série de segmentos descontínuos, cuja função tática não é uniforme nem estável. [...] não se deve imaginar um mundo do discurso dividido entre o discurso admitido e o discurso excluído, ou entre o discurso dominante e o dominado; mas, ao contrário, como uma multiplicidade de elementos discursivos que podem entrar em estratégias diferentes (Foucault, 2014b, p. 111-112 [1980b, p. 100]).

A emancipação não pode ser uma ascensão a um poder livre do discurso, porque, para Foucault, poder e discurso se tornaram coextensivos. Se há um poder emancipatório no discurso, esse poder deve ser da transformação, e não da transcendência do poder. Para Foucault, "o discurso pode ser, ao mesmo tempo, instrumento e efeito de poder, e também obstáculo, escora, ponto de resistência e ponto de partida de uma estratégia oposta. O discurso veicula e produz poder; mas também o mina, expõe, debilita e permite barrá-lo" (Foucault, 2014b, p. 112 [1980b, p. 100]).

A configuração binária do poder em termos de repressão/emancipação reduz a multiplicidade das relações de poder a duas alternativas unívocas que mascaram a textura matizada do poder. Essas construções, mesmo quando se pretendem emancipatórias, têm como resultado uma restrição da imaginação política e, assim, das possibilidades de transformação política, na medida em que "o poder está em toda parte. Não porque englobe tudo e sim porque provém de todos os lugares" (Foucault, 2014b, p. 101 [1980b, p. 93]). O modelo emancipatório do poder permanece restrito às formas jurídicas que se tornaram hegemônicas, mas que, por esse motivo, não são nem universais nem necessárias. Como Deleuze, Foucault apela às formas *produtivas* de poder que, em grande parte, passaram despercebidas nas teorias modernas de emancipação política. No entanto, diferentemente de Deleuze, ele rejeita qualquer noção pré-cultural de "desejo verdadeiro" e concebe a transformação política como uma função de *proliferação* das configurações de poder e sexualidade. A teoria nietzschiana das forças, que, para Deleuze, caracteriza a ontologia pré-cultural do desejo, torna-se para Foucault uma teoria do *poder* discursivo, historicamente constituído e condicionado pela ruptura das formas monárquicas de governo e pela ubiquidade da guerra moderna. Porque o discurso é fundamentalmente determinado pela situação da dinâmica moderna de poder, e porque o desejo apenas é articulado e implementado nos termos desse discurso, desejo e poder são coextensivos, e qualquer teoria que postula o desejo como "além" do poder é, em termos modernos, uma impossibilidade cultural e política, ou, pior, uma implementação reacionária do poder que oculta a si mesma pela negação explícita de suas relações de poder constitutivas.

A hegemonia do poder jurídico e das leis reguladoras e proibitivas se infiltra na sociedade civil, nas formas culturais de vida e nas teorias de organização e desenvolvimento psíquico. Foucault identifica a psicanálise como a derivação cultural das relações de poder monárquicas, ou seja, como a esfera discursiva na qual a lei jurídica passa a governar a vida afetiva. O discurso psicanalítico não apenas interpreta o trabalho da repressão e do desejo, mas também cria ou produz um novo arranjo de relações de poder para o desejo.

Compreender o desejo no enquadramento da sexualidade e da repressão necessita da *confissão* como momento emancipatório desse desejo. A "cura pela palavra" não alivia o desejo do paciente, mas se torna a vida renovada do desejo: a própria confissão passa a ser erotizada. Porque não há desejo que alivie o poder, a confissão torna-se sua própria forma de poder produtivo, e o desejo é transmutado em discurso confessional. Assim, o tratamento psicanalítico do desejo não resulta em uma catarse, mas numa proliferação do desejo como discurso confessional; não há um desejo "originário" sobre o qual se fala, mas "falar" torna-se a nova forma histórica do desejo; o desejo é verbalizado, e a verbalização se torna oportunidade para o desejo. Foucault pretende demonstrar uma consequência involuntária do discurso psicanalítico, a saber, que o poder jurídico da repressão se transforma em poder produtivo do discurso, e que não há, em nenhum lugar, um desejo originário ou pré-linguístico que possa ser trazido à luz. Porque a psicanálise estabeleceu a sexualidade como domínio discursivo do desejo, Foucault conclui que sexualidade e poder, em suas variadas formas, são termos coextensivos. A superação da repressão não implica a transcendência das relações de poder; o discurso de emancipação passa a produzir o desejo em seus próprios termos. Foucault afirma: "não [devemos] acreditar que dizendo-se sim ao sexo se está dizendo não ao poder" (Foucault, 2014b, p. 171 [1980b, p. 157]).

Ao questionar as origens e a hegemonia da lei jurídica, Foucault aprimora o desafio político que Deleuze lançou à psicanálise. Ele reconhece que a teoria psicanalítica lacaniana consiste em um aprimoramento das teorias que imputam um estatuto ontológico às pulsões e aos instintos pré-linguísticos, mas ressalta o fracasso da interpretação estruturalista lacaniana em considerar o poder fora de sua forma jurídica ou proibitiva: "o que distingue uma análise da outra, a que é feita em termos de repressão dos instintos e a que se faz em termos de lei do desejo é, certamente, a maneira de conceber a natureza e a dinâmica das pulsões; não é a maneira de conceber o poder" (Foucault, 2014b, p. 90 [1980b, p. 82-83]). Embora Lacan tenha dispensado a noção de desejo como uma "energia rebelde a subjugar [...] uma energia selvagem, natural e viva provinda de baixo [...]" (Foucault, 2014b, p. 89 [1980b, p. 81]), ele ainda manteve a crença em um desejo verdadeiro anterior à repressão, um fenômeno que poderia, segundo Foucault, anunciar um "fora" do discurso. Para Foucault, a lei repressiva consiste no momento discursivo de *produção* do desejo, e não de sua *negação*: "Não se trata de imaginar que o desejo é reprimido, pela boa razão de que é a lei que é constitutiva do desejo e da falha que o instaura. A correlação de poder já estaria lá onde está o desejo: ilusão, portanto, denunciá-lo numa repressão exercida *a posteriori*; vão, também, partir à cata de um desejo exterior ao poder" (Foucault, 2014b, p. 89 [1980b, p. 81]).

O modelo jurídico do desejo apenas permite dois tipos de tática: a "promessa de liberação" (Deleuze, Marcuse) ou a "afirmação [...] de que sempre já se está enredado" (Foucault, 2014b, p. 91 [1980b, p. 83]) (Lacan). Nos dois casos, as restrições binárias feitas sobre o desejo permanecem intactas. Assim, Foucault conclui que a genealogia do poder jurídico deve ser reconstruída e exposta, e as possibilidades de uma resposta para esse modelo que escapa às restrições binárias devem ser perseguidas. Com efeito, Foucault afirma que tanto a visão psicanalítica quanto a liberacionista se circunscrevem em um impasse dialético condicionado por uma falsa premissa. Apenas ao superar o modelo jurídico do poder as modalidades do desejo estarão livres das alternativas binárias da repressão e da emancipação:

Quer o desejo seja isso ou aquilo, de todo modo continua-se a concebê-lo relativamente a um poder que é sempre jurídico e discursivo – poder cujo ponto central se encontra na enunciação da lei. Permanecemos presos a uma certa imagem do poder-lei, do poder-soberania que os teóricos do direito e a instituição monárquica tão bem traçaram. E é dessa imagem que precisamos liberar-nos, isto é, do privilégio teórico da lei e da soberania [...] (Foucault, 2014b, p. 98-99 [1980b, p. 89]).

O que Lacan compreendia como uma proibição culturalmente universal contra o incesto, e o que Deleuze referia como a moral escrava inculcada pelo capitalismo e a psicanálise, é reformulado por Foucault como a regra da monarquia que, aparentemente, produziu "sujeitos" cujos desejos são inevitavelmente vinculados à negatividade. A presença do negativo é entendida culturalmente como o efeito da lei jurídica, transcrita no discurso psicanalítico como um mecanismo repressivo e manifestada em textos filosóficos como a negatividade ontológica da vida humana – a "falta" que é o sujeito humano. Para Foucault, *a passagem da negatividade à plenitude é entendida, então, como um problema de mudança de paradigmas políticos*. Essa mudança não pode ser uma inversão dialética, e, assim, uma afirmação involuntária da autoidentidade do poder jurídico – esse foi o erro das posições que imputaram um potencial intrinsecamente emancipatório ao desejo. O problema para Foucault é tramar uma tática de subversão não dialética, um posicionamento além do assujeitamento e da rebelião que altera de maneira fundamental a forma do nexo cultural do poder e do desejo. A noção foucaultiana de poder claramente remete à teoria das forças elaborada por Deleuze e Nietzsche. Na *História da sexualidade*, no entanto, podemos compreender a apropriação de Foucault da teoria das forças no contexto de uma dialética hegeliana em ruínas. Foucault radicaliza a crítica da autonomia hegeliana, assim como os pressupostos de progresso da noção de mudança histórica em Hegel. A consequência é que sua dialética perde o rumo tanto do sujeito quanto de sua conclusão teleológica. A seguir, mostrarei como essa dialética sem rumo evolui em um princípio de identidade, e em que termos Foucault estabelece a mudança de um modelo jurídico para um modelo produtivo de desejo. Finalmente, levarei em conta se a tática foucaultiana de subversão é tão não dialética quanto ele defende e, em particular, se a luta de vida e morte em Hegel não reaparece em sua obra para descrever a situação contemporânea do desejo.

Em minha breve consideração acerca das consequências inesperadas do modelo jurídico de poder na prática psicanalítica, vimos um exemplo da mudança do poder jurídico ao produtivo. Nesse caso, o postulado da repressão necessitava da cura pela palavra como um modelo de emancipação (limitada), mas essa mesma cura acabava por ser uma elaboração, e não uma catarse, do desejo. Em vez de retornar ao desejo reprimido, encontramos um desejo produzido por meio da lei de repressão que involuntariamente fez surgir o discurso confessional como o novo lócus histórico da sexualidade e do desejo. As possibilidades eróticas da confissão tornaram-se, nos termos de Foucault, exemplos do desejo produtivo, em si mesmo produzido pelo modelo jurídico, mas em essência excedendo esse modelo. Para que o modelo jurídico funcionasse, o desejo seria reprimido e, então, recuperado, de modo a favorecer um retorno ao sentido original de desejo. Em termos hegelianos, a aparente alienação do sujeito com relação a si mesmo seria recuperada pelo trabalho da prática psicanalítica. Foucault aponta que a prática psicanalítica determina o desejo mesmo quando o interpreta, e porque o desejo *é* sua função discursiva, e a psicanálise, em seu contexto discursivo contemporâneo, não pode recuperar o desejo, mas, pelo contrário, *produzi-lo*.

O modelo jurídico do poder afirma uma relação externa entre desejo e poder, de modo que o poder se exerce no desejo, e o desejo é, ao mesmo tempo, silenciado e censurado em virtude desse poder, ou ressurge em uma forma substitutiva que encobre de maneira adequada seus intuitos ofensivos. Seja como for, o modelo jurídico mantém o pressuposto de um desejo original e primário para o qual se *pode* retornar, e se *deve* retornar se o estranhamento característico à neurose for superado. No caso de Lacan, esse retorno ao desejo original não é possível, mas sua inacessibilidade não exclui a insistência em sua integridade ontológica. A teoria foucaultiana do discurso produtivo sugere que a própria noção de um desejo original é fabricada pelo modelo jurídico na tentativa de consolidar e reforçar seu poder. De fato, tanto o sujeito quanto seu desejo escondido são construções implementadas por um discurso jurídico em nome dos interesses da autoamplificação. Mas o modelo jurídico sempre contém a possibilidade de subverter a si mesmo à medida que seus mecanismos confessionais de controle do desejo tornam-se involuntariamente lócus para a produção do desejo, isto é, quando a confissão psicanalítica é ela mesma erotizada, a cena de culpa é confundida com a cena de prazer, e são criadas novas possibilidades de prazer no interior das práticas discursivas. De fato, onde quer que exista uma regulação discursiva do prazer, existe também uma erotização da regulação e uma transformação da cena repressiva na oportunidade para um jogo erótico. Assim, a lei se desvia do intuito repressivo por meio de sua reimplementação como fonte de prazer. À maneira dialética, a aparente oposição entre desejo e lei é subvertida por uma reviravolta irônica, e veremos, ainda, que essa reviravolta resiste a se adaptar em uma nova unidade dialética.

Na *Fenomenologia*, consideramos a dialética autossubversiva da dominação e da opressão no contexto do senhor e do escravo. Lá, a oposição dialética entre essas duas figuras era reconciliada por meio da emergência de uma noção aprimorada de sujeito. Para Foucault não há tal sujeito, e, assim, as oposições binárias fracassam em aderir a tal lei de imanência. Em vez disso, as oposições binárias – incluindo as oposições dos modelos jurídicos de poder – tendem a criar efeitos a rigor imprevistos, multiplicados e proliferados em novas formas de poder que não podem ser adequadamente explicadas nos termos da oposição binária. Para Hegel, as consequências imprevistas da oposição binária são finalmente reveladas como dimensões não reivindicadas e não recuperadas do próprio sujeito. *Para Foucault, as consequências imprevistas das oposições binárias nem iluminam o sujeito que envolvem nem restituem o sujeito a uma concepção aumentada de seu lugar ontológico. Porque as relações de poder produzidas pelo discurso não pertencem a um sistema de relações unificado e preestabelecido, são indicadores da incessante dispersão do sujeito – a impossibilidade de retorno a uma unidade dialética.*

Enquanto o sujeito hegeliano resolve a oposição binária que encontra ao recuperar uma concepção expandida de identidade, o sujeito foucaultiano vai sendo instruído a respeito da sua crescente falta de agência e, concomitantemente, do crescente poder do discurso, que está sempre aumentando. O discurso, de fato, parece cobiçar o poder da agência, "implementando", "produzindo", "intencionando" e "selecionando" seus meios. Em uma entrevista,[89] perguntam a Foucault que sentido pode ser dado a uma estratégia que não seja iniciada pelo sujeito. Ele responde que é possível compreender como uma "estratégia global, coerente, racional. Entretanto, não é possível mais dizer quem a concebeu" (Foucault, 1979, p. 252 [1980c, p. 198]). E, embora não haja sujeito, argumenta, há um efeito de finalização "em relação a um objetivo" (Foucault, 1979, p. 253 [1980c, p. 198]). O sujeito não é de todo um epifenômeno, embora seja determinado, quase inteiramente, por estratégias prévias. Essas estratégias são compreendidas como trocas de poder, e os sujeitos humanos e seus desejos são instrumentos da autoimplementação

---

[89] A autora refere-se à entrevista "Le Jeu de Michel Foucault", publicada originalmente em *Dits et écrits III* e traduzida, em língua portuguesa, em *Microfísica do poder* sob o título "Sobre a história da sexualidade" (Foucault, 1979, p. 243-276 [1980c, p. 194-228]). [N.T.]

desse poder. Foucault entende os problemas relativos a essa personificação do discurso e do poder e caracteriza sua teoria da seguinte forma: "[...] devemos ser nominalistas: o poder não é uma instituição nem uma estrutura, não é uma certa potência de que alguns sejam dotados: é o nome dado a uma situação estratégica complexa numa sociedade determinada" (Foucault, 2014b, p. 101 [1980b, p. 93]). Em outro contexto, escreve: "O poder não existe. [...] Na realidade, o poder é um feixe de relações mais ou menos organizado, mais ou menos piramidalizado, mais ou menos coordenado" (Foucault, 1979, p. 248 [1980c, p. 198]).

Atribuir um sentido original ao poder, assim como postular um sentido original para o desejo, seria um erro. Foucault insiste na polivalência do poder; é um movimento dominante mais ou menos sistemático que se modifica através da força das divisões e multiplicações internas. Não se trata de uma substância autoidêntica que se manifesta no curso da vida cotidiana, mas de uma relação que é continuamente transformada em virtude da passagem pelos pontos nodais do dia a dia. Na ausência de uma origem distinta e unificada, o poder é um tipo de propósito em constante desenraizamento no mundo. A história do poder não é a reconstrução de uma progressão dialética ou contínua, mas uma série de inovações que escapam às explicações cosmogônicas, o poder é o próprio processo de transmissão e transformação, uma história desses processos, sem a narrativa coerente e o desfecho característicos da *Fenomenologia*. Foucault se mantém, então, um dialético tênue, mas sua dialética é uma dialética destituída de sujeito e teleologia, uma dialética desancorada, na qual a constante inversão de opostos conduz não à reconciliação na unidade, mas à proliferação de oposições que vêm a minar a hegemonia da própria oposição binária.

Embora Foucault por vezes faça referência à mudança entre os modelos de poder jurídicos e produtivos como se, em um mundo não mais estruturado em termos hegelianos, fossem inevitáveis, ele também deixa claro que essa mudança consiste não em uma pura necessidade lógica, mas, ao contrário, em uma condição de circunstâncias históricas. Em um giro surpreendente de sua argumentação, ele atribui a emergência do poder produtivo nos tempos modernos à crescente influência cultural e política da guerra:

> Trata-se, em suma, de orientar, para uma concepção do poder que substitua o privilégio da lei pelo ponto de vista do objetivo, o privilégio da interdição pelo ponto de vista da eficácia tática [...]. O modelo estratégico, em vez do modelo do direito. E isso não por escolha especulativa ou preferência teórica, mas porque é efetivamente um dos traços fundamentais das sociedades ocidentais o fato de as correlações de forças que por muito tempo

tinham encontrado sua principal forma de expressão na guerra, em todas as formas de guerra, terem se investido, pouco a pouco, na ordem do poder político (Foucault, 2014b, p. 111-112 [1980b, p. 102]).

De acordo com Foucault, a guerra tornou-se a experiência contemporânea do poder, e a sociedade civil se estruturou como uma zona ocupada. Em um tipo peculiar de vocabulário materialista, Foucault parece compreender a guerra como uma base determinante da experiência. Em seu rastro são produzidas variadas formas de racionalidade e sexualidade. Embora descreva uma mudança entre os modelos jurídicos e produtivos de poder com base na experiência da guerra, ele não parece concordar que a própria guerra seja um bom modo de vida. Ao contrário, Foucault parece estar ciente das relações de poder na medida em que elas se estruturam em termos contemporâneos, sugerindo que quaisquer que sejam os modos disponíveis de transformação política e cultural, eles estão necessariamente disponíveis nos temos da guerra. Assim, se as relações de poder contemporâneas são, ao menos implicitamente, relações de guerra, devemos olhar para as "táticas", "estratégias", "implementações" e "instrumentalizações" para encontrar nosso caminho para fora delas ou, ao menos, por elas.

A questão que nos diz respeito é como o desejo deve ser concebido como parte da experiência da guerra. A resposta de Foucault parece ser que até mesmo a sexualidade tomou para si os termos da "luta pela vida", e que a consequência involuntária da oposição que se assemelha à guerra é a intensificação do valor da vida. O desafio difundido pelas guerras contra a vida criou, de maneira involuntária, a intensificação e a multiplicação dos prazeres corpóreos, a promoção de um vitalismo sexual. Assim, a vontade de potência, entendida como afirmação da vida, tornou-se, para Foucault, consequência involuntária da tentativa de negar a vida, manifesta culturalmente como a experiência da sexualidade como uma luta vital, experiência determinada pela presença generalizada das relações de guerra em toda sociedade civil. Para Foucault, assim, o desejo de afirmação da vida nietzschiana tornou-se a possibilidade cultural inerente ao último século:

> Desde o século passado, as grandes lutas que põem em questão o sistema geral de poder já não se fazem em nome de um retorno aos antigos direitos, ou em função do sonho milenar de um ciclo dos tempos e de uma "Idade do ouro". Já não se espera mais o imperador dos pobres nem o reino dos últimos dias, nem mesmo o restabelecimento apenas das justiças que se creem ancestrais; o que é reivindicado e serve de objetivo é a vida, entendida como as necessidades fundamentais, a essência concreta do homem,

a realização de suas virtualidades, a plenitude do possível. Pouco importa que se trate ou não de utopia; temos aí um processo bem real de luta; a vida como objeto político foi de algum modo tomada ao pé da letra e voltada contra o sistema que tentava controlá-la. Foi a vida, muito mais do que o direito, que se tornou o objeto das lutas políticas [...] (Foucault, 2014b, p. 156-157 [1980b, p. 144-145]).

Para Foucault, as "lutas políticas" são muito mais caracterizadas pelo poder produtivo do que pelo poder jurídico, pela "vida, muito mais do que pelo direito", mas porque sabemos que sexualidade e poder são coextensivos (Foucault, 2014b, p. 157 [1980b, p. 145]), a vida se caracteriza também pela luta da sexualidade. Além disso, fica claro que em Foucault os maiores adversários nas guerras se tornaram as forças a favor e contra a vida, porque as relações de guerra determinam relações de poder, e relações de poder determinam relações sexuais, faz sentido concluir que, para ele, o desejo se tornou uma luta de vida e morte.

Vimos como Foucault voltou-se a uma preocupação essencialmente hegeliana a respeito da vida e da morte e, ao mesmo tempo, a uma preocupação nietzschiana na perspectiva das forças da afirmação, triunfantes sobre as da negação. Desse ponto de vista, não fica claro se Foucault, como Deleuze, argumenta a favor de uma ontologia do desejo que se aproxima da vontade de potência nietzschiana – isto é, uma releitura de Nietzsche da luta hegeliana de vida e morte – ou se ele descreve adequadamente uma forma de desejo sem precedentes e historicamente condicionada. Podemos aceitar que a análise de Foucault a respeito da guerra moderna seja essencialmente sobre sobrevivência, em especial se considerarmos os efeitos da ameaça nuclear; mas a questão que permanece é se a afirmação do vitalismo como elemento constitutivo a todas as lutas políticas contemporâneas é historicamente contingente ou uma ontologia universal, ou seja, uma premissa nietzschiana sobre a vontade de potência que, em certo sentido, é anterior a qualquer uma das observações históricas foucaultianas. Anteriormente, em *História da sexualidade*, Foucault faz alusão à derrocada dos modelos jurídicos de poder porque são, em suas palavras, "antienergia" (Foucault, 2014b, p. 93 [1980b, p. 83]). Embora Foucault seja, em geral, crítico às teorias que atribuem características naturais ao desejo antes da aculturação e do discurso, nesse momento ele parece estar fazendo exatamente isso. Ele argumenta, contra Freud, que "não se deve descrever a sexualidade como um ímpeto rebelde, estranha por natureza e indócil por necessidade, a um poder que [...] esgota-se na tentativa de sujeitá-la [...]" (Foucault, 2014b, p. 112 [1980b, p. 103]). Parece, contudo, que a vontade de viver, a vontade de poder[90] é precisamente tal "ímpeto" no próprio discurso de Foucault.

Além disso, ao descrever a derrocada dos modelos jurídicos de poder, Foucault acusa tais modelos de subjugar a energia de afirmação da vida inerente ao poder produtivo. Parece, então, que o poder jurídico age "juridicamente" sobre o poder produtivo, que, como o Eros de Marcuse ou a vontade de potência internamente diferenciada de Deleuze, consiste em um desejo reprimido por muito tempo clamando por emancipação. Seja como pura energia, vontade de potência ou a própria vida, o desejo produtivo parece ser menos um desejo historicamente *determinado* e mais um desejo historicamente *ocasionado* que, em sua origem, consiste em uma invariabilidade ontológica da vida humana. Foucault faz essa afirmação quando define a "vida" como "a essência concreta do homem, a realização de suas virtudes, a plenitude do possível" (Foucault, 2014b, p. 156-157 [1980b, p. 145]).

Foucault atribui o pensamento binário ao domínio do poder jurídico, mas parece que até mesmo sua distinção entre poder jurídico e produtivo é, em si, uma distinção jurídica e binária, a oposição entre vida e antivida, afirmação e negação. Além disso, parece que, para sua própria existência, o poder produtivo se ampara em seu oposto, o poder jurídico; é no curso da luta e da resistência que a vida alcança sua vitalidade, sua produtividade essencial. Assim, a afirmação parece condicionada pela ameaça da negação, como o sujeito hegeliano que, ao arriscar a própria vida, sofre a ameaça da morte e resolve, então, dar valor e sustentar a vida pelo resto de sua jornada.

Ao conceber o desejo como aquilo que se desperta no percurso da luta e da resistência, Foucault parte do princípio de que a dominação sempre

---

[90] "*It seems [...] that the will-to-live, the will-to-power, is precisely such a 'drive' in Foucault's own accepted discourse.*" A tradução do conceito de "*Wille zur Macht*" é bastante debatida nas edições brasileiras da obra de Nietzsche, que variam entre "vontade de poder" e "vontade de potência" – a esse respeito ver, para citar um exemplo, o prefácio de Marcos Sinésio Pereira Fernandes e Francisco José Dias de Moraes em *Vontade de poder* (Contraponto, 2008). Cientes dessa discussão, optamos por manter o termo "vontade de potência" para "*will-to-power*", acompanhando as decisões das traduções brasileiras da obra de Deleuze, para quem a escolha do termo "potência" ressoa uma forte influência espinosana. Nesse caso, contudo, nossa decisão encontra um razoável limite de intraduzibilidade entre a língua inglesa e a francesa. Isso, porque se, em inglês, "*power*" denota tanto "poder" quanto "potência", "*pouvoir*" e "*puissance*" em francês, esses termos são fundamentais para os pensamentos de Foucault e Deleuze. Butler sustenta, aqui, um jogo de linguagem entre "*will-to-live*" e "*will-to-power*", mas o contexto em que a autora constrói sua argumentação se dá em torno da discussão foucaultiana de poder e sexualidade – nesse sentido, vontade de viver e vontade de poder aparecem como termos correlatos. [N.T.]

produz efeitos. Por um lado, parece que Foucault minimiza os efeitos da dominação – especialmente da dominação sexual – como uma instituição que efetivamente pode excluir qualquer resposta em geral. No fim das contas, o que significa distinguir entre uma dominação produtiva e uma forma de dominação efetivamente opressiva que imobiliza seu objeto como um todo? Por outro lado, Foucault talvez sugira apenas que há um sentido no qual a dominação possa ser geradora, e não que toda dominação seja produtiva de fato. Nessa segunda versão de sua teoria, acredito que a dominação deva ser entendida como uma relação dinâmica cuja saída nunca é fixada, no sentido em que a dominação efetiva imobiliza ou destrói seu objeto. Foucault parece sugerir que a dominação sexual, quando não submetida à coerção, remete a um jogo aberto. Sua oposição política à coerção é, de fato, evidente. Ao falar a respeito do movimento homossexual em uma entrevista, ele afirma: "É preciso, em primeiro lugar, considerar a questão da liberdade de escolha sexual. Eu digo liberdade de escolha sexual, e não liberdade de ato sexual, porque alguns atos, como o estupro, não deveriam ser permitidos, coloquem em causa um homem e uma mulher ou dois homens" (Foucault, 2014a, p. 158 [1982, p. 20]).

Na mesma entrevista, ao abordar o sadomasoquismo, Foucault descreve uma cena de conflito sexual feita para sustentar – e não resolver – a tensão sexual. Essa é uma versão do desejo que busca a própria reprodução e proliferação por meio da sustentação da luta e do conflito das forças envolvidas:

> O sadomasoquismo não é uma relação entre aquele (ou aquela) que sofre e aquele (ou aquela) que inflige seu sofrimento, mas entre um mestre e a pessoa sobre a qual se exerce sua autoridade. O que interessa aos adeptos do sadomasoquismo é o fato de que a relação é, ao mesmo tempo, submetida a regras e aberta. Ela se parece com um jogo de xadrez, porque um pode ganhar, e o outro, perder. O mestre pode perder, no jogo sadomasoquista, se ele se revela incapaz de satisfazer as necessidades e as exigências de sofrimento de sua vítima. Assim também, o escravo pode perder, se ele não consegue tolerar, ou se ele não suporta tolerar, o desafio que lhe lança seu mestre. Essa mistura de regras e de abertura tem como efeito intensificar as relações sexuais, introduzindo uma novidade, uma tensão e uma incerteza perpétuas, de que está isenta a simples consumação do ato. O objetivo é, também, utilizar cada parte do corpo como um instrumento sexual (Foucault, 2014a, p. 169 [1982, p. 50]).

Na descrição acima, Foucault parece defender a desejabilidade da insatisfação, sugerindo que o fracasso em alcançar uma resolução erótica dos opostos é, em si, uma experiência erótica. De maneira semelhante à defesa deleuziana de uma multiplicidade erótica afirmativa, a erótica foucaultiana de reviravoltas perpétuas é uma atividade produtiva que resiste à possibilidade de fechamento. Nesse sentido, a insatisfação não é mais lamentada, como em Sartre e Lacan, mas celebrada como signo de uma possibilidade erótica contínua. O fracasso em atingir uma satisfação final para o desejo é, em termos foucaultianos, uma conquista importante, o triunfo do Eros sobre uma lei imobilizante ou, dito de outra forma, a mobilização erótica da lei. De fato, para Foucault, o que em uma perspectiva hegeliana seria entendido como "fútil" é agora reapropriado como produtivo, gerador, afirmador da vida. Trata-se menos da resolução da oposição e mais de sua celebração erótica, que se torna o modelo normativo para o desejo. Foucault entende ainda melhor essa oposição geradora e esse jogo subversivo como característica da sexualidade em uma época pós-dialética:

> Talvez a emergência da sexualidade na nossa cultura seja um acontecimento com valor múltiplo: ela está ligada à morte de Deus e ao vazio ontológico que esta deixou nos limites do nosso pensamento; está também ligada à aparição ainda vaga e hesitante de uma forma de pensamento em que a interrogação sobre o limite substitui a busca da totalidade e em que o gesto da transgressão toma o lugar do movimento das contradições (Foucault, 2009, p. 44-45 [1977, p. 50]).

Reflexões finais sobre a "superação" de Hegel

Se Kojève interrompe o progresso da *Fenomenologia* na luta entre o senhor e o escravo, Hyppolite dá ênfase ao fluxo temporal da Vida como momento central do texto e Sartre reescreve a dialética do desejo e do reconhecimento, não devemos nos surpreender com o fato de Foucault, como Lacan, reformular a luta de vida e morte em termos contemporâneos. Tanto a recepção francesa quanto a crítica francesa de Hegel parecem, então, tomar posição no interior do quarto capítulo da *Fenomenologia*. De fato, é impressionante descobrir o quão regularmente até mesmo os mais tenazes pós-hegelianos parecem continuar fiéis às lutas fundadoras do sujeito de desejo de Hegel.

A ruptura de Foucault com a *Fenomenologia* parece ser apenas parcial. Na *Fenomenologia*, a mera afirmação da vida é inadequada, porque a vida deve ser repetidamente mantida. Isso é necessário para a emergência do escravo que trabalha sobre a vida e, por meio desse trabalho, aprende os parâmetros da autorreflexão, uma capacidade que por fim o conduz à própria revolta.

Claramente, para Foucault, o discurso sobre a vida não se ocupa do desenvolvimento do trabalhador autônomo, pois isso instituiria um *telos* sobre a vida que é outro para ela mesma, e esse ideal normativo, que é um ideal, provaria ser antivida. Em uma transvaloração nietzschiana de Hegel, Foucault parece valorizar a afirmação da vida como o ideal mais elevado, um ideal que trabalha a serviço da vida e, assim, não pode ser parte de nenhuma moral escrava. A vida, no entanto, não se afirma em um simples ato autogerador; ela exige resistência e luta, exige também o domínio dos Outros, assim como uma forma de luta. Ao admitir isso, Foucault parece estar ciente de que a própria promoção da vida exige um modo de vida, e que esse modo de vida consiste em certo tipo de luta. Para Foucault, a sexualidade se tornou justamente tal modo de vida, o lócus contemporâneo de luta devido à gestão jurídica da reprodução a serviço das políticas de controle populacionais (Foucault, 2014b, p. 151 [1980b, p. 140]). A colonização da tecnologia reprodutiva, o isolamento médico da homossexualidade, a histerização dos corpos das mulheres e a psiquiatrização das perversões têm sido estratégias médico-legais para submeter a sexualidade aos interesses dos discursos jurídicos. A categoria "sexo" como um significante unívoco é de um constructo tão politicamente motivado quanto a categoria "desejo", na qual, segundo Foucault, falta o que faz da sexualidade um discurso complexo.

A sexualidade é, para Foucault, um domínio de conflito – um domínio no qual os desejos afirmadores da vida se produzem no percurso da luta e da oposição. Ao erotizar a relação entre senhor e escravo, Foucault parece vislumbrar a minuciosa erotização do corpo como consequência da *jouissance* sadomasoquista, uma erotização da dominação e da submissão produtora de intensidades e prazeres involuntários, que proliferam tipos de prazer e, assim, fazem todo o campo das forças sexuais trabalhar contra a redução e a localização jurídicas do prazer erótico. A dominação, nessa luta, não resulta em opressão – isso seria a consequência de uma relação jurídica de poder. Ao contrário, a dominação engendra uma resposta involuntária e criativa. O poder produtivo no domínio sexual passa a ser entendido, então, como um tipo de improviso erótico, a versão sexual da criação de valores afirmadores da vida defendida por Nietzsche.

Como Deleuze, Foucault parece dar valor à vida como domínio da pura possibilidade, na qual a restrição e a proibição pertencem às forças antivida. Resistência e luta tomam o lugar da lei ou, poderíamos dizer, *são* a lei, que perdeu sua rigidez e tornou-se maleável – a plasticidade da lei. Em sua forma rígida, a lei cria o desejo como falta, mas em sua plasticidade cria "a plenitude do possível", o desejo como ato criativo, lócus de inovação, a produção de novos significados culturais. Como em Hegel, o desejo não chega ao próprio limite em nenhuma parte, ou seja, é um "impulso absoluto" que apenas atende sua satisfação na experiência do infinito de um lado a outro na cena dialética. Essa noção de *jouissance*, que Sartre chama de imaginário e Lacan chama de "Ser", e que Deleuze e Foucault entendem como afirmação da vontade de potência, parece ser o que Hegel tinha em mente quando escreveu não apenas que o infinito é consciente de si, mas também que "a consciência-de-si é desejo".

No entanto, e sem dúvida, seria um erro concluir que esses esforços de superar a *Fenomenologia*, de Hegel, podem ser simplesmente assimilados no enquadramento de sua obra. Esse não é meu argumento. O sujeito hegeliano não pode mais ser animado, mesmo em um domínio imaginário, sem a tese de sua própria impossibilidade. Com Foucault, torna-se mais difícil fazer referência ao "desejo" sem se perguntar, em primeiro lugar, qual é o discurso histórico específico que produz o fenômeno. Tanto o "sujeito" quanto seu "desejo" sofreram o processo de historicização, e a suposta universalidade do discurso hegeliano torna-se cada vez mais suspeita. De fato, passa a ser crucial perguntar como esse sujeito é constituído, sob quais condições, e por que meios. Além disso, existem indivíduos concretos cujo desejo se aproxima do desejo do sujeito hegeliano? Qual será o seu gênero, e em que medida a oposição dialética pode ser considerada característica das relações binárias entre os sexos?

Entre os leitores franceses de Hegel, Julia Kristeva se destaca como quem mais se preocupa com uma crítica hegeliana feita do ponto de vista de um indivíduo corporificado, generificado. No livro *Revolution in Poetic Language* (1974 [1984]), ela critica o sujeito hegeliano como uma figura psicológica "paranoica", que nega a materialidade de seu corpo e as origens psicossomáticas da vida afetiva. "Desejo" é o nome dado à apropriação racionalista das pulsões, a resistência logocêntrica ao corpo anterior à significação convencional. Além disso, Kristeva se alinha à crítica feuerbachiana de Hegel que, afirma, "explicita a *base real* do aspecto totalizante e unificador [do sujeito hegeliano]. [Essa crítica] desvela que um certo tipo de relações sociais, a saber, a família a sociedade civil e o Estado, consiste na verdade da especulação hegeliana em seu aspecto *positivista*" (Kristeva, 1974, p. 125 [1984, p. 136-137]). Como Deleuze, Kristeva vê como a relação inicialmente hostil do sujeito com o Outro dá mostras de um tipo de moral do escravo, e argumenta que o capitalismo exige que cada indivíduo se oponha a todos os outros na competição por bens escassos. Distanciando-se de uma conclusão marxista para esse dilema, ela parece estar de acordo com Foucault a respeito da divisão binária dos agentes sociais em classes, que, em sua visão, seria uma extensão – e não uma crítica – da noção de sujeito. Para ela, o capitalismo induz a uma desordem esquizoide, para a qual a dissociação com o corpo é central. A identificação com um sujeito de desejo cujo principal intuito consiste na supressão da alteridade é inerente a uma personalidade altamente racionalista e paranoica que, por sua vez, é encorajada e cultivada pelas relações sociais capitalistas. Assim, Kristeva conclui que, "no Estado e na religião, o capitalismo exige e consolida o momento paranoico do sujeito: uma unidade que foraclui o outro e toma seu lugar" (Kristeva, 1974, p. 139 [1984, p. 139]).

A proposta de Kristeva é implodir essa estrutura monádica do sujeito pelo retorno ao corpo como um conjunto heterogêneo de pulsões e necessidades. Embora Lacan tenha argumentado que não pode haver retorno a essa heterogeneidade primária sem o rompimento do tabu do incesto, Kristeva afirma que tal retorno é o *meio* da linguagem poética. Os sons e ritmos da linguagem poética, sua plurivocidade de sentidos, remetem e reformulam uma relação infantil com o corpo materno. Essa linguagem tem um conjunto próprio de sentidos, mas esses sentidos não fazem parte da teoria lacaniana da significação ou, justamente, da maior parte das teorias linguísticas do significado. Para Kristeva, essa significação constitui a *semiótica*, uma noção explicada em *Desire in Language* (1977). Para resumir, a semiótica designa os aspectos somáticos da linguagem, incluindo o ritmo, o compasso da respiração e a polivalência da fala. Para Kristeva, a semiótica designa os "trabalhos das pulsões", irredutivelmente heterogêneos. A emergência da função *simbólica* da linguagem, como em Lacan, exige a internalização do tabu do incesto, que, segundo Kristeva, efetua a transição da fala semiótica para o simbólico. Embora se diga que a poesia recupera a semiótica, isso só acontece nos termos do simbólico; o retorno irrestrito à semiótica resultaria em um abandono dos sistemas culturais de comunicação e uma entrada na psicose.

Em suas especulações de *Desire in Language*, Kristeva sugere que as mulheres mantêm uma relação diferente com a semiótica em virtude da necessidade psicanalítica de identificação com a mãe, fundamental ao desenvolvimento sexual feminino. Seguindo Lacan, Kristeva argumenta que o simbólico constitui a lei do falo, e que todo o sistema de linguagem simbólica é predicado não só pela negação da dependência em relação ao corpo materno, que, como consequência, implica o repúdio ao feminino. O "sujeito" que emerge como resultado dessa repressão internalizada está necessariamente dissociado também de seu próprio corpo, um sujeito cuja unidade é conquistada à custa de suas próprias pulsões, e cuja negação é renomeada *desejo*.

Não muito distante dessa perspectiva está a afirmação de Simone de Beauvoir, em *O segundo sexo*, de que são os homens que, em geral, constituem o domínio dos sujeitos, e que as mulheres, nesse sentido, são o Outro. A contribuição de Kristeva a essa formulação é propor não uma igualdade entre sujeitos, mas a desconstrução crítica do sujeito em direção a suas origens psicossomáticas. Embora Kristeva siga uma narrativa psicanalítica das pulsões primárias que pode ser bastante questionável, ela demonstra, no entanto, um importante afastamento do programa hegeliano, uma virada do discurso sobre os desejos e sujeitos para uma perspectiva que considera, em primeiro lugar, o corpo do qual ou contra o qual o desejo emerge.

Nesse sentido, o procedimento metodológico de Kristeva mantém algumas semelhanças com Foucault, com exceção de sua crítica aos pressupostos psicanalíticos no que diz respeito à repressão e às pulsões. Para Foucault, o exame dos corpos exigiria uma reflexão sobre sua história, as condições institucionais de sua emergência em dadas formas e relações, a produção histórica de seus significados.

Para Kristeva, essa reflexão seria remetida à origem psicanalítica da identidade, em que supostamente se descobriria uma heterogeneidade primária da pulsão e do impulso, em seguida tornados uniformes por meio da internalização do tabu do incesto. Em certo sentido, a repressão é, para Kristeva, uma cena histórica invariável, o mecanismo pelo qual a natureza se transforma em história, uma verdade universal ou, ao menos, uma verdade altamente generalizada da cultura ocidental. Embora Foucault, sem dúvida, contrariasse a suposta primazia do tabu do incesto, e admitindo que ele teria argumentado que os mecanismos reguladores são mais variados e historicizados do que Kristeva acredita, sua posição se ocupa, de maneira muito semelhante, da construção do sujeito por meio da denegação do corpo e a heterogeneidade de seus impulsos.

Como Kristeva, Foucault propõe uma saída do discurso hegeliano sobre o desejo e se volta, por sua vez, a um discurso sobre os corpos. De maneira geral, esse projeto teria se alinhado sutilmente às questões feministas que compreendem que a situação histórica do corpo está, de maneira central, relacionada ao gênero e que tendem a reivindicar que as investigações sobre a estrutura e o intuito do desejo exigem um questionamento prévio a respeito das relações complexas do desejo e do gênero. Se o gênero é, como Beauvoir afirma, o corpo situado, então a "história dos corpos" proposta por Foucault deve, teoricamente, incluir também uma história do gênero. No entanto, na *História da sexualidade* e em sua breve introdução ao diário de Herculine Barbin, Foucault aborda a categoria sexo como um produto peculiar do discurso sobre a sexualidade: "[...] a noção de 'sexo' permitiu agrupar, de acordo com uma unidade artificial, elementos anatômicos, funções biológicas, condutas, sensações e prazeres e permitiu fazer funcionar essa unidade fictícia como princípio causal, sentido onipresente, segredo a descobrir em toda parte: o sexo pôde, portanto, funcionar como um significante único e como significado universal" (Foucault, 2014b, p. 168 [1980b, p. 154]). O fato de o corpo ser representado como pertencente a um dos dois sexos é a evidência de um discurso regulador cujas categorias tornaram-se constitutivas à própria experiência, e que agora aparece, em sua forma sedimentada, como um fenômeno plenamente naturalizado. Assim, Foucault está menos interessado na questão feminista e mais no deslocamento geral dos discursos reguladores sobre a sexualidade como aqueles que criam a categoria de sexo. Além disso, Foucault observa que a oposição às formas jurídicas da sexualidade não deve operar dentro dos termos do discurso sobre o desejo: "Contra o dispositivo de sexualidade, o ponto de apoio do contra-ataque não deve ser o sexo-desejo, mas os corpos e os prazeres" (Foucault, 2014b, p. 171 [1980b, p. 157]).

Essa crítica do "sujeito desejante" e a proposta de, em seu lugar, escrever uma história dos corpos consiste na maior reorientação conceitual que, se bem-sucedida, assinalaria o fechamento definitivo da narrativa de Hegel sobre o desejo. Na introdução do segundo volume da *História da sexualidade*, Foucault descreve o contexto histórico específico em que o sujeito do desejo desempenhou seu papel principal:

> [...] o estudo dos modos pelos quais os indivíduos são levados a se reconhecerem como sujeitos sexuais me colocava dificuldades bem maiores. A noção de desejo ou a de sujeito desejante constituía, então, senão uma teoria, pelo menos um tema teórico geralmente aceito. A própria aceitação parecia estranha: com efeito, era esse tema que se encontrava, segundo certas variantes, no centro da teoria clássica da sexualidade, como também nas concepções que buscavam dela apartar-se (Foucault, 2012, p. 11 [1985, p. 5]).

Foucault explica que essa concepção fora herdada dos séculos XIX e XX, "de uma longa tradição cristã" cujas próprias referências à "carne" como, ao mesmo tempo, limitação e tentação produziam seres humanos profundamente caracterizados pela insatisfação do desejo. Foucault chama atenção contra a simples aceitação desse enquadramento conceitual na investigação histórica da sexualidade e propõe, por sua vez, uma investigação genealógica de como o sujeito do desejo foi produzido historicamente. Ele explica:

Com isso, não me refiro a fazer uma história das concepções sucessivas do desejo, da concupiscência ou da *libido*, mas analisar as práticas pelas quais os indivíduos foram levados a prestar atenção a eles próprios, a se decifrar, a se reconhecer e se confessar como sujeitos de desejo, estabelecendo de si para consigo uma certa relação que lhes permite descobrir, no desejo, a verdade de seu ser, seja ele natural ou decaído (Foucault, 2012, p. 11-12 [1985, p. 5]).

O método foucaultiano de investigação genealógica consiste em levar em conta como dada "verdade" é produzida a partir de um conjunto de relações de poder como um momento estratégico da autoampliação desse poder. A "verdade" da relação entre desejo e sujeito, a "verdade" que é aparentemente latente em todo desejo e constitui o segredo, a essência do sujeito em si mesmo, é uma ficção que dado discurso, de fato, que toda a história dos discursos ocidentais, exigiu. Se o desejo pode ser dito como o que revela a verdade do sujeito humano, então a investigação de si mesmo promete a verdade do sujeito. E, com essa postura tão santificada, tanto o "si mesmo" quanto sua "verdade" são localizados de forma imanente no interior do círculo reflexivo do pensamento. E se Foucault estivesse certo, e se o conceito de um desejo imanentemente filosófico fundamentasse o conceito subsequente do sujeito e de sua verdade? Assim, a narrativa de Hegel entraria plenamente no domínio do fantástico, e a genealogia exigiria que fenomenologia levasse em conta as condições histórias escondidas em sua própria estrutura.

Mas o que justifica a virada de Foucault em direção à história dos corpos, e quais são as implicações de comprometer a investigação sobre o desejo em nome de uma investigação que toma o corpo como tema primário? Foucault argumentaria que os discursos jurídicos se preocuparam principalmente com a regulação dos corpos e que essa história deixou seu legado, por assim dizer, *sobre* os corpos contemporâneos. Em termos foucaultianos, "o corpo: superfície de inscrição dos acontecimentos (enquanto a linguagem os marca e as ideias os dissolvem), lugar de dissociação do Eu (ao qual ele tenta atribuir a ilusão de uma unidade substancial), volume em perpétua pulverização" (Foucault, 2000, p. 267 [1977, p. 148]). A tarefa da genealogia, segundo ele, é então "[...] mostrar o corpo inteiramente marcado pela história, e a história destruindo o corpo" (Foucault, 2000, p. 267 [1977, p. 148]).[91]

---

[91] Tradução brasileira modificada por nós: "[...] mostrar o corpo inteiramente marcado pela história, e a história arruinando o corpo" (Foucault, 2000, p. 267). [N.T.]

A dissociação do Eu é entendida como uma criação sublimada do corpo reprimido juridicamente, o que sugere que o Sujeito é em si mesmo uma ficção baseada na regulação do corpo (aqui, a teoria de Foucault remete claramente à *Vontade de potência*, de Nietzsche, em que o ego é compreendido como ocultação da multiplicidade afetiva do corpo e do instinto de vida em geral). Assim, para Foucault, o sujeito se dissocia *do* corpo e das relações de força multivalentes que o constituem; isso indica que uma história do sujeito exige levar em conta os mecanismos de regulação e repressão, aquelas estratégias de assujeitamento que fizeram emergir o "sujeito". A discussão foucaultiana a respeito do corpo se baseia, por vezes, em um vocabulário naturalista (por exemplo, "a força ou fraqueza de um instinto")[92] – o que é bastante questionável – e, como observei anteriormente, na afirmação de que o corpo é sempre a oportunidade de um jogo de dominações e regulações: "Em certo sentido, a peça representada nesse teatro sem lugar é sempre a mesma: aquela que os dominadores e dominados repetem perpetuamente. Homens dominam outros homens, e assim nasce a diferenciação dos valores; classes dominam outras classes, e assim nasce a ideia de liberdade" (Foucault, 2000, p. 269 [1977, p. 150]).

A "destruição" do corpo é, então, a ocasião para a fabricação dos valores, o momento de "dissociação" que faz emergir a abstração e o sujeito em si mesmo como abstração. Na medida em que essa é uma cena singular e repetida incessantemente por todo o curso da história, Foucault parece subscrever um lócus único de mudança histórica, uma tensão única entre o corpo e as estratégias de dominação que fazem emergir os eventos e valores. Podemos ver, aqui, que Foucault elevou a cena do conflito corpóreo a uma característica invariável da mudança histórica, e faz sentido questionar se a própria guerra não foi romantizada e reificada nesse movimento teórico.

Pode ser que haja outro sentido no qual o corpo seja entendido como a "superfície de inscrição dos acontecimentos", um sentido que não supõe que o corpo seja sempre assujeitado à dominação, e que esse "assujeitamento" consista na geração jurídica de valores. Em vez de supor que toda a cultura está predicada na negação do corpo, e que essa inscrição é um momento tanto de regulação quanto de significação, parece que uma consideração histórica mais minuciosa de todos os corpos em contextos sociais concretos pode iluminar tal "inscrição" como uma noção internamente mais complicada. Como, por exemplo, entender o corpo como superfície de inscrição da história das relações

---

[92] Tradução brasileira modificada por nós: "a qualidade de um instinto" (Foucault, 2000, p. 269) [N.T.]

de gênero, das relações de raça e étnicas? Como um corpo envelhecido manifesta uma história do envelhecimento e como os diversos corpos indicam posições sociais ou mesmo histórias sociais? E em que medida pode o corpo mostrar uma relação inovadora com o passado que o constitui? Como conceber o corpo como uma cena concreta de luta cultural?

Foucault parece aceitar que muitos mecanismos reguladores que governam o corpo são invariavelmente negativos e contribuem para a produção do eu dissociado, o "sujeito" do desejo. Por que Foucault parece fugir à análise de corpos concretos em situações históricas complexas em favor de uma única história em que toda a cultura exige o assujeitamento do corpo, um assujeitamento que produz um "sujeito" em seu percurso?

A narrativa de Foucault em "Nietzsche, a genealogia, a história" se ilumina quando compreendemos a tensão entre o Eu dissociado e o "corpo assujeitado" como uma reelaboração da dialética do senhor e do escravo. Para Hegel, o escravo é o corpo sem consciência, e o senhor, a figura de pura abstração que rejeita a própria corporeidade. A genealogia de Foucault leva em conta que essas duas figuras convergem em uma relação de inversão não atribuível a nenhum tipo de sujeito.

De fato, para Foucault, essa relação de inversão produz a ficção do sujeito em si mesmo. Se quisermos questionar quem ocupa esses papéis em um contexto social concreto, isto é, para quem a crueldade dissociada consiste em uma prática característica, e que corpos são regulados por esse assujeitamento, parece então que a análise genealógica de Foucault deva ser suplementada para levar em conta a gênese e a distribuição dos papéis sociais. De fato, é a narrativa de Hegel sobre o senhor e o escravo que dá conta dessa relação em termos tanto reflexivos quanto intersubjetivos, e parece então um enquadramento mais promissor para responder a tal questão. Foucault pode muito bem nos dar uma narrativa de como o "sujeito" é produzido, mas não pode nos dizer que sujeitos são produzidos da forma como ele descreve, e a que custo.

A análise foucaultiana da *Entstehung* histórica parece estar em dívida com a dialética hegeliana do senhor e do escravo de maneira essencial. Restam, no entanto, outros problemas: se há um drama único na história, e se esse drama consiste na cena de conflito na qual o assujeitamento ou a inscrição do corpo faz surgirem as significações, então ou devemos aceitar uma noção personificada da História como um significante, ou precisamos levantar perguntas mais específicas a respeito da produção e da distribuição do poder pelo campo dos corpos e desejos. Se fosse possível escrever uma história dos corpos que não reduzisse toda a cultura a essa imposição da lei sobre o corpo, então, talvez, uma verdadeira narrativa específica dos corpos viria a aparecer, e o desejo seria entendido no contexto das inter-relações entre corpos historicamente específicos.

A crítica de Foucault do discurso sobre o desejo, sobre a figura do "sujeito do desejo", faz bem em nos lembrar que o desejo é um nome que não apenas dá conta de uma experiência, mas que também determina essa experiência. O sujeito do desejo pode muito bem ser uma ficção útil para uma variedade de estratégias de regulação, e a "verdade" do desejo pode perfeitamente repousar sobre uma história dos corpos ainda não escrita. Foucault nos desafia a rir de nós mesmos em nossa busca pela verdade, na busca incansável pela essência de nosso si mesmo nos muitos lampejos de impulsos que nos seduzem com suas promessas metafísicas. Se a história do desejo precisa ser contada nos termos de uma história dos corpos, torna-se necessário, então, compreender como essa história codifica a si nesses fenômenos mais imediatos; e, se não for exigida uma hermenêutica do si mesmo, então essa talvez seja uma narrativa de certa instrutiva comédia filosófica de erros. De Hegel a Foucault, parece que o desejo nos torna seres estranhamente ficcionais. E a risada do reconhecimento parece ser a chance para uma reflexão. A prova disso é o riso provocado pelo reconhecimento de quem somos.

Nota de tradução
Judith Butler: tarefa de tradução filosófica

Carla Rodrigues e
Beatriz Zampieri

A edição brasileira de *Sujeitos do desejo: reflexões hegelianas na França do século XX*, tese de doutorado da filósofa estadunidense Judith Butler defendida em 1984 e editada pela primeira vez em 1987, vem contribuir para a compreensão de um corpus teórico cuja construção está marcada, desde o início, pelo entrelaçamento entre filosofia alemã e filosofia francesa, em um modo de leitura muito próprio e, por que não dizer, interessado. Aqui, conhecemos os pressupostos filosóficos da sua formação, o que nos ajuda a compreender seus diferentes movimentos ao longo das décadas seguintes. Os quarenta anos que nos separam da redação desse texto tornam-se índice de como, com a passagem do tempo, algo do encontro entre a Alemanha e a França permanece no percurso singular de Butler na filosofia. O trânsito entre o inglês em que ela escreve, o alemão de Hegel, o francês de seus comentadores e o português como língua de chegada desta tradução constituiu o desafio do nosso trabalho, cuja motivação foi respeitar as singularidades deste percurso teórico.

Em *Sujeitos do desejo*, Butler parte da análise da trajetória do sujeito na *Fenomenologia do Espírito* para depois mobilizar os diferentes intérpretes de Hegel na França, em um movimento de início tímido com a publicação, em 1929, de *Le Malheur de la conscience dans la philosophie de Hegel*, pequeno comentário de Jean Wahl, ganha corpo com *Hegel em Iena*, publicado por Alexandre Koyré em 1931 na *Revue d'Histoire de la Philosophie*, para se tornar um verdadeiro momento filosófico a partir da década de 1940, com os cursos de Alexandre Kojève e, em seguida, os de seu aluno, Jean Hyppolite, autores, respectivamente, de *Introdução à leitura de Hegel* e de *Gênese e estrutura da Fenomenologia do Espírito de Hegel*, dos quais Butler se vale para começar seu percurso no que costumamos chamar de "o Hegel francês".

Essa primeira ocasião forma outros leitores franceses de Hegel – Jean Paul Sartre, Jacques Lacan, Michel Foucault, Gilles Deleuze e Jacques Derrida – sobre os quais Butler também se debruça. Em destaque, o terceiro capítulo, no qual ela estabelece um diálogo com Sartre, cujos reflexos aparecerão nas suas aproximações posteriores com a filosofia de Simone de Beauvoir – ela também uma leitora de Hegel – e com o pensamento de Maurice Merleau-Ponty, presente como pano de fundo fenomenológico desde os primeiros debates travados por Butler com a filósofa e psicanalista Luce Irigaray. Mais recentemente, Merleau-Ponty comparece de forma mais acentuada em *Que mundo é este? Uma fenomenologia pandêmica*, quando Butler retorna a conceitos como toque, tato e tatibilidade a fim de refletir acerca da nossa interdependência, tal qual experimentada durante a pandemia de covid-19, e se aproxima mais uma vez da fenomenologia, agora renovada em suas abordagens pelas teorias críticas de gênero e raça.[1]

No prefácio à segunda edição de *Sujeitos do desejo*, publicado em 1998, Butler reafirma que seu trabalho pode ser lido a partir de certas questões hegelianas: "O que é a relação entre desejo e reconhecimento? De que maneira a constituição do sujeito forma uma relação radical e constitutiva com a alteridade?" (ver página 21, neste livro). Reconhecimento e alteridade são centrais na abordagem butleriana às leituras francesas de Hegel e estarão no cerne do conjunto da obra a ser escrita depois. No arco teórico que vai de *Problemas de gênero* (*Gender trouble*, 1990) a *Que mundo é este?* (2022), incluindo a recente coletânea *Quem tem medo do gênero?* (2024), os conceitos de reconhecimento e alteridade sustentam uma filosofia ético-política voltada para pelo menos dois movimentos. O primeiro, o entendimento de como gêneros inteligíveis participam do reconhecimento e do enquadramento de que vidas podem ser apreendidas como tal, formando um jogo entre dentro e fora do quadro, no qual opera a heteronormatividade. Vem daí a aproximação com o questionamento de como são enquadradas e apreendidas as vidas humanas. Assim, teoria crítica de gênero vai se entrelaçando com

---

[1] Desde que, em 2006, a filósofa Sara Ahmed publicou *Queer phenomenology*, o campo dos estudos fenomenológicos nos EUA tem sido influenciado por leituras feministas, como a de Lisa Guenther ou Gayle Salamon. As três autoras fazem parte de um movimento mais amplo, por vezes chamado de pós-fenomenologia, e são citadas por Butler em *Que mundo é este? Por uma fenomenologia pandêmica* (Autêntica, 2022), livro em que a própria autora se refere a essa renovação da fenomenologia crítica como movimento deliberado de atualizar pensadores como Edmund Husserl e Maurice Merleau-Ponty. Ver também Marandola Jr., E. Fenomenologia crítica e feminista. *Cadernos Do PET Filosofia*, 14(27), 2023, p. 239-249.

teoria crítica de raça e ampliando seu potencial como chave de leitura para as diferentes formas de segregação.[2]

O segundo movimento diz respeito à relação com a alteridade. Se nas leituras francesas de Hegel nas quais Butler se inspira, a alteridade emerge da relação entre o eu e o outro, nos desdobramentos pós-hegelianos em que a autora se engaja, a questão passa a ser menos essa concepção intersubjetiva de alteridade e mais a exigência ético-política de pensar em que termos o outro pode ser reconhecido, ou seja, quem cabe na categoria outro. É assim, e também em interlocução com Emmanuel Lévinas, que Butler avança para sua proposição de interdependência radical, em que todo vivente está interligado numa complexa rede de dependência entre outros viventes, conhecidos ou desconhecidos, próximos ou distantes, visíveis ou invisíveis, humanos ou não-humanos. A presença constante de Hegel vai sendo matizada e, sem nunca abandoná-lo, outras tramas se tecem junto ao seu hegelianismo inicial, formando aos poucos um tripé entre fenomenologia, teoria crítica e pós-estruturalismo.

Há pelo menos duas ocasiões de acento pós-estruturalista no livro. O primeiro, quando ela articula Derrida e Foucault, logo no início do capítulo 4; o segundo, quando ela retorna a Foucault para pensar a ordem do discurso e suas implicações na formação do sujeito. Seu ponto de partida é a noção foucaultiana de discurso e sua relação com o poder, tratada como indicador de "incessante dispersão do sujeito" e, portanto, "impossibilidade de retorno a uma unidade dialética". *Problemas de gênero* começa onde termina *Sujeitos do desejo*, com a provocação de perguntar se o movimento feminista poderia prescindir de representar o sujeito mulher, um passo a mais no itinerário teórico iniciado por Butler aqui. O questionamento é outro modo de pensar as relações de poder com e para além de Foucault, que permanecerá sendo entrelaçado a Hegel.[3] O primeiro Foucault será central, por exemplo, em *A vida psíquica do poder*, talvez o trabalho em que a ligação entre a Butler

---

[2] A este respeito, ver Bentouhami, Hourya. *Judith Butler: Race, genre et mélancolie*. Paris: Editions Amsterdam/Multitudes, 2022; Rodrigues, Carla. Butler lida por Hourya Bentouhami: problemas de gênero e de raça. *Perspectiva Filosófica*, v. 51, n. 1, 2024.

[3] "Digamos que Hegel continua projetando uma sombra sobre o meu trabalho, embora, se tomado isoladamente, ele não constitui um parâmetro suficiente para o que faço atualmente", explica Butler na entrevista "Por um feminismo sem medo do gênero", para a Revista Margem Esquerda (Boitempo, n. 33, 2019). Disponível em: https://blogdaboitempo.com.br/2024/02/07/judith-butler-por-um-feminismo-sem-medo-do-genero-entrevista-margem-esquerda/. Acesso em: 05 ago. 2024.

hegeliana melhor se encontre com a Butler foucaultiana para discutir como a dimensão do assujeitamento interpela o sujeito itinerante de Hegel.

Já o segundo Foucault começa a comparecer no trajeto butleriano principalmente a partir da crise financeira de 2008, quando se acentua a sua crítica à lógica neoliberal, associada às formas de precarização da vida em diferentes dimensões. Será então a biopolítica e o racismo de estado que levará Butler a elaborar sua concepção de vida precária, articulada com o direito ao luto como distinção entre vidas vivíveis e vidas matáveis.[4] No rastro desta discussão, ela se torna interlocutora de Achille Mbembe e do conceito de necropolítica, cuja inspiração coincide com o novo interesse de Butler em Foucault. Seu postulado de vida precária será articulado com a capacidade de apreensão (*apprehension*) de uma vida, que precisa estar de acordo com normas que definem o que é essa vida, agora ampliadas para além dos problemas de gênero sem, no entanto, nunca abandoná-los.

A centralidade do "Hegel francês" nesta obra inicial já indicava uma atitude que marcaria o percurso de Butler: um pensamento em diálogo com diferentes autores e autoras, de áreas diversas, da filosofia à antropologia, passando fortemente pela psicanálise.[5] Essas múltiplas interlocuções do texto butleriano nos levou a decisões de tradução dedicadas a respeitar, em cada capítulo e para cada autor, o que já estava estabelecido nas traduções brasileiras, formando assim um pequeno vocabulário que apresentamos ao final deste texto a fim de situar leitores e leitoras na rede conceitual formada pelo livro. Priorizamos uma coerência do vocabulário interno de cada capítulo, valorizando o léxico dos autores aos quais Butler está mobilizando. Enfrentamos dificuldades de tradução por causa dos efeitos da triangulação de conceitos circulando entre inglês-alemão-francês-português.

Como aconteceu, por exemplo, em relação ao termo "*recognition*". O tema do reconhecimento (*Anerkennung*) é fundamental para a filosofia hegeliana e para a investigação de Butler sobre o desejo. É preciso, contudo, registrar a presença de outro termo frequentemente traduzido por "reconhecimento" nas traduções brasileiras da obra de Butler, que remete à

---

[4] A respeito da importância de Hegel na formulação ético-política do tema do luto, permitimo-nos referir a Rodrigues, Carla. A função do luto na filosofa política de Judith Butler. *In*: Correia, A.; Haddock-Lobo, R.; Silva, C. V. da. *Deleuze, desconstrução e alteridade*. Coleção XVII Encontro ANPOF: ANPOF, p. 329-339, 2017.

[5] Para uma excelente atualização da recepção de Hegel na França pela filósofa Catherine Malabou, ver Kussumi, Mirian. O Fantasma de Hegel: plasticidade e auto-diferenciação segundo Malabou. *Perspectivas*, v. 9, n. 1, 2024, p. 163-183.

abordagem feita pela autora do tema do luto em Freud – *"acknowledgment"*, "re-conhecimento" (*Erkenntnis*) – entendido como uma noção de re-conhecimento do objeto perdido. Justamente porque a ênfase de Butler no presente texto recai sobre o tema da dinâmica das relações intersubjetivas no sentido hegeliano, nossas escolhas de tradução levaram a usar "reconhecimento" apenas para os casos em que a referência é a *"recognition"* (*Anerkennung*), como já estabelecido nas traduções brasileiras de Hegel, mantendo a tradução de *"Acknowledgment"* para termos como "saber", "ter ciência" e "conhecimento", que orbitam em torno de uma ideia muito diferente de reconhecimento (*Anerkennung*) como admissão da existência. A estratégia de tradução também nos permite indicar com opera, em Butler, uma diferença entre reconhecimento e identidade, no sentido mais forte do termo, sendo reconhecimento (*Anerkennung*) o termo com o qual Butler está se referindo à abertura para admissão de existência de toda vida humana.

Problema de tradução semelhante se dá com *"appearance"*. Embora a tradução brasileira da *Fenomenologia do Espírito* – assim como a francesa – faça a escolha do termo "fenômeno" para o sintagma alemão *"Erscheinung"*, Butler sustenta, principalmente no primeiro capítulo, um jogo de linguagem a respeito da "aparência" ou "aparição" (*appearance*) dos fenômenos (*phenomenon*) para a consciência-de-si. A edição da *Fenomenologia* em inglês a que Butler faz referência, de fato, traduz o termo *"Erscheinung"* por *"appearance"*. É preciso, no entanto, pontuar a distinção feita por Hegel entre os dois termos, fenômeno e aparência, por exemplo, no §143 da *Fenomenologia*: "por isso se chama fenômeno (*Erscheinung*); pois aparência (*Schein*) é o nome dado ao ser que imediatamente é em si mesmo um não-ser. Porém, não é apenas um aparecer, mas sim fenômeno, uma totalidade do aparecer (*Es ist aber nicht nur ein Schein, sondern Erscheinung, ein Ganzes des Scheins)"*.[6] Embora essa distinção tenha sido parcialmente perdida em inglês, buscamos preservar a estratégia retórica de Butler, optando assim pelo uso dos termos "aparência" e "aparição", excetuando os casos em que há referência direta ao termo "fenômeno" na tradução consolidada da obra de Hegel.

O problema de verter para o português conceitos que circulam entre inglês-alemão-francês-português reaparece no termo *"longing"*. Embora a tradução do termo alemão *"Sehnsucht"* esteja estabelecida na língua inglesa, sua tradução em português é bastante polissêmica. Como conceito fundamental

---

[6] Hegel, G. W. F. *Fenomenologia do Espírito*. Tradução de Paulo Meneses. 8. ed. Petrópolis: Vozes: Bragança Paulista: Ed. Universitária São Francisco, 2013. p. 114-115.

para o projeto do primeiro romantismo, elaborado por Schlegel, Novalis e, também, Fichte – a quem Butler faz referência –, "*Sehnsucht*" compreende um sentimento profundo inerente a certa relação de angústia com a finitude, relação que supõe uma dinâmica temporal, um anseio de futuro. Nossa opção de tradução segue as escolhas mais frequentes para o termo no contexto histórico do romantismo alemão – privilegiando, nesses casos, o termo "anseio". No entanto, destacamos um uso múltiplo do termo no texto de Butler, de modo que "*longing*" e "*desire*" aparecem, muitas vezes, como intercambiáveis. Assim, pode-se dizer que "anseio", "desejo", "apetite" e "expectativa" formam o arco teórico que a autora persegue ao longo de sua investigação. A escolha por "expectativa" só ocorre nos casos em que esse sentimento reaparece de maneira indeterminada nas jornadas dos sujeitos do desejo.

Outra tarefa filosófica de tradução foi encontrar a melhor solução para "*mediates*". Os conceitos de "mediação e imediatidade" são centrais na filosofia de Hegel. Derivados do sintagma alemão "(*die*) *Mitte*" – "(o) meio" – do qual são gerados o substantivo "(*das*) *Mittel*", o adjetivo "*mittel*" e as formas verbais "*mitteln*", esses termos dão origem, no texto hegeliano, a "*mittelbar*", "*unmittelbar*" e "*vermitteln*". Segundo Michael Inwood, em *Dicionário Hegel*, é do particípio passado de "*vermitteln*" que derivam os substantivos abstratos "*Vermittlung*" (mediação) e "*Unmittelbarkeit*" (imediatidade). A tradução brasileira da *Fenomenologia do Espírito* acompanha essas variações, que seguimos, com Butler, para os termos "*mediation*", "*mediated*" e "*mediates*" – o substantivo "mediação", o adjetivo "mediado" e as formas verbais de "mediatizar".[7]

É importante destacar a diferença entre "mediar" e "mediatizar" e, embora o texto de Butler se ampare nessa diferença presente no alemão e no inglês, o sintagma "meio" não encontra, em português, uma distinção análoga a relação de *meio para um fim* e de *meio em si mesmo*. Por esse motivo, seguimos as escolhas dos tradutores de Walter Benjamin em *Escritos sobre mito e linguagem*, que optam por grafar *meio* em itálico para referir-se a uma relação de imediatidade (*Medium*), e meio (*Mittel*), sem itálico, para uma relação de meios para um fim.[8]

Encontramos, também, uma dificuldade com a tradução do conceito de "*Wille zur Macht*", bastante debatida nas edições brasileiras da obra de Nietzsche, que variam entre "vontade de poder" e "vontade de potência" – a

---

[7] Inwood, Michael. *Dicionário Hegel*. Tradução de Álvaro Cabral. Rio de Janeiro: Zahar, 1993. p. 216-219.

[8] Gagnebin, Jeanne Marie (ed.). *In:* Benjamin, Walter. *Escritos sobre mito e linguagem*. São Paulo: Editora 34, 2013, p. 53-54.

esse respeito ver, para citar um exemplo, o prefácio de Marcos Sinésio Pereira Fernandes e Francisco José Dias de Moraes em *Vontade de poder* (2008). Cientes dessa discussão, optamos por manter o termo "vontade de potência" para "*will-to-power*", acompanhando também as decisões das traduções brasileiras da obra de Deleuze, para quem a escolha do termo "potência" ressoa uma forte influência espinosana. Há um caso, no entanto, em que a referência de Butler a Foucault encontrou um limite de intraduzibilidade entre a língua inglesa e a francesa. Isso porque se, em inglês, "*power*" denota tanto "poder" quanto "potência", em francês, os termos "*pouvoir*" e "*puissance*" são fundamentais para os pensamentos de Foucault e Deleuze. Butler sustenta um jogo entre "*will-to-live*" e "*will-to-power*", mas o contexto em que a autora constrói sua argumentação se dá em torno da discussão foucaultiana de poder e sexualidade – nesse sentido, "vontade de viver" e "vontade de poder" aparecem como correlatos.

Butler é uma filósofa cuja formação se dá pós-virada linguística, o que significa dizer que, para ela, toda escolha de significante importa. Buscamos nesta tradução, bem como nas anteriores,[9] respeitar o máximo possível essas decisões, procurando usar o significante em língua brasileira mais próximo do termo original. Nem sempre conseguimos sustentar ambiguidades ou jogos de palavras característicos da retórica da autora. É o que acontece, por exemplo, na tradução de "*account*". Trata-se de um termo polissêmico bastante presente nos livros de Butler, cujos sentidos variam contextualmente e que, apesar disso, não deixam de ter relevância na recepção de sua filosofia no Brasil. Nossas decisões de tradução acompanharam as considerações da pesquisadora Ana Luiza Gussen, que aponta a pelo menos dois sentidos fundamentais para o uso de "*account*": em primeiro lugar, o de responsabilidade, ser responsabilizado/a ou prestar contas – sentido que confirmaria o uso no campo semântico da contabilidade, como uma espécie de registro contábil em relação ao qual alguém é convocado a se responsabilizar.[10] Em segundo lugar, o sentido de contar a versão singular de um fato – uma narrativa, um relato,

---

[9] Butler, Judith. *Os sentidos do sujeito.* Tradução Ana Luiza Gussen, Beatriz Zampieri, Gabriel Lisboa Ponciano, Luís Felipe Teixeira, Nathan Teixeira, Petra Bastone e Victor Galdino. Belo Horizonte: Autêntica, 2021; Butler, Judith. *Desfazendo gênero.* Tradução de Aléxia Bretas, Ana Luiza Gussen, Beatriz Zampieri, Gabriel Lisboa Ponciano, Nathan Teixeira, Petra Bastone e Victor Galdino. São Paulo: Unesp, 2022; Butler, Judith. *Que mundo é este? Uma fenomenologia pandêmica.* Tradução de Beatriz Zampieri, Gabriel Lisboa Ponciano, Nathan Teixeira, Petra Bastone e Victor Galdino. Belo Horizonte: Autêntica, 2022.

[10] Gussen, Ana Luiza. *Bases para a proposição ético-política de Judith Butler.* 2023. Dissertação (Mestrado em Filosofia) – Programa de Pós-Graduação em Filosofia da Universidade Federal do Rio de Janeiro (UFRJ), Rio de Janeiro, 2023.

uma história ou a história própria à pessoa que é chamada a prestar contas sobre determinado acontecimento. Sem procurar reduzir o jogo de remissões que torna estes termos tão plurívocos, nossa tradução recorre ora a um sentido, ora a outro, a fim de sustentar as oscilações possíveis na estratégia discursiva de Butler. *Sujeitos do desejo* propõe a investigação narrativa do sujeito itinerante hegeliano que, como nos romances de formação, é chamado a prestar contas de sua jornada subjetiva, o que nos fez sustentar, sempre que possível, a opção por significantes em torno de contar, como contabilizar, dar conta.

A decisão já havia sido tomada por nós desde a tradução de *Os sentidos do sujeito,* primeira tradução coletiva realizada por pesquisadores e pesquisadoras do Laboratório Filosofias do Tempo do Agora (Lafita).[11] É também a partir deste livro que temos adotado e defendido que a tradução de "*self-*", quando aparece como prefixo, seja transportada para o prefixo em português "auto", enquanto "*self*", substantivo, seja traduzido por "si mesmo", seguindo, por exemplo, a solução de "*soi-même*", do francês, opção bem estabelecida na língua portuguesa. Foi preciso fazer exceções a fim de respeitar as traduções brasileiras consagradas. Por exemplo, no contexto da versão em português da *Fenomenologia do Espírito*, mantivemos "consciência-de-si" para "*self-consciousness*", sem adotar "*self-*" como prefixo, a fim de manter a referência já usada pelos leitores de Hegel no Brasil. Já para "*self-awareness*" confirmamos nossa escolha da tradução de "*self*" para "auto" e usamos "autoconsciência", baseadas na explicação da filósofa Barbara Cassin: muitos desses termos foram retidos do grego, por vezes vindo do latim e usando o pronome "*autos*" para referir-se a uma ação realizada pelo sujeito em pessoa e, muitas vezes, sobre si mesmo.

Por fim, é importante destacar que decidimos manter duas referências bibliográficas em cada citação: a original usada pela autora e a da tradução brasileira localizada por nós, a fim de não desprezar a informação acerca da referência usada pela autora, que ora recorre aos originais alemães ou franceses, ora se vale de traduções editadas nos EUA. Para respeitar as decisões da edição brasileira, mantivemos conceitos hegelianos da *Fenomenologia do Espírito* em letra maiúscula sempre que assim aparece na tradução e, para respeitar as

---

[11] A primeira versão do laboratório de pesquisa foi criada em 2015 como resultado de um projeto voltado para tradução filosófica como parte da formação discente e de constituição de uma rede de tradutores e tradutoras. Para esse primeiro projeto, obtivemos apoio do edital MCTI/CNPq/Universal 14/2014. Desde então, temos nos dedicado a entrelaçar tradução e pesquisa filosófica, sempre nos valendo da formação teórica de pesquisadores e pesquisadoras envolvidos na tarefa de traduzir. Essa tradução é uma importante consolidação destes 10 primeiros anos de trabalho.

decisões da autora, mantivemos esses mesmos conceitos em letra maiúscula sempre que Butler os grafa assim.

Cotejamos o original com outras edições: a tradução francesa, de Philippe Sabot, cujo prefácio foi traduzido do francês e cotejado com a tradução para o inglês. Decidimos nos apoiar no seu trabalho a fim de esclarecer dúvidas em relação ao modo como os autores franceses haviam sido traduzidos para o inglês. O objetivo foi evitar a tradução secundária, ou seja, não trazer do inglês para o português trechos cujo original havia sido escrito em francês. Por isso, optamos por traduzir diretamente do francês todo texto citado por Butler para o qual não havia tradução brasileira. Em algumas passagens, entretanto, foi preciso indicar a diferença entre a edição brasileira e a tradução citada, a fim de manter elementos presentes na sua análise. Essas indicações encontram-se em notas de tradução no corpo do livro.

Localizamos e consultamos as traduções de *Sujetos del deseo*, de Elena Luján Odriozola para o espanhol, e de *Soggetti di desiderio,* de G. Giuliani para o italiano, consideradas como instrumentos de comparação na compreensão da passagem do inglês e do alemão – de origens anglo-saxônicas – para as línguas latinas. Também nos valemos da experiência acumulada em traduções anteriores para consagrar algumas escolhas. Desde a introdução, a narrativa butleriana é marcada por metáforas de viagem, seguindo o conceito de sujeito itinerante na *Fenomenologia do Espírito. Sujeitos do desejo* pode ser lido como a primeira estação dessa viagem filosófica de Butler, cujo percurso de formação torna-se de mais fácil entendimento a partir do estudo e da pesquisa da bagagem teórica com a qual a autora tem transitado, há quarenta anos, entre diferentes idiomas. O desenvolvimento de um vocabulário filosófico próprio, do qual esta tradução também participa, é parte indispensável da compreensão do percurso do seu pensamento.

Breve indicação dos vocabulários autorais

Judith Butler

account / to account: dar conta, prestar contas, conta, narrativa
adress / to address: endereçamento, endereçar (Merleau-Ponty, Franz Fanon)
agential: agencial
agentic: agente/s
apprehension: apreensão
to bind: vincular
to claim: reivindicar, quando no sentido político; afirmar, no uso corrente

disembodied: descorporificado
to enact: pôr em ato
    enactment: atualização
    to reenact: encenar
desiring subject: sujeito desejante
foreclosure / to foreclose: foraclusão, foracluir
frame: quadro; eventualmente, moldura
    framework: enquadramento
to grasp: capturar, agarrar, pegar (não usamos "apreender", a fim de preservá-lo como conceito)
journeying subject: sujeito itinerante
knowledge / to acknowledge: conhecimento, saber, ter ciência, estar ciente
livelihood: vivibilidade
misrecognition: falso reconhecimento
power: poder, potência
presentation / to present: presentificação, presentificar (quando relacionado ao conceito filosófico)
readability: legibilidade

G. W. F. Hegel
actualization / (self-): efetivação, autoefetivação
appearance: aparência, aparição, cf. N.T.
Aufhebung (supersedence / to supersede): suprassunção, suprassumir
consuming desire: desejo que consome
deception: ilusão
explication / explanation / to explain: explicação, Explicar (seguindo a inicial maiúscula da tradução brasileira)
life and death struggle: luta de vida e morte
to mediate: mediatizar
medium: *meio,* cf. N.T.
to overcome: superar
Understanding: Entendimento (seguindo a inicial maiúscula da tradução brasileira)

Jean Hyppolite
becoming: vir-a-ser
disquiet: inquietude
infinity: infinidade

Jean-Paul Sartre
  flight: fuga
  for-itself: para-si
  I, "I" (Moi): "Eu", Moi
  nothingness: nada, o nada
  rift: fissura
  upsurge: impulso

Jacques Lacan
  bar / to bar: barra, barrar
  parole: fala
  speaking: falante
  split: cisão, divisão
  aim of the drive: destino da pulsão

Jacques Derrida
  metaphysics of closure: metafísica da clausura, clausura metafísica

Gilles Deleuze
  slave morality: moral do escravo

Michel Foucault
  subjected: assujeitado
  subjection: assujeitamento
  to generate: produzir
  will-of-power: vontade de poder, vontade de potência, cf. N.T.

Vocabulário filosófico geral
  self: si mesmo (exceção: quando não acompanha alguma trad. consolidada)
  self-estrangement: estranhamento de si
  selfhood: identidade
  sself-surpassing: autossuperação
  self-awareness: autoconsciência
  self-knowledge: conhecimento de si

Sobre os/as tradutores/as

Beatriz Zampieri é graduada, mestre e doutoranda em Filosofia pela UFRJ. Pesquisadora da linha de História da Filosofia, investiga as relações entre Teoria

Crítica, Filosofia Contemporânea e Gênero. Integra o Laboratório Filosofias do Tempo do Agora (Lafita/CNPq/UFRJ) e o Laboratório X de Encruzilhadas Filosóficas (UFRJ/CNPq).

Carla Rodrigues é professora de Filosofia na UFRJ, pesquisadora nos programas de pós-graduação em Filosofia na UFRJ e na UFF, Cientista do Nosso estado, da FAPERJ, e bolsista de produtividade do CNPq. É coordenadora do Laboratório Filosofia do Tempo do Agora (Lafita/CNPq/UFRJ) e tem se dedicado ao estudo e tradução da obra de Judith Butler.

Gabriel Lisboa Ponciano é bacharel, licenciado, mestre e doutor em Filosofia pela UFRJ. Atua como pesquisador no Laboratório Filosofias do Tempo do Agora (Lafita/CNPq/UFRJ) e professor de Filosofia na rede pública do Estado da Bahia.

Nathan Teixeira é graduado e mestre em Filosofia pela UFF, doutor em Filosofia pela UFRJ e desenvolve pesquisa de pós-doutorado em Filosofia na UERJ com bolsa FAPERJ Nota 10. É integrante do Laboratório Filosofias do Tempo do Agora (Lafita/CNPq/UFRJ).

Referências

Esta lista se limita às obras que usei na preparação desta pesquisa e não pretende, de nenhuma maneira, ser exaustiva. Esta pesquisa se dedica às obras que tratam explicitamente da *Fenomenologia do Espírito*, de Hegel, às obras de Alexandre Kojève e Jean Hyppolite, assim como a obras selecionadas de Jean-Paul Sartre, Jacques Lacan, Gilles Deleuze e Michel Foucault.

Para bibliografias mais amplas acerca de Hegel, Sartre e Kojève, ver

Contat, Michel; Rybalka, Michel. *Les Écrits de Sartre*. Paris: Gallimard, 1970.

Lapointe, François. *Jean-Paul Sartre and His Critics: An International Bibliography, 1938-1980*. Bowling Green, Ohio: Philosophy Documentation Center, 1981.

Roth, Michael S. A Bibliography of Alexandre Kojève. *Revue de Métaphysique et de Morale*.

Steinhauer, S. J. Kurt. *Hegel: An International Bibliography*. Munich: Verlag Dokumentation, 1978.

Obras de Gilles Deleuze

Deleuze, Gilles. *Diferença e repetição*. Tradução de Luiz Orlandi e Roberto Machado. Rio de Janeiro: Paz e Terra, 2018. [*Différence et répétition*. Paris: Presses Universitaires de France, 1972.]

Deleuze, Gilles. *Espinosa e o problema da expressão*. Tradução de GT Deleuze – 12. Coordenação de Luiz B. L. Orlandi. São Paulo: Editora 34, 2017. [*Spinoza et le problème de l'expression*. Paris: Les Éditions de Minuit, 1968.]

Deleuze, Gilles. *Nietzsche e a filosofia*. Tradução de Maria de Toledo Barbosa e Ovídio de Abreu Filho. São Paulo: N-1 Edições, 2018. [*Nietzsche and Philosophy*. Translated by Hugh Tomlinson. New York: Columbia University Press, 1983.] [*Nietzsche et la philosophie*. Paris: Presses Universitaires de France, 1973.]

Deleuze, Gilles. *Sacher-Masoch: o frio e o cruel*. Tradução de Jorge Bastos. Revisão técnica de Roberto Machado. Rio de Janeiro: Zahar, 2009. [*Présentation de Sacher-Masoch, le froid et le cruel*. Paris: Éditions de Minuit, 1967.] [*Masochism: An Interpretation of Coldness and Cruelty*. New York: Braziller, 1971.]

Deleuze, Gilles; Guattari, Félix. *O anti-Édipo: capitalismo e esquizofrenia 1*. Tradução de Luiz B. L. Orlandi. 2. ed. São Paulo: Editora 34, 2011. [*Anti-Oedipus: Capitalism and Schizophrenia*. Translated by Robert Hurley, Mark Seem, and Helen R. Lane. New York: Viking Press, 1977.] [*L'Anti-Œdipe*. Paris: Les Éditions de Minuit, 1972.]

Obras de Michel Foucault

Foucault, Michel. *As palavras e as coisas: uma arqueologia das ciências humanas*. Tradução de Salma Tannus Muchail. 8. ed. São Paulo: Martins Fontes, 1999. [*Les Mots et les choses*. Paris: Gallimard, 1966.] [*The Order of Things: An Araneologia of the Human Sciences*. New York: Vintage, 1973.]

Foucault, Michel. "Escolha sexual, ato sexual". *In: Ditos e escritos, volume IX: genealogia da ética, subjetividade e sexualidade*. Organização, seleção de textos e revisão técnica de Manoel Barros da Motta; tradução de Abner Chiquieri. Rio de Janeiro: Forense Universitária, 2014a. [O'higgins, James; Foucault, Michel. II. Sexual Choice, Sexual Act: An Interview with Michel Foucault. Salmagundi, n. 58/59, p. 10-24, 1982.] [*Dits et écrits*. Paris: Gallimard, 1994. p. 320-335.]

Foucault, Michel. *Herculine Barbin: o diário de um hermafrodita*. Tradução de Irley Franco. Rio de Janeiro: Francisco Alves, 1982. [*Herculine Barbin dite Alexina B., présenté par Michel Foucault*. Paris: Gallimard, 1978.] [*Herculine Barbin, Being the Recently Discovered Memoirs of a Nineteenth Century French Hermaphrodite*. Translated by Richard McDougall. New York: Pantheon, 1980a.]

Foucault, Michel. *História da sexualidade 1: a vontade de saber*. Tradução de Maria Tereza da Costa Albuquerque e J. A. Guilhon Albuquerque. São Paulo: Paz e Terra, 2014b. [*The History of Sexuality. Vol. 1: An Introduction*. New York: Vintage, 1980b.] [*Histoire de la sexualité. La Volonté de savoir*. Paris: Gallimard, 1976.]

Foucault, Michel. *História da sexualidade 2: o uso dos prazeres*. Tradução de Maria Tereza da Costa Albuquerque. Revisão técnica de José Augusto Guilhon Albuquerque. Rio de Janeiro: Graal, 2012. [*The History of Sexuality. Vol 2: The Use of Pleasure*. Translated by Robert Hurley. New York: Pantheon, 1985.] [*Histoire de la sexualité. 2: L'Usage des plaisirs*. Paris: Gallimard, 1984.]

Foucault, Michel. *História da sexualidade 3: o cuidado de si*. Tradução de Maria Thereza da Costa Albuquerque. Revisão técnica de José Augusto Guilhon Albuquerque. Rio de Janeiro: Graal, 1985. [*Histoire de la sexualité. 3: Le Souci de soi*. Paris: Gallimard, 1984.]

Foucault, Michel. Nietzsche, a genealogia, a história. *In: Arqueologia das ciências e história dos sistemas de pensamento (Ditos e escritos II)*. Organização e seleção de textos de Manoel Barros da Motta. Tradução de Elisa Monteiro. Rio de Janeiro: Forense Universitária, 2000. p. 260-281. [Nietzsche, Genealogy, History. *In: Language, Counter-Memory, Practice: Selected Essays and Interviews*. Edited by Donald Bouchard. Translated by Donald Bouchard and Sherry Simon. Ithaca: Cornell University Press, 1977. p. 139-164.]

Foucault, Michel. Sobre a história da sexualidade. *In: Microfísica do poder*. Organização e tradução de Roberto Machado. Rio de Janeiro: Edições Graal, 1979. p. 243-276. [The Confession of the Flesh. *In: Power/Knowledge: Selected Interviews and Other Writings, 1972-77*. Edited and translated by Colin Gordon. New York: Pantheon, 1980c. p. 194-228.]

Obras sobre Michel Foucault

Baudrillard, Jean. *Oublier Foucault*. Paris: Editions Galilée, 1977.

Dreyfus, Hubert L.; Paul Rabinow. *Michel Foucault: Beyond Structuralism and Hermeneutics*. Chicago: Chicago University Press, 1983.

Guédez, Annie. *Foucault*. Paris: Éditions Universitaires, 1972.

Lemert, Charles C.; Gillan, Garth. *Michel Foucault: Social Theory as Transgression*. New York: Columbia University Press, 1982.

Megill, Allan. *Prophets of Extremity: Nietzsche, Heidegger, Foucault, Derrida*. Berkeley: University of California Press, 1985.

Minson, Jeffrey. *Genealogies of Morals: Nietzsche, Foucault, Donzelot, and the Eccentricity of Ethics*. London: Macmillan, 1985.

Rajchman, John. *Michel Foucault: The Freedom of Philosophy*. New York: Columbia University Press, 1985.

Sheridan, Alan. *Michel Foucault: The Will to Truth*. London; New York: Tavistock, 1980.

Obras de G. W. F. Hegel

Hegel, G. W. F. *Ciência da lógica*. Tradução de Christian G. Iber, Marloren L. Miranda e Federico Orsini. Petrópolis, RJ: Vozes; Bragança Paulista, SP: Editora Universitária, 2016. 2 v. [*Wissenschaft der Logik*. Ed. G. Lasson. Hamburg: Felix Meiner Verlag, 1966-1967.] [*Hegel's Science of Logic*. Translated by A. V. Miller. Oxford: Clarendon Press, 1969.]

Hegel, G. W. F. *Enzyklopädie der philosophischen Wissenschaften. Erster Teil: Die Wissenschaft der Logik*. Frankfurt: Suhrkamp Verlag, 1970. [*Hegel's Logic*. Oxford: Clarendon Press, 1975.]

Hegel, G. W. F. *Fenomenologia do Espírito*. Tradução de Paulo Meneses. Colaboração de Karl-Heinz Efken e José Nogueira Machado. 8. ed. Petrópolis, Rio de Janeiro: Vozes; Bragança Paulista: Editora Universitária São Francisco, 2013. [*Phänomenologie des Geistes*. Frankfurt: Suhrkamp Verlag, 1970.] [Findlay, J (ed.). *Hegel's Phenomenology of Spirit*. Translated by A. V. Miller. Oxford: Clarendon Press, 1977.]

Hegel, G. W. F. *Filosofia da história*. Tradução de Maria Rodrigues e Hans Harden. 2. ed. Brasília: Editora Universidade de Brasília, 2008. [*Vorlesungen über die Philosophie der Weltgeschichte*. Ed. G. Lasson. Hamburg: Felix Meiner Verlag, 1968.] [*Hegel's Philosophy of History*. Translated by J. Sibtree. New York: Dover, 1962.]

Hegel, G. W. F. *Geschichte der Philosophie*. Ed. G. Lasson. Leipzig, 1940. [*Hegel's Lectures on the History of Philosophy*. Translated by E. S. Haldane and F. H. Simson. New York: Humanities Press, 1968.]

Hegel, G. W. F. *Jenaer Realphilosophie 1: Die Vorlesungen von 1803/1804* . Ed. J. Hoffmeister. Leipzig, 1932; *Jenaer Realphilosophie 2: Die Vorlesungen von 1805/6*. Ed. J. Hoffmeister. Leipzig, 1932. [Os dois volumes foram publicados posteriormente como *Jenaer Realphilosophie*. Hamburg: Felix Meiner Verlag, 1967.]

Hegel, G. W. F. *O sistema da vida ética*. Tradução de Artur Morão. Lisboa: Edições 70, 1999. [*System der Sittlichkeit*. Hamburg: Felix Meiner Verlag, 1970.]

Hegel, G. W. F. *Politische Schriften*. Nachwort von Jürgen Habermas. Frankfurt: Suhrkamp Verlag, 1966. [*Political Writings*. Translated by T. N. Knox. Oxford: Clarendon Press, 1964.]

Hegel, G. W. F. *Princípios da filosofia do direito*. Tradução de Orlando Vitorino. São Paulo: Martins Fontes, 1997. [*Grundlinien der Philosophie des Rechts*. Frankfurt: Suhrkamp, 1983.] [*Philosophy of Right*. Translated by T. M. Knox. Oxford: Clarendon Press, 1942.]

Hegel, G. W. F. *Schriften zur Politik und Rechtsphilosophie*. Ed. G. Lasson. Leipzig, 1913.

Hegel, G. W. F. *Theologische Jugendschriften*. Ed. H. Nohl. Tubingen, 1907. [*Early Theological Writings*. Translated by T. M. Knox. Philadelphia: University of Pennsylvania Press, 1971.]

Obras sobre G. W. F. Hegel: recepção francesa, comentários e artigos

Adorno, Theodor. *Três estudos sobre Hegel*. Tradução de Ulisses Razzante Vaccari. São Paulo: Unesp, 2013. [*Zur Metakritik der Erkenntnistheorie: Drei Studien zu Hegel*. Frankfurt: Suhrkamp Verlag, 1963.]

Biemel, Walter. Das Wesen der Dialektik bei Hegel und Sartre. *Tijdschrift voor Philosophie*, v. 20, n. 2, p. 269-300, 1958.

Bloch, Ernst. *Subjekt-Objekt: Erläuterungen zu Hegel*. Berlim: Aufbau, 1951.

Boey, Conrad. *L'Aliénation dans "La Phénoménologie de l'esprit"*. Paris: Desclec de Brouwer, 1973.

Borel, Alain. *Hegel et le problème de la finitude*. Paris: La Pensée Universelle, 1972.

Brockard, Hans. *Subjekt: Versuch zur Ontologie bei Hegel*. Munich: Pustet, 1970.

Brunschvicg, Léon. *Le Progrès de la conscience dans la philosophie occidentale*. 2ᵉ ed Paris: Presses Universitaires de France, 1953. 2 v.

Cooper, Barry. *The End of History: An Essay on Modern Hegelianism*. Toronto: University of Toronto Press, 1984.

Darbon, Michel. Hégélianisme, marxisme existentialisme. *Les Etudes Philosophiques*, v. 4, n. 3/4, p. 346-370, 1949.

Dove, Kenley Royce. *Toward an Interpretation of Hegel's Phänomenologie des Geistes*. New Haven, [ca. 1966]. Microfilm.

Dufrenne, Mikel. Actualité de Hegel. *Esprit (1940-)*, n. 148 (9), p. 396-408, 1948. Disponível em: http://www.jstor.org/stable/24252121. Acesso em: 25 abr. 2024.

Findlay, John N. *Hegel, a Reexamination*. New York: Macmillan, 1958.

Fink, Eugen. *Interpretationen der "Phänomenologie des Geistes"*. Frankfurt: Klostermann, 1977.

Fulda, Hans. *Materiellen zu Hegels "Phänomenologie des Geistes"*. Frankfurt: Suhrkamp Verlag, 1973.

Gadamer, Hans-Georg. *Hegel's Dialectic: Five Hermeneutical Studies*. Translated by Christopher Smith. New Haven: Yale University Press, 1976.

Garaudy, Roger. *Dieu et mort: étude sur Hegel*. Paris: Bordas, 1966.

Garaudy, Roger. *La Pensée de Hegel*. Paris: Bordas, 1966.

Gauvin, Joseph (ed.). *Hegel-Studien Beiheft 14, Wörtindex zur Phänomenologie des Geistes*. Bonn: Bouvier, 1977.

Goldford, Dennis J. Kojève's Reading of Hegel. *International Philosophical Quarterly*, v. 22, n. 4, p. 275-293, 1982.

Görland, Ingtraud. *Die konkrete Freiheit des Individuums bei Hegel und Sartre*. Frankfurt: Klostermann, 1978.

Guindey, Guillaume. *Le Drame de la pensée dialectique: Hegel, Marx, Sartre*. Paris: Vrin, 1976.

Habermas, Jürgen. Trabalho e interacção. *In: Técnica e ciência como "ideologia"*. Tradução de Artur Morão. Lisboa: Edições 70, 1968. p. 11-43. [Arbeit und Interaktion. *In: Technik und Wissenschaft als Ideologie*. Frankfurt: Suhrkamp Verlag, 1969. p. 9-47.]

Harris, Henry S. The Concept of Recognition in Hegel's Jena Manuscripts. *Hegel Studien Bonn*, n. 20, p. 229-248, 1980.

Hartmann, Klaus. *Sartre's Ontology: A Study of Being and Nothingness in the Light of Hegel's Logic*. Evanston: Northwestern University Press, 1966. [*Grundzüge der Ontologie Sartres in ihrem Verhältnis zu Hegels Logik: eine Untersuchung zu "L'Etre et le néant"*. Berlim: de Gruyter, 1963.]

Heidegger, Martin. O conceito de experiência em Hegel. *In: Caminhos de floresta*. Tradução de Helder Lourenço. Coordenação e revisão de tradução de I. Borges--Duarte. 2. ed. Lisboa: Gulbenkian, 2002. p. 140-239. [*Hegel's Concept of Experience*. New York: Harper and Row, 1970.]

Hondt, Jacques D' (ed.). *Hegel et la pensée moderne, séminaire sur Hegel dirigé par Jean Hyppolite au Collège de France (1967-68)*. Paris: Presses Universitaires de France, 1970.

Ilting, K. H. Anerkennung. Zur Rechtfertigung praktischer Sätze. *In: Probleme der Ethik – zur Diskussion gestellt*. Ed. G. G. Grau. Freiburg: K. Alber, 1972.

Kaufmann, Walter (ed.). *Hegel: Texts and Commentary*. Garden City, NY: Anchor, 1966.

Kimmerle, Heinz. *Das Problem der Abgeschlossenheit des Denkens*. Bonn: Bouvier Verlag, 1970.

Koyré, Alexandre. *Études d'histoire de la pensée philosophique*. Paris: Armand Colin, 1961.

Koyré, Alexandre. Relatório sobre o estado dos estudos hegelianos na França. *In: Estudos de história do pensamento filosófico*. Tradução de Maria de Lourdes Menezes. 2. ed. Rio de Janeiro: Forense, 2011, p. 231-259. [Rapports sur l'état des études hégéliennes en France. *Revue d'Histoire de la Philosophie*, v. 5, n. 2, abr.-jun. 1931.]

Lichtheim, George. *Marxism in Modern France*. New York: Columbia University Press, 1966.

Lyotard, Jean-François. *A fenomenologia*. Tradução de Armindo Rodrigues. Lisboa: Edições 70, 1986. [*La Phénoménologie*. Paris: Presses Universitaires de France, 1954. (Que Sais-je?).]

Macintyre, Alasdair (ed.) *Hegel: A Collection of Critical Essays*. New York: Notre Dame, 1972.

Marx, Werner. *Hegel's Phenomenology of Spirit: Its Point and Purpose. A Commentary on the Preface and Introduction*. Translated by Peter Heath. New York: Harper and Row, 1975.

Niel, Henri. *De la médiation dans la philosophie de Hegel*. Paris: Aubier, 1945.

Niel, Henri. L'Interprétation de Hegel. *Critique*, n. 3, 1947.

Patri, Aimé. Dialectique du maître et de l'esclave. *Le Contrat Social*, v. 5, n. 4, p. 231-35, 1961.

Pelczynski, Z. A. *Hegel's Political Philosophy: Problems and Perspectives*. Cambridge: Cambridge University Press, 1971.

Pitkethly, Lawrence. *Hegel in Modern France (1900-1950)*. 1978. Doctoral Thesis – London School of Economics and Political Science, University of London, 1978.

Pöggeler, Otto. Hegel und die Griechische Tragödie. *In: Hegel-Studien Beiheft 1*. Bonn: Bouvier, 1961.

Poster, Mark. *Existential Marxism in Postwar France*. Princeton: Princeton University Press, 1975.

Riedel, Manfred. *Theorie und Praxis im Denken Hegels*. Stuttgart: Kohlhammer, 1965.

Rosen, Stanley. *G. W. F. Hegel: An Introduction to the Science of Wisdom*. New Haven: Yale University Press, 1974.

Rotenstreich, Nathan. *From Substance to Subject: Studies in Hegel*. The Hague: Martinus Nijhoff, 1979.

Rotenstreich, Nathan. On the Ecstatic Sources of the Concept of "Alienation". *The Review of Metaphysics*, v. 16, n. 3, p. 550-555, 1963.

Roth, Michael S. A Note on Kojève's Phenomenology of Right. *Political Theory*, v. 11, n. 3, p. 447-450, 1983.

Schmidt, Friedrich W. *Zum Begriff der Negativität bei Schelling und Hegel*. Stuttgart: Metier Verlag, 1971.

Siep, Ludwig. Der Kampf um Anerkennung. Zu Hegels Auseinandersetzung mit Hobbes in den Jenaer Schriften. *Hegel-Studien*, v. 9, p. 155-207, 1974.

Siep, Ludwig. Zum Freiheitsbegriff der praktischen Philosophie Hegels in Jena. *Hegel Studien Bonn*, n. 20, p. 217-228, 1980.

Siep, Ludwig. Zur Dialektik der Anerkennung bei Hegel. *In: Hegel-Jahrbuch 1975*. Köln: Pahl-Rugenstein Verlag, 1976.

Smith, Colon. *Contemporary French Philosophy*. New York: Cambridge, 1979.

Solomon, Robert. *In the Spirit of Hegel: A Study of G. W. F. Hegel's "Phenomenology of Spirit"*. New York: Oxford University Press, 1983.

Taylor, Charles. Hegel: sistema, método e estrutura. Tradução de Nélio Schneider. São Paulo: É Realizações, 2014. [*Hegel*. Cambridge: Cambridge University Press, 1975.]

Taylor, Charles. *Hegel and Modern Society*. Cambridge: Cambridge University Press, 1978.

Wahl, Jean. *Le Malheur de la conscience dans la philosophie de Hegel*. Paris: Presses Universitaires de France, 1951.

Weiss, Paul. Existenz and Hegel. *Philosophy and Phenomenological Research*, v. 8, n. 2, p. 206-216, 1947.

Obras de Jean Hyppolite

Hyppolite, Jean. *Figures de la pensée philosophique*. Paris: Presses Universitaires de France, 1971.

Hyppolite, Jean. *Gênese e estrutura da Fenomenologia do Espírito de Hegel*. Tradução de Andrei José Vaczi, Denílson Soares Cordeiro, Gilberto Tedéia, Luiz Sérgio Repa, Rodnei Antônio do Nascimento. Coordenação de Sílvio Rosa Filho. São Paulo: Discurso Editorial, 1999. [*Genesis and Structure of Hegel's "Phenomenology of Spirit"*. Translated by Samuel Cherniak and John Heckman. Evanston: Northwestern University Press, 1974.] [*Genèse et structure de la Phénoménologie de l'esprit de Hegel*. Paris: Presses Universitaires de France, 1948.]

Hyppolite, Jean. *Logique et existence: essai sur la logique de Hegel*. Paris: Presses Universitaires de France, 1953.

Hyppolite, Jean. The Concept of Existence in the Hegelian Phenomenology. *In*: *Studies on Hegel and Marx*. Translated by John O'Neill. New York: Basic Books, 1969. [L'Existence dans la Phénoménologie de Hegel. *In*: *Etudes sur Marx et Hegel*. Paris: Rivière, 1955.]

Obras de Alexandre Kojève

Kojève, Alexandre. *Introdução à leitura de Hegel*. Tradução de Estela dos Santos Abreu. Rio de Janeiro: Contraponto, 2014. [*Introduction to the Reading of Hegel*. Edited by Allan Bloom. Translated by James H. Nichols. Ithaca: Cornell University Press, 1980.] [*Introduction à la lecture de Hegel*. Paris: Éditions Gallimard, 1968.]

Kojève, Alexandre. *Tyrannie et Sagesse*. Paris: Gallimard, 1954. [Strauss, Leo (ed.). Tyranny and Wisdom. *In*: *On Tyranny*. Translated by Michael Gold. Ithaca: Cornell University Press, 1963.]

Obras de Jacques Lacan

Lacan, Jacques. *Escritos*. Tradução de Vera Ribeiro. Rio de Janeiro: Jorge Zahar, 1998. [*Écrits: A Selection*. Translated by Alan Sheridan. New York: Norton, 1977.] [*Écrits*. Paris: Editions du Seuil, 1970-1972.]

Lacan, Jacques. *Feminine Sexuality: Jacques Lacan and the Ecole Freudienne*. Edited by Juliet Mitchell and Jacqueline Rose. Translated by Jacqueline Rose. New York: Norton, 1985.

Lacan, Jacques. *O seminário, livro 1: os escritos técnicos de Freud, 1953-1954*. Versão brasileira de Betty Milan. 3. ed. Rio de Janeiro: Jorge Zahar, 1986. [*Le Séminaire de Jacques Lacan, livre I: les écrits techniques de Freud*. Paris: Éditions du Seuil, 1975.]

Lacan, Jacques. *O seminário, livro 2: O Eu na teoria de Freud e na técnica da psicanálise (1954-1955)*. Tradução de Marie Christine Lasnik Penot; com a colaboração de

Antonio Luiz Quinet de Andrade. Rio de Janeiro: Jorge Zahar, 1985. [*Le Séminaire de Jacques Lacan, livre II: le moi dans la théorie de Freud et dans la psychanalyse*. Paris: Éditions du Seuil, 1978.]

Lacan, Jacques. *O seminário, livro 11: Os quatro conceitos fundamentais da psicanálise*. Versão de M. D. Magno. 2. ed. Rio de Janeiro: Jorge Zahar, 1998. [*The Four Fundamental Concepts of Psychoanalysis*. Translated by Alan Sheridan. London: Hogarth, 1977.] [*Le Séminaire de Jacques Lacan, livre XI: Les quatre concepts fondamentaux de la psychanalyse*. Paris: Éditions du Seuil, 1973.]

Lacan, Jacques. *O seminário, livro 20: Mais, ainda*. Versão brasileira de M. D. Magno. 2. ed. Rio de Janeiro: Jorge Zahar, 1985. [*Le Séminaire de Jacques Lacan, livre XX: Encore*. Paris: Éditions du Seuil, 1975a.]

Lacan, Jacques. *The Language of the Self*. Translated by Anthony Wilden. Baltimore: Johns Hopkins University Press, 1968. [Originalmente publicado como: Fonction et champ de la parole et du langage en psychanalyse. Rapport du Congrès de Rome tenu à l'Istituto di Psicologia della Università di Roma les 26 et 27 septembre 1953. *La Psychanalyse*, v. 1, p. 81-166, 1956.]

Lacan, Jacques. Da estrutura como intromistura de um pré-requisito de alteridade e um sujeito qualquer. *In:* Macksey, R.; Donato, E. (org). *A controvérsia estruturalista*. São Paulo: Cultrix, 1976. [Of Structure as an Inmixing of an Otherness Prerequisite to Any Subject Whatever. *In:* Macksey, Richard; Donato, Eugenio (ed.). *The Structuralist Controversy: The Languages of Criticism and the Sciences of Man*. Baltimore: Johns Hopkins University Press, 1975b.]

Obras sobre Jacques Lacan

Clément, Catherine. *Vies et légendes de Jacques Lacan*. Paris: Grasset, 1981. [*The Lives and Legends of Jacques Lacan*. Translated by Arthur Goldhammer. New York: Columbia University Press, 1983.]

Gallop, Jane. *Reading Lacan*. Ithaca: Cornell University Press, 1985.

Mannoni, Maud. *La Théorie comme fiction: Freud, Groddeck, Winnicott, Lacan*. Paris: Éditions du Seuil, 1979.

Smith, Joseph H., Kerrigan, William (ed.). *Interpreting Lacan*. New Haven: Yale University Press, 1983.

Turkle, Sherry. *Psychoanalytic Politics: Freud's French Revolution*. New York: Basic Books, 1978.

Obras de Jean-Paul Sartre

Sartre, Jean-Paul. *A imaginação*. Tradução de Paulo Neves. Porto Alegre: L&PM, 2008a. [*L'Imagination*. Paris: Presses Universitaires de France, 1963.] [*Imagination:*

A Psychological Critique. Translated by Forest Williams. Ann Arbor: University of Michigan Press, 1963.]

Sartre, Jean-Paul. *A transcendência do Ego: esboço de uma descrição fenomenológica.* Introdução e notas de Sylvie Le Bom. Tradução de João Batista Kreuch. Petrópolis, RJ: Vozes, 2016. [*The Transcendence of the Ego.* Translated by Forrest Williams and Robert Kirkpatrick. New York: Noonday Press, 1957.] [*La Transcendance de l'ego: esquisse d'une description phénoménologique.* Paris: Librairie Philosophique J.Vrin, 1965.]

Sartre, Jean-Paul. *As palavras.* Tradução de J. Guinsburg. São Paulo: Difel, 1967. [*The Words.* Translated by Bernard Frechtman. New York: Vintage, 1981.] [*Les Mots.* Paris: Gallimard, 1964.]

Sartre, Jean-Paul. *Baudelaire.* Paris: Gallimard, 1947. [*Baudelaire.* Translated by Martin Turnell. New York: New Directions, 1967.]

Sartre, Jean-Paul. *Cahiers pour une morale.* Paris: Gallimard, 1983.

Sartre, Jean-Paul. *Crítica da razão dialética.* Tradução de Guilherme João de Freitas Teixeira. Rio de Janeiro: DP&A, 2002. [*Critique of Dialectical Reason.* Translated by Alan Sheridan Smith. Atlantic Highlands, New Jersey: Humanities Press, 1976.] [*Critique de la raison dialectique.* Vol. 1: Théorie des ensembles pratiques. Paris: Gallimard, 1960.]

Sartre, Jean-Paul. *Esboço para uma teoria das emoções.* Tradução de Paulo Neves. Porto Alegre: L&PM, 2008b. [*The Emotions: Outline of a Theory.* Translated by Bernard Frechtman. New York: Philosophical Library, 1949.] [*Esquisse d'une théorie des émotions.* Paris: Hermann, 1939.]

Sartre, Jean-Paul. Itinerary of a Thought. *New Left Review,* n. 58, p. 43, 1969.

Sartre, Jean-Paul. *O idiota da família.* Tradução de Julia da Rosa Simões. Porto Alegre: L&PM, 2013. v. 1. [*The Family Idiot.* Translated by Carol Cosman. Chicago: University of Chicago Press, 1981. v. 1.] [*L'Idiot de la famille*: Gustave Flaubert de 1821 a 1857. Paris: Gallimard, 1971. 3 v.]

Sartre, Jean-Paul. *O imaginário: psicologia fenomenológica da imaginação.* Tradução de Monica Stahel. Petrópolis, Rio de Janeiro: Vozes, 2019. [*The Psychology of Imagination.* New York: Philosophical Library, 1948a.] [*L'Imaginaire: psychologie phénoménologique de l'imagination.* Paris: Gallimard, 1971.]

Sartre, Jean-Paul. *O ser e o nada: ensaio de ontologia fenomenológica.* Tradução de Paulo Perdigão. 20. ed. Petrópolis, Rio de Janeiro: Vozes, 2015. [*Being and Nothingness: An Essay in Phenomenological Ontology.* Translated by Hazel E. Barnes. New York: Philosophical Library, 1956.] [*L'Être et le néant: essai d'ontologie phénoménologique.* Paris: Gallimard, 1943.]

Sartre, Jean-Paul. *Saint Genet, ator e mártir.* Tradução de Lucy Magalhães. Petrópolis, Rio de Janeiro: Vozes, 2002. [*Saint Genet: Actor and Martyr.* Translated by Bernard Frechtman. New York: Braziller, 1963.] [*Saint Genet, comédien et martyr.* Paris: Gallimard, 1952.]

Sartre, Jean-Paul. *Sartre par lui-même, texte du film réalisé par Alexandre Astruc et Michel Contat*. Paris: Gallimard, 1977. [*Sartre by Himself*. Translated by Richard Weaver. New York: Urizen, 1978.]

Sartre, Jean-Paul. *Situations 2*. Paris: Gallimard, 1948b. [*What Is Literature?* Translated by Bernard Frechtman. New York: Philosophical Library, 1949. (Tradução parcial).]

Sartre, Jean-Paul. *Situations 3*. Paris: Gallimard, 1949. [*Literary and Philosophical Essays*. Translated by Annette Michelson and Wade Baskin. New York: Criterion, 1955.]

Sartre, Jean-Paul. *Situations 10*. Paris: Gallimard, 1976. [*Life/Situations: Essays Written and Spoken*. Translated by Paul Auster e Lydia Davis. New York: Pantheon, 1977.]

Sartre, Jean-Paul. Uma ideia fundamental da fenomenologia de Husserl: a intencionalidade. *In*: *Situações I*. Tradução de Cristina Prado. São Paulo: Cosac Naify, 2006. [Intentionality: A fundamental Idea of Husserl's Phenomenology. *Journal of the British Society for Phenomenology*, v. 1, n. 2, p. 4-5, 1970.]

Obras sobre Jean-Paul Sartre: comentários e artigos

Barnes, Hazel E. *Sartre and Flaubert*. Chicago: University of Chicago Press, 1981.

Beauvoir, Simone de. Merleau-Ponty et le pseudo-sartrisme. *Les Temps Modernes*, v. 10, n. 2, 1955.

Busch, Thomas W. Beyond the Cogito: The Question of the Continuity of Sartre's Thought. *The Modern Schoolman*, v. 60, n. 3, p. 189-204, 1983.

Caws, Peter. *Sartre: Arguments of the Philosophers*. London: Routledge; Kegan Paul, 1979.

Collins, Douglas. *Sartre as Biographer*. Cambridge: Harvard University Press, 1980.

Corvez, Maurice. *L'Etre et la conscience morale*. Paris: Nauwelaerts, 1968.

Danto, Arthur. *Jean-Paul Sartre*. New York: Viking Press, 1975.

Dempsey, Peter J. *The Psychology of Sartre*. Cork: Cork University Press, 1965.

Desan, Wilfrid. *The Tragic Finale*. New York: Harper and Row, 1960.

Fell, Joseph P. *Emotion in the Thought of Sartre*. New York: Columbia University Press, 1965.

Fell, Joseph P. *Heidegger and Sartre: An Essay on Being and Place*. New York: Columbia University Press, 1979.

Grene, Marjorie. *Sartre*. New York: Harper and Row, 1973.

Jeanson, Francis. *Le Problème moral et la pensée de Sartre*. Paris: Editions du Seuil, 1965. [*Sartre and the Problem of Morality*. Translated by Robert Stone. Bloomington: Indiana University Press, 1980.]

Maier, Willi. *Das Problem der Leiblichkeit bei Jean-Paul Sartre und Maurice Merleau-Ponty*. Tübingen: Niemayer, 1964.

Marcuse, Herbert. Existentialism: Remarks on Jean-Paul Sartre's l'Être et le Néant. *Philosophy and Phenomenological Research*, v. 8, n. 3, p. 309-336, 1948.

Martin-Deslias, Noël. *Jean-Paul Sartre, ou la conscience ambiguë*. Paris: Éditions Nagel, 1972.

Merleau-Ponty, Maurice. *Fenomenologia da percepção*. Tradução de Carlos Alberto Ribeiro de Moura. 2. ed. São Paulo: Martins Fontes, 1999. [*The Phenomenology of Perception*. Translated by Colin Smith. London: Routledge; Kegan Paul, 1962.]

Merleau-Ponty, Maurice. *O visível e o invisível*. Tradução de José Arthur Gianotti e Armando Mora d'Oliveira. São Paulo: Perspectiva, 2003. [*The Visible and the Invisible*. Translated by Alphonso Lingis. Evanston: Northwestern University Press, 1967.] [*Le Visible et l'invisible: suivi de notes de travail*. Paris: Gallimard, 1964.]

Merleau-Ponty, Maurice. *Sense and Non-Sense*. Translated by Hubert and Patricia Dreyfus. Evanston: Northwestern University Press, 1966.

Natanson, Maurice. *A Critique of Jean-Paul Sartre's Ontology*. The Hague: Martinus Nijhoff, 1973.

Natanson, Maurice. Phenomenology and Existentialism: Husserl and Sartre on Intentionality. *In*: Kockelmans, Joseph (ed.). *Phenomenology: The Philosophy of Edmund Husserl and its Interpretation*. Garden City, NY: Doubleday, 1967.

Natanson, Maurice. The Sleep of Bad Faith. *New Literary History*, v. 12, n. 1, p. 97-106, 1980.

Niel, André. *Jean-Paul Sartre, héros et victime de la conscience malheureuse: essai sur le drame de la pensée occidentale*. Paris: Éditions Courrier du Livre, 1966.

Schilpp, Paul A. *The Philosophy of Jean-Paul Sartre*. Chicago: Open Court, 1981. (Library of Living Philosophers Series, 16).

Stern, Alfred. *Sartre: His Philosophy and Existential Psychoanalysis*. New York: Delacorte, 1967.

Theunissen, Michael. *Der Andere: Studien zur Sozialontologie der Gegenwart*. Berlin: De Gruyter, 1965.

Thody, Philip. *Jean-Paul Sartre: A Literary and Political Study*. London: Hamilton, 1960.

Verstraeten, Pierre. *Violence et éthique: esquisse d'une critique de la morale dialectique à partir du théâtre politique de Sartre*. Paris: Gallimard, 1972.

WARNOCK, Mary (ed.). *Sartre: A Collection of Critical Essays*. Garden City, New York: Anchor, 1971.

Obras relacionadas

Abrams, M. H. *Natural Supernaturalism: Tradition and Revolution in Romantic Literature*. New York: Norton, 1971.

Archard, David. *Marxism and Existentialism*. Ulster: Blackstaff Press, 1980.

Aristóteles. *Ética a Nicômacos*. Tradução de Mário da Gama Kury. Brasília: UnB, 1985. [*Nicomachean Ethics*. Translated by Martin Ostwald. Indianapolis: Bobbs--Merrill, 1962.]

Aristóteles. *De Anima*. Apresentação, tradução e notas de Maria Cecília Gomes dos Reis. São Paulo: Editora 34, 2006. [De Anima. *In*: Mckeon, Richard (ed.). *Introduction to Aristotle*. New York: Modern Library, 1947.]

Aron, Raymond. *Marxism and the Existentialists*. New York: Harper and Row, 1965.

Bataille, Georges. *O erotismo*. Tradução de Fernando Scheibe. Belo Horizonte: Autêntica, 2017. [*L'Erotisme*. Paris: Editions de Minuit, 1965.]

Bataille, Georges. *Sur Nietzsche*. Paris: Editions de Minuit, 1945.

Beauvoir, Simone de. *A força das coisas*. Tradução de Maria Helena Franco Martins. 5. ed. Rio de Janeiro: Nova Fronteira, 2021. [*Force of Circumstance*. Translated by Richard Howard. New York: Putnam, 1965.] [*La Force des choses*. Paris: Éditions Gallimard, 2007.]

Brooks, Peter; Halpern, Joseph (ed.). *Genet: A Collection of Critical Essays*. Englewood Cliffs, New Jersey: Prentice-Hall, 1979.

Culler, Jonathan. *Flaubert: The Uses of Uncertainty*. Ithaca: Cornell University Press, 1974.

Derrida, Jacques. *A escritura e a diferença*. Tradução de Maria Beatriz Marques Nizza da Silva, Pedro Leite Lopes e Pérola Carvalho. São Paulo: Perspectiva, 2014. [*L'Ecriture et la différence*. Paris: Editions du Seuil, 1967.] [*Writing and Difference*. Translated by Alan Bass. Chicago: Chicago University Press, 1978.]

Derrida, Jacques. *Glas: que reste-t-il du savoir absolu?*. Paris: Denoël Gauthier, 1982.

Derrida, Jacques. *Margens da filosofia*. Tradução de Joaquim Torres Costa e Antônio M. Magalhães. Revisão técnica de Constança Marcondes Cesar. Campinas, São Paulo: Papirus, 1991. [*Marges de la philosophie*. Paris: Editions du Seuil, 1972.] [*Margins of Philosophy*. Translated by Alan Bass. Chicago: University of Chicago Press, 1982.]

Descombes, Vincent. *Modern French Philosophy*. Cambridge: Cambridge University Press, 1980.

Diderot, Denis. *Obras IV: Jacques, o fatalista, e seu amo*. Tradução de J. Guinsburg. São Paulo: Perspectiva, 2006. [*Jacques the Fatalist and His Master*. Translated by J. Robert Loy. New York: Norton, 1959.]

Flaubert, Gustave. *Madame Bovary: costumes de província*. Tradução de Fúlvia M. L. Moretto. São Paulo: Nova Alexandria, 1993. [*Madame Bovary*. Edité par Edouard Maynial. Paris: Garnier, 1961.] [*Madame Bovary*. Translated by Lowell Bair. New York: Bantam, 1981.]

Flaubert, Gustave. *Trois contes.* Paris: Gamier, 1965.

Freud, Sigmund. *A pulsão e seus destinos*. Tradução Pedro Heliodoro Tavares. Belo Horizonte: Autêntica, 2013. (Coleção Obras incompletas). [Freud, Sigmund. "Instincts and their Vicissitudes". *In*: *General Psychological Theory*. Edited by Philip Rieff. New York: Macmillan, 1976.]

Freud, Sigmund. *New Introductory Lectures*. Translated by James Strachey. London: Hogarth, 1948.

Freud, Sigmund. O mal-estar na cultura. *In*: *O mal-estar na cultura e outros escritos*. Tradução de Maria Rita Salzano Moraes. Belo Horizonte: Autêntica, 2020. p. 305-410. [*Civilization and Its Discontents*. Translated by James Strachey. London: Hogarth, 1950.]

Genet, Jean. *Haute Surveillance*. Paris: Gallimard, 1965.

Genet, Jean. *Journal du voleur*. Paris: Gallimard, 1949. [*The Thief's Journal*. Translated by Bernard Frechtman. New York: Bantam, 1965.]

Genet, Jean. *Les Bonnes*. Paris: L'Arbalète, 1976.

Genet, Jean. *Les Nègres*. Paris: Barbezat, 1959.

Genet, Jean. *Notre-dame-des-fleurs*. Paris: Gallimard, 1975. [*Our Lady of the Flowers*. Translated by Bernard Frechtman. New York: Grove Press, 1963.]

Goethe, Johann Wolfgang von. *Fausto*. Tradução de João Barrento. Belo Horizonte: Autêntica, 2023. [*Goethe's Faust*. Translated by Philip Wayne. London: Penguin, 1972.]

Gurwitsch, Aron. On the Intentionality of Consciousness. *In*: Kockel Mans, Joseph (ed.). *Phenomenology: The Philosophy of Edmund Husserl and Its Interpretation*. Garden City, New York: Doubleday, 1967.

Heller, Agnes. *A Theory of Feelings*. Assen: Van Gorcum, 1979.

Hobbes, Thomas. *Leviathan*. Edited by W. G. Pogson Smith. Oxford: Clarendon Press, 1929.

Hölderlin. *Elegias*. Tradução e prefácio de Maria Teresa Dias Furtado. Lisboa: Assírio & Alvim, 1999.

Hume, David. *Tratado da natureza humana: uma tentativa de introduzir o método experimental de raciocínio nos assuntos morais*. Tradução de Débora Danowski. 2. ed. São Paulo: Editora Unesp, 2009. [*A Treatise on Human Nature*. Edited by T. H. Green and T. H. Grose. London, 1890.]

Husserl, Edmund. *A crise das ciências europeias e a fenomenologia transcendental.*Tradução de Diogo Falcão Ferrer. São Paulo: Forense Universitária, 2012. [*The Crisis of European Sciences and Transcendental Phenomenology: An Introduction to Phenomenological Philosophy.*Translated by David Carr. Evanston: Northwestern University Press, 1970.]

Husserl, Edmund. *Experience and Judgment: Investigations in a Genealogy of Logic.* Edited by Ludwig Landgrebe.Translated by James S. Churchill and Karl Ameriks. Evanston: Northwestern University Press, 1973.

Husserl, Edmund. *The Phenomenology of Internal Time Consciousness.* Edited by Martin Heidegger. Translated by James S. Churchill. Bloomington: Indiana University Press, 1964.

Kant, Immanuel. *Crítica da razão prática.* Tradução, introdução e notas de Valério Rohden. São Paulo: Martins Fontes, 2008. [*Critique of Practical Reason.*Translated by Lewis White Beck. Indianapolis: Bobbs–Merrill, 1977.]

Kierkegaard, Søren. *A repetição.* Introdução e notas de José Miranda Justo. Lisboa: Relógio d'Água, 2009. [*Repetition: An Essay in Experimental Psychology.*Translated by Howard and Edna Hong. Princeton: Princeton University Press, 1983.]

Kierkegaard, Søren. *Migalhas filosóficas: ou um bocadinho de filosofia de João Clímacus.* Tradução de Ernani Reichmann e Álvaro L. M. Valls. Petrópolis, Rio de Janeiro: Vozes, 2011. [*Philosophical Fragments.* Translated by Howard Hong. Princeton: Princeton University Press, 1962.]

Kierkegaard, Søren. *O desespero humano (doença até a morte).* Tradução de Adolfo Casais Monteiro. São Paulo: Editora Unesp, 2010. [*Sickness unto Death.* Translated by Howard V. Hong and Edna V. Hong. Princeton: Princeton University Press, 1983.]

Kristeva, Julia. *Revolution in Poetic Language.* Translated by Margaret Walker. New York: Columbia University Press, 1984 [*La Révolution du language poétique.* Paris: Éditions du Seuil,1974.]

Kristeva, Julia. *Polylogue.* Paris: Éditions du Seuil, 1977; *Sèméiotikè: Recherches pour une sémanalyse.* Paris: Éditions du Seuil, 1969. [Publicados parcialmente em: *Desire in Language: A Semiotic Approach to Literature and Art.* Edited by Leon S. Roudiez. Translated by Thomas Gora, Alice Jardine and Leon S. Roudiez. New York: Columbia University Press, 1980.] [*Introdução à semanálise.* Tradução de Lúcia Helena França Ferraz. 2. ed. São Paulo: Perspectiva, 2005.]

Lyotard, Jean-François. *A fenomenologia.* Tradução de Armindo Rodrigues. Lisboa: Edições 70, 1986. [*La Phénoménologie.* Paris: Presses Universitaires de France, 1954.]

Lyotard, Jean-François. *Économie libidinale.* Paris: Éditions de Minuit, 1974.

Merleau-Ponty, Maurice. *O visível e o invisível.* Tradução de José Arthur Gianotti e Armando Mora d'Oliveira. São Paulo: Perspectiva, 2003. [*The Visible and the Invisible.* Translated by Alphonso Lingis. Evanston: Northwestern University Press, 1967.] [*Le Visible et l'invisible: suivi de notes de travail.* Paris: Gallimard, 1964.]

Nietzsche, Friedrich. *A vontade de poder*. Tradução e notas de Marcos Sinésio Pereira Fernandes e Francisco José Dias de Moraes. Rio de Janeiro: Contraponto, 2011. [*The Will to Power*. Translated by Walter Kaufmann and R. J. Hollingdale. New York: Vintage Books, 1968.]

Nietzsche, Friedrich. *Crepúsculo dos ídolos*. Tradução, notas e posfácio de Paulo César de Souza. São Paulo: Companhia das Letras, 2017. [*The Anti-Christ, Ecce Homo, Twilight of the Idols, and Other Writings*. Translated by Judith Norman. New York: Cambridge University Press, 2005].

Nietzsche, Friedrich. *Genealogia da moral: uma polêmica*. Tradução, notas e posfácio de Paulo César de Souza. São Paulo: Companhia das Letras, 1998. [*On the Genealogy of Morals*. Translated by Walter Kaufmann. New York: Vintage Books, 1967.]

Owen, Wendy. *"A Riddle in Nine Syllables": Female Creativity in the Poetry of Sylvia Plath*. New Haven: Yale University, 1985.

Relia, Franco. *Il mito dell'altro: Lacan, Deleuze, Foucault*. Milano: Feltrinelli, 1978.

Rilke, Rainer Maria. *Elegias de Duíno*. Tradução de Dora Ferreira da Silva. 6. ed. São Paulo: Biblioteca Azul. 2013. [*Duino Elegies*. Translated by J. B. Leishman. New York: Norton, 1963.]

Rorty, Amélie Oksenberg (ed.). *Explaining Emotions*. Berkeley: University of California Press, 1980.

Solomon, Robert. *The Passions*. Garden City, NY: Anchor Books, 1976.

Spinoza, Benedictus de. *Ética*. Tradução e notas de Tomaz Tadeu. 3. ed. Belo Horizonte: Autêntica, 2013. [*On the Improvement of the Understanding, The Ethics, Correspondence*. Translated by R. H. M. Elwes. New York: Dover, 1955.]

Steegmuller, Francis (ed.). *The Letters of Gustave Flaubert, 1830-1857*. Cambridge, Massachusetts: Belknap Press, 1979.

Stevens, Wallace. *The Palm at the End of the Mind*. New York: Vintage, 1971.

Strasser, Stephen. *Phenomenology of Feeling: An Essay on the Phenomenology of the Heart*. Pittsburgh: Duquesne University Press, 1977.

Strauss, Leo. *The Political Philosophy of Hobbes: Its Basis and Genesis*. Oxford: Clarendon Press, 1936.

Unger, Roberto Mangabeira. *Conhecimento e política*. Tradução de Edyla Mangabeira Unger. 2. ed. São Paulo: LeYa Brasil, 2022. [*Knowledge and Politics*. New York: Free Press, 1975.]

Williams, Tennessee. *Um bonde chamado desejo*. Tradução de Brutus Pedreira. São Paulo: Ed. Abril Cultural, 1980. [*A Streetcar Named Desire*. New York: Signet, 1947]

Este livro foi composto com tipografia Adobe Garamond Pro e impresso em papel Off-White 70 g/m² na Formato Artes Gráficas.